U0910915

马克思哲学论坛丛书

Marx Philosophy Forum

第十届

唯物史观与中国问题

主 编◎孙 麾 郝立新

中国社会科学出版社

图书在版编目（CIP）数据

唯物史观与中国问题／孙麾，郝立新主编．—北京：中国社会科学出版社，2015.9

（马克思哲学论坛丛书）

ISBN 978－7－5161－6862－2

Ⅰ.①唯…　Ⅱ.①孙…　②郝…　Ⅲ.①马克思主义哲学—历史唯物主义—发展—中国—文集　Ⅳ.①D61－53

中国版本图书馆 CIP 数据核字(2015)第 208598 号

出 版 人　赵剑英
责任编辑　王　茵
特约编辑　马　明
责任校对　郝阳洋
责任印制　王　超

出　　版　中国社会科学出版社
社　　址　北京鼓楼西大街甲 158 号
邮　　编　100720
网　　址　http://www.csspw.cn
发 行 部　010－84083685
门 市 部　010－84029450
经　　销　新华书店及其他书店

印刷装订　北京君升印刷有限公司
版　　次　2015 年 9 月第 1 版
印　　次　2015 年 9 月第 1 次印刷

开　　本　710×1000　1/16
印　　张　28.25
字　　数　479 千字
定　　价　98.00 元

凡购买中国社会科学出版社图书，如有质量问题请与本社营销中心联系调换
电话:010－84083683
版权所有　侵权必究

目　　录

当代阐释

公正与公共性

中国道路

当代阐释

历史唯物主义的史学功能

——论历史事实·历史现象·历史规律

陈先达[*]

唯物主义历史观是我们观察当代一切问题的立场、观点、方法，也是我们研究历史的基本理论和方法论。在当代，对任何国际和国内问题的分析，如果没有坚持历史唯物主义的观点，就很难得出正确结论，对历史问题的研究同样如此。一个人，如果不具备分析现实问题的能力，也就很难期待他在历史研究中有重大建树。因为一个学者对眼前发生的现实问题都缺少判断力和分析力，怎么能期待他对几百年、几千年前已经湮没的不可直接接触的历史事件和人物发表中肯的评论和见解呢？不可能。有些人对历史之所以敢于胡说，就是因为认为历史反正是已经过去了的事，死无对证。如果这样对待历史研究，那除了戏说和虚构外，不可能有严肃认真的科学研究。一个不理解现实的人也不可能理解历史。历史观之所以重要，就在于它确立了对待历史的态度。历史观的不同并不能改变历史既成事实，但它能决定如何书写历史，即把客观历史事实转变为完全不同的历史著作。不同历史观下的历史书写肯定不一样。这就是我们倡导重视历史唯物主义的原因。也是我之所以在“历史唯物主义与当代中国”为主题的论坛上，没有把发言放在现实问题上，而放在史学功能问题上的原因。因为近些年来，随着唯物主义历史被边缘化，历史事件和历史人物的翻案之风盛行，凸显了历史观的混乱。

历史唯物主义不是历史学，它不可能提供任何具体的历史知识，但这

---

* 陈先达，中国人民大学资深教授。

并不说明它对历史没有认识价值。任何哲学都不能提供具体知识，但哲学并不因此而失去它的重要作用。沃尔什在《历史哲学导论》中论及自然哲学时说，“即使哲学家不能以任何方式增加我们对于自然界知识的总量，或者增加我们对自然过程的理解，他还是科学思维的特点和前提，对于科学观念的确切分析和科学的某一分支与另一分支的关系，可以说出某种有用的东西，他对逻辑技巧的掌握可想而知是会有助于澄清科学工作中的实际困难的”①。这个论断同样适用于历史唯物主义。历史唯物主义既包括对历史过程的本质的认识，即我们通常说的历史本体论问题；也包括我们如何认识历史，即历史认识论、历史方法论和历史价值论问题。二者在历史唯物主义中是统一的，不存在西方的思辨历史学与批判历史学对立的问题。

我不可能全面讨论历史理论中的全部问题，仅就其中一个问题，即历史事实、历史现象和历史规律的问题谈点看法。根据历史唯物主义观点，可以概括地说，历史事实具有一次性、历史现象具有相似性、历史规律具有重复性。不能正确理解历史事实、历史现象和历史规律各自的特点及其内在关联性，就不能确立正确的史学理论。

一　历史事实的一次性

历史事实的本质是人类的实践活动，它突出地表现为重大历史事件和历史人物。历史事实的最大特点是不可重复性，它构成一个国家和民族的独特的历史。希腊有伯罗奔尼撒战争，中国没有；中国有赤壁之战，希腊、罗马没有。他们有苏格拉底、柏拉图、亚里士多德，我们没有；我们有孔孟老庄，他们也没有，诸如此类。你有的历史事件和人物我没有，我有的你也没有。这叫历史事件和人物的不可重复性。不仅不同国家、不同民族历史事件和人物不可重复，就是同一国家同一民族的不同时期也是不可重复的，都是一次性的。中国决不会有两次相同的赤壁之战，两个毛泽东，两次井冈山斗争。时间和空间是历史运动的客观因素。任何历史都是特定空间和时间发生的事件。无怪苏轼的《念奴娇·赤壁怀古》，辟头就

① ［英］W. H. 沃尔什：《历史哲学导论》，何兆武、张文杰译，北京大学出版社 2008 年版，第 15 页。

是，“大江东去，浪淘尽，千古风流人物”。中国古代诗词中的怀古之作感叹相同。时间的一度性和空间的具体性，决定历史事件和人物的不可重复性。

什么是历史事实？历史有事实吗？有的哲学家和历史学家说，历史事实都是历史学家眼中的事实，是过滤过的经过筛选的所谓事实，而不是客观历史自身的事实。历史自身的事实是无法知道的，知道的都是进入历史学家眼中的事实，这些事实只能说是历史学家的事实。也就是说，历史事实是经历史学家书写以后才成为事实。人类历史上有多少人和事湮没无闻，不成为历史事实。如果没有《三国志》的记载，曹操、刘备、孙权，以及赤壁之战能成为历史事实吗？历史上的人和事，只有通过历史学家的书写才成为历史事实。因此结论是历史根本不存在本来面目的问题。正如世界没有本来面目而只能是人眼中的世界一样，历史事实也只能是历史学家眼中的事实。这种说法只强调历史书写的主体性，而忽视历史事实的客观性。

其实，历史事实以两种不同方式存在：一种是人类历史的全部客观过程。这是尚未被全部发现或被书写的历史事实，是一个有待不断发掘和永远研究的领域。另一种是被书写的历史事实。被书写的历史事实我们可以称之为历史史实。历史史实不仅仅是某一历史学眼中的所谓事实，仅仅是某一学者眼中的所谓史实并不能就认为是历史事实。历史书写中的历史史实不能仅仅是个人的，而必须是具有共识和确切证据的历史事实。这一点，沃尔什也承认。他说：“一个历史学家所引证的事实如果确切可信的话，就在任何意义上都不是他个人的所有物，倒不如说是每一个有理智的人如果进行调查的话，都必定要的那种东西。法国革命战争爆发于1789年并非对于英国人相对立的法国人才是真实的，或者对于那些拥护漫无边际法国革命的人才是真实的，而那些厌恶它的人就不真实了；它只不过是一桩事实而已，无论我们喜欢不喜欢它。”[①] E. H. 卡尔也反对那种完全否认历史事实，片面强调解释决定事实的观点。他说：“不能因为从不同角度去看，山会呈现出不同的形状，就推论出山在客观上是没有形状或有许多形状。并不能因为解释在建构历史事实中起着必要的作用，也不能因为现有的解释不是完全客观的，就推论出这一解释同另一解释同样好，就推

① ［英］W. H. 沃尔什：《历史哲学导论》，何兆武、张文杰译，北京大学出版社2008年版，第176页。

论出历史事实在原则上没有服从客观解释的义务。”① 这些看法比起克罗齐、柯林武德的观点，应该说更客观一些。

当然，客观的历史事实必须经过历史学家的发掘和整理才能为人所知，但书写的历史史实应该包含历史事实的真实性。我们不可能完全做到这一点，但历史研究应该以此为立足点。历史事实应该具有客观性，共同性，它对所有历史学家都应该是事实。但历史学家的共识只能是其条件之一，而不是历史客观性的唯一标准。如果存在历史事实的真伪之辨，在确证之前不能称之为历史事实，而只能称之为历史书写中假定的所谓历史史实。这种事实不见得是历史事实。历史学中的伪造、歪曲，无中生有的所谓历史史实并不罕见。我们只要看看当前流行的关于毛泽东历史著作中的所谓揭秘，其中有多少是历史事实？有多少是一些人捕风捉影甚至蓄意伪造的所谓历史事实？我们应该注意分辨历史事实和历史书写中的所谓历史史实。应该追求历史书写中的史实尽量接近、比较真实地反映历史客体，即历史事实。

从历史唯物主义的认识论来看，历史史实与历史事实应该具有同一性。根本没有历史事实根据的所谓历史史实，是不足信的。这种书写的历史，不可能是信史。但并不是所有历史上发生过的历史事实都会成为史学中的历史史实。只要它成为历史学中的历史史实，肯定有它的重要之处，因为历史学不是有闻必录。例如下雨，是最常见的自然现象，并不是都具有历史认识价值。可雨在秦末陈胜吴广起义中成为陈胜吴广起义中的大事。这当然是由于“失期，法当斩”的秦朝苛法，成为陈胜吴广被迫起义的诱因，因而遇雨延期被司马迁写入《陈涉世家》，成为重要的历史事件。如果没有遇雨延期当斩的秦朝苛法，雨不成为加速陈胜起义的诱因，就不会为司马迁所记载的历史史实。杨玉环因白居易的《长恨歌》而著名。后宫佳丽三千留名者只此一人，当然是由于记载，可是如果杨贵妃不在唐玄宗因安禄山造反奔蜀时成为平息马嵬坡六军不发兵变的牺牲品，也不可能为历史所记载。自古以来有多少后宫佳丽，无名无姓者比比皆是。但是如果马巍坡兵变，杨玉环被绞杀根本不是历史事实，也不可能为历史史实。由于有事实而被记载，由于被记载而彰显事实，因此历史事实并不是单纯因记载而成为历史史实，而应该确有其事实才成为史学事实。

---

① ［英］E. H. 卡尔：《历史是什么?》，陈恒译，商务印书馆 2007 年版，第 112 页。

有人说，历史事实确有其事只能是假说，历史事实如康德的物自体一样永远无法知道，知道的只能是书写中的历史史实。这种说法是不对的。被书写的历史史实不能是某一个人主观认定的，它必须有文献资料根据，有考证学，甚至考古学的根据。尽管考古发掘也可能有争论，例如最近关于河南安阳安丰乡高穴村曹操高陵墓的真伪就有争论，但只要发掘的实物与历史文献中的记载吻合，就可能是真实的。孔子重视文献作为历史史实根据的价值。他说过："夏礼吾能言之，杞不足征也；殷礼吾能言之，宋不足征也，足，则吾能征之矣。"当然，对某些历史事实的真实性会存在争论，这可以通过举证和其他多种历史研究方法来解决。怀疑、存疑，不能成为把历史事实归为历史物自体的哲学根据。如果以怀疑论眼光观察一切，昨天的自然界是否存在也可以怀疑，因为昨天已经过去，昨天的存在状态已无法验证。当然，史学中的历史事实不应该也不可能是客观历史的全部。如果追求事无巨细、完备无遗的真实，历史学永远不能成为科学。因为历史中的一枝一叶，详细的细节是无法知道的，也不一定要知道。

对历史学来说，历史的真实性有两个层次：一个是事实的真实性，一个是规律的真实性。在第一个层次上，我们不可能达到完全真实，历史事实会不断消失在历史自身的发展进程中。我们不是当事人，我们是根据史料、文献、文物、档案来重构过去。如果我们追求绝对真实性，必然会争论不休。在这个层次上，我们要求的是具有重大历史价值的重大事件和人物的真实性，而不是全部细节的真实性。是不是有“七月七日长生殿，夜半无人私语时”，让文学家去想象，去构造，它不是历史学的工作，但安史之乱、玄宗奔蜀、马嵬兵变和杨玉环成为平息兵变的牺牲品，则应该是历史事实。第二个层次的历史真实性是规律的真实性。历史学不是单纯事实的叙述，而应该同时是对事实的解释，是对事实相互间关系的理解。解释就不仅仅问“是什么?”而是要问“为什么?”解释“为什么”就是探索原因，必须进入因果关系领域；必须从事情发展的多种可能性，研究为什么可能性是这样实现，而不是那样实现？必须分析可能与现实、必然性与偶然性及其相互关系，这就进入对历史规律发掘的深层次探索。规律是历史事实发展过程和动因的深处，历史学应该在事实真实的基础上做出规律性的解释。历史学并不是单纯研究历史规律的学科，它是历史学而不是历史哲学，但它离不开历史规律。要使历史史实的选择、过滤与安排中包含的解释具有合理性和可理解性，就必须包含对历史事件和历史过程的因果性、必然与偶然、根据与条件、可能与现实、历史人物的作用与局限等历史原因和发展的合理解释。许多戏说之类的影视作品之所以不真实，不仅在重大事实上不真实，而且在规律这个层次上显然更不真实，因为皇权至上的封建社会，不可能有康熙、乾隆如此微服私访，亲民、怜民、爱民的帝王。这种构建在影视范围内一定程度上允许，但它不是正史，所以决不能也不应该充当历史知识的传播者。必须使观众明白这是戏，而不是史，以免误导。

历史学本质上不同于文学。尽管历史的书写可以具有高度的文学色彩，特别是中国文史哲高度结合的传统更使史学具有文学特色。但史学不同于文学。史学追求的是历史真实，而文学追求的是艺术真实。历史真实不能虚构，因为它的真实是合乎历史事实，而艺术真实可以想象，艺术的真实是合乎情理，即合情合理的。如果历史艺术化、文学化，就会失去史学的功能与价值，它至多是文学的变种。确实，凡是持这种主张的学者都把历史与文学归为一类，历史不是科学也不可能是科学，它只能是学者对所谓事实的主体描述和艺术创造。史学家创造历史就是这种最具代表性的说法。其实，历史学中的史实，在多大程度上反映客观历史事实，是衡量一本历史著作科学水平的尺度。一部根本违背历史事实的所谓历史书，只能称之为对历史的伪造或戏说。可以肯定，对历史真相的追求不容易，但历史最起码应该尊重事实，尽量不歪曲事实。如果历史违背事实，其他一切都免谈。就这一点来说，在历史科学中，历史事实与在自然科学中的事实同样重要，只是更困难更难把握而已。只有忠实于事实才能忠实于真理。没有事实就没有任何科学，历史要成为科学同样如此。

我们并不否认，由于历史的特点，它是已经过去的甚至非常久远的年代。由于时空间隔，历史科学就其被书写的历史来说不可能把握全部事实。客观历史是无数历史事件，包括重要不重要的、决定性和不具有决定性的事件和人物。历史科学不可能详尽无遗地包括全部历史的客观过程。这不可能，也无必要。如果要求历史书无所不包，那就不是历史书，而是客观历史本身。可历史本身不经过研究、不经过书写是不可能为人所知的。我们所知道的历史都是书写后的历史。历史应该经过书写，但书写的历史应该力求符合历史事实。这是历史科学中的困难之处，也是科学历史观之所以重要的原因。

历史学追求的是被书写的历史事实的客观性，而不是全部历史的客观性。自然科学也不例外。任何一门自然科学都只能有限地把握对象而不能全部囊括对象。天上的星星无穷无数，真正被天文学发现并命名的只是无限宇宙中星体的极少的一部分，难道天文学中的星星能说只是天文学家眼中的星星，而不是客观的星体吗？任何科学包括自然科学都是科学家对事实的过滤、选择，剔除一些、留下一些。为什么？因为科学研究的是问题，是发现问题、提出问题、解决问题，不是无穷的细节。关键是支撑提出和解决问题的事实是不是真实的，而不在于它是否经过选择和过滤。科学不是举例，必须概括、归纳、提升，这样它必然有所取舍，而不是事无巨细有文必录。历史学更是如此，它对材料会选择、会过滤，会按照自己个人的意图使用这些材料，但材料的使用不能是主观的随意的。列宁说过："在社会现象领域，没有哪种方法比胡乱抽出一些个别事实和玩弄实例更普遍、更站不住脚的了。挑选任何例子是毫不费劲的，但这没有任何意义，或者有纯粹消极的意义，因为问题完全在于，每一个别情况都有其具体的历史环境。如果从事实的整体上、从它们的联系中去掌握事实，那么，事实不仅是'顽强的东西'，而且是绝对确凿的证据。如果事实是零碎的和随意挑出来的，那么它们就只能是一种儿戏，或者连儿戏都不如。"①

实证主义史学家强调让事实说话，有一定合理性，但也有片面性。事实不会说话，让事实说话的是史学家。但史学家说话也不能是自说自话，如果没有事实根据，就是胡说。我们不仅要尊重历史事实，而且要善于理解事实，理解事实之间的内在联系。这同样要求科学的历史观。

在历史学中，历史事实和价值判断是结合的，因此有学者认为，史学中没有事实，而只有对历史的价值判断。这种说法不对。历史有事实，因为历史的本质是人的追求目的性的活动。人的活动，无论是经济活动、政治活动或文化活动都是群众性的、真实的、客观的、为人们经验能观察到的、具有可见性的活动。历史事件或历史人物就是历史活动中的事件和人物。只要承认历史是人的活动，活动必然有过程有结果。过程和结果，就是历史实实在在的内容和事实。如果作为人类活动成果的历史不是事实，同理，当前人的活动也不会是事实。因为我们现在的活动，就是明天的历史，而我们今天称之为历史的东西，就是昨天的现实。一切都是过程，一

① 《列宁全集》第28卷，人民出版社1990年版，第364页。

切都会成为历史。如果历史不可信，那就等于现实也不可信。否定历史的客观性就是否定现实的真实性。

毫无疑问，在历史学中的历史事实往往容易与历史的价值判断纠缠在一起。在自然科学的研究中，自然科学家同样有自己的理想追求、有热情、有欲望，甚至功利心。自然科学研究会有既成的理论框架、思维模式、科学前识。在自然科学研究中，科学家的价值观可以成为助跑的动力，但不能进入研究的结论之中。自然科学的结论的真理性必须具有可证性、实验具有可重复性，被证明为真理的原理具有公共性，而且可以通过技术转化获得实践的有效性。

历史价值观不同于自然科学的价值观。历史价值观影响对历史资料的选择和安排，并最终影响对历史事件的解释和结论。当客观历史变为历史叙述时，不同的历史学家可以有多种写法、多种观点和多种结论。但我们必须强调书写可以多方式、多角度，但它依据的历史事实必须是真实的。如果以历史的书写代替历史的事实，只能重新坠入以历史的叙述取代历史事实的实用主义历史观。

任何历史学的记载或对历史事实的叙述，都会包含某种价值倾向，价值判断中可以有事实，而且事实叙述中也会有价值评价。我们应该学会区分而且可以区分哪些属价值判断，哪些属事实叙说。E. H. 卡尔在《历史是什么?》中，虽然承认历史事实的客观性，但还是更偏重价值对事实选择作用的过滤性。他批评那种认为“历史学家可以在文献、铭刻等等诸如此类的东西那里获得事实，就像在鱼贩子的案板上获得鱼一样”，强调“相信历史事实的硬核客观独立于历史学家的解释之外的信念是一种可笑的谬论，但也是一种难以根除的谬论”[①]。历史事实是客观的，是不以研究者的意志为转移的；而历史事实变为历史史实当然要经过历史学家的选择。历史学家价值选择只与自己书写的历史史实相关，而与历史事实的客观性无关。历史是以往人类活动的既成事实，是任何历史学家都无法改变的。能篡改伪造的是被书写的历史史实，而不是历史事实。不同的价值评价属于历史学，而不是属于客观历史本身。历史事实即使一时被遮蔽，终究会被揭示。

历史价值评价具有主体性多元性，但任何具有科学性的评价不能是单

① ［英］E. H. 卡尔：《历史是什么?》，陈恒译，商务印书馆2007年版，第90、93页。

纯的一己之见，不能是个人的主观认定，它必须具有事实依据。南京大屠杀是历史事实，有争论的是人数的多少而不是事件的有无和事件的性质。人数多少属于量的规定性，而屠杀属于质的规定性，是对整个南京大屠杀性质正确把握的基础。南京大屠杀是经过“远东国际军事法庭的调查报告”以及“远东国际军事法庭”确认的，并对大屠杀的元凶、甲级战犯“松井石根处绞刑，谷寿夫被引渡给中国政府处死”。多少年来，日本军国主义残余侵略势力一直在大造翻案“舆论”，声称“南京大屠杀”是“中国人捏造的谎言”。历史事实并不会因为价值判断不同而不同。日本少数右翼历史学家可以把自己价值观主导下的所谓事实编入教科书，但终究不能改变历史事实。

不能因为存在不同评价而认为历史无事实，只是一连串的价值判断。我们之所以能分清戏说和正史就是基于历史有事实。历史与现代的关系是多义的。从历史进程来看，即从客观历史发展看，现代是历史的继续和延伸。没有历史就没有现在。现在的中国的许多问题，能从中国历史传统中得到某种历史说明。历史的时间向度是由过去到现在。可从历史学的角度，即从历史书写的角度，却是从现在到过去。因为历史的书写都是后代对前代历史的书写，它们的视角、兴趣、观点，都会受到所处时代的制约。克罗齐说“所谓一切真正的历史都是当代史”，只有在这个意义上才具有某些合理性。因为历史学家总是在自己时代下书写历史，因而历史书写具有时代特征，但这不是指历史事实可以不断改写（除非是发现原有历史史实的错误和发现新的历史材料），而是指对历史事实的评价可以提出具有时代特征的新的看法。但历史学家站在当代评述过去，尽管价值评价可以有变化，但必须尊重历史事实，而且对事实的叙述必须有历史意识和历史感，即把历史事件、历史人物，放在特定历史条件下来认识，尽量通过新的评价更真实地显现历史具有的真实情况，而不是以作者的当代意识代替历史事实。我们反对影射史学和史学中的实用主义。如果以当代代替历史，按当代来重构历史，这就叫没有历史意识和历史感。即使像有些学者主张的那样把历史看成历史学家与历史的不断对话，这种对话也应该是愈来愈接近真实，接近真理，而不是与事实渐行渐远。历史唯物主义的科学性与价值性的统一要解决的正是这个矛盾，它把历史事实的真实性和历史评价的可变性合理地结合在一起，力求评价越来越接近现实，而不是无视事实的任意翻案。

当然，完全可以有很多事实不清的悬案，但经过不断的发掘、考证、研究，可以逐步达到对事实的一定的把握。历史之谜，正是历史科学要研究的。追求破解历史之谜，就是寻找历史事实。至于发现新事实，纠正前人的失误的重写，不能成为否定历史真实性的根据，恰好证明史学应该尊重事实，否则无必要正误。纠正历史史实中的错误，是从反面证明历史应该尊重事实。

中国历史著作有个好的传统，就是在史学著作中事实与评价有适当区分。陈寿的《三国志》在重要人物的传记后都写一段“评曰”，表达作者的观点。作者对曹操父子的评论显然不同于拥刘反曹正统史观的小说《三国演义》。史学不同于文学。史学追求信史，这是中国史学的一个好传统。《史记》有太史公曰，《资治通鉴》有臣光曰，都是着重把事实与评论分开的，并不以评论代替事实。古代史书的纪传篇，叙事和议论是分开的。某些编年体史书和郡志也有这种体例。当然，由于中国儒家的伦理特色，受儒家思想主导的历史的评价，往往着重人物或事件的道德的评价，因而对历史事件和人物的作用和地位的正确认识，往往为道德的瑕疵所掩盖。毫无疑问，道德可以作为评价历史人物行为的一种尺度，但不是主要的更不是唯一的尺度。道德评价往往着重历史事件人物的道德教训，而不是放在整个历史进程中考察它的作用和地位，这种评价有其“唯道德”论的局限性。

历史人物的价值评价，特别是对杰出人物的评价，往往受政治因素的左右。斯大林逝世之后，从赫鲁晓夫直到叶利钦对斯大林的评价，为了标榜自己开辟不同于斯大林的新时代，都极力贬低斯大林，甚至恶毒谩骂斯大林。相反，斯大林原来的对手反而对斯大林怀着比较客观和公正的评价。丘吉尔可说是最坚定的反苏反共的领袖性人物，可是他称赞“斯大林是个卓越的人物，令我们残酷的时代敬仰，他在其中奉献了自己的一生”。还说，斯大林是“经受岁月艰难考验时领导俄罗斯的一位天才，是不屈不挠的统帅。他接手的是用犁耕地的俄罗斯，留下的是原子武器装备的俄罗斯。无论是我们说他什么，历史和人民不会忘记这样的人物”。连被俄罗斯共产党赶下台的临时政府克伦斯基都说：“斯大林使俄罗斯从灰烬中振兴起来，使它成为一个伟大的强国，粉碎了希特勒，救了俄罗斯。”① 斯大林似乎已

① ［俄］尤·瓦·叶梅利亚诺夫：《斯大林：未经修改的档案——在权力的顶峰》，石国雄、袁玉德译，译林出版社 2006 年版，第 610 页。

经预料会发生这种事，他说："我知道，在我死后有人会把一堆垃圾放到我的坟墓上，但历史之风会无情把它刮走的。"① 一个领导第一个社会主义国家在敌人包围下建设社会主义的领导人，专横甚至专权都是可能的，错误也不会少。对斯大林有不同评价可以理解。但历史人物的评价必须有历史感，即把他放在他所处的历史条件下来进行评价。任何超越历史的评价都是非历史的。

在历史评价中排除事实只有所谓价值判断，是一切历史虚无主义的理论依据。历史虚无主义就是否认历史事实的客观性和共有性，把一切历史的论断转变为价值判断。而价值判断又完全可以与事实无关的主观认定。在这种历史观下，各种否认历史的虚无主义就可以乘虚而入。我们在中国当代所见到的否定一百多年来中国革命运动、否定中国共产党、否定领袖性人物历史功绩，都是以所谓重写历史为幌子。所谓重写并不是由于发现新的史料，更科学、更实事求是地书写历史，而是以价值重估为号召恣意歪曲历史。这种所谓重估，往往做的是翻案文章，具有极强的政治意图和意识形态性质。金无足赤，人无完人。任何历史事件和历史人物都会有不足之处。问题在于本质是什么？主流是什么？它在历史中处于何种地位？如果采用以管窥天的思维方式，攻其一点，不及其余，任何杰出的历史人物和伟大历史事件都会被弄得面目全非。这种历史观只能导致历史虚无主义。

二 历史现象的相似性

历史现象不同于历史事件。历史事件不可重复，但历史现象可以具有相似性。尽管历史事件不可脱离它产生的历史条件，但不同历史条件下的历史现象可以有相似之处。中国没有罗马的亚历山大大帝，但有秦始皇没有列宁，但有毛泽东；没有波拿巴第三政变，但有袁世凯和张勋之流的复辟闹剧。这说明只要时代需要，不同时代都会有自己的历史人物和事件。这就是历史现象的相似性。

每个民族都有过战争、有过革命，都会有或大或小的思想家，他们不

① ［俄］尤·瓦·叶梅利亚诺夫：《斯大林：未经修改的档案——在权力的顶峰》，石国雄、袁玉德译，译林出版社2006年版，第617页。

是苏格拉底，不是孔子，也不一定有他们那么大的贡献，但各民族都会有自己的文化和文化代表人物。每个民族的发展都经过原始时期、有过母系社会、父系社会、有过杂婚，没有一个社会是一步到位的；在人类进入阶级社会都存在阶级斗争，《共产党宣言》一开始，就通过列举从奴隶社会到资本主义社会的阶级斗争表明了阶级社会阶级斗争的相似性。总之，各民族和国家的历史事件是独特的，这样才有多样性，但历史现象会有相似性。历史现象的相似性是普遍存在的。从这个意义上说，历史事件具有不可重复性，但历史现象具有相似性。马克思说过："人体解剖对于猴体解剖是一把钥匙。反过来说，低等动物身上表露的高等动物的征兆，只有在高等动物本身已被认识之后才能理解。"这讲的就是资本主义经济关系与前资本主义社会经济关系存在某种相似性，"因此，资产阶级经济为古代经济等等提供了钥匙"①。资本主义关系的分析之所以有助于理解前资本主义社会，就是因为不同社会形态中的现象有某些相似性。

历史现象相似性的根据是什么？有人说是由于人性的普遍性。例如，因为人性贪婪，因此贪污腐败为各朝各代各国所共有，根本不可能消灭。其实，在历史唯物主义看来，个人主义、贪污腐败的相似性，根源于私有财产制度的相似性。不管是哪种私有制度，生产资料和财富的积蓄属于私人这一点是共同的。以各种方式积累财富是私有制社会生产的目的，也是一种生存状态和生活方式。

经济、政治、道德各个领域中之所以存在某些相似性，不是人性共同性的表现。用人性的共同性解释社会现象的相似性是不对的。人性不能解释历史的相似性，相反人性要由历史来解释。人类人性所表现出来的某种共性，恰好要由社会的共性来解释。只要有私有制，就会出现阶级、剥削，就会出现贪污腐败；只要有社会，人类就会以君群体而不是孤立的个体而存在，在政治上就会有社会组织、社会制度，否则社会就不能运转，要运转就要有大大小小的头头，有最高头头。不管名称是酋长、是法老、是皇帝、是总统，都无所谓，总之有社会就有组织，有组织就有大大小小的头，就有总头。只要是社会就会有人与人的各种关系，从一般人际关系，到夫妇关系与亲属血缘关系，就会有调节这些关系的伦理和道德规范。诸如此类的相似性，只能从社会本性及其历史发展中得到合理的

①《马克思恩格斯选集》第2卷，人民出版社1995年版，第23页。

解释。

对历史现象相似性的认识就比对单一历史事件的认识进了一步。有相似性才可以从相似性中发现规律。从历史现象相似性发现规律是历史唯物主义的重要方法。马克思强调历史有相似性，但在强调相似性时，同时反对简单的历史类比，强调相似性的原因在不同历史条件下会出现会不同的结果。所以马克思在强调资产阶级经济关系与前资本主义经济的某些相似性时，又深刻指出，“决不是像那些抹杀一切历史差别、把一切社会形式都看成资产阶级社会形式的经济学家所理解的那样。人们认识了地租，就能理解代役租、什一税等等。但是不应把它们等同起来”[①]。马克思同时强调对这种相似性加以研究，加以比较，并注意它们的差异性，从相似和差异中，就能发现理解这种相似性及其不同结果的钥匙，即发现规律性。如果历史现象根本没有相似性，彼此毫无任何共同之处，规律就无从谈起，发现规律也无从谈起。对社会现象相似性和差异性的分析，是走向发现历史规律的必经之门。因为社会历史规律都是长时段规律，它不是支配个别历史事件，而存在于历史过程中。

三　历史规律的重复性

历史规律又不同于历史现象，它不是相似性，而是历史现象之间的本质联系，是可重复性，而且是不断的重复性。为什么不同民族都在母系、父系社会后，随着私有制产生才会产生阶级，才能进入文明社会。而这一切都与生产力的发展、生产工具的改进密不可分。没有一个社会，能够不生产自己需要的生活资料就可以生存。因此生产成为一个社会存在和发展的基础，这是普遍的，每时每刻重复的，这就是规律。为什么历史有杰出人物，有组织者、领导者，因为任何社会要正常运转，就不能是无政府状态，即没有任何社会组织。社会将来可以没有国家、没有君主、没有总统，但决不会没有组织者、领导者和管理者，否则，社会就不能存在。至于它们如何产生，决定于不同的历史条件。如果世界上有一个国家或民族，从来没有私有制，没有阶级、没有过战争，也没有剥削，这表明它仍然处在原始社会阶段，没有进入文明社会。规律就是历史现象之间的本质

① 《马克思恩格斯选集》第2卷，人民出版社1995年版，第23页。

联系或称为重复性。

历史规律论与历史决定论有内在联系。因此承认历史规律论，往往导致历史决定论与非决定论之争。有些学者害怕使用历史决定论，似乎承认决定论原则就是目的论、宿命论和机械论。其实，否定决定论的理论和实践的错误导致的唯意志论，后果一点也不比承认决定论的错误少。历史唯物主义不是在决定论与非决定论的对立中思维，它是在历史的必然性和偶然性、历史规律的客观性和人的活动选择性活动中思考决定论问题。因此，历史唯物主义是历史决定论者，但它是辩证决定论，因为它把社会作为一个整体，从必然性与偶然性、规律与人的活动相关联中考察历史决定论问题。

有人说，既然是从必然性与偶然性相联中考察历史决定论，那就不能承认历史决定论。这种说法是不对的。因为历史受众多偶然性的影响，历史发展会显出曲折性、多样性和出现各种具有个性的历史人物和各具特色的历史事件。这是真实的历史。可是，所有偶然性对历史的作用，都不可能超过一定时期的生产方式和经济发展水平对社会总体状态的制约作用。恩格斯形象地把生产方式称为历史波动的中轴线。全部偶然因素的作用都是以它为中心上下摆动。大量偶然性的存在使必然性的实现更为丰满和多样，因此历史的色彩从来是丰富的斑斓多样的。但这不会改变社会生产方式起最终决定作用的原则，历史周期越长，生产方式最终的决定作用越明显。在历史唯物主义中，决定论的本质是承认在影响社会的多种因素中，有一种因素是起最终决定作用的主导因素，这就是物质资料生产方式。

人与规律关系是一个争论不休的难题。有些论者说，历史既然是人们自己的活动，是人们自己创造的，就不能强调历史必然性，而应该强调人的自由选择，这样人才不会成为必然性的奴隶，才能真正说历史是人们自己创造的。他们还特别强调，既然历史是人创造的，因而历史研究应该研究人的动机。没有个人动机的历史是不可想象的。毫无疑问，历史人物的心理动机，甚至情感、脾气、性格、精神状况乃至年岁、身体健康状况都能成为影响历史进程的因素。但这些对历史的影响作用是暂时的并非恒定的、永久作用的因素。它可以延缓或加速历史进程，但不能根本改变历史的方向。如果由于这些发生历史方向的改变，那肯定有一个更大的力量在起作用。无论是赫鲁晓夫、戈尔巴乔夫或叶利钦的个人性格或其他专属个人因素，都不是足以解释苏联解体和资本主义复辟的决定性原因。

历史人物的内心动机，是很难捉摸的。对历史人物来说最现实最重要的是他们的行为，而支配行为的是动机。没有无缘无故的动机，也没有不表现为行为的动机。研究心理动机，就必须研究产生动机的原因及其在行为中的表现。因此对伟大历史人物的心理研究，与其说是研究他的主观心理动机，不如说要研究推动他们行动的动因。恩格斯曾经专门谈如何研究历史人物的动机问题。他说："如果要去探究那些隐藏在——自觉地或不自觉地，而且往往是不自觉地——历史人物的动机背后并且构成历史的真正的最后动力的动力，那么问题涉及的，与其说是个别人物、即使是非常杰出的人物的动机，不如说是使广大群众、使整个整个的民族，并且在每一个民族中间又是使整个整个阶级行动起来的动机。"并且指出，研究这些动机"是能够引导我们去探索那些在整个历史中以及个别时期和个别国家的历史中起支配作用的规律的唯一途径"①。所谓整个阶级的动机即群众性的动机，实际上就是社会思潮。社会思潮往往比起个别历史人物的所谓内心心理动机重要的多。社会思潮往往是推动整个阶级而不是个人起来行动的动机，而社会思潮的产生肯定有其原因，因而对一个时期社会思潮的研究，就有可能探索到当时历史人物的动机，因为杰出人物的动机往往以浓缩的鲜明的突出的形式反映社会思潮。透过对一个处于变革时期社会思潮的原因的分析，就能引导走向发现历史的规律。如果只停留在历史人物个人纯主观动机特别是所谓内心心理，是不可能真正解释历史的。列宁曾批判过旧历史理论的两个缺点，其中一个就是"以往的历史理论至多只是考察了人们历史活动的思想动机，而没有研究产生这些动机的原因，没有探索社会关系体系发展的客观规律性，没有把物质生产的发展程度看作这些关系的根源"。② 心理史学是研究历史的一个角度，但如果把历史学变为心理学，就无法走出的唯心主义历史观动机论的困境。

历史是人创造的与历史的规律性如何能不陷入悖论呢？我们是否只能选择其中之一：要不承认规律否认历史是人的自我创造，要不承认人的自我创造否认历史的规律？其实，这种所谓的悖论是学者思维方式自身的矛

① 《马克思恩格斯选集》第4卷，人民出版社1995年版，第249页。

② 《列宁选集》第2卷，人民出版社1995年版，第425页。

盾，而不是历史自身的矛盾。客观历史就是这样的，人既创造历史，成为历史的剧作者，又是演员，成为历史舞台中的角色。

人怎么可能既是剧作者又是演员呢？这可以从两个不同层面来理解。第一，从代际关系说，历史是一个过程。历史是人创造的，人是剧作者，可是任何一代人都不是在自己选择的条件下进行活动的，而是在先辈留下的生产力和文化传统条件下进行的。也就是说，人的自主创造活动的结果成为下一代人活动的出发点。这种条件对于后代来说是既成的、给予的，具有某种制约作用。这是每个时代的传统与当代问题。从这个意义上说，人在总体上既是剧作者又是演员。马克思在《路易·波拿巴的雾月十八日》中对拿破仑三世作为政变角色以及对传统作用的分析就贯穿这个原则。第二，从同时代说，可以比喻性地把历史看成一个大舞台。人都是自己时代历史活动的参与者，都是能动的剧作者，可是由众多合力形成的条件和规律，又成为任何个人活动的限制，人成为不能超越自己社会关系决定的演员。这说明，从一个时代来说，人既是剧作者又是演员。

当然，剧作者和演员具有形象的比喻意义。人在社会领域中并不是不能更改台词变换角色的演员。每代人受制约于传统又以自己的活动改变传统并创造新的传统；每个人既受制于合力又以自已的活动参与形成新的合力。这就是主体的选择性活动。人面对历史传统和社会条件，可以在多种可能性中进行选择。例如，19 世纪下半叶的中国逐渐形成三种可能性：一是仿效日本明治维新走西方资本主义道路；二是走清王朝为挽救大厦倾倒而口头许诺的君主立宪道路；三是走苏联十月革命道路。前两种可能性走不通。尽管有些人主张全盘西化，但没真正西化过，因为西方资本主义阻止中国发展自己的资本主义，而中国又没有比较强大的民族资产阶级承担起在中国发展资本主义的任务。第二条路也走不通，因为清政府不可能真正推行君主立宪。它要维护的是清王朝的专制体制，仍然维护中国社会的封建社会本质，因此维新运动被镇压，洋务运动也成效甚微。结果只有第三条路。第三条路不是无主体的历史必然性自我实现，而是经过中国共产党人几十年浴血奋斗，牺牲了无数先烈得到的。历史提供的永远是可能性，必然性的实现总是要通过由可能性变现实的过程。而可能性是历史条件决定的，而可能性的实现和以何种方式向现实转化，决定于人的主动能动性的发挥和正确的抉择。

人的创造性与历史规律性是不是绝对对立的？认为既然人是历史的创

造者，一切决定于人，历史发展就不可能也不应该有规律。这种说法是不对的。人的活动与历史规律并不是直接的创造与被创造关系。规律的载体不是人的实践活动，而是在实践中形成的不以人的意志为转移的社会关系。社会规律是社会运行的规律，社会关系在人的实践活动中一旦被创造出来，就具有不依赖于任何个人的特性。私有财产制度当然是人创造的，它不是自然界原来就有的，可私有财产制度一旦产生并成为社会的经济基础，它的运行就会按照私有制度特有的规律运行。只要有私有财产制度，就不可能阻止与它相关的阶级的存在，阻止维护私有制度的国家的存在，阻止贫富对立、阻止两极分化。再如纸币是印币厂印出来的，可只要投放到市场，它就受货币流通规律支配，当纸币发行超过需求，就会通货膨胀。大量发行纸币又想企求物价稳定，两者得兼是不可能的。国民党当年在大陆发行金圆券，一麻袋钱只能买盒火柴，就是如此。机关枪大炮也阻止不了社会规律起作用。社会历史规律同样是不以人的意志为转移的，意志支配的是人的活动，而人类活动的创造物一旦产生出来就按它身的规律运行。人的活动是创造性的，可这种创造物运行的规律并不取决于创造者，而是取决于被创造物自身本性及其相互关系。这就是为什么人创造了制度又会成为自己创造的制度的被奴役者的秘密所在。

历史事件、历史现象、历史规律三者紧密相联。没有历史事件，就没有历史事件的相似性；没有历史事件的相似性，就没有规律的重复性。重复性存在于相似性中，相似性存在于单个不可重复的事件中。历史事件和历史人物的产生都具有某种偶然性；而历史相似性表明，这种偶然性中存在某种必然性，否则不会有历史的相似性。正是从历史相似性中发现历史规律，发现历史的重复性。马克思在《给“祖国纪事”杂志编辑部的信》中对相似性与规律性的关系作过深刻论述。他说，“极为相似的事变发生在不同的历史环境中就引起了完全不同的结果。如果把这些演变中的每一个都分别加以研究，然后再把它们加以比较，我们就会很容易地找到理解这种现象的钥匙”①。历史事件即历史事实是最根本的；相似性是它们之间的共同点，而规律是从共同点分析中发现的。一个个孤立的历史事实不可能理解的，它只有在相似性中才能理解；而相似性和差异性的原因，则从规律中得到合理的解释。

---

① 《马克思恩格斯选集》第3卷，人民出版社1995年版，第342页。

历史唯物主义关于历史事实的客观性、历史现象的相似性和历史规律的重复性观点，能为我们在当代思辨历史哲学和批判历史哲学的对立中，确立一个正确对待历史研究的科学视角。史学功能不应成为历史唯物主义理论工作者遗忘的角落。我们既要重视现实，也要重视历史。

历史唯物主义与哲学基本问题

——论马克思主义的世界观

孙正聿*

关于马克思主义哲学，人们经常引证马克思恩格斯的两个著名论断：其一是马克思所说的“哲学家们只是用不同的方式解释世界，问题在于改变世界”①；其二是恩格斯所说的“这已经根本不再是哲学，而只是世界观”②。对于这两个关系到如何理解马克思主义哲学的著名论断，人们不能不予以追问的是：“不再是哲学”的“改变世界”的世界观究竟是什么？这个世界观是“扬弃”还是“抛弃”了作为哲学基本问题的“思维和存在的关系问题”？

一　探析恩格斯的“不再是哲学”的“世界观”

在《反杜林论》中，恩格斯提出一个著名论断，即作为“现代唯物主义”的马克思主义哲学“已经根本不再是哲学，而只是世界观”。由此所引发的最为严峻的理论问题是：不再是哲学的世界观还是否是哲学？与世界观相区别的哲学是何种哲学？作为世界观的哲学又是何种哲学？对此，恩格斯的回答是：与世界观相区别的哲学，是一种“特殊的科学的科学”；与哲学相区别的世界观则是“在各种现实的科学中得到证实和表现出来”的哲学；不再是哲学的世界观的哲学含义在于，“哲学在这里被

* 孙正聿，吉林大学资深教授。

① 《马克思恩格斯选集》第1卷，人民出版社1995年版，第57页。

② 《马克思恩格斯选集》第3卷，人民出版社1995年版，第481页。

'扬弃'了，就是说，'既被克服又被保存'；按其形式来说是被克服了，按其现实的内容来说是被保存了"①。然而，对于恩格斯自己所作的回答，人们必然又会提出下述问题：被"扬弃"了的"哲学"是一种什么样的"世界观"？在这种"扬弃"中，被"克服"了的"形式"究竟是什么，被"保存"下来的"现实的内容"究竟又是什么？

在恩格斯的回答中，最为引人注目的是从哲学对科学的关系来区分"哲学"与"世界观"，即："一旦对每一门科学都提出要求，要它们弄清它们自己在事物以及关于事物的知识的总联系中的地位，关于总联系的任何特殊科学就是多余的了。"② 正是基于这个总体判断，在《路德维希·费尔巴哈和德国古典哲学的终结》、《反杜林论》、《自然辩证法》这三部哲学名著中，恩格斯又提出了一个内容相同、表述相近得更为明确的论断："对于已经从自然界和历史中被驱逐出去的哲学来说，要是还留下什么的话，那就只留下一个纯粹思想的领域：关于思维过程本身的规律的学说，即逻辑和辩证法。"③ 由此提出的意义更为重大的理论问题是：按照恩格斯的这个论断，是否应当把作为"现代唯物主义"的马克思主义哲学定义为"关于思维过程本身的规律的学说"？是否应当把马克思主义哲学的理论内容归结为"关于思维过程本身的规律"的"逻辑和辩证法"？这无论是诉诸科学史还是诉诸哲学史，都是说不通的。

从科学史来看，关于"思维过程本身的规律的学说"，日益显著地成为以语言学、心理学、逻辑学、符号学、信息论等广义的思维科学的根本内容。因此，借用恩格斯本人的说法，"哲学"已经不仅被"驱逐"出了自然界和历史，而且被"驱逐"出了思维领域，试图充当思维科学的"哲学"已经被现代的思维科学所取代。从哲学史看，关于"思维过程本身的规律的学说"，其集大成者就是黑格尔的以概念的辩证否定为内容的"思想的内涵逻辑"，它本身已经被马克思恩格斯所"扬弃"，即把黑格尔的思辨的辩证法"扬弃"为"对现存的一切进行无情的批判"的辩证法。因此，以思想的内涵逻辑为内容的"逻辑和辩证法"同样是被"扬弃"

① 《马克思恩格斯选集》第3卷，人民出版社1995年版，第481页。

② 同上书，第364页。

③ 《马克思恩格斯选集》第4卷，人民出版社1995年版，第257页。

了的“哲学”，而不是“已经不再是哲学”的“世界观”。

面对科学史和哲学史，我们究竟应当如何理解恩格斯所说的“不再是哲学”的“世界观”？这种“世界观”在何种意义上是“关于思维过程本身的规律”的“逻辑和辩证法”？回答这个问题，必须重新思考恩格斯对哲学所关切的“思维规律”的理解和关于哲学本身的“重大的基本问题”的概括。

关于哲学所研究的思维规律，恩格斯最为重要的论断是：“我们的主观的思维和客观的世界遵循同一些规律，因而两者在其结果中最终不能互相矛盾，而必须彼此一致，这个事实绝对地支配着我们的整个理论思维。这个事实是我们的理论思维的本能的和无条件的前提。”① 这清楚地表明，恩格斯所说的“关于思维过程本身的规律的学说”，并不是关于思维的实证科学，而是反思“理论思维的本能的和无条件的前提”，即恩格斯本人在作出上述论断时所提示的关于“思维和存在的一致”的学说。

必须深入思考的是，在提出关于“理论思维的本能的和无条件的前提”论断之后，恩格斯围绕这个论断展开了三个方面的论述：一是“18世纪的唯物主义，由于其本质上的形而上学的性质，只是从内容方面研究这个前提。它只限于证明一切思维和知识的内容都应当来源于感性的经验，并且重新提出下面这个命题：感觉中未曾有过的东西，理智中也不存在”。二是“只有现代的唯心主义的，同时也是辩证的哲学，特别是黑格尔，才又从形式方面研究了这个前提”，“这个哲学在许多场合下和在极不相同的领域中证明了思维过程同自然过程和历史过程的类似之处以及反过来的情形并且证明同一些规律对所有这些过程都是适用的”。三是“现代自然科学已经把一切思维内容都来源于经验这一命题以某种方式加以扩展，以致把这个命题的旧的形而上学的界限和表述完全抛弃了”②。

在这段具有鲜明针对性和深刻思想性的论述中，恩格斯表达了三个重要思想：其一，“思维和存在的一致”是“理论思维的本能的和无条件的前提”，对这个“前提”的批判性反思构成哲学意义上的“关于思维过程本身的规律”的“逻辑和辩证法”，并因而构成哲学与科学（包括自然科学、社会科学和思维科学在内的全部科学）这两种理论思维方式之间的

① 《马克思恩格斯选集》第4卷，人民出版社1995年版，第364页。

② 同上书，第364—365页。

原则区别；其二，旧唯物主义和辩证的唯心主义“只是”分别地探讨了这个“无条件的前提”的“内容方面”或“形式方面”，但均未合理地解决哲学与科学这两种理论思维方式之间的原则区别问题，并因而无法合理地回答“理论思维的本能的和无条件的前提”问题；其三，“现代自然科学”承诺了“一切思维内容都来源于经验这一命题”，并因而“完全抛弃”了对这个“无条件的前提”的形而上学反思。由这三个重要思想所引发的基本结论，应当是把哲学的“重大的基本问题”归结为“理论思维的本能的和无条件的前提”即“思维和存在的一致”问题。事实正是这样。在《路德维希·费尔巴哈和德国古典哲学的终结》中，恩格斯就以简洁明确的论断方式提出：“全部哲学，特别是近代哲学的重大的基本问题，是思维和存在的关系问题。”① 由此可以得出的重要结论是：这个“重大的基本问题”，就是在“世界观”中被保存的“现实内容”；而在“世界观”中被克服了的“形式”，则是企图提供总联系的作为科学的科学的“哲学”。这就是“已经不再是哲学”的“世界观”对“哲学”的“扬弃”。

然而，值得深思的是，在相当长的时期里，关于恩格斯所概括的哲学的“重大的基本问题”，人们往往只是引证这个论断本身，而没有关切这个论断所指认的问题，即“理论思维的本能的和无条件的前提”问题，因此，不是从理论思维的两种基本方式——哲学与科学的关系中去理解“思维和存在的关系问题”，特别是没有从恩格斯所强调的“内容方面”和“形式方面”及其关系去理解这个“重大的基本问题”。由此导致的一个严重后果，就是把恩格斯所说的“关于思维过程本身的规律的学说”解释为“思维科学”，而不是把这个“学说”理解为关于“思维和存在的关系问题”即关于“理论思维的本能的和无条件的前提”的学说。从哲学与科学的关系上看，这两种理解方式，具有重大的原则区别：前者把作为世界观的马克思主义哲学归结为一种与自然科学、历史科学相并列的思维科学，后者则是把作为世界观的马克思主义哲学理解为对“哲学”的“扬弃”，既“克服”了作为科学的科学的“哲学”，又“保存”了作为哲学“重大的基本问题”的“思维和存在的关系问题”，也就是对“理论思维的本能的和无条件的前提”的批判和反思。因此，正是并且只是在

---

① 《马克思恩格斯选集》第4卷，人民出版社1995年版，第223页。

后者的意义上，作为“世界观”的马克思主义哲学，是一种“已经不再是哲学”的哲学——世界观。

这里的根本问题在于，“不再是哲学”的“世界观”，是一种根本不同于旧唯物主义的新唯物主义——现代唯物主义。这是恩格斯在论述哲学“基本问题”时突出强调的重要思想，因而也是我们理解马克思主义“世界观”至关重要的思想。然而，在通常关于哲学“基本问题”的阐释中，恰恰“忽视”甚至“忽略”了这个最为重要的思想，其结果就把作为现代唯物主义的“世界观”与作为旧唯物主义的“哲学”混为一谈，把现代唯物主义与旧唯物主义对“思维和存在的关系问题”的回答混为一谈，从而阉割了马克思主义世界观的真实含义。

恩格斯在作出“全部哲学，特别是近代哲学的重大的基本问题，是思维和存在的关系问题”这个具有根本性的论断之后，紧接着就论述了这个“基本问题”的历史演化，并提出这个问题“只是”在近代哲学“才被十分清楚地提了出来，才获得了它的完全的意义”。[①] 以此为基础，恩格斯集中地论述了哲学基本问题的历史演化与唯物主义的发展阶段的关系问题。这对于理解“已经不再是哲学，而只是世界观”的现代唯物主义具有不容忽视的重要意义。

恩格斯指出，费尔巴哈唯物主义对黑格尔唯心主义的批判，只是形成了“物质不是精神的产物，而精神本身只是物质的最高产物”这个“自然是纯粹的唯物主义”的观点，然而“到这里就突然停止不前了”[②]。恩格斯认为，“费尔巴哈在这里把唯物主义这种建立在对物质和精神关系的特定理解上的一般世界观同这一世界观在特定的历史阶段即 18 世纪所表现的特殊形式混为一谈了”[③]。恩格斯由此提出，“像唯心主义一样，唯物主义也经历了一系列的发展阶段。甚至随着自然科学领域中每一个划时代的发现，唯物主义也必然要改变自己的形式；而自从历史也得到唯物主义的解释以后，一条新的发展道路也在这里开辟出来了”[④]。

正是在关于唯物主义“发展阶段”的论述中，恩格斯向我们展现了

---

① 《马克思恩格斯选集》第 4 卷，人民出版社 1995 年版，第 223—224 页。

② 同上书，第 227 页。

③ 同上书，第 227—228 页。

④ 同上书，第 228 页。

以发现历史的运动规律为任务的“现代唯物主义”，与“关于思维过程本身的规律”的“逻辑和辩证法”的内在关联，即：只有“历史也得到唯物主义的解释以后”，才能合理地回答哲学的“重大的基本问题”——思维和存在的关系问题。这正如恩格斯所提出的：“费尔巴哈不能找到从他自己所极端憎恶的抽象王国通向活生生的现实世界的道路。他紧紧地抓住自然界和人；但是，在他那里，自然界和人都只是空话。无论关于现实的自然界或关于现实的人，他都不能对我们说出任何确定的东西。”① 恩格斯由此得出的根本性结论是：“要从费尔巴哈的抽象的人转到现实的、活生生的人，就必须把这些人作为在历史中行动的人去考察。”② “费尔巴哈没有走的一步，必定会有人走的。对抽象的人的崇拜，即费尔巴哈的新宗教的核心，必定会由关于现实的人及其历史发展的科学来代替。这个超出费尔巴哈而进一步发展费尔巴哈观点的工作，是由马克思于 1845 年在《神圣家族》中开始的。”③

由此，关于“不再是哲学”的“世界观”，就回到恩格斯在提出这个判断的同时所提出的另一个论断，即：“现代唯物主义把历史看作人类的发展过程，而它的任务就在于发现这个过程的运动规律。”④ 这个论断同马克思、恩格斯在《德意志意识形态》中的论断是完全一致的，即：“对现实的描述会使独立的哲学失去生存环境，能够取而代之的充其量不过是从对人类历史发展的考察中抽象出来的最一般的结果的概括。这些抽象本身离开了现实的历史就没有任何价值。”⑤ 显然，马克思、恩格斯在这里所指认的“独立的哲学”，就是恩格斯所说的与“世界观”相区别的“哲学”；而恩格斯所说的“不再是哲学”的“世界观”，则是“从对人类历史发展的考察中抽象出来的最一般的结果的概括”。这正是马克思、恩格斯所创建的历史唯物主义。

通过探析恩格斯所论述的“已经不再是哲学”的“世界观”，我们可以形成关于“现代唯物主义”的两点基本结论：其一，现代唯物主义对“哲学”的扬弃，一方面是“克服”了作为“科学的科学”的“哲学”；

① 《马克思恩格斯选集》第 4 卷，人民出版社 1995 年版，第 240 页。

② 同上书，第 240—241 页。

③ 同上书，第 241 页。

④ 同上书，第 364 页。

⑤ 《马克思恩格斯选集》第 1 卷，人民出版社 1995 年版，第 73—74 页。

另一方面则是“保存”了作为“理论思维的本能的和无条件的前提”的“思维和存在的关系问题”，并自觉地把这个“关系问题”确认为哲学的“重大的基本问题”。其二，“现代唯物主义”是从“历史中行动的人”出发去回答作为哲学的重大的基本问题的思维和存在的关系问题，因此，现代唯物主义的真实含义就是历史唯物主义，只有历史唯物主义才是“不再是哲学”的马克思主义的“世界观”。

二 探析马克思的“改变世界”的“世界观”

对“思维和存在的关系问题”的历史唯物主义回答，就是作为“现代唯物主义”的马克思主义的世界观。这是通过探析恩格斯关于“已经不再是哲学”的“世界观”的论断所形成的总体判断。这个判断与马克思的“改变世界”的论断是相互印证的，还是相互矛盾的？这是必须深入讨论的又一个重大理论问题。

在被恩格斯称之为“包含着新世界观的天才萌芽的第一个文件”① 的《关于费尔巴哈的提纲》中，马克思提出了被人们经常引证的著名论断，即：“哲学家们只是用不同的方式解释世界，问题在于改变世界。”② 然而，在对这个著名论断的阐释中，人们却往往得出这样的结论，即：“思维和存在的关系问题”只是“解释世界”的“哲学家们”的“基本问题”，而不是“改变世界”的马克思主义哲学的“基本问题”。这样的结论，不仅构成了马克思与恩格斯在“哲学基本问题”上的对立，而且构成了关于什么是马克思主义世界观的原则分歧。这就需要首先以马克思的《关于费尔巴哈的提纲》（以下简称《提纲》）为“文本”对象，认真地探析马克思的“改变世界”的“世界观”。

诉诸“文本”，我们可以看到：其一，《提纲》的立意是明确的，问题是鲜明的，这就是马克思所指认的“人的思维是否具有客观的真理性”③ 问题，而这正是恩格斯所概括的作为哲学重大的基本问题的“思维和存在的关系问题”；其二，《提纲》的回答同样是明确的、鲜明的，这

① 《马克思恩格斯选集》第 4 卷，人民出版社 1995 年版，第 213 页。

② 《马克思恩格斯选集》第 1 卷，人民出版社 1995 年版，第 57 页。

③ 同上书，第 55 页。

就是马克思所说的“全部社会生活在本质上是实践的。凡是把理论引向神秘主义的神秘东西，都能在人的实践中以及对这个实践的理解中得到合理的解决”[①]。这又正是恩格斯所总结的马克思“超出费尔巴哈进一步发展费尔巴哈观点的工作”——从“历史中行动的人”出发去回答“思维和存在的关系问题”，也就是对哲学的“重大的基本问题”的历史唯物主义回答。

在《提纲》的第一段中，马克思直截了当地提出：“从前的一切唯物主义（包括费尔巴哈的唯物主义）的主要缺点是：对对象、现实、感性，只是从客体的或者直观的形式去理解，而不是把它们当作感性的人的活动，当作实践去理解，不是从主体方面去理解。因此，和唯物主义相反，能动的方面却被唯心主义抽象地发展了，当然，唯心主义是不知道现实的、感性的活动本身的。”[②] 在这里，马克思正是从思维和存在的关系问题出发，简洁而明确地批判了旧唯物主义和唯心主义这两种“哲学”：其一，旧唯物主义“只是从客体的或者直观的形式”去看待思维和存在的关系问题，从而把思维对存在的关系看成是直观的反映关系，而这正是恩格斯所指认的旧唯物主义只是从“内容”方面去看待思维对存在的关系；其二，唯心主义只是“抽象地发展了”“能动的方面”，把思维对存在的关系归结为思维的能动作用，而这又正是恩格斯所指认的唯心主义只是从“形式”方面去看待思维对存在的关系；其三，马克思明确地指出，旧唯物主义之所以只是从客体的或者直观的形式去理解思维与存在的关系，唯心主义之所以只能是抽象地发展了能动的方面，其根源就在于离开“感性的人的活动”去看待思维与存在的关系，而这又正是恩格斯所指认的离开“历史中行动的人”去解决思维和存在的关系问题。由此我们可以看到，在马克思的这段被人们广泛引证的主题式话语的论断中，并不是否定了恩格斯所概括的哲学的重大的基本问题，而恰恰是从马克思所说的“感性的人的活动”或恩格斯所说的“历史中行动的人”出发去回答“思维和存在的关系问题”。由此可以看到：哲学的基本问题，正是在《提纲》中被“保存”下来的“世界观”的根本问题；对哲学基本问题的历史唯物主义回答，则构成马克思主义的世界观。

① 《马克思恩格斯选集》第 1 卷，人民出版社 1995 年版，第 56 页。
② 同上书，第 54 页。

诉诸《提纲》全文，我们可以看到，正是以揭示和批判旧唯物主义和唯心主义这两种以“哲学”方式所构成的世界观为“纲”，马克思在《提纲》中逐段深入地阐述了“现代唯物主义”的世界观。具体言之，在《提纲》的第二段，马克思明确地提出：“人的思维是否具有客观的真理性，这不是一个理论的问题，而是一个实践的问题。人应该在实践中证明自己思维的真理性，即自己思维的现实性和力量，自己思维的此岸性。关于思维——离开实践的思维——的现实性或非现实性的争论，是一个纯粹经院哲学的问题。”① 在这段论述中，马克思明确地提出了必须以实践的观点看待“人的思维是否具有客观的真理性”问题，也就是以实践的观点去看待作为哲学的重大的基本问题的思维和存在的关系问题。在紧接其后的第三段中，马克思针对旧唯物主义所探讨的“关于环境和教育起改变作用”的问题，又提出“环境的改变和人的活动或自我改变的一致，只能被看作是并合理地理解为革命的实践”。在其后的第四段中，马克思又针对费尔巴哈不能从“世俗基础的自我分裂和自我矛盾”来说明“世界被二重化为宗教世界和世俗世界”，提出“对于这个世俗基础本身应当在自身中、从它的矛盾中去理解，并在实践中使之革命化”。由此，马克思在《提纲》的第五段揭示了费尔巴哈哲学的本质：“费尔巴哈不满意抽象的思维而喜欢直观；但是，他把感性不是看作实践、人的感性活动。”② 正是基于这种洞见，马克思在《提纲》的第六段提出：“人的本质不是单个人所固有的抽象物，在其现实性上，它是一切社会关系的总和”，又在《提纲》的第七段提出，费尔巴哈“所分析的抽象的个人，是属于一定的社会形式的”③。正是依据上述论断，马克思在《提纲》的第八段作出一个具有根本性的论断：“全部社会生活在本质上是实践的。凡是把理论引向神秘主义的神秘东西，都能在人的实践中以及对这个实践的理解中得到合理的解决。”④ 由此提出的问题是：为什么“从前的一切唯物主义”不能“在人的实践中以及对这个实践的理解中”去解决“人的思维是否具有客观的真理性”，反而是“把理论引向神秘主义”？马克思在《提纲》

---

① 《马克思恩格斯选集》第1卷，人民出版社1995年版，第55页。

② 同上书，第56页。

③ 同上。

④ 同上。

的第九、十段所作的回答是："直观的唯物主义，即不是把感性理解为实践活动的唯物主义至多也只能达到对单个人和市民社会的直观"；"旧唯物主义的立脚点是市民社会，新唯物主义的立脚点则是人类社会或社会的人类"①。这就是说，新唯物主义之所以在理论上超越了旧唯物主义，从根本上说，是因为新唯物主义在其现实基础上超越了旧唯物主义。正是基于上述论断，马克思在《提纲》的第十一段即最后一段，作出了人们经常引证的基本结论："哲学家们只是用不同的方式解释世界，问题在于改变世界。"②

在这里如此详细地逐段引证和阐述马克思的《提纲》，对于深入地探析马克思的"改变世界"的"世界观"，特别是深入地探析这个"世界观"与恩格斯所指认的"不再是哲学"的"世界观"的内在一致性，是非常必要和十分重要的：其一，从理论内容上看，马克思、恩格斯的"现代唯物主义"的"世界观"对"哲学"的扬弃，既"克服了""哲学家们"把哲学当作关于"总联系"的"科学的科学"的幻想，又"保存"了作为"理论思维的本能的和无条件的前提"即"人的思维是否具有客观的真理性"的"思维和存在的关系问题"；其二，从根本理念上看，"现代唯物主义"与"哲学家们"的根本区别在于，"哲学家们"不是"在人的实践中以及对这个实践的理解中"去解决"思维和存在的关系问题"，而是以"直观"的方式或抽象的"能动"原则去回答这个"重大的基本问题"，因而他们的"哲学"只能是"解释世界"的哲学，并且只能是"把理论引向神秘主义的神秘东西"，与此相反，马克思恩格斯的现代唯物主义则是从"全部社会生活在本质上是实践的"这一根本理念出发，"在实践中证明自己思维的真理性"；其三，从现实基础上看，"哲学家们"之所以不能"在实践中以及对这个实践的理解中"提出和回答"人的思维是否具有客观的真理性"问题，根源在于"旧唯物主义的立脚点是市民社会"，因而"至多也只能达到对单个人和市民社会的直观"，只有立足于"人类社会或社会的人类"的现代唯物主义，才能超越"只是用不同的方式解释世界"，而形成"不再是哲学"的"世界观"——"改变世界"的"世界观"。这种以"人类社会或社会的人类"

① 《马克思恩格斯选集》第1卷，人民出版社1995年版，第56—57页。

② 同上书，第57页。

为“立脚点”、“在实践中以及对这个实践的理解中”所构成的世界观，就是马克思恩格斯所创建的“现代唯物主义”——历史唯物主义——的世界观。这是认真思考和深入探析马克思在《提纲》中所论证的“改变世界”的“世界观”应当得出的基本结论。

三　历史唯物主义的世界观的理论内涵

马克思恩格斯创建的历史唯物主义，从“感性的人的活动”或“历史中行动的人”出发去解决“思维和存在的关系问题”，形成了以“历史”为解释原则、以“生活决定意识”为核心理念、以“历史的内涵逻辑”为基本内容、以“人类解放”为价值诉求、以“改变世界”为理论指向的历史唯物主义的世界观。这个“不再是哲学”的“世界观”具有极其深刻和丰厚的理论内涵。

（一）历史唯物主义的世界观，是以“历史”作为解释原则的世界观

在《关于费尔巴哈的提纲》中，马克思明确地揭示了由三种不同的解释原则所构成的世界观：一是以“客体的或者直观”的解释原则回答思维和存在的关系问题的旧唯物主义的世界观；二是以“抽象的”能动性的解释原则回答思维和存在关系问题的唯心主义世界观；三是以“感性的人的活动”的解释原则回答思维和存在关系问题的现代唯物主义的世界观。[①] 对于后一种解释原则，恩格斯明确地表述为以“现实的人及其历史发展”为出发点的“现代唯物主义”的世界观。

“历史”是“追求着自己的目的的人的活动”，是“人们的现实生活过程”，是“现实的人及其历史发展”。人“作为人类历史的经常前提，也是人类历史的经常的产物和结果，而人只有作为自己本身的产物和结果才成为前提”[②]。人自身作为历史的“前提”和“结果”，以自己的活动构成自身的存在、自身的历史。历史是人的存在的现实，是人的现实的世界。正是在“历史”即“人们的现实生活过程”中，才形成现实的思维与存在的关系，因此，只有从“历史”即“人们的现实生活过程”出发，

① 参见孙正聿《历史唯物主义的真实意义》，《哲学研究》2007 年第 9 期。

② 《马克思恩格斯全集》第 26 卷（Ⅲ），人民出版社 1974 年版，第 545 页。

才能合理地提出和回答作为哲学基本问题的“思维和存在的关系问题”。

关于“历史”，值得深入思考的一个重大问题是，历史不只是一个“过程”，即不只是“感性的人的活动”，而且是一种“结果”，即“感性的人的活动”或“历史中行动的人”所创造的“文明”。文明结晶着人的历史活动，体现着人与世界的现实关系，并规范着人类社会的趋势与未来。因此，历史唯物主义的历史概念远不只是活动或过程的概念，更是文明的概念。以历史作为解释原则的历史唯物主义，从根本上说，是以文明为其内涵而实现的对思维和存在关系问题的回答，也就是以文明为其内涵构成的世界观。这正如马克思、恩格斯所说：“历史不外是各个世代的依次交替。每一时代都利用以前各代遗留下来的材料、资金和生产力；由于这个缘故，每一代一方面在完全改变了的环境下继续从事所继承的活动，另一方面又通过完全改变了的环境来改变更旧的环境。”① 这才是具有革命意义的、以历史作为解释原则的马克思主义的世界观。然而，通常所说的“实践唯物主义”，则只是把“实践”解释为“感性的人的活动”，而没有凸显人的实践活动所构成的历史的文明内涵。正因如此，我们不赞同以辩证唯物主义和历史唯物主义来称谓和定位马克思主义哲学，也不认同以实践唯物主义来称谓和定位马克思主义哲学，而把马克思主义哲学称谓和定位为历史唯物主义。

（二）以“历史”为解释原则的世界观，是以“生活决定意识”为核心理念的世界观

关于意识与存在的关系问题，马克思、恩格斯在《德意志意识形态》中十分明确地提出：“意识在任何时候都只能是被意识到了的存在”，而“人们的存在就是他们的现实生活过程”②。这表明：马克思、恩格斯所指认的“存在”，并不是某种超验的、与人无关的神秘的东西，而是人的“现实生活过程”，所谓的自然界则是“在人类历史中即在人类社会的产生过程中形成的自然界是人的现实的自然界”③；马克思、恩格斯所指认的“意识一开始就是社会的产物，而且只要是人们存在着，它就仍然是

---

① 《马克思恩格斯选集》第1卷，人民出版社1995年版，第88页。

② 同上书，第72页。

③ 《马克思恩格斯全集》第42卷，人民出版社1979年版，第128页。

这种产物”。[①] 马克思、恩格斯认为，由“纯粹动物式的意识”发展为真正的人的“意识”，这是“被历史的进程所改变”的结果。这表明，与“被意识到了的存在”一样，“意识”本身也是“历史”的产物。因此，“意识”与“存在”的关系，在其现实性上，就是“社会意识”（现实的人的意识）与“社会存在”（现实的人的生活过程）在“历史的进程”中所形成的关系。在“历史的进程”中所形成的意识与存在的关系，就是社会意识与社会存在的关系；在这种现实的社会意识与社会存在的关系中，从根本上说，“不是意识决定生活，而是生活决定意识”[②]。这是历史唯物主义的世界观的核心理念和根本观点。

离开“现实的人的意识”与“现实的人的生活过程”，并不存在抽象的“意识”与“存在”的关系；离开“历史的进程”去说明“意识”与“存在”的关系，只能是“把理论引向神秘主义的神秘东西”；只有从“历史的进程”提出和回答“意识”与“存在”的关系问题，才能“在人的实践中以及对这个实践的理解中得到合理的解决”。由此可以明确：离开“历史的进程”而提出“意识”与“存在”的关系问题，这是马克思主义以前的全部旧哲学；以“历史的进程”为出发点而提出“意识”与“存在”的关系问题，这才是马克思、恩格斯的世界观——历史唯物主义的世界观。

（三）以“历史”为解释原则的世界观，是以“历史的内涵逻辑”为内容的世界观

历史唯物主义的“唯物主义”，是唯物主义发展史上的马克思主义的唯物主义；历史唯物主义的“辩证法”，是辩证法发展史上的马克思主义的辩证法；因此，历史唯物主义的世界观，并不是一般意义的唯物主义与辩证法的统一，而是马克思主义的唯物主义与辩证法的统一，这就是以“历史”为解释原则的唯物主义与辩证法的统一。它最为重要的理论问题，并不是抽象的“思维”和“存在”的关系问题，而是解决“思维和存在的关系问题”中的“历史”与“逻辑”的关系问题、“理论”与“实践”的关系问题；它的主要的和直接的批判对象，是黑格尔以唯心主

① 《马克思恩格斯选集》第1卷，人民出版社1995年版，第81页。

② 同上书，第73页。

义辩证法所构成的“历史与逻辑的一致”；它的真实的理论内容，是作为历史的内涵逻辑的历史唯物主义。

在《资本论》的“第二版跋”中，马克思明确地提出：“我的辩证方法，从根本上说，不仅和黑格尔的辩证方法不同，而且和它截然相反。在黑格尔看来，思维过程，即他称为观念而甚至把它转化为独立主体的思维过程，是现实事物的创造主，而现实事物只是思维过程的外部表现。我的看法则相反，观念的东西不外是移入人的头脑并在人的头脑中改造过的物质的东西而已。”马克思由此提出：“辩证法，在其合理的形态上”，是“在对现存事物的肯定的理解中同时包含对现存事物的否定的理解，即对现存事物的必然灭亡的理解；辩证法对每一种既成的形式，都是从不断的运动中，因而也是从它的暂时性方面去理解；辩证法不崇拜任何东西，按其本质来说，它是批判的和革命的”。[①] 在这里，马克思提出了关于“辩证法”的两个根本性论断：其一，是观念决定现实，还是现实决定观念，这是黑格尔的辩证法与马克思的辩证法的根本区别；其二，“合理形态”的辩证法，不仅是肯定现实决定观念，而且“按其本质来说”是“批判的和革命的”。马克思的这两个论断表明，“现代唯物主义”的世界观是“对现存的一切进行无情的批判”的世界观，是“实际地反对并改变现存的事物”的世界观。这个世界观，既变革了以“客体的或者直观”的方式看待人与世界关系的旧唯物主义的世界观，也变革了把思维看成是“现实事物的创造主”的唯心主义的世界观。

黑格尔辩证法的唯心主义本质，深刻地体现为“历史屈从逻辑”。在《哲学的贫困》中，马克思就揭露了黑格尔的历史与逻辑的一致的唯心主义本质：“黑格尔认为，世界上过去发生的一切和现在还在发生的一切，就是它自己的思维中发生的一切。因此，历史的哲学仅仅是哲学的历史，即它自己的哲学的历史。”“它以为它是在通过思想的运动建设世界，其实，它只是根据绝对方法把所有人头脑中的思想加以系统的改组和排列而已。”[②] 不仅如此，马克思还深刻地揭示了形成黑格尔唯心主义辩证法的认识论根源：“在最后的抽象（因为是抽象，而不是分析）中，一切事物

① 《马克思恩格斯选集》第2卷，人民出版社1995年版，第111—112页。

② 《马克思恩格斯选集》第1卷，人民出版社1995年版，第141页。

都成为逻辑范畴，这用得着奇怪吗?”“正如我们通过抽象把一切事物变成逻辑范畴一样，我们只要抽去各种各样的运动的一切特征，就可得到抽象形态的运动，纯粹形式上的运动，运动的纯粹逻辑公式。”① 因此，马克思关于历史与逻辑的关系的基本观点是：“不是在每个时代中寻找某种范畴，而是始终站在现实历史的基础上，不是从观念出发来解释实践，而是从物质实践出发来解释观念的形成”。②

马克思肯定历史决定逻辑，并不是否认以逻辑的方式把握历史，而是把逻辑视为对历史的理论把握。在《〈政治经济学批判〉导言》中，马克思对逻辑与历史的一致性作出这样的论述：“比较简单的范畴可以表现一个比较不发展的整体的处于支配地位的关系或者一个比较发展的整体的从属关系，这些关系在整体向着以一个比较具体的范畴表现出来的方面发展之前，在历史上已经存在。在这个限度内，从最简单上升到复杂这个抽象思维的进程符合现实的历史过程。”③“比较简单的范畴，虽然在历史上可以在比较具体的范畴之前存在，但是，它在深度和广度上的充分发展恰恰只能属于一个复杂的社会形式，而比较具体的范畴在一个比较不发展的社会形式中有过比较充分的发展。”④ 在《资本论》中，马克思正是通过分析“比较具体的范畴”而把握“比较简单的范畴”，通过考察“比较发展的整体”而透视“比较不发展的整体”，通过揭示“一个复杂的社会形式”即资本主义的社会形式而实现对全部“人类生活形式”即“历史过程”的揭示，从而“发现”了人类历史的发展规律。⑤

历史与逻辑的关系问题，从根本上说，是“人的活动”与“历史规律”的关系问题。黑格尔辩证法的真实意义，在于它在批判“抽象理性”的过程中，构成了以概念的辩证运动所展现的人类思想运动的逻辑，即“思想的内涵逻辑”。然而，在黑格尔的历史与逻辑一致的“思想的内涵逻辑”中，却把历史的“规律”视为“无人身的理性”的自我实现过程，从而把历史视为“逻辑”的自我展开，而把人的历史活动本身当作这种“逻辑”的外在表现。这是黑格尔辩证法的唯心主义实质。与此相反，马

① 《马克思恩格斯选集》第1卷，人民出版社1995年版，第139页。

② 同上书，第92页。

③ 《马克思恩格斯选集》第2卷，人民出版社1995年版，第20页。

④ 同上书，第21页。

⑤ 参见孙正聿《“现实的历史”：〈资本论〉的存在论》，《中国社会科学》2010年第2期。

克思是把历史的“规律”视为人作为历史的前提和结果的辩证运动，而把“逻辑”视为关于人的历史活动的理论把握，从而把黑格尔的作为“思想的内涵逻辑”的辩证的唯心主义“扬弃”为作为“历史的内涵逻辑”的历史的唯物主义。马克思说：“人们自己创造自己的历史，但是他们并不是随心所欲地创造，并不是在他们自己选定的条件下创造，而是在直接碰到的、既定的、从过去承继下来的条件下创造。”[①] 以理论的方式把握人的历史活动及其所形成的历史规律，这就是马克思的唯物论与辩证法相统一的“历史的内涵逻辑”，即存在论、认识论和逻辑学相统一的历史唯物主义。

（四）以“历史”为解释原则的世界观，是以人类解放为其价值诉求的世界观

哲学作为理论形态的人类自我意识，既不是单纯的存在论，也不是单纯的认识论，而是具有存在论、认识论和价值论的三重内涵，即：一方面是为了确立某种价值理想而诉诸对真理的追求和对存在的反思，另一方面则是以对真理的追求和对存在的反思而确立某种价值理想。价值诉求，是哲学的根本旨趣，是哲学的基本理念，是哲学的主要功能。一种哲学理论的价值诉求，从根本上决定该种哲学对“存在”和“真理”的理解，也就从根本上决定该种哲学的世界观。历史唯物主义的世界观，是以“人类社会或社会的人类”为立足点、以人类解放为价值目标的世界观。这是“已经不再是哲学”的马克思主义世界观的最具革命性的根本特质。

推翻使人“被侮辱”、“被奴役”、“被遗弃”、“被蔑视”的“一切关系”[②]，是马克思、恩格斯创建自己的全部学说的真正的出发点，也是马克思、恩格斯全部学说所承诺的最高价值理想——以人的全面发展为内容的人类解放。正是从这个价值理想出发，马克思批判一切把理论引向神秘主义的神秘的东西，从揭露“人的自我异化的神圣形象”转向揭露“具有非神圣形象的自我异化”，把“对天国的批判变成对尘世的批判，对宗教的批判变成对法的批判，对神学的批判变成对政治的批判”[③]，从而实

① 《马克思恩格斯选集》第1卷，人民出版社1995年版，第585页。

② 参见《马克思恩格斯选集》第1卷，人民出版社1995年版，第9—10页。

③ 《马克思恩格斯选集》第1卷，人民出版社1995年版，第2页。

现"对现存的一切进行无情的批判"，并在这种批判中形成了以人类解放为价值目标的历史唯物主义的世界观。离开这个价值目标，就会像马克思、恩格斯所批判的"独立的哲学"一样，不了解"革命的、实践批判的活动的意义"，"至多也只能达到对单个人和市民社会的直观"，而不可能"在人的实践中以及对这个实践的理解中"去对待"人的思维是否具有客观的真理性"问题，也就是不可能以历史为解释原则而实现哲学的存在论、真理性和价值论的统一。

（五）以"历史"为解释原则的世界观，是以"改变世界"为其理论指向的世界观

正如恩格斯《在马克思的墓前讲话》中所说，马克思"首先是一个革命家"。[①] 马克思反对"哲学，尤其是德国哲学的爱好宁静孤寂，追求体系的完满，喜欢冷静的自我审视"的理论态度，认为哲学应当是"自己的时代、自己的人民的产物"，"任何真正的哲学都是自己时代精神上的精华，因此，必然会出现这样的时代：那时哲学不仅在内部通过自己的内容，而且在外部通过自己的表现，同自己时代的现实世界接触并相互作用"。[②]"改变世界"，这是马克思的哲学革命的根本理念——把"哲学"变革为指向实践的"世界观"。

关于理论与实践之间的关系，马克思在《黑格尔法哲学批判导言》中提出一系列值得特别关切的重要论述：其一，"理论在一个国家实现的程度，总是决定于理论满足这个国家需要的程度"；[③] 其二，"光是思想力求成为现实是不够的，现实本身应当力求趋向思想"；[④] 其三，"理论只要说服人，就能掌握群众；而理论只要彻底，就能说服人。所谓彻底，就是抓住事物的根本。但是，人的根本就是人本身"[⑤]。马克思的这些论述告诉人们：首先，理论不仅源于实践，而且其实现的程度同样取决于实践需要的程度，离开实践，既不会形成理论也不会实现理论；其次，源于实践的理论并不是消极地反映现实，而是以其既"合目的"又"合规律"的

① 《马克思恩格斯选集》第3卷，人民出版社1995年版，第777页。

② 《马克思恩格斯全集》第1卷，人民出版社1979年版，第219—220页。

③ 同上书，第11页。

④ 同上。

⑤ 同上书，第9页。

思想对现实进行批判性的反思、规范性的矫正和理想性的引导，从而使“现实趋向思想”；再次，引导现实的思想，必须是具有彻底性的思想，即抓住事物的根本也就是人本身的思想，因此，只有从“感性的人的活动”或“历史中行动的人”出发，才能构成真正具有实践意义的世界观。

马克思关于理论与实践关系的论述，凸显了以“历史”为解释原则的世界观对哲学的基本问题——思维和存在的关系问题——的“扬弃”：无论是“解释世界”的“哲学”，还是“改变世界”的“世界观”，都是作为理论形态存在的，都是以“思维和存在的关系问题”为其“重大的基本问题”的；二者的根本区别，则不仅在于如何看待思维与存在的关系，而且在于如何对待理论与实践的关系。思维和存在的关系问题是理论和实践的关系问题中所蕴含的“基本问题”，而理论与实践的关系问题则是思维和存在的关系问题的“现实内容”。历史唯物主义的世界观，以“历史”的解释原则回答了哲学的基本问题——思维和存在的关系问题，以“历史”的解释原则论证了人对世界的关系——人在自己的实践活动及其历史发展中所实现的人对世界的否定性统一关系，以“历史”的解释原则最深切地体现了哲学的批判本质——“对现存的一切进行无情的批判”，以“历史”的解释原则升华了哲学对自由和崇高的追求——历史作为“追求自己的目的的人的活动过程”所指向的人类解放和人的全面发展的崇高理想。因此，历史唯物主义的世界观，不只是改变了对“思维和存在的关系问题”的理解，更在于改变了对“理论与实践的关系问题”的态度。正是在理论与实践的关系问题中，深刻地体现了历史唯物主义的“改变世界”的世界观。

唯物史观与历史唯物主义的分分合合

张奎良*

长期以来，我国学界一直把唯物史观与历史唯物主义混淆并用：几乎所有的哲学辞典或哲学教科书都毫无例外地宣称“唯物史观即历史唯物主义”或“历史唯物主义即唯物史观”。有人还形象地说，唯物史观和历史唯物主义是同一事物的两种称呼，就像番茄也称西红柿，土豆也称马铃薯一样。至于什么内容或什么场合下用唯物史观或历史唯物主义，则一直没有任何章法和规范，听凭随意滥用。同一个问题，比如马克思总结欧洲1848年革命经验的著作或晚年人类学笔记，有的说丰富和发展了唯物史观，有的说验证了历史唯物主义基本原理。问题出在哪里，到底哪种说法更合适、更贴切？仔细分辨推敲，可以悟出，症结主要在于不理解唯物史观与历史唯物主义的区别和一致，忽视了它们之间分分合合的演进历程。当下唯物史观和历史唯物主义的研究日趋渐热，为了表述的精准，正确地揭示其深刻内涵，有必要从源头上对它们的区别与分分合合做一解说。

一 唯物史观与历史唯物主义的生成及其历史沿革

在马克思主义发展史上，马克思、恩格斯在他们合著的《德意志意识形态》中最先系统地表述了唯物史观的基本思想，但未直接提出唯物史观概念。他们只是说“这种历史观与唯心主义历史观不同”①。按照常规理解，“这种历史观”当然就是唯物主义历史观，简称唯物史观。此后

* 张奎良，黑龙江大学教授。

① 《马克思恩格斯选集》第1卷，人民出版社1995年版，第92页。

恩格斯在许多场合都一直沿用唯物主义历史观概念。在1859年的《卡尔·马克思〈政治经济学批判·第一分册〉》中，恩格斯直接说德国无产阶级的政治经济学“是建立在唯物主义历史观的基础上的”[①]。在1870年《德国农民战争》第二版序言中，恩格斯声明：“这个唯一唯物主义历史观不是由我，而是由马克思发现的。”[②] 1877年恩格斯在《反杜林论》引论中说：“一种唯物主义的历史观被提出来了，用人们的存在说明他们的意识……”[③] 1888年恩格斯还在致考茨基的信中说：“摩尔根在他自己的研究领域内独立地重新发现了马克思的唯物主义的历史观。”[④] 可是到了1890年，恩格斯在致康·施米特的信中突然提出历史唯物主义的术语，用来批评当时的德国青年不热心于艰苦的研究工作，而只是把历史唯物主义当作套语，来掩饰自己历史知识的贫乏。接着，恩格斯在1892年的《社会主义从空想到科学的发展》英文版导言中再次提出历史唯物主义概念，希望不可知论者和英国的庸人不要对这个名词过分感到吃惊。不过在该书正文中，恩格斯还是把唯物主义历史观与剩余价值学说称为马克思的两大发现。1893年恩格斯在致友人的信中又探讨了“历史唯物主义的起源”问题。

从上述唯物史观和历史唯物主义的生成和演变过程可以看出，马克思平生遭遇的只有“与唯心主义历史观不同”的唯物主义历史观，历史唯物主义与他无缘。在接近半个世纪的时间内，恩格斯与马克思一样也只用唯物主义历史观概念，根本没有历史唯物主义一说。恩格斯从晚年开始才启用历史唯物主义概念，在他心目中唯物史观与历史唯物主义确实是同义语，所以他才在《社会主义从空想到科学的发展》的序言和正文中同时使用唯物主义的历史观和历史唯物主义概念。不仅如此，恩格斯在提出历史唯物主义之后，仍然继续沿用唯物史观的称呼，1894年，他在致瓦·博尔吉乌斯的信中说“马克思发现了唯物史观”[⑤]。这样，到了19世纪末，唯物史观与历史唯物主义就彻底融合在一起，并广泛地传播开来，拉布里奥拉、普列汉诺夫等一大批19、20世纪之交的马克思主义者都普遍

① 《马克思恩格斯选集》第2卷，人民出版社1995年版，第38页。

② 同上书，第623页。

③ 《马克思恩格斯选集》第3卷，人民出版社1995年版，第365页。

④ 《马克思恩格斯选集》第4卷，人民出版社1995年版，第661页。

⑤ 同上书，第733页。

使用历史唯物主义概念。直到列宁才把历史唯物主义与唯物史观分开，赋予历史唯物主义以新的内涵："把唯物主义对自然界的认识推广到对人类社会的认识。"① 斯大林则给历史唯物主义下了一个广泛流行的定义："历史唯物主义是把辩证唯物主义的原理推广去研究社会生活……应用于研究社会历史。"② 从此历史唯物主义就转而与辩证唯物主义有机地连接在一起，构成马克思主义或无产阶级的完整的世界观。由于斯大林的《辩证唯物主义与历史唯物主义》小册子的巨大影响力，历史唯物主义的地位逐渐攀升，除了在马克思主义哲学史等特定领域中还出现唯物史观的表述外，一般意义上，历史唯物主义已经大有取代唯物史观的趋势了。

二 唯物史观与历史唯物主义的不同

历史唯物主义取代唯物史观也没什么不好，但从学术研究的角度来看，二者并非完全等同，它们都有各自独特的内涵和适用领域，不加区分混淆滥用是对历史和文献的亵渎。那么，它们之间的不同表现在哪里呢？

首先，唯物史观和历史唯物主义的内容指向不同。

唯物史观即唯物主义历史观，它的底蕴是历史观，是与唯心主义相对立的唯物主义的历史理念。按其本意来说，唯物史观并非一般意义上的哲学，它只是从遵循唯物主义哲学的基本原则观察和理解历史的结果。恩格斯说："这种历史观结束了历史领域内的哲学，正如辩证的自然观使一切自然哲学都成为不必要和不可能一样。"③ 唯物史观不是哲学思辨，它应当归结为"描述人们实际活动和实际发展过程的真正的实证科学"④。正是在这个意义上，列宁称唯物史观为"唯一科学的历史观"，也称它为科学的社会学。⑤ 所以唯物史观与作为意识形态的哲学不同，它指向经验事实，"按照事物的真实面目来理解事物"⑥。唯物史观作为科学的历史观不过是众多历史观中的一种，与其相对应的不仅有唯心史观，还有英雄史

① 《列宁选集》第3卷，人民出版社1960年版，第443页。
② 《斯大林选集》下卷，人民出版社1979年版，第424页。
③ 《马克思恩格斯选集》第4卷，人民出版社1995年版，第257页。
④ 《马克思恩格斯选集》第1卷，人民出版社1995年版，第73页。
⑤ 参见《列宁选集》第1卷，人民出版社1975年版，第10页。
⑥ 《马克思恩格斯选集》第1卷，人民出版社1995年版，第76页。

观、虚无主义史观，等等。

历史唯物主义的底蕴是唯物主义，是历史领域的唯物主义。作为一种唯物主义，历史唯物主义是纯粹的部门哲学，是辩证唯物主义世界观运用和推广于社会历史领域的结果。因此，历史唯物主义也不过是众多唯物主义中的一种，与它相对应的还有辩证唯物主义、实践唯物主义、直观唯物主义、纯粹的唯物主义、经济唯物主义，等等。

总之，唯物史观属于科学范畴，历史唯物主义属于哲学范畴，它们有着不同的研究范式和方法，它们的区别是显而易见的：一个是描述人类历史演进的实证科学，一个是概括社会历史发展及其规律的历史哲学，它们的关系就像物理学中的世界物质形态与哲学中的世界物质本体论的关系一样。但是历史的相关性又把它们连接起来，唯物史观是唯物主义视野下的历史观，以唯心史观为对立面；历史唯物主义是历史领域中的唯物论，以自然唯物主义为参照系。它们虽然观照的重点不同，但是历史都是它们不能不关涉的思想资源，因此，唯物史观与历史唯物主义有许多共同点，甚至出现内容和领域的交叉也就不足为奇了。

其次，唯物史观与历史唯物主义确立的前提不同。

《德意志意识形态》是马克思、恩格斯最先集中表述唯物史观的著作。我们注意到，他们在阐述唯物史观的时候，曾多次强调人类历史的前提，把它放在唯物史观的源头地位："全部人类历史的第一个前提无疑是有生命的个人存在，因此，第一个需要确认的事实就是这些个人的肉体组织以及由此产生的个人对其他自然的关系。"① 这里首先把个人的生命需求放在人类历史前提的第一个层次，接着又对这里所说的个人加以澄清，指出："我们不是……从口头说的、思考出来的、设想出来的、想象出来的人出发，去理解有血有肉的人，我们的出发点是从事实际活动的人……这种考察方法不是没有前提的。它从现实前提出发，它一刻也离不开这种前提。它的前提是人……是处在现实的、可以通过经验观察到的、在一定条件下进行的发展过程中的人。"② 于是人，特别是现实的人就成为历史前提的第二个层次。最后，又进一步引申，指出："我们首先应当确定一切人类生存的第一个前提，也就是一切历史的第一个前提，这个前提就

① 《马克思恩格斯选集》第1卷，人民出版社1995年版，第67页。
② 同上书，第73页。

是：人们为了能够‘创造历史’必须能够生活。但是为了生活，首先就需要吃喝住穿以及其他一些东西。因此第一个历史活动就是生产满足这些需要的资料，即生产物质生活本身。”① 这就把人类历史的前提由生命需求转向现实的人，最后落实到物质资料生产上，完整地表述了唯物史观确立的前提。

历史唯物主义作为人类社会发展规律的学说，其确立的前提是辩证唯物主义及其在社会历史领域的推广和运用，辩证唯物主义是种子，历史不过是土壤，最终生成的是历史领域的辩证唯物主义，即历史唯物主义。所以历史唯物主义确立的前提与唯物史观不同，不是人及其生命需求和满足需求的物质生产劳动，而是唯物主义与辩证法相结合的辩证唯物主义。这是两种不同的确立前提，唯物史观的历史主体是人，唯物史观确立自己的前提就离不开对人的正确理解，而人是生命实体，满足生命需求又离不开生产活动，于是，人—生命—生产活动构成唯物史观确立的前提。而历史唯物主义以社会意识与社会存在的关系为主体，以生产力与生产关系、经济基础与上层建筑的矛盾运动为动力和规律，视人及其生命需求与劳动生产为既成的东西，根本无须重述。所以一切历史唯物主义教科书都绕过人的前提，直接奔入社会意识与社会存在以及社会基本矛盾运动等章节，这不能不说是唯物史观与历史唯物主义的重要区别。

再次，唯物史观与历史唯物主义的基本问题不同。

自从恩格斯在《路德维布·费尔巴哈和德国古典哲学的终结》中提出哲学基本问题之后，哲学社会科学广泛采用基本问题概念，用以表达对重大的、具有决定意义问题的理解。唯物史观作为马克思的两大发现之一，博大精深，体系严谨，其基本问题也十分鲜明突出。马克思在深刻总结人类历史观及其演变的基础上，在与唯心史观相比较中，提出了唯物史观的基本问题。

马克思、恩格斯认为：“迄今为止的一切历史观”都有一个通病，“不是完全忽视了”“每个个人和每一时代所遇到的现成的东西”即“生产力、资金和社会交往形式的总和”所构成的“现实基础”，“就是把它仅仅看成与历史过程没有任何联系的附带因素”②。它一方面贬低历史的

① 《马克思恩格斯选集》第1卷，人民出版社1995年版，第78—79页。

② 同上书，第92—93页。

现实基础，同时又极力推崇他们主观臆造的“绝对精神”或“世界理念”，认为历史就是这些范畴的实现。“因此，历史总是遵照在它之外的某种尺度来编写的：现实的生活被看成是某种非历史的东西，而历史的东西则被看成是某种脱离日常生活的东西，某种处于世界之外和超乎世界之上的东西。”① 其结果，人与自然的关系被排除在历史之外，造成了历史与自然之间的对立。它所能看到的，仅仅是历史编纂学家视野中的宗教和政治事件，殊不知宗教和政治“只是时代的现实动因的形式”②。

以往一切历史观的弊病都集中在观念与历史现实基础的关系上，这种弊病在德国古典哲学特别是其集大成者黑格尔哲学中得到了经典的体现。黑格尔的《历史哲学》就是观念主导世界历史的范本，也只有在黑格尔之后，才可能出现在新的高度上既与唯心史观相对立，又反映马克思哲学革命变革的成果，以新的视野概括出唯物史观的基本问题来。

黑格尔是既立足于唯心主义而又深刻理解劳动实践的哲学家。马克思说：黑格尔“把劳动看作人的本质，看作人的自我确证的本质”，但他“唯一知道并承认的劳动是抽象的精神的劳动”③。根据黑格尔的逻辑，精神劳动的成果即他称之为主体和根据的观念或理念不仅决定人的本质，而且决定其在历史上的展现，历史归根到底是由精神和观念决定的。黑格尔的这种看法虽然十分唯心，但又与一般的思维决定存在的唯心主义有所不同，他把劳动实践融汇到自己的唯心主义理念中，这正是黑格尔的唯心史观的高明之处。

《德意志意识形态》是标志马克思、恩格斯完成划时代哲学革命变革的巨著，这本书所提出和论证的实践唯物主义把现实的物质和存在升格，看作是人的对象化活动的结果，实践唯物主义就是“把感性理解为实践活动的唯物主义”④。他们严格划定了对象、存在与活动的区别，指出费尔巴哈就是“把人只看作是‘感性对象’，而不是‘感性活动’……他从来没有把感性世界理解为构成这一世界的个人的全部活生生的感性活

① 《马克思恩格斯选集》第1卷，人民出版社1995年版，第93页。

② 同上。

③ 《马克思恩格斯全集》第3卷，人民出版社1979年版，第320页。

④ 《马克思恩格斯选集》第1卷，人民出版社1995年版，第60页。

动”①。最后，马克思、恩格斯做出了振聋发聩的总结和概括：“这种活动、这种连续不断的感性劳动和创造，这种生产，正是整个现存感性世界的基础。”② 把活动单挑出来凸显了马克思哲学革命变革的真实意义，不是一般的物质存在，而是生成这种物质存在的对象化活动才是整个现存世界的根基。马克思、恩格斯针对以黑格尔为代表的唯心史观的特点，带着自己实践物主义的最新成果，把唯物史观的基本问题概括为：“这种历史观和唯心主义历史观不同，它不是在每个时代中寻找某种范畴，而是始终站在现实历史的基础上，不是从观念出发来解释实践，而是从物质实践出发来解释观念的形成。”③ 在这里，相互对立的范畴已经不是意识和存在或社会意识和社会存在，而是观念和物质实践。观念相当于意识，而物质实践寓意深刻，实践不仅超越了存在，还反映出它是经过对象化活动而创生的物化的存在，是对对象、现实和感性的实践和主体的理解。由于黑格尔只承认抽象的精神劳动和实践，所以马克思又在实践之前加上物质二字，用以表明只有人的现实的感性活动，才是决定历史和观念的现实基础，而意识和观念不仅以物质实践为底蕴才能生成，而且“意识的一切形式和产物不是可以通过精神的批判来消灭的……只有通过实际地推翻这一切唯心主义谬论所由产生的现实的社会关系，才能把它们消灭”④。用观念和物质实践的关系来表述唯物史观的基本问题不仅起点高，没有忽视黑格尔的实践观的成果，而且站在时代高度，完全进入了马克思的实践唯物主义境界，是对唯物史观基本问题的精确表述。

历史唯物主义基本问题是由辩证唯物主义给定的，由于历史唯物主义是辩证唯物主义在社会历史领域的推广和运用，辩证唯物主义哲学的基本问题即思维与存在的关系问题，自然也就以社会意识与社会存在关系的追问而成为历史唯物主义的基本问题。这个逻辑在斯大林的《辩证唯物主义和历史唯物主义》中表现得最为坚定和清晰。他说：“既然自然界、存在、物质是第一性的，而意识、思维是第二性的，是派生的；既然物质世

① 《马克思恩格斯选集》第 1 卷，人民出版社 1995 年版，第 77—78 页。

② 同上书，第 77 页。

③ 同上书，第 92 页。

④ 同上书。

界是不依赖人们意识而存在的客观实在，而意识是这一客观实在的反应，那么由此应该得出结论：社会物质生活、社会的存在，也是第一性的，而社会的精神生活是第二性的，是派生的；社会物质生活是不依赖于人们意志而存在的客观实在，而社会的精神生活是这一客观实在的反映，是存在的反映。"①

现在所有的历史唯物主义教材或论著都承认，社会意识和社会存在的关系是历史唯物主义的基本问题，它与唯物史观确认的基本问题，即物质实践与观念的关系问题有什么不同呢？首先必须确认，唯物史观提出的物质实践与观念的关系问题在先，是在马克思早期哲学革命变革的大背景下提出来的，因此在相当大的程度上反映了马克思的实践哲学的构想。实践唯物主义把一切现实的存在都看成是人的对象化活动的结果，感性活动或物质实践既是存在的源头，又是观念形成的根源。无论是前者或是后者，凸显的都是人自身，实际上是人的对象化活动（物质实践）与人的对象化产物（观念）之间的关系。黑格尔等唯心史观把它们之间的关系弄颠倒了，把观念看成是支配实践的主宰。马克思正本清源，恢复了实践的本原和第一的地位。而历史唯物主义提出在后，由于当时离开马克思哲学革命变革的背景已经很远，人们在概括历史唯物主义的基本问题的时候更多的是从社会发展规律问题入手，强调的是与现实斗争关系密切的经济政治关系以及阶级斗争等。相比较起来，人及实践等前提问题对历史唯物主义来说已经不那么紧迫和重要了，所以，马克思在众所公认的历史唯物主义经典表述的《政治经济学批判》序言中，不仅肯定了"人们的社会存在决定人们的意识"这一历史唯物主义的基本问题，而且只字不谈现实的个人及其实践问题。恩格斯后来在首次解释历史唯物主义的概念含义时也沿着这个思路，明确地指出，历史唯物主义的主要观点或基本问题是"一切重要历史事件的终极原因和伟大动力是社会经济的发展，是生产方式和交换方式的改变，是由此产生的社会划分为不同的阶级，是这些阶级彼此之间的斗争"②。可见，坚持物质实践对观念的决定作用还是一般地坚持社会存在对社会意识的决定作用，这是唯物史观与历史唯物主义在基本问题上的重要区别。

---

① 《斯大林选集》下卷，人民出版社 1979 年版，第 436 页。

② 《马克思恩格斯选集》第 3 卷，人民出版社 1995 年版，第 704—705 页。

三 唯物史观与历史唯物主义的总体倾向与适用域

唯物史观与历史唯物主义的内容指向、确立前提和基本问题的不同，就使得它们各自分别形成了独立的个体，但是二者之间在相当长的时间内一直以隐蔽的形态而相互连接，互相交叉，趋于融合的。《德意志意识形态》是唯物史观与历史唯物主义相互交织的第一个样板，它在论述唯物史观的生成前提和基本问题的同时，又以揭示人类社会生活构成的几大板块为历史唯物主义搭建了基本框架。马克思说："这种历史观就在于：从直接生活的物质生产出发阐述现实的生产过程，把同这种生产方式相联系的、它所产生交往形式即各个不同阶段上的市民社会理解为整个历史的基础，从市民社会作为国家的活动描述市民社会，同时从市民社会出发阐明意识所有各种不同理论的产物和形式，如宗教、哲学、道德等等，而且追溯它们产生的过程。"[①] 这里的物质生产、交往方式、市民社会、社会意识形式等构成了生产力与生产关系、经济基础与上层建筑等社会基本矛盾运动的基石，历史唯物主义的基础部分正是由这些内容演绎出来的。所以唯物史观与历史唯物主义从一开始就表现出它们之间的共同性。

当然，如果光有这些共性，唯物史观与历史唯物主义就可以不加区分了。恩格斯不是不知道作为历史观的实证科学与作为意识形态的历史唯物主义之哲学之间的区别。但他内心深处总有一个挥之不去的情结，那就是历史观必须提升为哲学，成为更大的总体哲学的一部分，即社会历史哲学。恩格斯虽然说过唯物史观结束了历史哲学，那只是为了反对"以哲学家头脑中臆造的联系来代替应当在事变中去证实的现实联系，把全部历史及其各个部分都看作观念的实现，而且当然始终只是哲学家本人所喜爱的那些观念的逐渐实现"。[②] 这种彻头彻尾的唯心主义历史哲学当然是应该从历史观中驱逐出去的。在历史领域"也完全像在自然领域里一样，应该通过发现现实的联系来清除这种臆造的人为的联系；这一任务归根到底就是发现那些作为支配规律在人类社会的历史上起作用的一般运动规

① 《马克思恩格斯选集》第1卷，人民出版社1995年版，第92页。

② 《马克思恩格斯选集》第4卷，人民出版社1995年版，第246页。

律”①。这一任务恰恰召唤着历史哲学，也只有哲学而不是历史观才能完成从纷繁复杂的历史万花筒中抽象出一般运动规律的使命。唯物主义历史观虽然正确地反映了历史运动的真实，但是单纯的历史观不加提升就只能是认识历史的工具和手段，甚至有陷入就事论事的危险。所以，凡是有科学立足的地方，恩格斯总想从中提炼出哲学，使之和先进阶级的命运连接在一起。《反杜林论》和《自然辩证法》提供了这方面的光辉例证。正是这一情结使恩格斯自觉不自觉地从唯物史观向历史唯物主义倾斜。尤其是历经1848年革命、第一国际领导下的蓬勃开展的工人运动和巴黎公社革命以后，阶级、革命、专政等现实问题凸显出来，侧重于面向人类历史演进的科学历史观对此已经显得很不适应。正是在这种情况下，恩格斯才由唯物史观和历史唯物主义并用转向历史唯物主义。尽管当时在恩格斯那里历史唯物主义与唯物史观的区别还不太明显，但以后经过普列汉诺夫、列宁和斯大林的一再修琢，终于使历史唯物主义成为马克思主义总体世界观的构成部分。

由于唯物史观与历史唯物主义共性太多，现在我们在概括了它们上述三点不同之后，为了更准确地把握它们之间的关系，这里只能从总体倾向而不是绝对不同的意义上来描述它们的各自特征和适用域。

首先，唯物史观作为唯一科学的历史观，唯物主义是它思想上的遵循和指导，历史是它耕耘的土壤和概括总结的对象及思想资料。唯物史观是在唯物主义指导下观察和总结人类社会历史所形成的总的观点。唯物史观的这种定位就决定了它主要是观照过去，面向历史，格外重视人类历史的发生、演进的源头、机制、道路、条件、动力、方式等等。在这个意义上，唯物史观是探索人类自身发展奥秘的实证科学，其基本使命是如实地反映历史的真实，揭示历史演进的本质和规律，一般性、客观性、全面性、普适性、非意识形态性是它的突出特点。唯物史观涉及的消除异化和实现人的全面发展的结论并不是马克思事先的蓄意追求，其初衷也不是注定要提供一种多么符合无产阶级利益和要求的历史观，正像马克思自己所说：“我的见解，不管人们对它怎样评论，不管它多么不合乎统治阶级自私偏见，却是多年诚实研究的结果。”② 这个结果却恰恰与无产阶级的利

① 《马克思恩格斯选集》第4卷，人民出版社1995年版，第247页。

② 《马克思恩格斯选集》第2卷，人民出版社1995年版，第35页。

益与要求相符合，这只能说明历史的真理性与无产阶级的阶级性的统一，是任何逆历史潮流而动的反动派所奈何不了的。唯物史观的科学定性，决定了它以探索历史的真实面目及其历史要素之间的本质联系为主旨，是从未知到已知的探索方式。唯物史观的对象多是人类历史演进中未经研究或研究得很不充分或研究的结论基本错误的事物，这就要求唯物史观不能沿袭前人的模式，要有创新思维，其研究成果一般都带有前所未见或拨乱反正的性质。人类思想史中留下的这种空白主要集中在唯心史观所盘踞的历史领域。马克思远见卓识，以自己哲学革命变革的实践成果，既摧毁了黑格尔式的精神实践主导历史的唯心史观，又颠覆了费尔巴哈式的不理解实践本原地位的旧唯物主义。马克思以人及其实践为起点，认为“历史不过是追求着自己目的的人的活动而已”，这就驱散了蒙在历史上空的种种阴霾，把历史真正置于人的现实活动基础上。由此我们可以确认，《1844年经济学哲学手稿》《德意志意识形态》、晚年人类学笔记等都是唯物史观的经典之作。而《1844年经济学哲学手稿》中讲述的自由的有意识的活动就是人的类特性、有意识的生命活动把人同动物直接区别开来、人的生产是全面的生产、人也按照美的规律来创造、异化的生成与克服的途径等，以及《德意志意识形态》中阐发的人类历史的第一个前提是有生命的个体存在，都明显属于唯物史观的范畴。

与之相比，历史唯物主义虽然也关注人类历史的发展及其规律，但它更多的是面向现实，注重当下发生的事件，是从已知确定的对象出发探索其未知的原因、本质和规律的学问。具体性、现实性、意识形态性是它突出的特点。历史唯物主义虽然与唯物史观长期混淆在一起，但它们的区别一直是潜藏着，在应然的意义上，后人仍可以区分。比如，《共产党宣言》和马克思为总结历史经验而写作的《1848年至1850年的法兰西阶级斗争》《路易·波拿巴的雾月十八日》等就属于历史唯物主义著作。

其次，从写作的时间上也能区分出唯物史观与历史唯物主义的各自特征。唯物史观主要阐发于马克思思想发展的早、晚期，是与实践唯物主义的提出和唯物史观的自身完善密切相关的。唯物史观是马克思哲学革命变革的产物，当马克思确认有生命的个人存在是人类历史的第一个前提，因而满足生命需求的物质生活资料的生产是一切观念生成的现实基础的时候，已经把感性理解为实践活动的实践唯物主义与物质实践决定观念形态的唯物史观连接起来。逻辑上似乎是实践哲学在先，唯物史观在后，实际上它们是同时伴生的，有了实践唯物主义，同时也就有了唯物史观。这一点已经得到恩格斯的明确确认。1893 年他在致弗·雅·施穆伊洛夫的信中提到："关于历史唯物主义的起源，在我看来，您在我的《费尔巴哈》中就可以找到足够的东西——马克思的附录其实就是它的起源!"① 这个附录就是《关于费尔巴哈的提纲》，那里正是实践唯物主义的诞生地。所以，唯物史观生成的密集区特别集中在早期哲学革命变革的时代，马克思哲学革命变革的标志性著作《1844 年经济学哲学手稿》和《德意志意识形态》等虽然也是哲学著作，但首先是唯物史观的辉煌成果。

晚期，当巴黎公社革命失败，欧洲进入和平发展的阶段以后，马克思又重新回到书房，开始思索如何完善已经发现的唯物史观。唯物史观虽然是马克思的两大发现之一，但却是没有最终完成的使命，这主要体现在唯物史观的源头即人类的原生形态始终还处于假说状态。马克思在《德意志意识形态》中曾把原始社会设想为部落所有制，认为它是家庭关系的扩大，内部还隐蔽地存在着阶级对立的关系，由此才导致《共产党宣言》一开头就说迄今人类社会的历史都是阶级斗争的历史。此后马克思在《1857—1858 年经济学手稿》中虽曾接触到原始社会史问题，但都是借助人体解剖是猴体解剖的一把钥匙的功用，从资本主义现实往前追溯对原始社会的一种逻辑推断。1877 年美国人类学家摩尔根的《古代社会》一书发表，这本书以实际调查为基础，发现了人类原生形态的社会结构，证明了母系氏族是原始社会的基本单位，用已消失了的远古社会的活化石提供了对人类原生形态的科学理解。马克思高度评价这本书的积极意义，立即写下了《古代社会》一书摘要，对摩尔根的观点进行评述，并指出了其缺陷和不足之处。以这本书为契机，马克思一下子写了五本读书笔记的摘要，恩格斯为了执行马克思的遗言，又写出《家庭、私有制和国家的起源》，进一步发挥了马克思《古代社会》一书摘要的思想，并指出："摩尔根在美国，以他自己的方式，重新发现了 40 年前马克思所发现的唯物主义历史观"，② 由此可见马克思对摩尔根《古代社会》一书所做的摘要及恩格斯在此基础上写出的《家庭、私有制和国家的起源》都是唯物史观的经典之作。所有这些著作都以科学探索的态度，力求揭开唯物史观源

① 《马克思恩格斯选集》第 4 卷，人民出版社 1995 年版，第 721 页。

② 同上书，第 1 页。

头的奥秘，这就是唯物史观在马克思早期和晚期集中扎堆的原因。

而历史唯物主义作为辩证唯物主义的推广和应用，其生成的时间就出现了较为复杂的情况。马克思早晚期的唯物史观著作许多都与历史唯物主义重合，既是唯物史观的著作，也可看成是历史唯物主义的著作，比如《1844 年经济学哲学手稿》和《德意志意识形态》等等，但马克思典型的历史唯物主义专著却主要写于中期，从《共产党宣言》起始，《1848 年至 1850 年的法兰西阶级斗争》，《路易 · 波拿巴的雾月十八日》，《资本论》的序、导言和跋，《法兰西内战》以及《哥达纲领批判》等，都是马克思在特定的现实领域运用辩证唯物主义世界观分析具体历史事件的产物。这些著作不是为了厘清事实，而是对已经发生的事实进行哲学分析，具有鲜明的意识形态性，虽也不乏科学性，但主要不是历史观，而是历史哲学和科学社会主义的成果。以《家庭、私有制和国家的起源》为例，这是一部全方位地揭示人类生存环境和历史演进的科学著作，是唯物史观的经典。但恩格斯赋予它鲜明的阶级性和目的性，特别是该书的结尾，对资本主义的现代文明所做的批判和对未来美好社会的憧憬，深深地感召着每一个读者。这正是科学性与阶级性相统一的范例，也是唯物史观与历史唯物主义相结合的典范，马克思早期的几部典型的唯物史观著作也带有这种特点。

今天，刻意地区分唯物史观和历史唯物主义并描述它们的分分合合未免咬文嚼字，有点书卷气，但它们之间的关系毕竟还有分辨的空间。无论它们提出的时间、背景、初衷、内涵和实际运用都不尽相同，长时间混淆并用是学术不规范、欠缺精益求精的表现。本文在肯定它们的共性的同时，力求找出它们之间的不同，分别给予各自的定位，这或许对澄清唯物史观与历史唯物主义的微妙关系不无裨益。

唯物史观研究范式的转换

何　萍*

一　问题的提出

唯物史观是马克思主义哲学中最重要的组成部分，也是贯穿于马克思主义哲学发展的主线。一个多世纪以来，世界各国的马克思主义者根据世界历史的变化和本民族的现代社会转型，从不同的角度阐发马克思的唯物史观原理，推动了唯物史观理论的发展。在此期间，世界各国的马克思主义者曾经因所处国度不同、知识结构各异，围绕唯物史观的性质、理论结构曾发生过激烈的争论，甚至互相指责对方为非马克思主义者，但是，他们谁也不否认唯物史观在马克思主义哲学中的地位，谁也不否认唯物史观学说对于人们观察当代社会变化、思考世界历史发展的方法论意义。相反，唯物史观的理论正是在这些争论中得到了丰富和发展。

那么，唯物史观为什么会在不同时期、不同民族的马克思主义者那里出现不同的理解呢？不同时期、不同民族的马克思主义者围绕唯物史观的性质和理论结构的争论是在什么范围内展开的呢？不可否认，不同时期、不同民族的马克思主义者围绕唯物史观的基本原理所展开的争论，源于他们所处的社会环境，但是，同样不可否认的是，不同时期、不同民族的马克思主义者围绕着唯物史观的性质和理论结构所展开的争论，是与他们对马克思主义哲学发展方式的理解相关的：那些固守唯物史观原理的人总是从量的演进上理解唯物史观的发展，认为，唯物史观的原理是不可动摇的，唯物史观的发展只能是把新出现的社会现象吸收到已有的唯物史观的

* 何萍，武汉大学教授。

理论中来并给予解答；而那些强调唯物史观原理的历史性特征的人则从质的变革上理解唯物史观的发展，认为，唯物史观本质上是人们观察社会现象、揭示现代社会发展规律的方法，它必然随着社会的变化而不断地改变自己的理论形态，而它的理论形态的变化又是通过研究范式的更新而实现的。在马克思主义哲学发展史上，罗莎·卢森堡、卢卡奇、霍克海默、哈贝马斯，都是从后一方面理解唯物史观的发展，并且自觉地创新唯物史观的研究范式，实现唯物史观理论的更新。他们的哲学贡献表明，唯物史观的发展不仅需要理论内容的不断丰富，而且还需要研究范式的不断更新，两者相比，后者是更为重要的方面。

从方法论的角度看，唯物史观的研究范式还是测量唯物史观理论发展的尺度。因为，在马克思主义哲学发展史上，唯物史观理论的量变和质变都是存在的，它们是唯物史观理论发展的两种不同的方式，其中哪一种更为合理，是由一定的社会发展状况决定的：当一定社会的发展处在结构稳定阶段，在社会现象的变化没有超出已有的唯物史观研究范式的解释范围的时候，人们通常会用已有的唯物史观的研究范式来解释社会现象，这时，唯物史观的理论就会呈现出量的变化；但是，一旦社会的发展处在变革时期，社会现象的变化已经超出已有唯物史观的研究范式所能解释的范围时，人们就不得不去创造新的研究范式，这时，唯物史观的理论就呈现出质的变化。由此可见，唯物史观的量变和质变是相对于研究范式的变化而言的，唯物史观的理论在研究范式内的变化，是量变；唯物史观的理论通过研究范式变换而更新，是质变。这样一来，唯物史观的研究范式又具有了方法论的意义，成为我们研究唯物史观理论发展的不可回避的问题。

尽管唯物史观的研究范式是人们用以考察唯物史观理论发展的重要方法，但人们不会每日每时地去讨论这一方法，也不是每一个马克思主义者都必须研究这一方法，而只有在社会结构发生革命性变革，已有的唯物史观的研究范式不能解释新出现的社会现象的时候，那些富有创新精神的马克思主义哲学家们才会以明确的形式提出方法论的问题，加以讨论。正是这样，在马克思主义哲学发展史上，每一次有关唯物史观研究范式的讨论，尤其是新的唯物史观研究范式的革新，都必然带来唯物史观的新发展，使唯物史观的发展呈现出阶段性的变化。

就西方资本主义世界的马克思主义哲学发展而言，这一方法的研究，分别发生于 19 世纪末、20 世纪 20—30 年代、20 世纪 60—70 年代和 21

世纪初。19 世纪末，罗莎·卢森堡为了解释帝国主义现象，建立了融哲学、政治经济学和科学社会主义为一体的、具有总体性特征的历史辩证法。她指出，这种历史辩证法就是马克思主义者说明帝国主义现象的方法。她所说的方法，其实就是唯物史观的研究范式。她所创立的历史辩证法和拉法格、拉布里奥拉创立的历史叙述方法一起，构造了唯物史观研究范式转换的第一个阶段。20 世纪 20—30 年代，以葛兰西、卢卡奇、柯尔施为代表的西方马克思主义哲学家们和以霍克海默、阿多尔诺、马尔库塞为代表的法兰克福学派的哲学家们，在反思西方资本主义的新发展时，从哲学的定义入手，批判了苏联马克思主义的唯物史观的研究范式，建立了以文化意识形态为核心的批判的唯物史观的研究范式。这一研究范式对法国存在主义的马克思主义哲学产生了深刻的影响，从而构成了唯物史观研究范式变换的第二个阶段。20 世纪 60—70 年代，面对新左派运动的失败和资本主义社会的新发展，阿尔都塞和柯亨反对把唯物史观等同于意识形态，强调唯物史观的理性结构，从而构成了唯物史观研究范式的转换的第三个阶段。21 世纪初，生态学马克思主义者在反思新社会运动的基础上，同时批判地吸取了葛兰西、卢卡奇、柯尔施创立的批判的唯物史观研究范式和传统马克思主义哲学的研究范式，提出了自然与文化相互作用的生态学马克思主义的研究范式，构成了唯物史观研究范式变换的第四个阶段。

西方资本主义世界的马克思主义者讨论和变革唯物史观的研究范式，有其理论的和历史的根据。就理论根据而言，西方资本主义世界的马克思主义者把马克思的唯物史观和他的资本主义理论之间的有机联系当作打破唯物史观的旧研究范式和创立唯物史观的新研究范式的理论根据。科尔施在批判苏联马克思主义哲学时，反复强调，马克思的唯物史观不是抽象的公式，它的每一个原理都是特殊的、具体的，是与资本主义这一特殊的社会形态相联系的，并且是与对资本主义社会的危机研究相联系的，因此，唯物史观的原理只有在分析资本主义社会形态的危机状态中才能真正显示它的意义。[①] 由此出发，他创立一种批判的马克思主义哲学传统，把唯物史观定义为批判的唯物主义，或唯物主义辩证法。科尔施的这一思想开创了西方世界的马克思主义者研究唯物史观的基本思路。自科尔施之后，每

---

① 参见［德］卡尔·科尔施《我为什么是一个马克思主义者》，《马克思主义研究资料》1983 年第 3 期总第 27 辑，人民出版社 1983 年版，第 246—255 页。

一次唯物史观的研究范式的变换都是围绕着唯物史观和马克思的政治经济学批判的关系的讨论而展开。《资本论》也由此而成为西方资本主义世界的马克思主义者研究唯物史观的主要文本。[①] 就历史根据而言，西方资本主义世界的马克思主义者把资本主义的新发展当作变换唯物史观研究范式的历史根据。罗莎·卢森堡阐发总体性的历史辩证法是为了说明帝国主义时代东方与西方的资本构成关系；葛兰西、卢卡奇、科尔施建构以意识形态为中心论题的批判的唯物史观的研究范式，是反思20世纪初欧洲垄断资本主义发展和探讨西方无产阶级革命失败原因的成果；列菲弗尔、萨特建立的以现代性为主题的唯物史观的研究范式，是对20世纪30—40年代资本主义世界的科技革命和城市化运动及其所产生的后果的思想概括。同样地，生态学马克思主义者是依据20世纪90年代以来资本主义的结构性变化以及新社会运动的兴起而提出生态学的唯物史观研究范式。这种理论根据和历史根据表明，唯物史观本身就是开放的、不断发展的学说，它随着资本主义的结构性变化而变换其研究范式，呈现出质变。

相比之下，中国学者在20世纪初经历了唯物史观的传播和理论建构后，再也没有提出和讨论这一问题，更谈不上唯物史观研究范式的转换。究其根本原因，是中国社会在20世纪90年代中期以前，没有出现结构性的变化。实践中没有提出要求，理论上当然也不会把这个问题纳入自己的研究视野。然而，在20世纪90年代中期之后，当中国社会结构发生了根本性的变化、原有的唯物史观理论已经很难解释中国社会的新现象时，唯物史观的研究范式问题就历史地呈现出来，成为唯物史观研究的突破口。本文正是基于这一理解，提出和研究这一问题。

二　审视20世纪90年代以来的中国社会变革

中国社会的变革虽然以20世纪70年代末至80年代初的改革开放为起点，但是，它的实质性变化则发生于20世纪90年代中期开始的城市的市场化浪潮。因为20世纪80年代，中国的社会改革只发生于农村，而农村在中国的体制中从来就不占主导地位，所以，这一时期的改革并没有触动中国社会体制的根基，也不可能引起中国社会的实质性变革。相对于城

① 参见何萍《马克思〈资本论〉的历史性解读》，《哲学动态》2008年第11期。

市的市场化改革来说，农村的改革充其量只是中国社会改革的一个试点。然而，20 世纪 90 年代中期开展的城市的市场化改革却不同了。这场改革从作为国家经济命脉的大型国有企业开始，继而扩展到教育、广播电视和出版业等媒体部门。由于这些改革，整个中国社会从经济到政治、文化，都迅速地市场化了，最终动摇了原有的计划经济体制，形成了中国社会的实质性变革。因此，审视 20 世纪 90 年代中期以来的中国社会变化，应是我们探讨唯物史观研究范式重构的现实基础和理论起点。

那么，20 世纪 90 年代中期以来的改革给中国社会带来了哪些实质性的变化呢？这种变化给我们创造了一个怎样的世界呢？

从总体上看，中国社会的实质性变化是以教育、广播电视和出版业等媒体部门的市场化为起点的。教育、广播电视和出版业等部门市场化的直接结果，就是文化产业的兴起。在教育、广播电视和出版业等媒体部门市场化之前，这些部门是从属于国家的，是国家权力的一部分，并不构成一个相对独立的部门，也不具有生产的性质，但是，在市场化之后，这些部门的生存方式和社会功能发生了根本性的变化：在生存方式上，这些部门已经不再依靠社会的再分配获得生存的资源了，而是依靠自身的生产性行为获得经济的支持。由于进行经济的生产，这些部门由消费性行业转变成生产性行业。作为一种生产性的行业，这些部门与物质生产部门一样，都要讲究经济效益，但是，与物质生产部门不同的是，这些部门生产出来的产品不是物质，而是文化，是一种精神上的、意识形态的东西，是一种对人们的思想、行为产生直接影响的东西。这一特点决定了这些部门生产的特殊性，即这些部门的生产不是纯经济的，而是融人们的物质需求、政治需求和精神需求为一体的文化生产，它生产的产品也必然对人们的需求方式、生活方式、生产方式产生综合性的影响。与之相应的，这些部门的社会功能也发生了变化：在市场化之前，这些部门的社会功能主要是宣传政府的思想、理念和政策，这时，它们就是国家的声音、国家的象征，而在市场化之后，这些部门虽然还担负着宣传政府的思想、理念和政策的职能，但更多的，它还要为市场的发展提供平台，即通过广告传导生产和消费的信息。于是，这些部门就获得了双重的社会功能：一方面是传导政府的声音，执行政治的功能；另一方面是传导社会的声音，执行社会的功能。由于有了这双重的功能，这些部门就以中介的方式进入社会，成为中国社会中既相对独立，又不可缺少的一部分，而它的产品——文化，也就成为人们生活的基础。由此可见，教育、广播电视和出版业等媒体单位的生存方式和社会功能的改变所引起的社会变化，绝不限于这些部门之内，不是个别的现象，而是涉及国家、集体和每一个人的利益，触动了中国社会的各个领域。一个新的社会结构就从这种变化中产生出来。

首先，教育、广播电视和媒体等部门的产业化创造了一个文化的中介，主导人们的需求方式、生活方式和生产方式，使人们的需求方式、生活方式和生产方式发生了结构性的变化。就人们的需求方式而言，在文化产业化出现之前，人们的需求主要在物质的生活资料方面，而满足需求的方式是通过人与人之间的直接联系实现的，然而，文化产业出现之后，人们的需求多样化起来，除了物质消费的需求外，还有对教育、娱乐、旅游、网络、广告、信息等多方面的需求，而且，人们的需求越广泛，他们对广告、信息、网络的需求也就越迫切，这时，人们不论是在获取需求的手段上，还是在精神上，都变得越来越依赖于广告、信息、网络，而广告、信息、网络也就成为人们需求形成和得到满足的中介。需求方式的这一变化引起了人们的生活方式和生产方式的变化。受广告、信息的引导，文化消费成为人们生活中的一部分，于是，以文化消费为主体的行业发展起来，旅游业、娱乐业、网络文化、电视剧等就是在文化需求的刺激下发展起来的。这些文化产业的兴起，打破了原有的以物质生产为中心的单一化的生产体系，形成物质生产与文化生产为一体的复杂多样的生产体系。品牌的生产和意识就是这种复杂多样的生产体系的一个标志。它的出现展示了物质生产对文化的依赖性，即物质的生产只有和文化结合在一起，赋予物质的产品以符号化的特征，才能获得最大的效益。这样一来，物质的生产就变成了文化生产的一种外在的形式，而文化生产成为物质生产的内核。现在，中国人常常用生态文明、绿色食品的字样来标识自己的产品性质，就是这种文化生产的典型表现。文化的需求、文化的生产把广大人群从政治的领域中分离出来，变成了消费的群体、变成了大众文化的群体。这时，人们的生活方式不再以政治为轴心，而是以消费为轴心，以文化为主导。这就使人们的生活方式发生了深刻的变化。

其次，文化的产业化刺激了以个体为基础的公共领域的建立，从而改变了个人、群体和国家之间的政治结构关系。公共领域是在市民社会的基础上发展起来的。市民社会的兴起是国家和社会分离的标志，也是一个社会由传统而现代转型的标志。马克思在《黑格尔法哲学批判》中就是在这个意义上来定义市民社会的。他认为，市民社会作为现代社会的形成，最重要的标志是民主制的形成，人的个体性的确立。20 世纪初，葛兰西根据市民社会的演变和公共领域的出现，又把市民社会提升为一个政治概念，认为，市民社会是与国家政治权力相对的伦理政治，而这种伦理政治不同于国家政治权力的一个重要标志在于，它不是以国家机器、暴力为基础，而是以同意为基础。根据这一定义，在市民社会基础上发展起来的公共领域就是人们不依赖国家而获得个人权利的场所，它体现了一种不同于国家政治权力的新的政治权利。这是问题的一个方面。从另一方面看，公共领域不是市民社会的被动形式，它一旦形成就会对市民社会的发展起着能动的作用。在西方，公共领域的建立刺激了一些非政府组织、非营利组织的出现，这些组织的出现给个体的发展带来了新的发展空间，也为人们的政治生活创造了更加多样化的形式。中国是一个农业文明的国家，持续数千年的封建制度压抑了中国市民社会的发展。新中国成立后，中国迅速从一个封建集权制的国家转化为社会主义的计划经济体制的国家。在计划经济体制下，国家、集体和个人的利益达到了高度的统一：一方面是国家把人民利益的最大化作为自己的目标；另一方面是个人、集体依靠国家。在这种统一中，社会并没有提出发展市民社会的要求。如果说那个时候有公共领域，那么，这个公共领域绝不是建立在以个体为基础的市民社会的平台上的，它不过是国家统一管理的机构。这种情况一直到 20 世纪 90 年代中期以前，都没有改变，即使有人在观念上提出这一问题，也没有获得实践上的支持。但是，从 20 世纪 90 年代中期开始，情况就不同了。文化的产业化，一方面使传媒开始面向大众，加之网络的发展，为个体的发展提供了技术的平台；另一方面使知识分子成为一个相对独立的群体，获得了新的发展空间。在这个平台上，一些知识分子通过杂志、报刊等多种形式评论有关社会正义和公正的事件，成为公共知识分子，也有一些知识分子开始从事非政府组织和非营利组织的事业。这两个方面从客观上推动了中国以个体为平台的公共领域的建立，也为中国的民主政治创造了新的形式。比如，现在，网络评论就成为公众参与社会政治，发表个人意见的场所。而这一场所的出现本身就打破了以往单一化的民主选举模式和政治参与模式，使更多的人能够自由地参与民主政治建设，同时，也培养了公民的民主意识。

以上两个方面的变化对中国学术的发展也起了极大的推动作用。20

世纪90年代中期以前，由于中国社会结构的实质性变化并没有出现，学术界只能在思想解放运动中提出中国社会变革的构想，所以，在学术开放上，主要集中于一些基础理论领域。就哲学而言，人们的主要兴趣在认识论、本体论、历史观和哲学史的讨论上，而这些讨论所带来的理论突破也主要在思想上启发人们对改革开放的认同和理解，并没有对实际的社会生活变化作出更多的说明。20世纪90年代中期以后，中国学术研究出现了明显的转向：在研究的领域上，中国学者不再局限于传统学科内的基础理论研究，而转向了对一些跨学科的理论问题的探讨。比如，市民社会和公共领域的理论成为哲学、法学、文化学、社会学、政治学等多学科共同研究的课题，而这一研究又催生了中国的政治哲学，使哲学研究的兴趣由本体论、认识论、历史观和哲学史转向了政治哲学。还有，消费文化、知识分子、性别文化、意识形态、全球化、现代性、生态问题等等，也成为当代中国的哲学、经济学、社会学、文学、历史学、政治学等学科共同关心的课题。近年来兴起的软实力研究本身就是一个跨学科的课题，需要哲学、法学、国际关系学、传播学、政治学等多学科的共同努力才能完成。在研究的趋向上，中国学术界越来越趋向于寻求文化身份的认同。自20世纪90年代中期开始，中国学术界，一方面受到西方全球化的冲击，不断地接受在新一轮全球化运动中产生的西方社会的新思潮；另一方面又越来越趋向于民族价值，要求任何思想和主张，即使是传入中国的西方思潮，也要在中国文化传统中找到自己的合法性和合理性的根基。这实质上是用民族价值的认同来抵抗普世价值。这种民族价值认同的趋向，先是对准西方自由主义思潮，进而发展到对马克思主义哲学的价值寻根，从而提出了马克思主义哲学与儒学的关系问题。2008年，在韩国首尔大学召开的第22届世界哲学大会的中国哲学讨论专场中，中国学者就已经把马克思主义哲学与儒学的关系列为最重要的论题之一，加以讨论。就在这一年，《理论视野》在第12期上，以“马克思主义与儒学”为题，发表了许全兴、冯俊、李维武、陈卫平四位教授的论文，从不同的视角论证了唯物史观与中国近现代哲学的关系，揭示了马克思主义中国化的中国文化之根。

以上三个方面分别从实践上和理论上提出了重构唯物史观的研究范式的任务：在实践上，由于文化的产业化，中国社会已经不再是以前那种由国家主导的单一的政治、经济和文化结构了，而是由国家、集体和个体多元构成的复杂结构体。对于这个复杂结构体以及由此而提出的经济、政治和意识形态问题，原有的唯物史观的原理是很难解答的，必须创造新的研究范式，来增强唯物史观对现实的解释力；在理论上，20 世纪 90 年代中期以来，中国学术研究开辟的新领域、提出的新问题，都超出了以往唯物史观原理所涉及的范围，因此，当唯物史观再度成为理论需要的时候，它的真正富有活力的方面不是内容，而是形式，即唯物史观研究范式的更新。这种实践和理论的挑战就是我们构建新的唯物史观研究范式的现实的和理论的根据。

三　文化理性的建构与唯物史观研究范式的转换

以往的唯物史观的研究范式之所以不能解释当代中国社会变革所出现的问题，因为它是由技术理性建构起来的，而中国社会结构的变化却创造了一个以文化市场为中介的世界，因此，只有建立文化理性的研究范式，才能说明当代中国社会的结构及其所提出的种种问题。

在唯物史观中，技术理性是指生产力中的工具系统。以生产力中的工具系统建构起来的唯物史观的理论、解释唯物史观的范畴，就是技术理性的研究范式。这种研究范式最早是由普列汉诺夫阐发出来的，以后，经过列宁、布哈林和斯大林的阐释，成为苏联马克思主义哲学中唯物史观的研究范式。20 世纪初，中国的马克思主义者接受了这一研究范式，并在 50 年代编写的马克思主义哲学教科书中作了系统的阐发。根据马克思主义哲学教科书的阐发，生产力的工具系统是唯物史观全部理论的基石。首先，就生产力的内在结构而言，生产力是由物和人两个要素构成的。但是，无论是物的要素，还是人的要素，都受着生产工具的制约，它们的性质、在一定历史时期的状况，都是由生产力工具的发展水平决定的，于是，生产工具的技术构成就被定义为衡量一定社会生产水平和人类文明发展程度的标志，也是衡量人的发展的标志。其次，生产力和生产关系之间也由生产力的工具系统构成了决定与被决定、作用与反作用的关系。由于生产力的工具系统，生产关系才有了生产资料的所有权、人们在生产中的地位和分配方式的构成。最后，这种以生产力的工具所决定的生产关系，构成了一定的经济结构，并决定着上层建筑，形成了经济基础与上层建筑之间的决定与被决定、作用与反作用的关系。与经济基础的技术性结构相一致，上层建筑有物的方面和人的方面：物的方面是以政权为核心构成的，人的方面是由人民群众、政党和领袖等构成的阶级结构关系。很明显，这个系统只描述了人与自然、与社会的单一的、技术性的联系，并没有给予文化、传统任何位置。如果说，这个系统也承认文化、传统对人的活动的影响，那么，这只是就生产力发展的条件、就社会发展的外在要素而言的，绝不是就社会发展的内在动力、社会结构的内在逻辑构成而言的。这种研究范式对于说明简单的社会结构和社会发展的内在动力来说，是有效的，但是，要说明一个以文化市场为中介构造起来的复杂的社会结构，却是难以胜任的。

20 世纪初，唯物史观传入中国的时候，中国还处在半殖民地半封建的社会，整个社会是由单一的阶级结构关系构成的，加之当时，中国社会的任务是要变革以自然经济为主体的封建的生产方式，需要揭示这个社会发展的内在动力，所以，中国的马克思主义者一开始就接受了苏俄马克思主义者阐释的唯物史观，采取了技术理性的研究范式。中国的马克思主义者运用这一研究范式分析中国社会的阶级结构和中国革命的对象、内在动力，在实践上推翻了封建主义和帝国主义，成立了新中国。新中国成立后，中国完成了新民主主义的任务，建立了社会主义的国家，但并没有立刻改变中国贫穷落后的经济状况，还需要大力发展生产力，发展科学技术，同时，中国的社会主义一开始就采取了计划经济的模式，没有经过市场化的过程，所以，在社会结构的技术构成上，并没有发生根本性的变化。这两个方面的特点决定了 20 世纪初建立的唯物史观的研究范式和其中的基本原理的有效性，也使得中国社会的每一次内部改革都可以在原有的唯物史观理论中找到说明。即使面对 20 世纪 80 年代的农村改革，人们仍然可以原有的生产力决定生产关系、经济基础决定上层建筑、经济决定政治的原理来说明。比如，中国社会科学出版社在 1982 年出版的、由中国唯物主义研究会编的 1981 年全国历史唯物主义讨论会的文集《历史唯物主义问题探索》一书中的论文，都是用原有的生产力和生产关系、经济基础与上层建筑关系的原理来论证改革开放的必要性和农村实行联产责任制的合理性。但是，这一理论却解释不了经过市场化之后的中国社会，解释不了由市场化所引起的社会发展的不确定性，更解释不了由文化产业建构起来的文化的中介社会。因为，在市场化中发展起来的各种文化现象，以及大众文化的消费群体的兴起、知识分子地位和职能的变化、性别问题的凸显、政党职能的转变，等等，不是以往唯物史观中的阶级、群众、政党几个范畴就能够说明的。正是这样，面对20世纪90年代中期以来的中国社会变化，中国学者不得不到西方的市民社会理论、文化消费理论、现代化理论、知识分子理论、性别理论中去寻找思想资源，力图建立适合中国当代社会发展的新理论。这些理论研究的兴起本身就证明：那种以单一的技术理性建构起来的唯物史观的原理已经不够用了，要解释市场化的中国社会，必须建立以文化理性为核心的唯物史观的新研究范式。

要建构以文化理性为核心的研究范式，我们需要进行文化哲学的认识论研究。这是由唯物史观的性质和文化哲学的认识论的特点所决定的。就唯物史观的性质而言，唯物史观是对人类历史规律的揭示，而人类历史规律是隐藏于历史现象背后的理性。哲学要揭示这一理性，必须运用逻辑思维的力量，正如马克思所说的，“必须用抽象力”①。所谓“抽象力”，就是人的理性思维能力。这就是说，任何唯物史观理论的提出，都离不开理性思维，都必须借助一定的认识论和方法论。至于需要什么样的理性思维，需要进行什么样的认识论研究，建立什么样的认识模式，这又要取决于研究对象的性质。中国面对的是市场化的文化世界，是一个不确定的世界，要反思这样的世界，揭示它的文化理性，就需要开展文化哲学的认识论研究。这又是由文化哲学的认识论的特点决定的。文化哲学的认识论不同于科学认识论的一个重要特点在于，它不是从某一静止的要素，或已经形成的系统出发，而是从文化的创造活动出发，它把人的认识看作是一个结构性的建构过程。所谓结构性的建构，即是人的生活的内环境和外环境及其相互关系的建构：内环境的建构是对人的目的、需要的意义确认，也是一定的文化传统的继承和变革的过程；外环境的建构是人为实现目的、需要所进行的对背景的选择活动，也是建立人与外部世界的历史联系的过程。通过这种内环境和外环境的建构，文化理性就呈现为文化的场域。在这个场域中，人的活动的目的、需要，文化传统的继承和变革处于核心地位，而人与自然、人与社会的关系，以及一定的社会制度，等等，则是人的文化创造活动的结果，并通过人的文化选择而进入人的文化创造系统，从而形成了与人的目的、需要之间的相互作用场。这样一来，文化的认识论就打破了因果决定论的认识模型，为唯物史观提供一个以文化创造活动

① 《马克思恩格斯全集》第44卷，人民出版社2001年版，第8页。

为中心的认识模型。

对于唯物史观来说，打破因果决定论的认识模型，就是变换以技术理性构造起来的生产力决定生产关系、经济基础决定上层建筑的理论公式，而建立以文化创造活动为中心的认识模型，不是要否定或抛弃原有公式中的基本原理，而是要把这些基本原理置于文化的场域中加以重新说明。首先，以内环境和外环境的构造说明人的活动和一定社会的经济发展、政治制度和意识形态之间的关系。根据文化哲学认识论的模型，外环境是由内环境决定的，而内环境就是人的活动，是人的历史创造的目的和需要的构造过程。而一定社会的经济发展、政治制度和意识形态只是外环境，是人的目的、需要的实现，亦是人的活动的结果。这样一来，叙述历史发展的起点，就是人的活动，而不是经济、政治和意识形态。这就把人的活动置于第一的地位，肯定了人的活动在历史创造中的主动性。其次，以人的活动的内在结构的构造说明一定社会的经济、政治和文化的构成方式。人的活动是叙述历史的起点，但是，从人类历史的创造看，人的活动不是单一的理性活动，而同时包括着价值创造的活动。理性和价值就是人的文化创造活动中的两个互补而又相互作用的因素。理性因素与生产的发展、科学技术的进步相联系，价值因素与人的生存、文化传统的继承与革新相联系。在这两个因素中，价值因素创造了人的活动的目的和需要，从而调节理性因素，决定理性因素的发展方向。价值因素的这一作用在东方国家的现代化中表现得十分明显。东方国家的现代化是在西方资本主义国家的压力下展开的，西方资本主义的生产方式、思想观念传入东方国家，首先与东方国家的传统文化发生了激烈的冲突，从而激发了东方国家的生存危机意识。在这种情况下，东方国家的哲学家们不得不开展东西方文化的比较研究，并通过东西方文化的比较研究，选择自己的现代化道路。这就突出了价值因素在人们历史活动中的作用。事实上，就是在西方近代理性社会的发展中、在西方近代哲学家们主张科学理性的背后，也隐藏着价值的选择。因为西方近代哲学家们强调科学理性，是想借助劳动形式的变化和科学技术的生产运用，确立资本主义的商品经济，即确立资本主义的经济基础，以取代中世纪的经济、政治和文化，于是，以科学批判宗教，以理性对抗封建蒙昧，就成为这一时期人们活动的价值目标。而西方近代科学理性社会的建立就是这一价值目标的实现。由此可见，东西方现代化的道路虽然不同，但从人的文化活动的内在结构来说，都受价值因素的主导。这一事实表明，价值因素是人的活动构造中的主要方面。肯定价值因素在人的活动构造中的主导作用，对于唯物史观的研究范式的转换具有三方面的意义：其一，价值因素本质是文化的选择活动，确立价值因素的主导作用，也就把技术理性转换成文化理性。其二，价值因素具有多层次的内容，有与时代相联系的文化选择活动，也有与文化传统相联系的继承和批判活动，还有调节理性思维和人的行为的中介性活动。价值因素的这多重含义决定了历史发展的不确定性和社会结构的中介性特征。其三，价值因素和理性因素的互补性和相互作用，决定了人类社会结构中的各种因素，经济的、政治的和意识形态的，等等，都必然具有理性和文化双重性质，从而也决定生产力、生产关系、社会制度和意识形态，具有技术理性和文化双重意义。西方马克思主义哲学正是沿着文化意义的方向阐发经济、政治和意识形态的结构和内容，从而构成了马克思主义的文化哲学转向。今天，中国学者面对 20 世纪 90 年代中期以来中国社会的结构性变化，也要从这三个方面研究价值因素和理性因素的关系，建立以文化理性为核心的研究范式。

以上论述表明，文化理性的建构与唯物史观研究范式的转换、唯物史观理论的更新是一致的。当我们建构文化理性的时候，唯物史观的研究范式也就由技术理性转向了文化理性。这时，唯物史观呈现在我们眼里的，不再是单一的生产力决定生产关系、经济基础决定上层建筑的因果决定论模式，而是以人的文化创造活动为中介，融文化和技术于一体的复杂的经济、政治、文化系统了。

“道德政治”的谱系与历史唯物主义

张　盾*

一　引论

在现代哲学中，道德哲学和政治哲学是内在相关的两个部分。这种相关性根源于：在对现代性的反思和批判性理解中，政治问题和道德问题有一种本质联系。从思想史看，霍布斯、洛克为现代性的最初奠基是：以自我保存为前提建立起的公民社会将允许每个人自由平等地追逐自己的私人利益。这就是主导现代的“特殊性”原则。卢梭奋起抗争，指出这样的奠基使现代政治非道德化，使政治与道德处在紧张的对立当中，在这样的基础上不可能建立好社会；好的公民社会需要建立在“普遍性”的基础上，这个普遍性就是道德。卢梭首倡建立“道德政治”，康德、黑格尔和马克思紧紧追随这一方向，从而使“道德政治”成为现代性批判的核心问题，① 也使道德哲学和政治哲学的内在关联成为重要而艰巨的课题。

长期以来，许多现代哲学研究者忽视道德哲学和政治哲学的这种内在关联，而倾向于把道德哲学看成是先验哲学的一个部分。康德研究是一个突出例证：研究者大多从先验哲学的角度去理解康德伦理学的意义，而对康德哲学中道德问题和政治问题的本质联系则很少涉及，其结果是，无论对康德的伦理学还是政治哲学的研究，经常得出不符合实情的结论。这种

* 张盾，吉林大学教授。

① 卢梭和康德都直接使用过“道德政治”一词，黑格尔和马克思接过了这个问题，但不再使用这一术语。20 世纪，施特劳斯学派在对现代性的激烈批判中重新复活了这一问题，并将其追溯到“古今之争”，其基本思路是重申古代的美德理想，批判现代的权利概念。

倾向也存在于对马克思哲学的研究中。“道德政治”这一现代思想史的重大主题，在马克思哲学研究中基本是缺席的。这使我们无法解释现代思想史一个最意味深长的矛盾现象：尽管马克思看不起主流现代伦理学，从不介入他们的任何学术争论，但马克思学说就其本质来说却是卢梭、康德开启的“道德政治”这一思想趋向发展的一个顶点，其对现代政治提出了最高的道德要求，因此成为最深刻的现代性批判。

让我们从黑格尔对康德伦理学的批评谈起。

现代哲学的最高问题是自由问题。康德给人类自由以最高的表达，将自由从一个政治问题提升为一个形而上学问题。为此，康德将自由先验化：自由不同于一般的人类任性，而是道德的先验原理，自由的本意在于它是一种超验的对象，是理性的本质，此种自由就其超出一切自然的经验性规律而言，乃是人性的最高根据；而自然的经验性内容就是人的感性欲望。康德的这一理解，站在现代观点的立场上，和他的那些开创了现代哲学的老师们一起反对古代观点——古代观点认为，自然（法）高于自由，自由只是“人为性”的修辞形式——康德接受了霍布斯改造古典自然法的结果：把自然等同于人的感性欲望。但此后康德便和他的老师们分道扬镳。对人性的完满性这种古老的渴望，在康德这里以新的形式重新伸张自己：自由高于自然，自由作为人性尊严的本质，使得把人当作世界的目的这一要求获得依据。康德以这种方式将古人对人性的高绝标准和现代人对于自由的现实要求结合在一起，由此而产生出一种本乎现代又超乎现代的思想品性。

但后来发现，康德伦理学的一个重大缺点是：他的自由概念是纯形式化的，因为自由作为理性的自我立法，其内容是：“你自己所遵循的任何准则都应该同时能够成为普遍的法律。”这样的立法只是一个纯形式。康德的自由概念还是纯然内省的，因为自由作为道德的最高根据，“不能在人类所处的世界环境中寻找，而是完全要先天地在纯粹理性的概念中去寻找”①。这样的自由根本不适用于现代性的大千世界。

考察思想史，最早指出康德学说这一缺点的人是黑格尔。从现象学、逻辑学一直到法哲学，黑格尔对这一点抓住不放，反复申说。黑格尔认为，康德的自我立法追求的目标是普遍性，但最高的普遍性意味着排除一

① ［德］康德：《道德形而上学原理》，苗力田译，上海人民出版社 1986 年版，第 37 页。

切特殊内容，剩下的就只有普遍性的纯粹形式。于是出现这样的格局：最高的普遍性就是形式的普遍性，绝对的内容等于无内容，伦理学的实体“只剩下意识的同语反复”，那就是包含在意识自身的直接性中的一个空洞诫命里的“应当”。而对于黑格尔，所谓立法作为一定的立法总有一个具体的内容，普遍性必须是“存在着的和有效准的东西”，它必须表现为具体的法权。[①] 黑格尔喜欢用的具体例子是财产权，在这里，如果立法没有特殊内容而停留于极端的形式原则，就会使得财产公有制和财产私有制不存在任何矛盾，尊重财产权和偷窃同样能够成为普遍规律。[②] 为了纠正康德伦理学的这个弊端，需要把普遍性与特殊性联结起来。为此黑格尔对“道德”和“伦理”作出区分：所谓“道德”就是康德意义的主观立法、抽象的善良和良心；“伦理”则是主观善良与客观法律的统一，是能够把抽象善良落到实处的那些“规章制度”，它构成“现存世界的自由”之“有差别的内容”，是立法的普遍性形式与生活实体之特殊性内容的有机统一。黑格尔指出，康德伦理学的缺点是固执于单纯的道德观点，而不使之向伦理的概念过渡，“康德多半喜欢使用道德一词”，结果是，不受制约的自我立法贬低为空虚的形式主义，道德规律贬低为关于“应当”的空洞修辞。[③] 正是康德“应当”概念的软弱性促使黑格尔去研究古典政治经济学，以便确切了解作为伦理之现实性环节的现代市民社会。

上述这个批判既是黑格尔理解康德的一个特别深刻之处，同时，如果缺乏黑格尔那样的包容矛盾的思想能力，它也会误导人们对于康德伦理学的政治品性的判断。矛盾的另一面是，正是黑格尔指明了，康德伦理学的最初动机是为了回应卢梭提出的问题：“自由的原则在卢梭这里出现了……这个原则提供了向康德哲学的过渡，康德哲学在理论方面是以这个原则为基础的。”[④] 这表明，康德伦理学在其思想起源上并不是一个先验

① ［德］黑格尔：《精神现象学》上卷，贺麟、王玖兴译，商务印书馆 1983 年版，第 283、287—288、284 页。

② ［德］黑格尔：《哲学史讲演录》第四卷，贺麟、王太庆译，商务印书馆 1987 年版，第 291 页；以及《精神现象学》上卷，第 285—286 页。

③ ［德］黑格尔：《法哲学原理》，范扬、张企泰译，商务印书馆 1982 年版，§33、§141、§144、§135。

④ ［德］黑格尔：《哲学史讲演录》第四卷，贺麟、王太庆译，商务印书馆 1987 年版，第 234 页。

问题，而是一个政治问题，它与政治哲学保持着最本质的内在联系，绝不是一种纯形式或纯内省的思想。康德的“自我立法作为自由”这个思想直接来自卢梭，而且它在卢梭那里完全是一个政治问题。在《社会契约论》开篇处，卢梭宣称他的目标是从人类的实际状况出发，为政治社会的合法性和正当性探求规则，使私利和正义二者得到统一。[①] 对卢梭来说，既然人生而自由，符合人性的唯一解决办法就是人自己统治自己，使每个人服从自己参与共同制定的法律，这就是“公意”；服从公意、服从自己为自己制定的法律，就是自由。很显然，这个自由概念正好就是康德的自由概念，康德的道德问题直接来自卢梭的政治问题。“唯有服从人们自己为自己所规定的法律才是自由。”[②] 卢梭这一命题显然要在政治的（而非先验的）意义上去理解，它就是卢梭梦想建立的“道德政治”的本质。这句话也严格规定了康德伦理学的内在政治主题。罗尔斯一言中的：“康德的主要目标是加深和证明卢梭的观点，即自由就是按照我们给予自己的法律而行动。”[③] 我们对“道德政治”谱系的考察必须从卢梭开始。

二　卢梭的意图：“公意”和普遍性

卢梭的重要性在于他是第一位对现代性提出批判的人。卢梭认为，霍布斯和洛克将现代政治置于错误的起点上，这就是对人性的消极片面理解：只考虑人的需要的满足，而忽视人对完满性的渴望，只考虑获取幸福的手段，却忘记了幸福本身。现代文明社会的种种弊病正是一错误起点所导致的后果。由于现代政治以保护每个人追求私利为目标，结果使金钱取代美德成为人性价值的标准，自私自利取代仁义慷慨成为人际关系的普遍状态，虽然带来了平等和安逸，但却破坏了人们之间的信任和公民对政治体制的忠诚。“公共事务被忽视，或者单凭私人利益的需要和指导去处理。”[④] 人性下降的最严重后果是产生了“资产者”这种现代人格，他既非必须保护自己的自然人，又非充满公共精神的公民，他是一个居间者，

---

① ［法］卢梭：《社会契约论》，何兆武译，商务印书馆1987年版，第3页。

② 同上书，第26页。

③ ［美］罗尔斯：《正义论》，何怀宏等译，中国社会科学出版社1988年版，第247页。

④ ［法］卢梭：《论政治经济学》，王运成译，商务印书馆1962年版，第14页。

即在公民社会的法律保护下追逐自己私利的人："正义和平等的法则对于那些生活于自然状态的自由之中而同时又屈服于社会状态的需要之下的人们来说，全都是空话。"① 更严重的是，法律保护私有财产，这是公民社会的本质所决定的，但它也是人类不平等的起源。因为私有财产必然造成贫富分化，它是富人剥夺穷人的结果，法律则把这种剥夺变成持久和正当的权利。② 卢梭认为，人依其自然是自由和平等的，公民社会以法律的形式将其破坏，"它给富人所有的巨额财富以强有力的保障，而几乎弄得穷人不能安保他们亲手搭起的草屋。"③ 在卢梭看来，所有这一切不幸都是人类自己创造的现代文明的结果，所谓现代人、文明人就是在自制的枷锁中享受和平与安逸的人。④

卢梭指出，霍布斯和洛克的根本错误在于，为了达成社会契约从而为公民社会奠基，他们刻意简化政治问题，将政治中的道德要素予以删除，只从全部人性中选取自己所需要的部分，并将其视为人的全部自然：自私、守法、理智、勤奋。"他们讨论自然人的时候却在描述文明人。"⑤ 卢梭的意图是将政治问题重新还原为道德问题，为此他深入发掘了人的全部复杂性，重新呼唤对人性的更高层次的渴望。他把现代人与自然人进行对比，赞美自然状态中人的自由和纯真，同时又指出，那是毫无规律可言、没有任何责任感的自由。自然人生活在社会之外，那里没有政治，因为缺少将各个部分构成为整体的那种普遍的目标和动力，在那里，"我们永远也不会尝到灵魂的最美好的情操——那就是对德行的热爱"⑥。从《论人类不平等的起源和基础》对回归自然状态的向往，到《社会契约论》为现代政治重新构筑基础，卢梭经历了艰苦的探索过程，最后以这样的方式设置了政治的问题："人生而自由，但却无往不在枷锁之中。这个变化是如何发生的？我不知道。是什么使这一变化合法化？我自信能够解答这一

① ［法］卢梭：《爱弥儿——论教育》上卷，李平沤译，商务印书馆2008年版，第10—11页；［法］卢梭：《社会契约论》，商务印书馆1987年版，第194页。

② ［法］卢梭：《论人类不平等的起源和基础》，吴绪译，生活·读书·新知三联书店1957年版，第72、89页。

③ ［法］卢梭：《论政治经济学》，王运成译，商务印书馆1962年版，第34页。

④ ［法］卢梭：《论人类不平等的起源和基础》，吴绪译，生活·读书·新知三联书店1957年版，第28、76页。

⑤ 同上书，第20页。

⑥ ［法］卢梭：《社会契约论》，何兆武译，商务印书馆1987年版，第187—188页。

问题。"[①] 这句名言毫不含糊地宣判现代政治的基础是不合法的，必须重建政治的合法性，恢复被霍布斯、洛克所忽略的政治中的道德要素，建立一种"道德的现代政治"，同时又不剥夺人的自由，以此解决私利与公共善之间的冲突。这就是卢梭的问题。

为此，卢梭设计了这样一种结合形式：每个人都将自己的人身和财产完全交付给集体，所有的人因此而结合成一体，并以这种结合产生的全部共同力量来保护每个人的人身和财产；同时每个人又依然只服从自己，像从前一样是自由的。此中的关键在于，通过这种结合，所有人的特殊意志变成一个统一的普遍意志，这就是"公意"，它是一切合法权力（即法律）的来源和根据。基于公意的立法的本质是：每个人都服从自己参与制定的法律，这样的法律其实是自我立法，因此，服从公意就是自由，是一切道德政治的真实之义。卢梭认为，政治的本质不是强力，"人们只是对合法的权力才有服从的义务"[②]。而合法的权力就在于，人们遵守法律乃是出于自己的同意。

为什么公意能够作为政治的道德基础？卢梭论证，因为公意永远是公正的，"公意只着眼于公共利益"[③]，以此对抗现代人的私利原则。公意并不等于所有人所欲望的东西的总和，所有人所欲望的仍然可以是各自的私利，卢梭将其称之为"众意"[④]。"众意"只是个别意志的总和（它正是现代民主的基本诉求），"公意"则是一切个别意志的普遍化。能够普遍化的意志一定是道德的，因为它要求的是在公民社会中一个人的意愿能够通过被所有人所意愿而转化为法律的必然性，为此它只能欲求全体普遍欲求的东西，而不能包含任何特殊的、个别的目标，否则将立刻变质和瓦解自身。要言之，人能够普遍性地去欲求，这就是公意；公意超越一切私利，只关注公共善，在此意义上它是纯粹的善良意志。

道德的本质是普遍性，它的源泉是自由，即服从自己制定的法律——卢梭用这个划时代的思想为现代政治引入了一个新的维度、一个更高的理想。自此以后，人们才能够将政治的本质不再仅仅理解为强力和利益的运

① ［法］卢梭：《社会契约论》，何兆武译，商务印书馆 1987 年版，第 4 页。

② 同上书，第 10 页。

③ 同上书，第 35 页。

④ 同上。

作，而是"把强力转化为权利，把服从转化为义务"①。卢梭契约论区别于霍布斯自由主义的根本点在于，他的政治设计增加了义务这个要素：服从"合法的权力"是一种义务，它是权利的真正来源。卢梭与霍布斯的这一差别正是他与康德的共同点，契约论传统至此达到其高峰。

施特劳斯及其弟子布鲁姆都认为，卢梭的作为公意的普遍性是一个纯形式化原则，它影响了后来的康德②。笔者以为不尽然。卢梭的公意概念主要是为了给政治的合法性提供根据，这个根据就是公共性；普遍性概念则是为了从道德上支持公共性，反对作为现代人权利的无限制的私利原则。这个公共性显然不是纯形式化的思想，它是源自古代共和政体、并被现代的革命重新确认的一个实质性的政治目标，即建立起一个包含公共自由、公共福利和公共精神的公共领域。公共性是卢梭的实质性政治诉求，在卢梭看来，只关注一己私利是人的前政治状态，因为私利永远相互冲突，在私利的基础上永远不可能建成政治社会，"唯有公意才能够按照国家创制的目的，即公共幸福，来指导国家的各种力量"③。所以，重建政治的合法性，就是在公共性框架内重新安排个人利益的获得途径，把公共幸福确立为目标和义务，同时把个人利益的追求变成合法的权利。卢梭强力论证，建立公民社会的真正收益正是使政治获得了道德性："由自然状态进入社会状态，人类便产生了一场最堪瞩目的变化；在他们的行为中正义取代了本能，而他们的行动也就被赋予了前所未有的道德性……此前只知道关怀一己的人类才发现自己不得不按照另外的原则行事。"④

当然，卢梭设想的事事遵循公意的合法政府在现实中并不存在，它只是卢梭的一个政治创意，是为了重建现代性而揭示的一个理想。其完美性体现在，对于这种政治设计来说，全体公民的美德是不可或缺的前提。说到美德，卢梭意指的是一个共和制国家的公民所特有的那种公共精神，即把自己的存在与国家的存在视为一体，热爱自己的国家，把国家的所有决

---

① ［法］卢梭：《社会契约论》，何兆武译，商务印书馆 1987 年版，第 9 页。

② 参见［美］列奥·施特劳斯《苏格拉底问题与现代性——施特劳斯讲演与论文集》（卷二），刘小枫编，彭磊、丁耘译，华夏出版社 2008 年版，第 41 页；［美］施特劳斯、约瑟夫·克罗波西主编《政治哲学史》下册，李天然等译，河北人民出版社 1993 年版，第 657 页。

③ ［法］卢梭：《社会契约论》，何兆武译，商务印书馆 1987 年版，第 31 页。

④ 同上书，第 25 页。

策、法令和行动都看成出自他自己的意志，永远关心公共善，将其视为伟大的目标并为之作忘我奉献。卢梭认为，在这种公共精神中展示了政治中的道德经验的本质。他还认为，培育这种公民美德的最好途径是培养爱国主义，因此公共教育应该成为国家最重要的事业，柏拉图的《理想国》就是其最伟大的教本。通过公共教育让人民最热烈最微妙的情感爱自己的祖国，以此制衡人类自爱自利的自然禀性，作为美德的公共精神就会斐然生成。[①] 这种公共精神和爱国主义是如此崇高和美好，在现代社会已难得一见，卢梭只能到古代的斯巴达和罗马共和国中去寻找范例，他反复称颂的全都是古代爱国者：斯巴达的佩达勒特、罗马的加图和雷居鲁斯等等[②]。置身于人欲横流的现代资产者社会，卢梭对古典美德、爱国心和公共精神的由衷向往极其崇高、极其感人："没有公民，就无所谓道德；没有道德，何来自由！"[③]

尽管卢梭的政治设计具有不可操作性，但他仍然极尽辩才，把古代的公共精神与现代人的自利倾向统一起来。初看上去，卢梭的公意学说断然拒绝了霍布斯、洛克所认可的每个人追求私利的绝对权利，但公意的最微妙政治后果却是通过一种变通迂回方式，把个人利益转变成公共利益，这就是承诺用集体的力量保护每个人的生命、自由和财产。在这种情况下，每个人的幸福都是公共问题。[④] "这一点就证明了，权利平等及其所产生的正义概念乃是出自每个人对自己的偏爱，因为也就是出自人的天性。"[⑤] 卢梭讲过，爱国主义的本质就是把自爱之心扩展到整个国家，把自爱转化为虚荣，而虚荣是一种受人尊敬的激情，爱国主义是虚荣的升华形式：爱自己的国家，为她寻求光荣和福祉。[⑥] 这表明卢梭还是把现代人的权利观念当成了一切政治美德和公共精神的最终前提，对卢梭来说，要超越这个前提是很困难的。

---

① ［法］卢梭：《论政治经济学》，王运成译，商务印书馆 1962 年版，第 21、15—16 页；卢梭：《爱弥儿——论教育》上卷，李平沤译，商务印书馆 2008 年版，第 11 页。

② 参见［法］卢梭《论政治经济学》，王运成译，商务印书馆 1962 年版，第 16 页；卢梭：《爱弥儿——论教育》上卷，李平沤译，商务印书馆 2008 年版，第 10 页。

③ ［法］卢梭：《论政治经济学》，王运成译，商务印书馆 1962 年版，第 21 页。

④ 同上书，第 18 页。

⑤ ［法］卢梭：《社会契约论》，商务印书馆 1987 年版，第 38—39 页。

⑥ ［法］卢梭：《论政治经济学》，王运成译，商务印书馆 1962 年版，第 15—16 页。

自现代政治问世以来，卢梭第一次为它注入了德性、激情和理想主义，以此开启了现代政治哲学的一个伟大时期，施特劳斯称之为"现代性的第二次浪潮"。在这次浪潮中，康德和黑格尔是卢梭的后继者和学生，他们沿着卢梭指引的方向继续前进，以相同的忠诚和不同的理路致力于阐释政治中的道德尊严，把现代性置于一个普遍性的基础上。在他们之后，卢梭的另一位学生马克思则通过以更彻底的方式否定现代自由民主制度，而把卢梭的"道德政治"推向了顶点。

三　康德政治哲学的上升思路和下降思路

康德是德国先验哲学的奠基者，他的"三大批判"缔造了德国先验哲学的基础。但晚年康德的理论兴趣转向了政治问题，撰写了被研究者称为"第四批判"的一系列政治哲学著作。这带来了问题：康德的政治哲学与他的整个先验哲学、特别是其中的先验道德哲学是什么关系？这一问题引来后世研究者经久不衰的讨论。最早是黑格尔指责康德的道德哲学落入了形式化、内省化的封闭性之中，隔绝于现存世界中具体自由的一切内容。黑格尔似乎完全忽略了康德政治哲学的存在。后来阿伦特在其康德政治哲学的讲座中提出，康德晚年关注政治哲学问题，但其政治哲学论著只是一些幼稚平庸的作品，根本达不到"三大批判"那样的理论高度，它们是康德晚年智力衰退的产物。阿伦特的关键论点认为，康德的道德哲学与政治哲学之间缺乏内在联系，其道德哲学对其政治思考毫无助益。[①] 后来布鲁姆这位政治哲学大家也认为："康德的政治学说和道德学说联系上有问题。"[②] 这些争论表明，康德思想中政治与道德之间的张力，是康德研究的一个真正难点，直到今天仍是一个有待探究的开放性课题。

从今日哲学界所达到的问题视野看来，康德全部事业中最深刻的矛盾，不在关于知识问题的理论领域（如经验与理性的矛盾、现象与物自体的矛盾），而在作为实践问题的道德与政治之间。在《纯粹理性批判》的结尾处，康德明示，"我们理性之纯粹使用的最终目的"不是自然，而

---

① 参见［美］汉娜·阿伦特《康德政治哲学十三讲》曹明译，第一讲、第三讲，2006 年 7 月 22 日，http://www.douban.com/group/topic/1156055/。

② ［美］布鲁姆：《巨人与侏儒》，张辉编，秦露等译，华夏出版社 2003 年版，第 284 页。

是自由，因为自由关乎人性之根底。[①] 学界有共识：康德的伟大在于他怀有最高道德理想，第一次使伦理学升入纯先验的界面，为人类的道德生活和道德反思建立了最高的目标与范本。但现在有理由认为，康德道德研究的最深动机却是完全来自现代性的政治问题。作为一位现代哲人，康德本性中具有那种对于政治毕生不减的巨大激情。早在“第二批判”还未问世之时，他就提出：作为“大自然隐蔽计划”之人类历史的最高任务，是使自己脱离自然状态，建立普遍法治的公民社会。[②] 这也是康德毕生坚持的核心政治观点。由此观之，康德宏大的政治关怀与其道德哲学之间的关系，确实需要我们重新追问。

考其渊源，康德道德哲学受到卢梭的决定性影响。康德视卢梭为“道德世界的牛顿”，承认是卢梭帮助他确定了对人性的信念：“卢梭使我有了自知之明……我开始学会尊重人，而且如果我认为我所考虑的事情无助于确立一切人的权利和价值，我就会自认不如一个普通劳动者有用。”[③] 这是康德全部道德探索的起点。很显然，这个起点首先是政治的。从整个现代思想史来看，康德学说是卢梭启动的“道德政治”议程至为重要的一环。康德赋予现代政治的那些主题以神圣的道德尊严，并将其置于先验道德哲学的理论高度上；同时又赋予传统的道德主题以最直接的政治意义，使之成为现代政治的自我辩护。这一切都必须追溯到卢梭：康德道德哲学的那些最核心观点，比如通过意愿普遍化使其获得合法性的思想，以及自由作为服从自己制定的法律这一概念，均直接来自卢梭的公意学说。重要的是，康德道德哲学的卢梭起源，决定了这一学说最本质的要义是政治性，而非研究者通常关注的先验性。这就是罗尔斯思考康德的思想来路时得出的与众不同的论断：“康德为卢梭的普遍意志（即公意）观念寻求一种哲学基础……以这种方式，康德学说的潜在结构从形而上学的氛围中被分离出来，从而使这个结构可以较明白地被理解。”[④]

康德道德哲学的核心、“作为先验自由的自律”这一概念，继承了卢

① ［德］康德：《纯粹理性批判》，邓晓芒译，人民出版社 2004 年版，第 607—609 页。

② ［德］康德：《历史理性批判文集》，何兆武译，商务印书馆 1991 年版，第 15、8 页。

③ 转引自［美］列奥·施特劳斯、约瑟夫·克罗波西主编《政治哲学史》下册，李天然等译，河北人民出版社 1993 年版，第 686、676 页。

④ ［美］罗尔斯：《正义论》，第 255 页。

梭“作为公意的自我立法”的主要创意和术语，但康德通过两个关键性的修正，把卢梭这个政治理论改造成一种道德哲学：（1）把作为集体自我立法的公意改成个人自我立法的自律。卢梭的公意就是全体成员依社会契约而结成的统一的公共意志，其实体是指政治共同体即公民社会；当个人拒不服从公意时，卢梭认为共同体可以迫使他服从，这等于“迫使他自由”。[①] 但在康德这里，“自我立法”由本来意义上的每个人服从自己参与制定的法律这一集体政治行为，变成了个人道德上的自我完成；公共意志变成了“善良意志”。从当时欧洲的历史来看，这一变化正好对应于18世纪的“革命中的公民”转变为19世纪退向“内心良知领域”的个体自我。（2）把整个问题先验化。卢梭的公意是讲每个公民因服从自己参与订立的法律而是自由的，此种约定立法把权力变成合法性，使服从成为义务，这乃是一切“道德政治”的根本之义。康德从卢梭这一概念取得灵感，而提出“自律”是一切道德本身的“唯一原则”：一个意志是自由的，是指它完全独立于现象界一切自然的因果法则，只被自身的纯粹理性所决定，所以它只能自己为自己订立法则，这就是自律；这里的自由意味着超越现象界、仅仅作为自在之物来看的那个自由意志，已非卢梭本来意义上的自我立法问题。另外，康德提出自我立法作为自律，它制定的法则一定是纯形式的。这一思想也来自卢梭，即公意作为一切个别意志的普遍化，用“我们要”代替“我要”，其目标永远是普遍的：它超越一切私利而永远指向公共善，凡出自它的法律一定是道德的。这是卢梭为“道德政治”设计的重要基础。但是经过康德的先验化，形式原则已非个体意志与集体意志、私利与公共善之间关系的政治问题，而是变成了感性与理性、质料与形式之关系的先验问题。如果一个意志是自律的，即它是被自己的纯粹理性所主宰的，那它为自己订立的法则一定是一个纯形式的法则，因为它只能在纯粹理性的概念中发现该法则的起源；否则，如果法则不是纯形式的而是涉及了任何质料内容即感性欲求的对象，那就使该意志被自身以外的因素所决定而成了“他律”。这个纯形式法则就是：你自己所遵循的任何准则都要能够成为普遍规律。

必须看到，康德纯形式法则的最后指归是政治。即使在其先验原理中，康德也为这个纯形式法则保留了一个唯一的质料性内容，就是“作

① ［法］卢梭：《社会契约论》，何兆武译，商务印书馆1987年版，第24—25页。

为目的的人身”，从而把这条形式法则改写成一条内容法则：“你的行动要把一切人身中的人性永远看作目的而非手段。”[①]“人是目的”作为康德哲学的真正顶点，其政治等价物就是“人的权利”。在晚年的政治论著中，康德向卢梭的原意回归，直接把这条形式化法则称为“权利原则”[②]。由此可以推知，康德道德哲学的目标是给现代政治的人权原则提供先验论证。这里的问题是：从集体自我立法到个人自律，这个道德个体对于人的权利、公民社会和共和政体有什么内在关系？

康德对这一问题的解答须追溯到《纯粹理性批判》结尾处提出的一个问题：人能够希望什么？[③]后来在《实践理性批判》中表明，这个问题的答案包含两个方面：（1）人在今生能希望什么？（2）人在来世能希望什么？前者关乎政治，后者则关乎道德。这里的关键是康德认为：人的现世存在的最后根据是他“应该”存在[④]，因为人是自由的理性的道德性存在。这一观点决定着政治问题与道德问题的本质联系。康德指出，人的一切希望都指向幸福[⑤]，但它与“应该”所规定的道德发生矛盾，这是人性中最深刻的一种冲突。这个冲突的解决必然要求诉诸人在来世的希望。在《实践理性批判》的“辩证论”中，康德设计了一个解决方案，即用“至善”这个概念来表示幸福和道德的统一。至善是这样被达到的：既然在这种存在者的道德动机中不能避免包含感性的成分即幸福，这种幸福就是需要的，但前提是，人类必须看到，道德乃是获得幸福的唯一根据：“至善给这些存在者追求幸福的愿望之上又加上一个条件，即他们必须配享幸福才行，这个条件就是这些有理性的存在者的道德；只有道德才包含着使他们据以能够希望通过睿智真宰之手享到幸福的唯一标准。”[⑥]成为“配享幸福者”，这就是人在来世可以希望的东西。为证明这一点，康德引入了“灵魂不死”公设：“至善只有在灵魂不朽的这个假设之下，才在实践

① ［德］康德：《道德形而上学原理》，苗力田译，上海人民出版社1986年版，第80—81页。

② 参见［德］康德《历史理性批判文集》，何兆武译，商务印书馆1991年版，第135、154页注①。

③ ［德］康德：《纯粹理性批判》，邓小芒译，人民出版社2004年版，第612页。

④ 同上。

⑤ 同上。

⑥ ［德］康德：《实践理性批判》，关文运译，商务印书馆1960年版，第133页。

上是可能的……（因为）我们只有在一个无止境的进步过程中才能够达到与道德原则完全契合的地步。”[①] 我认为，这是康德为现代政治的人权原则所作的最高道德论证：人在今生能希望的东西无非是幸福、生命和财产，它们构成人的权利的具体内容；但人的这些权利需要在他对来生的希望中才能找到最后的根据，这就是他作为道德自律者而成为“配享幸福者”。质言之，权利原则的先验根据是：一个人作为善良意志其自身就是最高的善，他因此而享有人的权利和尊严，超乎自然也无需上帝。

这样，通过将卢梭的公意学说先验化和个体化，康德把对政治的道德理解推向一个空前的高度。他改变了仅在权力和利益层面划分特殊性和普遍性的旧政治思维，而在感性与理性、现象界与本体这一形上层面重新划分特殊性与普遍性，把特殊性的私利分析为一个感性欲求概念即幸福原则，而把普遍性赋予理性主宰下不沾染任何感性欲望、永远只追求更高理想的绝对善良意志。这就为现代政治的普遍性原则奠定了一个全新的先验哲学基础，使其在理论上做到彻底。

施特劳斯主编的《政治哲学史》认为，在康德的思考中，政治和道德之间始终处于悬而未决的矛盾、暧昧甚至混乱之中：“康德政治哲学所产生的问题，根源就在于道德和政治的含混性，不仅每一方自身而且双方的关系都是含混不清的。”“因为这种关系的两个方面处于一种既相互需要又相互排斥的状况。”[②] 这个看法有点夸大其辞。其实康德整个实践哲学的发展轨迹非常清晰，他对政治与道德之间关系的论述，以法国大革命为分界点，曾经出现过上升和下降两种思路。上述关于权利原则的最后根据存在于先验道德中这一观点，是康德的上升思路，试图以一个概念世界来重新勘定政治领域。这一思路面临着众多内在困难，其中最根本的困难是：要在现代自然权利的基础上实现那么高的道德政治理想，这个目标几乎没有希望。大致以法国大革命为转折点，康德转入其下降思路，即从先验道德的概念世界下降到现代政治的现实世界。

康德与法国大革命的关系是双向的。首先，大革命受惠于康德哲学。

---

① ［德］康德：《实践理性批判》，关文运译，商务印书馆1960年版，第125页。

② 参见［美］列奥·施特劳斯、约瑟夫·克罗波西主编《政治哲学史》下册，李天然等译，河北人民出版社，第673、711页。

"普遍的人"这一概念，即不是希腊人、罗马人或犹太人，而是人作为人本身享有自由这一始自基督教的观念，在康德哲学中得到最高的证明，成为引导法国大革命的思想旗帜。故此，马克思称康德哲学是"法国革命的德国理论"[①]。早些时候海涅有过相同的看法[②]，最有说服力的是西耶斯这位雅各宾派的缔造者、《第三等级是什么?》的作者，曾试图把康德哲学介绍给法国，因为"法国人通过研究这种哲学将会完成这场革命"[③]。反过来看，法国革命对康德产生的决定性影响，就是促使他从先验道德理想转向现代政治的现实。这种影响集中表现在《永久和平论》（1795）、《人类是在不断朝着改善前进吗?》（1797）等政治哲学论文中。康德指出，法国革命的重要意义并不在于事件本身，而在于它所揭示的政治原则：它肯定"人的权利"，引导人类"去寻求真正的、遵守权利的体制"即共和政体，那是"一切公民体制的一般的永恒规范"[④]。康德认为，法国革命的这一正面教诲"对于人类是如此重大的事情"，尽管"它可能充满着悲惨和恐怖"，尽管它可能没有达到目的甚至遭到失败，"那种哲学预言也不会丧失其任何一点力量的"[⑤]。而对于康德的政治哲学来说，法国革命的反面教诲也许更重要，那就是：仅仅有道德是不够的，在实际政治中，道德必须以制度来保证。这场确证权利原则的伟大尝试后来变成一桩恐怖的事业，其根源就在于，由于没有规范而持久的制度作保证，直接推动了这场革命的那些美德，如无私、善良和对人民的同情等，统统变成自己的反面，对事业产生了更大的杀伤力。罗伯斯庇尔正是以美德的名义实行了大恐怖，他的口号是"美德的恐怖"，圣鞠斯特对此的回应意味深长："美德之罪，罪莫大焉!"[⑥]

把政治制度的重要性看得大于道德，这是反思法国革命给康德带来的最显著的观念转变，也是康德政治哲学的"下降思路"的标志性观点。

---

① 《马克思恩格斯全集》第1卷，人民出版社1995年版，第233页。

② 参见《海涅选集》，张玉书编，人民文学出版社1983年版，第293—294页。

③ 参见［美］汉娜·阿伦特《康德政治哲学十三讲》第七讲，2006年7月22日，http：//www.douban.com/group/topic/1156055。

④ 参见［德］康德《历史理性批判文集》，何兆武译，商务印书馆1991年版，第153—154、155、158—159页。

⑤ 同上书，第153、156页。

⑥ 参见［美］汉娜·阿伦特《论革命》，陈周旺译，译林出版社2007年版，第67、78页。

人们看到，晚年的康德疏远由他自己揭示的高绝目标和理想主义话语，尽量避免在欲望和义务之间作激进的道德选择，而是采取了这样的观点："一个人即使不是一个道德良好的人，也会被强制而成为一个良好的公民的。"因为"良好的国家体制并不能期待于道德，倒是相反地，一个民族良好道德的形成首先就要期待于良好的国家体制"①。对见证了大恐怖的康德来说，现在最重要的问题不再是政治的道德基础，而是保护公民权利的体制、宪法、共和制等具体事物；像卢梭设计的那种依靠教育来培养公共精神的政治方案是靠不住的，因为"由于人性的脆弱性"，那种设计"所期望的结果是难以期待的"②。与卢梭的理想主义相比，可以重提亚里士多德的现实主义观点：好公民不必一定是一个好人，反之，好人只有在一个好政体下才能成为一个好公民。③ 令人吃惊的是，康德晚年的观点比亚里士多德更现实，他认为甚至坏人在一个好政体下也能成为一个好公民："建立国家这个问题不管听起来是多么艰难，即使是一个魔鬼的民族也能解决的（只要他们有此理智）……因为这个问题并不在于人类道德的改善，而只在于要求懂得那种大自然的机制我们怎样才能用之于人类……使他们自身必须相互都屈服于强制性的法律之下。"④

由于淡化道德问题而凸显政治制度，康德在《法权论形而上学原理》（《道德形而上学》的上部，1897 年出版）这部正式的政治哲学论著中重新界定自由概念，明确划分基于道德的内在自由和基于法律的外在自由，前者以义务即"无条件的应当"作为立法的唯一动机，后者则只考虑权利之基于法律的合法性。⑤ "法权论形而上学"将重点放在"法律基础上的外在自由"，其实那正是康德晚年政治思考的核心内容。意味深长的是，自法国大革命之后（那时全部"批判哲学"亦告完成），康德的兴趣便从先验问题转向具体之物，他这时的自由概念已经不是先验个体的自律概念，而是完全回到卢梭关于"公民服从自己同意的法律"这一具体问题上。康德一向严格划分政治共同体和伦理共同体，所谓政治共同体就是

① ［德］康德：《历史理性批判文集》，何兆武译，商务印书馆 1991 年版，第 125、126 页。

② 同上书，第 161 页。

③ 参见［古希腊］亚里士多德《政治学》第 3 卷第 4 章，吴寿彭译，商务印书馆 2007 年版。

④ ［德］康德：《历史理性批判文集》，何兆武译，商务印书馆 1991 年版，第 125 页。

⑤ 《康德著作全集》第 6 卷，李秋零主编，中国人民大学出版社 2007 年版，第 221、226 页。

现实中的公民社会，而伦理共同体，康德曾经认为它是公民社会的“原型世界”和最高范本，也称之为“目的王国”；但他后来的观点下降为：伦理共同体必须以法律为基础，在它之中不能包含任何与公民法律规定的义务相冲突的东西。①

随着自由从先验问题回归政治问题，康德的政治观点下降到现代政治哲学的主流观点。大致说来，权利的原则包含两点：第一，权利是每个人的自由之间的相互兼容性，“生而具有的自由只有一种”，就是与别人的合法自由相容前提下每个人凭人性而具有的权利。② 法律的精神是拒绝特权。第二，权利是自由与普遍相互强制之间的一致性，“人性的恶使得强制成为必要”，只有将自由奠定于合法的强制之下，符合权利原则的持久的国家体制才能建立。③ 唯一合法的政体是共和国，它是能够保证实现权利原则的唯一合法体制，它使自由成为一切强制的条件，“只有在这种状态中，才能永久地给予每个人他自己的东西”④。综观晚年康德的权利观点——自由问题的核心是权利，权利概念的内涵无非是幸福、生命和财产，其中特别重要的是财产权，“法权论形而上学”对权利的先验演绎主要是对财产权的演绎——这全都是自洛克以来现代政治哲学的主流观点，并无新意。而康德对公民社会、共和政体这些概念的理解甚至退回到霍布斯的起点，即从现代人的实际人性状况出发去设计政治。道德维度退隐之后，康德开始接受“人还不够神圣”这一事实，人天然具有的全部目标就是追求自己的幸福。他接受了霍布斯的观点：必须走出自然状态，进入公民社会，因为公民社会“恰好就是通过法律来保障每个人自己的自由的那种合法的体制：只要他不侵犯别人普遍的合法的自由，因而也就是不侵犯其他同胞居民的权利，他就始终可以以自己认为是最好的任何方式来寻找自己的幸福”⑤。

上述康德的“下降思路”已经脱离了“道德政治”的原初理想，可

① 《康德著作全集》第6卷，李秋零主编，中国人民大学出版社2007年版，第96页。

② 同上书，第238、246页。

③ 同上书，第240页；［德］康德：《历史理性批判文集》，何兆武译，商务印书馆1991年版，第139、133页。

④ 《康德著作全集》第6卷，李秋零主编，中国人民大学出版社2007年版，第353页。

⑤ 同上书，第392页、97页注①；《历史理性批判文集》，何兆武译，商务印书馆1991年版，第181—182、191—192页。

以通过对比康德和卢梭的主要论点来说明这一点。

（1）政治。卢梭追求的是完美的道德政治、纯粹正义的城邦，所以他崇尚美德、爱国心和公共精神，重视教育，向往古希腊城邦和罗马共和国。这种高绝的政治创意基于纯粹的“公意”，极其难以创立且更加难以维持，所以卢梭说那是天使的事业，“那样一种十全十美的政府是不适合于人类的”[①]。但卢梭仍然认真对待并仔细阐释了这个创意。正是针对卢梭，康德提出他著名的论点：无须天使，魔鬼的民族也能立国，只要有政治理性再加上好制度好法律，无须美德和教育，也能建成“真正的共和国”。特别耐人寻味的是，在康德先验道德建构中曾赋予他核心灵感的卢梭“公意”概念，在康德下降后的政治观点中，被认为“在实践上是软弱无力的”，因为人类天性自私，达不到那么崇高的普遍性形式，公意的运作最终“还要通过这种自私的倾向”。[②] 两人相对比，卢梭看重的是政治的道德本质，康德则看重政体的可操作性，相应的一些具体观点的差异皆源于此：比如卢梭主张“道德政治”要求小政治体（如斯巴达），而不适于现代商业大国，因为那里不生长美德，只生长欲望；而康德认为这种要求不切实际，现有的国家尽管“很不完美”，但只要它接受权利原则和外在自由原则，就可以视为“道德政治”。另外卢梭坚持主权不可转让也不可能被代表，反对代议制；康德则认为“唯有在代议制体系中共和制的政治方式才有可能”，没有代议制的政权形式就是无形式。[③]

（2）文化。据布鲁姆说，“文化”（culture）一词是康德为了阐释卢梭的意图而发明的[④]。卢梭提出了从自然到自由的伟大目标，但并未说明走向自由的具体道路。不过有一点可以确定，卢梭认为现代文明肯定不是通向自由之路，反而是人类加给自己的新枷锁，“文明”（civilization）意味着人类欲望和需要的增长以及满足这些需要的手段的强大。在《论科学和艺术》对现代文明发起的攻击中，卢梭重点批判了启蒙。启蒙运动

---

① ［法］卢梭：《社会契约论》，何兆武译，商务印书馆1987年版，第86页。

② ［德］康德：《历史理性批判文集》，何兆武译，商务印书馆1991年版，第125页。

③ 参见［法］卢梭《社会契约论》第2卷第9章、第3卷第15章，何兆武译，商务印书馆1987年版；［德］康德：《历史理性批判文集》，何兆武译，商务印书馆1991年版，第126、137、110、108页。

④ 参见［美］布鲁姆《美国精神的封闭》，战旭英译，译林出版社2007年版，第141页；布鲁姆：《巨人与侏儒》，张辉编，秦露等译，华夏出版社2003年版，第219页。

希望通过科学和艺术的进步和传播把人天性中的自私转化为开明的自私，使之成为公民社会的稳固基础。卢梭认为科学和艺术的进步助长了奢侈、享乐和对优越感的崇尚，只会增加新的不平等，对政治的道德基础恰恰是有害的。康德不同意卢梭的观点，奋起捍卫启蒙，他对卢梭的回应构成了《判断力批判》唯一的一个政治哲学议题（见§83）。康德认为，人在为自己提出“自由”目的的同时，始终都把“自然”当作实现目的的手段，这种技巧康德称之为“适应性”。“这种适应性的产生过程就是文化。”①启蒙的目标在于，通过文化的管教和规训，把这种适应性升华为高级形式的教养，在这种教养下，人能够出于理性的目的约束自己的本能，“把意志从欲望的专制中解放出来”②，最后达到真正的自由之境。由此观之，文化是自然通向自由的一条历史道路，启蒙是文化的必要条件，文化将在一个更高层次上恢复人类原初的整体性。康德对启蒙的辩护在政治上抵制了卢梭对现代性的深刻批判意图，因为康德设想文化起作用的具体方式，不过是通过现代的教养来克服人类的自私天性，最后达于公民社会的法制状态：“美的艺术和科学通过某种可以普遍传达的愉快，通过在社交方面的调教和文雅化，即使没有使人类有道德上的改进，但却使他们有礼貌，从而对感官偏好的专制高奏凯旋，并由此使人类对一个只有理性才应当有权力实施的统治做好了准备。”③

（3）财产。财产权事关现代自由和权利的实体。在对“道德政治”的理解上，康德和卢梭之间的最大不同表现在对财产权的看法上，现代政治哲学的主流观点与马克思主义的主要分歧也在这里。卢梭并非马克思主义者，他没有主张取消私有财产，而是接受现代政治的前提性观点：“财产权是文明社会真正的基础，公民事业真正的保证。”④卢梭比洛克更精辟地阐释了财产权的本质：公民社会的最大成就，就是将基于天赋自由的抽象的“无限权利”变成正式的合法的权利——所有权，所谓人权“唯有在财产权确立之后，才能成为一种真正的权利”⑤。卢梭的真正发现是：私有财产是人类不平等的起源，公民社会把这种不平等变成合法的权利，

① ［德］康德：《判断力批判》，邓晓芒译，人民出版社2002年版，第287、289页。
② 同上书，第289页。
③ 同上书，第290—291页。
④ ［法］卢梭：《论政治经济学》，王运成译，商务印书馆1962年版，第25页。
⑤ 卢梭：《社会契约论》，何兆武译，商务印书馆1987年版，第26、27页。

法律保护财产权就是保护富人而损害穷人，财产权作为"这两个阶级的人之间的社会契约的条款，可以概括为几句话：你需要我，因为我富而你穷"[①]。卢梭提出真正的平等是财产的平等，财产权应该限制在最狭隘的界限内，使它始终服从于公共幸福。[②] 康德也承认"最大的不平等"是"财富境况的不平等"，这种不平等违反公民权利的一般原则，但康德将财产不平等归咎于"理智、勤奋和命运"，[③] 和洛克的著名观点保持了一致，除此之外无所增益。康德在《法权论形而上学原理》的第一卷"私人法权"部分系统论述了财产权问题。在那里，康德提出一个"实践理性的法权公设"："要这样对待他人，使得外在的（有用的）东西可能为某人所占有，或者变成他的财产，这是一项法权义务。"[④] 这个法权公设在形式上明显模仿著名的道德基本法则，但两者在内容上却判然有别，显示了康德政治哲学思路的根本变化：道德法则把义务当作人的本质，法权公设则把权利作为人的本质，而把财产权作为权利本身的本质。在此基础上，康德展开了一个非常复杂的"对外在对象的纯然法权上的占有之概念演绎"，其要义是讲：对某物的占有作为所有权，不是一个经验性概念（如对该物在空间或时间意义上的控制），而是一个理性的基于法律而普遍有效的权利概念，康德称它是"实践理性根据自由法则对意志作出的一种规定"，这样一种占有的权利只有在公民社会的法制状态中才是可能的。[⑤] 很显然，这是康德运用先验演绎对洛克以来现代主流观点的一次辩护，它也许表现了康德的政治热情，但已失去昔日的理论光辉，因为它失落了卢梭批判精神的灵魂，只留下"道德政治"的抽象形式。

康德政治哲学的两种思路加重了康德思想固有的复杂性：在现代思想史谱系中，康德到底是理想主义还是现实主义？他坚持的是普遍性原则还是特殊性原则？总的来说，在把卢梭的"道德政治"推上先验的思想高度之后，康德后来的想法与卢梭的批判性理想渐行渐远。卢梭追求的是彻底的"道德政治"，他坚持只有纯粹正义的政制才真正合法，以此为背

---

① ［法］卢梭：《论政治经济学》，王运成译，商务印书馆 1962 年版，第 36 页。

② ［法］卢梭：《社会契约论》，何兆武译，商务印书馆 1987 年版，第 66 页注④。

③ ［德］康德：《历史理性批判文集》，何兆武译，商务印书馆 1991 年版，第 184—186 页。

④ 《康德著作全集》第 6 卷，李秋零主编，中国人民大学出版社 2007 年版，第 259—260 页。

⑤ 同上书，第 257—260、261—263 页。

景，卢梭清晰有力地阐明了现代自由民主政治的毛病所在。康德亲身接受了法国大革命的昭示，从而对现代性的深刻内在矛盾有了进一步的理解。康德在他生命最后阶段领悟到的是：经过这次大恐怖最高的教化，现代人只能以一种不同于卢梭设想的方式进入公民社会，压制普遍性的纯粹正义理想，让自己成为现代性政治体制的循规蹈矩成员，去追求自己的幸福。基于此，康德把目标降低，关注实际政治的可操作性。而一旦这样，就使他远离了卢梭的原初理想，也使他的政治观点缺乏新意。所以阿伦特认为，以康德哲学所达到的理论高度来看，他下降后的思路根本构不成一个新的“第四批判”。在康德上升思路与下降思路的冲突中，所显示的不仅是康德本人学说中的深刻矛盾，更重要的是现代性本身的内在矛盾，即人性的现实与人类的自由理想之间的冲突。这一矛盾只有到了马克思那里才得到了理论上的新突破。

四　马克思论财产权与“穷人的权利”

所谓“道德政治”的核心是对现代性的批判。现在讨论：在“道德政治”这一现代政治哲学的批判性思想趋向中，马克思处在怎样一个位置?[①]

一般来看，马克思强烈反对将政治问题道德化，这是他的一贯立场。马克思几乎从未介入过主流现代伦理学的任何学术争论，在他看来这种争论空洞而且虚伪。“共产主义者根本不进行道德说教……不向人们提出道德要求，例如你们应该彼此友爱呀，不要做利己主义者呀，等等。”对马克思来说，爱自己或爱他人，关注私利或者追求美德，“那是完全次要的问题”，重要的问题“是揭示这个对立的物质根源”[②]。基于这样的立场和方法，马克思尖锐批评了康德伦理学，指出，当康德把法国革命中的资产阶级意志变形为自由意志和善良意志时，他没有觉察到，法国资产者的革命意志是以现实的物质利益为动机的，而德国式的善良意志则是德国市民

---

① 在“道德政治”谱系中，康德和马克思之间隔着黑格尔。但限于篇幅，关于黑格尔先验哲学与其政治哲学的关系，以及黑格尔政治哲学和马克思政治哲学的关系，在此不论。

② 马克思、恩格斯：《德意志意识形态》（节选本），人民出版社 2003 年版，第 103—104 页。

软弱、受压制状况的反映，"18 世纪末德国的状况完全反映在康德的《实践理性批判》中"①。

马克思反对把政治问题变成道德问题，而坚持把政治问题理解为经济问题，更确切地说，是把经济问题政治化，整个问题的核心是财产权。但是，既然卢梭和康德开创的"道德政治"是现代性的一个致命问题，马克思与该问题就一定保有某种内在的本质联系，这种联系必须被揭示出来，它是理解马克思在现代政治哲学中的历史地位的一个关键。马克思最大的理论创见是：所谓"道德政治"必须从一般的权利扩展到财产的权利，而财产权的本质是穷人的权利问题，也就是马克思所谓"社会问题"。在这里，马克思显然接受了由洛克奠定的现代的前提性观点，即现代人自由的核心是权利，权利的核心是财产权。马克思的新发现是，所谓财产权决非洛克、康德等人所认定的那样是一种天然合法的公民权利，它带来一个（至今无法解决的）巨大难题——穷人的权利如何可能？只有这一难题得到解决，私有财产权才能像洛克设想的那样真正成为自由的基础。前面提到，卢梭和康德最后的分歧点是财产问题，这两个人也许没意识到，这个分歧点正是"道德政治"的根本困境。在卢梭和康德的比较中，马克思追随了卢梭。康德认为法国大革命确立了普遍权利原则，而对马克思来说，大革命确立的是穷人的权利原则（"无套裤汉的权利"），是对财产权的否定——大革命的口号是："所有权就是盗窃！"② 从普遍权利到穷人的权利，"道德政治"升级到新界面，从抽象上升到具体。马克思对财产权和穷人权利的关注，明显接受了来自大革命、卢梭甚至还有蒲鲁东的影响，他的个人探索正是从这个问题开始的。值得注意的是，马克思早在其激进的青年时代就有这种问题意识。在关于林木盗窃法的辩论中，马克思分析了现代政治的重要成就："把特权变成法"，并恢复罗马法中对公法和私法进行划分的传统，扬弃中世纪由于混淆公法和私法而造成的财产的不确定形式，保护私有财产权；但现代政治忽视了："即使纯粹从私法观点来看，这里也存在两种私法：占有者的私法和非占有者的私

---

① 马克思、恩格斯：《德意志意识形态》（节选本），人民出版社 2003 年版，第 112、110 页。

② 参见［法］蒲鲁东《什么是所有权》，孙署冰译，商务印书馆 2009 年版，第 38—39 页；［美］汉娜·阿伦特：《论革命》，陈周旺译，译林出版社 2007 年版，第 49 页。

法。”穷人的权利即“非占有者的私法”在现代国家的法律制度中无所规定。马克思指出，私法对于财产的信条是“先占权”（即“谁先占就归谁所有”），但在现代市民社会，贫苦阶级“正是由于这种先占权而丧失了任何其他财产”①。

阿伦特极有见地地指出，马克思对现代政治的重大创见是把社会问题提升为政治问题，用穷人的权利取代普遍人权去规定自由的最高意义，与这一创见相比，他关于“科学的”社会主义、唯物论基础上的历史必然性等学说都是次要的和派生的，是马克思和整个现代所共有的观念。但阿伦特不同意马克思的观点，她毕生正面坚持的核心观点是，自由按其本质乃是一个政治问题而非社会问题，自由的本来目标是“以自由立国”，即建立一个包含公共自由、公共幸福和公共精神的公共领域，而不是什么“穷人的权利”。她认为，正是贫困作为一种力量把法国革命带入歧途，使法国革命把目标锁定于穷人的权利，而耽搁了“以自由立国”；“马克思从法国大革命学到了贫困是第一位的政治力量”，用社会问题取代政治问题，但正是这一创见把整个现代政治哲学引入歧途。关键的分歧点在于，阿伦特认为贫困的本质是一种“肉体支配下的必然性力量”，与自由问题格格不入；② 而马克思认为，贫困的本质是被剥夺，是财产权的压迫性所导致，因而是现代自由的真正难题。

继洛克之后，马克思再次将自由问题聚焦于财产，但这一次马克思刷新了对财产本身的理解，把财产进一步分析为劳动和资本。财产这个新概念突破了自洛克以来的现代财产概念，将以“道德政治”名义展开的现代性批判提升到一个更高的理论层面。这一重大创新是马克思在巴黎研究政治经济学的第一个成果，可以在《1844 年经济学哲学手稿》中看得真切。在这里，马克思从古典政治经济学对劳动、资本和土地的划分出发，将私有财产划分为“作为劳动的私有财产”和“作为资本的私有财产”（土地在现代趋势中将转化为资本）③。关节点在于劳动的异化。马克思发现，被古典政治经济学当做财富本质的“一般劳动”与本意上的具体劳动和劳动者是对立的，因为财富作为资本乃是劳动被

① 《马克思恩格斯全集》第 1 卷，人民出版社 2002 年版，第 251—253 页。

② 参见［美］汉娜·阿伦特《论革命》，陈周旺译，译林出版社 2007 年版，第 48—52 页。

③ 马克思：《1844 年经济学哲学手稿》，人民出版社 2000 年版，第 50、67 页。

“物化”的结果，异化劳动所导致的劳动与资本的对立才是财产的政治本质。这一发现使马克思对“现代”本身的理解超越公民社会概念，而进入阶级社会概念。因为随着财产权从一般的天然合法的公民权利变成权利本身的最大难题，自霍布斯到康德一直追寻的“公民社会”概念亦失去对“现代”本质的政治解释力，新的解释是：“整个社会必然分化为两个阶级，即有产者阶级和没有财产的工人阶级。”[①]

但是，马克思接着指出，无产和有产的对立如果不理解为劳动和资本的对立，就还是一种无关紧要的对立，就还没有在其内在关系上来理解[②]。无产和有产的对立作为社会现象古已有之，但古代只是把财产理解为自然形成的外在的对象性。财产的本质是现代提出的问题，经过重商主义和重农主义的过渡性探索，直到斯密，才抛开劳动的一切特殊规定，认为“一般劳动”是财富的唯一本质。斯密的革命性见解直接启迪了黑格尔对劳动和财产问题的重视，并在更深远的意义上启迪了马克思对劳动与资本关系的探索。马克思极精辟地将斯密的发现解析为“私有财产的主体性质是劳动”，指出由于这个发现，现代人才觉悟到财产的本质是人不是物：“人本身被认为是私有财产的本质……财富的这种外在的无思想的对象性就被扬弃了。”[③] 也正是这个发现，帮助马克思超越了一般私法把财产权当做个人意志对物的支配权利这一成见，而达至财产是一种人际关系的认知。但马克思随即指出，政治经济学观点所表达的其实是资本主义的本质精神，在哲学意义上是对人性的片面理解，因为随着把劳动抽象为一般劳动，也就把人抽象为财产主体，以此取代了人的本质的全部丰富性：“以劳动为原则的国民经济学表面上承认人，毋宁说，不过是彻底实现对人的否定而已……就是说，既使人成为本质，又同时作为某种非存在物的人成为本质。”在政治意义上，政治经济学的发现则恰是资本文明的胜利：“资本的文明的胜利恰恰在于，资本发现并促使人的劳动代替死的物而成为财富的源泉。”因为，把财富理解为“一般劳动”，必然导致把财富理解为“完成了的劳动”即资本，资本成为私有财产的最高形式，“只有这时私有财产才能完成它对

① 马克思：《1844 年经济学哲学手稿》，人民出版社 2000 年版，第 50 页。

② 同上书，第 78 页。

③ 同上书，第 73—74 页。

人的统治”。①

在理论上，对于财产问题中最重要的“劳动与资本分离的原因”，政治经济学语焉不详。② 它成为马克思的研究主题。要言之，财产不是一般法律意义上的人际关系，而是劳动与资本的关系：财产作为“积累起来的劳动”是资本，财产作为资本又是“支配他人劳动的权力”；现代财产权的后果是“把人类的大多数人变成完全‘没有财产的’人”，变成无产阶级，由此导致社会革命。③ 这就是马克思在《1844 年经济学哲学手稿》和稍后《德意志意识形态》中借助于政治经济学的前提和术语所达到的理论高度。这一认知在他后来对政治经济学进行彻底批判的《资本论》及其手稿中达到了理论的顶点。在这里，马克思将生产过程中劳动和资本两种生产要素的分离规定为“对象化劳动”和“活劳动”的分离，进而在政治上将其揭示为财产权与劳动能力的对立，这个对立使“劳动创造财富”这一现代金科玉律陷入悖谬之中，表现为：劳动的客观条件对劳动能力来说是“他人的财产”，而财富的创造过程对财产权来说是“他人的劳动”。这意味着，公民社会最重要的财产权合法性与其一般权利原则所要求的公民自由的兼容性、权利与义务的相互性不能兼容。马克思揭示其中的秘密是剥削，即资本以财产权名义索取增值价值；其政治本质是财产权的压迫性，即：财产权（作为资本）是一种“不支付等价物便占有他人劳动的权利”。剥削造成贫困，财产权的压迫性使其合法性成为问题，使穷人的权利成为问题：“劳动能力生产了他人的财富和自身的贫穷……而财富在消费这种贫穷时则会获得新的生命力并重新增殖。”这就是马克思通过揭示劳动和资本的对立，将财产权从一般权利向穷人的权利扩展，从而赋予“道德政治”的全新内涵。在这一转换中，自由和财产、权利和义务这些现代政治哲学的概念被重新定义：“由于从法律上来看这种交换的前提无非是每一个人对自己产品的所有权和自由支配权……我们看到，通过一种奇异的结果，所有权在资本方面就辩证地转化为对他人的产品所拥有的权利，或者说转化为对他人劳动的所有权，转化为不支付等

---

① 参见马克思《1844 年经济学哲学手稿》，人民出版社 2000 年版，第 74—75、61、76—77 页。

② 同上书，第 50 页。

③ 参见马克思、恩格斯《德意志意识形态》（节选本），人民出版社 2005 年版，第 47、28、30、35—35 页。

价物便占有他人劳动的权利，而在劳动方面则辩证地转化为必须把它本身的劳动或它本身的产品看作他人财产的义务。”①

马克思对财产权的去合法化，实现了自卢梭之后现代政治哲学的又一次重大创新。从《1844 年经济学哲学手稿》提出“共产主义是私有财产的积极扬弃”，到《共产党宣言》宣告“共产主义就是消灭私有制”，这种一致性不是偶然的，它在否定的意义上再一次确证了财产权是现代政治的前提，所以马克思才说整个革命运动只有在私有财产的运动中才能找到自己的经验基础和理论基础②。挟这一创新带来的思想力量，马克思批判了现代政治哲学的普遍性概念。卢梭和康德都坚持普遍性理想；斯密和黑格尔相信每个人追求自己的特殊利益，结果自然会促进全社会的普遍利益，普遍性就是以这种方式实现的；黑格尔还把现代国家当做普遍性的实现形式。马克思则挑明了，在现代条件下，私人利益不会发展为公共利益和普遍性，只会发展为阶级利益，所谓普遍性只是一个幻象，其背后的政治实情是：每个追求统治权的阶级都把自己的特殊利益说成是普遍利益，并赋予其普遍性的观念形式，把它描绘成唯一合乎理性的、有普遍意义的东西。“普遍的东西一般说来是一种虚幻的共同体的形式——在这些形式下进行着各个不同阶级间的真正的斗争。”现代国家只是一个“冒充的共同体”，其本质则是资本权力的政治形式，以保护财产权为最高职责。③

但马克思并未放弃普遍性理想，而是把普遍性赋予了无产阶级和共产主义，从而将其推向更高的理论高度，并以此保持着与现代政治哲学传统的连续性。问题焦点仍是财产权。在《1844 年经济学哲学手稿》中，马克思提出，应该用一种“真正人的社会的财产”④ 概念来取代现有的资产阶级财产权概念，并用共产主义去命名它。共产主义的本意就是一个财产权概念，马克思对它的规定是：共产主义是私有财产的积极扬弃，是从财

① 参见《马克思恩格斯全集》第 30 卷，人民出版社 1995 年版，第 443—445、447、449—450 页。

② 马克思：《1844 年经济学哲学手稿》，人民出版社 2000 年版，第 82 页。

③ 参见马克思、恩格斯《德意志意识形态》（节选本），人民出版社 2005 年版，第 102、28、44、76 页。

④ 马克思：《1844 年经济学哲学手稿》，人民出版社 2000 年版，第 63 页。

产的普遍性去看待私有财产，即“普遍的私有财产”①。马克思的普遍财产概念首先是一个人性概念，真正人的财产应该是“人以一种全面的方式占有自己的全面的本质”。与之对比，旧的私有财产仅仅被理解为占有和拥有，这种理解“愚蠢而片面”，在人的本质上恰恰代表着“绝对的贫困”。在更深刻的意义上，马克思指出“拥有感”标志着人的感觉的全面异化，这种异化的感觉正是资产阶级权利的自然性基础。所以马克思提出，私有财产的扬弃首先是人的感觉的解放：使感觉成为人的感觉，使需要成为人的需要，使需要失去其利己主义性质，这将从根本上解决问题，使资产阶级财产权失去其自然基础。这就是马克思所说的“感觉在自己的实践中直接成为理论家”。新的财产观塑造全新的感觉，从而“创造着具有人的本质的这种全部丰富性的人，创造着具有丰富的、全面而深刻感觉的人作为这个社会的恒久的现实”②。这里的“社会”概念至关重要，它在马克思那里既是人性概念又是财产权概念。所谓财产的社会性质在于它合乎真正人的本质，这就是“他为别人的存在和别人为他的存在”。马克思赋予社会概念重大的政治意义，他实际上是将现代政治哲学“从自然状态到公民社会”这一主题改写为“从自然到社会”：“社会是人同自然界的完成了的本质的统一。”③ 此修改意义重大，它彻底消除了现代政治中的资产阶级意味。

马克思对财产权的人性根基的这些要求，继承了自卢梭以来激进思想界对“道德政治”的基本诉求。但马克思的新财产概念不仅仅是一个人性概念，而首先是一个制度概念。在《德意志意识形态》和《共产党宣言》中，马克思阐明了“真正人的社会的财产”的政治形式是：在一个“真正的共同体”中，每个人通过联合获得自己的自由，这就是“革命无产者的共同体”④。对比黑格尔把普遍性赋予国家，马克思把普遍性赋予了无产阶级：无产阶级是一个“普遍的阶级”，这个阶级“由于遭受普遍的苦难而具有普遍性”，这就是没有财产的穷人在一切民族中共同遭遇的“一般的不公正”，所以“工人的解放包含着普遍的人的解放”，这是一个

① 马克思：《1844年经济学哲学手稿》，人民出版社2000年版，第81、78页。

② 同上书，第85、86、88页。

③ 同上书，第83页。

④ 马克思、恩格斯：《德意志意识形态》（节选本），人民出版社2005年版，第63、66页。

"普遍合乎人性的任务"[1]。上述观点是马克思对卢梭、康德和黑格尔的普遍性论题的一个天才拓展，即使新的时代条件使制造业工人阶级趋于没落，也丝毫不减其在现代政治哲学史上留下的思想光辉和道义力量。就理论本身的逻辑来说，正是无产阶级的普遍性使马克思的新财产概念成为可能："真正人的社会的财产"只有在"自由个人的联合体"中才能实现，这只能是"革命无产者的共同体"。因为按马克思的构想，"只有完全失去了整个自主活动的现代无产者，才能够实现自己的充分的、不再受限制的自主活动，这种自主活动就是对生产力总和的占有以及由此而来的才能总和的发挥"[2]。这里包含着被马克思揭示的现代政治深层的辩证法：只有无财产的人才能理解另一种完全不同的财产概念，占有的普遍性只有遭受普遍苦难的阶级才能实现。这也从另一个角度说明了为什么作为自由前提的财产权会因为其不义性而成为现代人自由的（至今无法解决的）最大难题。同时也印证了，马克思反对剥削，主张"联合起来的个人对全部生产力的占有"，才是对"道德政治"最高、最彻底的要求：它继承了卢梭，而把政治上的"普遍意志"变成经济上的普遍意志；也继承了康德，而把"绝对善良意志"变成一种绝对的善良制度[3]。

今天，随着时代条件发生巨变，马克思关于财产权的政治理解已成为遥远的理论记忆，对"穷人的权利"的激进吁求也趋于沉寂。但实际上，现代政治和现代政治哲学的这一问题结构并未改变，财产权仍然是它最核心的问题，财富分配严重不公和贫富差距急剧扩大，仍然是困扰今天人类的最大难题。在这种情况下，要求马克思哲学研究的聚焦点从先验哲学转向政治哲学，并将其置于现代政治哲学的整个学术谱系中去理解，不仅具有理论意义，而且具有现实意义。

---

① 参见《马克思恩格斯选集》第1卷，人民出版社1995年版，第15页；马克思：《1844年经济学哲学手稿》，第62页；马克思、恩格斯：《德意志意识形态》（节选本），人民出版社2005年版，第89页。

② 马克思、恩格斯：《德意志意识形态》（节选本），人民出版社2005年版，第73页。

③ 关于"善良意志"与"善良制度"的详细讨论，参见张盾《马克思的六个经典问题》，中国社会科学出版社2009年版，第359—361页。

历史唯物主义对历史目的论的批判

张文喜*

整个历史唯物主义阐释的传统，是历史合规律论与历史合目的论间的一部关系争执极为紧张的历史。一方面，它是一部试图维护历史合客观规律论并不断赋予新的解释的历史；另一方面，它是一部尝试证明历史合目的论及其克服它所蕴含目的概念所表现出的理论危机的历史。而就阐释的整体历史而言，历史唯物主义少有被理解为既是历史合规律论又是历史合目的论的。相反，在大多情况下，它都只被当作一个方面排斥了或者说超越了另一个方面来理解的，虽然这个阐释历史总是看起来并存有两个方面。一般地，人们依原则所坚持的便是这样的看法：如果说传统哲学假定任何历史事物从反思的角度看都有意义和目的，或者说，“事后”，总是可以把历史解读为受法则支配的过程。那么，在这个意义上，马克思有时确实沿袭从广义上使用的传统哲学目的论思维，但历史唯物主义并非是在历史目的论的基础上建构起来的。

最近，国内出现了一些反映现阶段历史唯物主义研究的新成果。这些成果也明确地表达了相近的问题意识：即历史目的论与历史唯物主义体系一般地应是不相容的，而且，每一种对历史唯物主义所作统一性和整体性的阐释要求，都走向了对历史目的论的否定。① 然而，人们一定会对下面这种情形感到惊讶，即当人们首先只是从否定的方面去理解历史唯物主义

---

* 张文喜，中国人民大学教授。

① 关于“历史目的论”问题的近来进展性研究可参见陈先达、王南湜等人所做的工作。王南湜：《历史唯物主义阐释中的历史目的论批判》，《社会科学》2008 年第 12 期；陈先达：《一个值得商榷的哲学命题——关于“合规律与合目的”问题质疑》，《学术研究》2009 年第 8 期；孙麾、吴晓明主编：《唯物史观与历史评价》，中国社会科学出版社 2009 年版，第 225 页。

和历史目的论之间的关系时，历史目的论却最容易诡谲地渗入这样一种关系中。一方面，当传统马克思主义哲学史，在概念史的逻辑意义上，将马克思弄成绝对战胜了历史目的论“偏见”的“神”时，偏见却始终具有历史的意义。另一方面，即使彻底驳倒了历史目的论，人们也会难以决绝地粉碎它。或者说，在这种情况下，即使人们不接受历史目的论，也仍然会接受它的某些因素。因此，毫不奇怪，我们所看到的便总是在历史观方面人们质询“为何历史目的论还未偃旗息鼓?”的情形。

我们的批判之特殊基础便是针对这个情形所显示出的一种难题：作为历史唯物主义危机表现的历史目的论危机之未被最终澄清的东西是什么?就已有的进展而言，这个问题的指向仍然处于一种隐秘的无名的领域。

一　重述历史唯物主义阐释史：历史机械论和历史目的论的失败

自马克思和恩格斯逝世以后，对马克思主义哲学的支配性解读，首先是在第二国际理论家的阐释定向中发展起来的。最先表达出拒斥被称为历史目的论历史观的寓意，还是在第二国际的理论家中间以梅林和普列汉诺夫最具代表性。但是，在他们那里，这个寓意本质上是基于一个反辩证法的视点。举例来说，梅林，这位并没有在现象中明确地把马克思的唯物主义降格为机械唯物主义的人，却由于在割裂自然和历史的研究途中，最终错误地取道于对马克思哲学之机械唯物主义的理解。比如，下面这一著名的说法就是例证，他说，德谟克利特的机械（原子）唯物主义的论点已经“包含着现代唯物主义（不论是自然科学的或哲学世界观的唯物主义）的几乎全部伟大原理的萌芽”。因此，在梅林看来，马克思的《博士论文》的“实际弱点”就在于，它“还整个儿站在唯心主义立场上”。[①] 透过这种宣称，我们看到，马克思通过扬伊壁鸠鲁、抑德谟克利特来反对机械论视界中的“能动性”概念，也未能赢得梅林的信任。究其原因，它不过被梅林看作取自于唯心主义的概念，亦即，它是立足于黑格尔“自我意识哲学”之内的。简而言之，在梅林这里，存在着一种基本的定见：

① ［德］弗兰茨·梅林：《保卫马克思主义》，吉洪译，人民出版社 1982 年版，第 176—184 页。

即马克思是由早期唯心论走向成熟期的唯物论的。

历史地看，梅林上述说法因其具有对“唯物主义者的依赖”性质而获得了一定的名声，但是，这种依赖是对旧唯物主义的依赖，其中携带着对马克思哲学性质的退行性理解、因而也是归属于那种对马克思哲学之最外在的理解方式。我们看到，在马克思哲学唯物主义基础被梅林退行地理解为机械唯物主义性质的地方，同时，也就是在它被以一种主观方面的“能动性”必然予以补充的地方，目的论（或类似它的某个东西）就随之产生了。在这里，机械唯物主义原则的严格运用同唯心主义目的论原则的运用，或多或少是相似的运用，它们的结论都由“一切都是给定的”推论预设着。如此看来，若梅林真正对他认为有“无比高度”的伟人马克思具有虔敬与尊重，他唯有从对马克思唯物主义性质之最外在的理解中胜利地走出。此外，若梅林以一种“分析目的论”的治史方式将马克思的思想分成早期、中期、晚期，并把他的思想看作一个为了使马克思能够成为一个唯物主义者的发展过程。实质上，这是以现代哲学观念来透视马克思思想的老套思路。这是根本错误的。任何不带偏见的研究者，当他考察今天在原子世界里所见到的一切时，那种缺乏唯物主义基础的“能动性”概念被突破、改造和重铸，便可看到在马克思《博士论文》中已作为不容否认的基点现显着。

比之于梅林，在袭用“能动性”这个概念方面，普列汉诺夫——这位在当时马克思主义界最主要也最权威的阐释者——是朝着无批判的实证主义路向来接近马克思哲学的。在这个决定性方面，如果无批判的实证主义不啻是对现状的一种赞美和认可，那么，他同梅林一样远离了马克思哲学革命的基础。实际上，梅林和普列汉诺夫，他们两者的思想取向之逻辑是同一的：他们确信，把马克思哲学的基础放在自然科学中陶养是绝对必要的。就此而言，普列汉诺夫也并不比梅林高明。如果人们在他的读本中读到：在辩证唯物主义那里，社会科学已然清除任何目的论，社会科学甚至将等同于自然科学。① 或者读到：随生产力增长以及经济生活的发展，人们相互关系以及人的心理在生产过程中相应发生变化，“在这里，我们面对着真正的——而且是纯粹唯物主义的——社会发展的‘代数学’。在

① 参见王荫庭主编《普列汉诺夫读本》，中央编译出版社 2008 年版，第 137 页。

这种代数学中既有‘飞跃’即社会革命时代的位置，也有渐变的位置”①。我说，如果人们读到普列汉诺夫的所有这些观点，那么人们就会面对一种极端粗陋的唯物主义。它退行性地把马克思哲学基础归结到法国唯物主义和费尔巴哈唯物主义、斯宾诺莎直至德谟克利特的（原子）唯物论的决定论，它几乎没有为公开承认目的论的破绽留下余地。或许，普列汉诺夫意欲让我们看到，（原子）唯物论的决定论曾把人们引向科学的知识，而科学研究中的目的论却把科学引进了死胡同。因此，他希望通过把马克思主义哲学与（自然）科学相提并论，达成将马克思哲学的基础弄得狭隘些，以便于避免承带历史目的论的危险，但是，由于一种根本性的限制，旧唯物主义对目的论的批判是缺乏内容的（顺便说，旧唯物主义者曾经长期地驳斥目的论，把一切归结为“自然”，这种驳斥不能不说就是旧唯物主义的不彻底性和软弱性的表现）。因此，谁若像普列汉诺夫那样将马克思主义哲学朝向科学的实证主义而加以定位的话，在大多数这样的场合下，它提供不了真正属于马克思的东西，而且因为它“砍掉了哲学的头颅”而过于狭隘，过于退缩。关于这一点，如果看到旧唯物主义直接以历史线性时间观为基础，那就更清楚了。

另一方面，我们也被整个历史唯物主义阐释的传统推进得更远：在与梅林和普列汉诺夫正统的对立中，作为西方马克思主义者的卢卡奇重新思考目的论的某种有益的解释价值，他将无产阶级视为历史的普遍责任主体，以便摆脱机械论窠臼而令正统马克思主义的一切论证方略相形见绌。他勾画了一种对进步观念的马克思主义的批判。借梅洛－庞蒂对卢卡奇的评论，我们说，资产阶级的进步的乐观主观主义是“一种巧妙的手法，它把一开始就降至最低点的矛盾分配到一种无限的时间中去，并假定矛盾将在那里自行解决。进步把历史意义的开端和结束，消融在一个没有边界的自然过程中，并把人自己的角色向人掩饰起来”。② 因此，卢卡奇认识到，资产阶级社会的“进步”，不过是一种自然趋势，历史不过就是所谓的无意识生产掌控的历史。这种“进步”观为功利主义价值判断留下了空间，其表现是经未来的得失平衡将曾经的不正义之举视为正当。因此，

① 参见王荫庭主编《普列汉诺夫读本》，中央编译出版社 2008 年版，第 201—202 页。

② 参见［法］莫里斯·梅洛－庞蒂《辩证法的历险》，上海译文出版社 2009 年版，第 34 页。

卢卡奇打算击破资产阶级进步意识形态。但是，他一边从黑格尔的主人/奴隶关系的研习定式获得灵感，一边借用“自在/自为”的辩证模式来理解无产阶级的使命。在卢卡奇描绘的无产阶级肖像下面，我们看到的却是“资产阶级化的”马克思主义，这是一方面。另一方面，卢卡奇的思想，俘获了熟读《历史与阶级意识》的本雅明。对本雅明来讲，辩证唯物主义的科学规律之所以总是胜券在握，不仅因为隐藏着历史线性时间观，而且也与依靠一种神学的（而非历史的）、目的论的乌托邦的力量、一个意外事件、一次行动来解释万事万物殊途同归。所有这些，让本雅明明显地感到，从辩证唯物主义的科学规律的见解出发，不能阐明人的历史活动的本质，不能阐明历史运动的深刻意义。为此，本雅明实际思考的，就是作为一个文本的历史，也许就是“回溯性地获得其含义”的东西。一旦把历史设想成文本，本雅明就获得了质询“进步”观的“末日审判的视角”：据齐泽克的分析，就本雅明而言，“进步”的观念是由掩藏在“历史的大他者的会计学暗示出来的”。“如果没有这一会计学，如果事件与行动不在他者账目中注册”，就无法设想辩证唯物主义的科学规律话语中的某些关键概念的功能，比如，“客观罪行”这一概念。对本雅明而言，它不过是指“历史大他者眼中的罪行”，“不过是统治者的假想而已”。[①]与此同时，历史的大他者的会计学说，在这里，画这条线，在那里，画那条线。而本雅明认为，实际上可以把它画在任何地方。因为，革命（或政治实践）并非是持续发展进化的一部分，相反只是“郁积”的时刻的积极的实验，我们事先不知道一条线究竟向哪里伸展。在批判传统马克思主义认为无阶级社会是历史的目的这个意义上，“革命”，对本亚明说来就是创世行动。

或许，除了卢卡奇、本雅明的案件之外，我们还可以说，还有许多其他个案，而每一隶属于西方马克思主义的个案都是触及革命的要素。这些思想家用大而空的概念——主人、主体等等，像本雅明似的喋喋不休于历史的受难者，从而得出在进化主义的意识形态视角中革命是不可能的结论。在我们看来，这些思想家必须思考这种不可能性，因为这种不可能性不过是通过这些思想家自身的思考而获得其有效性。这就是说，值得怀疑

① 参见［斯洛文尼亚］斯拉沃热·齐泽克《意识形态的崇高客体》，中央编译出版社 2002 年版，第 196—197 页。

的是革命是否能够永远依赖无中生有地创造新的大文本（用这一本雅明的表述）等旧的形式。在这里，问题的关键在于，西方马克思主义之乌托邦和积极行动的神学目的论的总体概念，从根本上说就是迷惑的。即便将其作为革命鼓动看，其意义也非常有限。

不过，这种概念决不止于一种迷人的观点。相反，根据我们所处环境特点来看，它隐约预示了当代那种更为简捷和果敢的否定情形，即连“发展”等概念也加以否认的情形。据说，人们谈到“发展”、“人的发展”、“历史的发展”的时候，总是要在一个系列的运动变化中确定低级和高级、确定发展，从而必然地或者以终点、目的为参照，或以系列之外的他物为外在反思的对象。因而，“发展”潜在地假定了某种合适的有目的的始作用者，即神性的存在。这就意味着所有的目的都是无目的的，唯有神的帮助，人才能作为从低级趋向高级的存在彻底转变形成出来。如果在这种情况下，若有人想谈论一个目的，使用“更高的条件”、“更高的历史阶段”等诸如此类的概念来描述历史、却并非将其真正特性解释为想象中有待实现的预先存在的模式，那么，这样的目的就完完全全是进行历史认识的主观性的成就。因此，只有那些对人之中的这种主观成就误以为目的论谬误而加以排除，并因此，许多本质上不同于目的论的观点，就直接地与顽固地被错置于旧形而上学—神学之目的论的范畴之内。在这里，无须指出，历史目的论的论断不可能被期许在一种旧形而上学—神学的思想框架中得到澄清。（历史）目的论毕竟并非“想要揭示出上帝的智慧特别启示”①。而每一次存在论和神学面临深刻危机都足够有力地表明：如果人们把目的论理解为一种预先设想的观念的实现，那么历史唯物主义唯有对目的论超越上方可获得它的基础。

二　对历史目的论批判的视点之一：历史哲学的解放范畴的错失

如前所述，马克思的历史观不是由经济决定的机械论和某种历史目的论强行撮合的逻辑的合题构成的，它属于另一个范畴。然而，同样毫无疑问的是，人们所理解的马克思，很大程度上受到第二国际理论家和西方马

① ［德］黑格尔：《小逻辑》，贺麟译，商务印书馆1980年版，第391页。

克思主义代表人物所制定的理解模式的限制。因此，就人们可能失去了对已教条化的观点怀疑而言，人们不仅绝不可能在马克思历史观的名义下去除头脑中的经济决定的机械论（类似于自动发展论），而且也不可能将某种历史目的论的逻辑弃之如敝屣。不管怎样，曲解一旦形成便不易清除。我们的意思是说，只要某一方采纳经济决定的机械论立场的批判，恰恰是针对抽象的历史目的论立场的批判（反之亦然），那么关于它们之间所有的论题都将面临同样的结局，即结论的出现以一方吞噬另一方为代价。单纯使用科学的规律或使用人的解放目的去阐释历史，在终局意义上等同于一切希望公正、正义地将解救史与苦难史分离开来的神学尝试。就此意义而言，对历史目的论之历史唯物主义批判论题的侧重点看起来就很清楚了，它决不会因后来的马克思主义（后马克思主义）诠释者回避和解构这种侧重点而被消解。虽然从布洛赫的《乌托邦精神》到20世纪法兰克福学派，他们对马克思思想的重建工作一直沿着降低经济的首要性的思路，而没有间断过。在这一情形中，不得不看到的是，西方马克思主义者或后马克思主义者对马克思历史观的阐释，是在批判第二国际理论家对马克思的片面解释，而不是针对马克思本人的历史解释，这就导致“手打麻袋意在驴子”之效果。故此，在批判西方马克思主义时，确定什么还保留着历史的现实性，什么已经失去了历史的现实性，就需要有一番艰苦的分析。

因此，对历史的一瞥表明，我们必须谈谈历史和社会中的解放信仰。历史观的目的论概念的根源便在于斯。我们已经看到，马克思思想与那股曾承载过我们意识中的目的论暖流的关系问题，至今还无法妥善解决。有人声称并一般承认，这种关系取决于生产力的进步（解放）理论——马克思之所以对生产力进步（解放）产生兴趣完全是因为生产力进步（解放）等同于人的（进步）解放。而后来的马克思主义诠释者对（以科学技术为主导的）生产力进步（解放）论的态度之所以是暧昧的，甚至对它不再有丝毫兴趣，是因为（科学技术）生产力进步论被用来反对人的（进步）解放这一理论。可是还不足以使我们从流俗的关于马克思思想与历史目的论的关系以及对这种关系的规定的方式方法中摆脱出来。我们不能不为理解此说法，对马克思主义思想史中一些理论得失做到心中有数。

我们从早期马克思的思想中知道，他首肯了现代革命和启蒙运动史上人类或人类学意义上的整体和阶级的自我解放的一般性原则。我们方才注意到，解放，作为一个普遍的、被用作现代自由史之具有某种历史哲学意味的范畴，在《论犹太人问题》中第一次得到纲领性表述。马克思说："任何一种解放都是把人的世界和人的关系还给人自己。"[①] 马克思的这一说法，在某种程度上不仅是整体性的、范畴性的，而且也是康德意义上先验性的、普遍性的。在解放的历史与现代自由理论中，它具有重要影响。它源于一种隐秘的人义论，也是一个过度抽象的解放概念——人们将其称为"解放辩证法"。在这种概念自身中包含抽象的通史整体性，毋宁说是非历史的性质。而后，它便彰显在法兰克福学派的解放理性的逻各斯中，比如，内蕴于本雅明和阿多诺用的"解救"概念中。它认可将历史理解为辩证的解放史的观念，想方设法将"解放过程中出现的矛盾本身重新纳入这一进程之中，从而使解放概念更不可冒犯、更不可渗透、更不受外在争议的影响"。[②] 在此是说，在现代历史进程中，那种值得重视和将解放纳入辩证的和演进论构想之整体性形式中，那种令革命蜕变成消除差异之新的恐怖的解放过程，那种无视在普遍的人类自我解放的历史之内出现的日益明显的矛盾或反讽，以及那种所谓指引各个历史阶段发展方向的历史目的概念，概出于此种解放之整体性概念。但是，实际上，考虑到施于现代自由史的解放整体的魔咒，首先是在进步神学，然后又附依于合规律、合目的历史理论中合法化，因而我们不得不看到，如何从概念论证上破解它似乎不可能。因为，它将涉及人的自由和历史进步的双重视觉形象：从历史唯物主义的视角看来，如果基于经济发展规律，并基于自由王国的最终进步的目的，那么就当下与其他时刻发生的事情作比较而言可能是退步的，因为它不得不面向"史前""用血与火书写的剥削历史"。但历史进步的乐观视界并非如此，它不可能直接看见历史的这一双重景象，或者说，它在某种程度上已将解放的负面历史经验，算在作为一般历史主体（比如，"世界精神"、"似自然性主体"、"无主体的主体"）的头上。显然，反过来讲，一旦辩证的和演进论的整体解放进步论看到完全现实的历史和社会进程，看到事实上的"社会退步"和历史中的苦难存在，它就不能不因一再崭露出（技术）生产力进步强制论的狭隘性，这种狭隘

① 《马克思恩格斯全集》第1卷，人民出版社1956年版，第443页。

② ［德］J. B. 默茨：《历史与社会中的信仰》，朱雁冰译，生活·读书·新知三联书店1996年版，第128页。

性和资产阶级现代性的抽象的成功史恰是一体两面的东西，并最终搁浅在非理性的半吊子解放（自由）史的途中。出于同样的逻辑，一种不和历史和苦难本质相关联的进步和解放理论，往往就沦落成具有完美的开脱苦难性质的机械论。

然而，真正灾难性的事是，传统马克思主义的诠释者将人类的解放史说成是一种作为历史主体的无产阶级纯然透明的成功史；是对历史苦难视而不见。或许也是习惯性地把它打发了。在这里，这种习惯应归咎于传统马克思主义的诠释者的解放史观，确切地说，应归咎于无产阶级作为历史优胜者的理论性质。传统马克思主义的诠释者喜欢说：无产阶级有其他革命阶级所不能比拟的历史优越性，这就是它有条件、有能力吸收人类文明的全部优秀成果，形成自己的科学世界观。这就意味着传统马克思主义的诠释者在历史中发现了一种意义，而无产阶级则相当于犹太教—基督教解释历史的普遍图式中的特选子民（这一洛维特的表述，原则是属于西方马克思主义的观点），并由此而沾上此说法之真理的教主的光，具有阐述历史中某些使命、目的之不可抗拒趋向的权能。传统马克思主义的诠释者，想要提供无产阶级不仅兼有以往革命阶级的必胜条件，而且还指证它具有后者所不具有的彻底性和深刻性。如其在他们的理论中所呈现的那样，对面临历史的苦难所表现出来无能并承担责任者，应该完全是归于外部的另一些人（阶级），即无产阶级这一历史主体的对手、敌人。后者作为无责任能力的历史主体，愈来愈不具名，变成被宣布为丧失权力的不在场的主体。一句话，成功、胜利、进步、道义只留在无产阶级一边。因此，就真正意义而言，这里所说的潜在的两（或多）个阶级之间的理论区别，并非真的就存在于两（或多）个阶级之间，因为，恰恰是表示语言符码之“反面”的阶级观念意味着只有一个阶级——普遍的无产阶级（正如从意识形态要求的角度看，资产阶级在社会与政治上处于上升时期时也曾自许过是一个普遍的阶级）。我们已经看到，由于这种说法不再理解《共产党宣言》中对资产阶级历史角色的称颂，而且干脆置此种称颂于不顾。所以，在这方面的错失也仍然具有开脱的、完美的历史机械论的性质。与此相关联，如果在这种情况下，只要标志这个（无产）阶级客观存在的阶级利益确实是以一种意识来体现的，那么，当所有其他敌—友阵营统统消失了时，政治的全部现实就会浮现出来。也就是说，传统马克思主义的诠释者的革命逻辑，就是要在社会场域里组织出阶级的两个极端，并将无产阶级和资产阶级区别开来、分裂开来。它不仅激发一场经济和金融斗争，而且更是激发一场迫使人与人相互敌对上的政治斗争。而斗争的特点——无论是为了体现阶级意识而战，还是为了信守客观的阶级利益而战——在于它往往求助于一种阶级分化意识。然而，这样一来就要对如何确定无产阶级性质发生一种误解，可能是革命的社会主义运动的任务意义之下的误解，也可能是无产阶级如何以其客观利益战胜和改造一统的资本主义国家机器概念意义之下的误解。如果我很蹩脚地描述（让我简而又简地说）其间所发生的误解，好像这些误解都是因如何从区别性关系的相互作用中防止资本主义在社会主义内部复活生发出来。

但是这些引入无产阶级与资产阶级概念区别的想法之误解还不算最坏的事。真正的坏事是，当传统马克思主义的诠释者一边将社会主义运动定义为固定或明确资产阶级和无产阶级之间的界限的同时，在另一边已经将资本主义运动定义为灵活、创新、演变、永远可以超越和移动其内部界限和障碍。实际上，他们犯的是双重错误。这种错误主要是一种在哲学的根基上立足于本质主义意识形态所产生的：传统马克思主义的诠释者或者寻求更加纯粹的社会主义本质，这时观看社会主义本质者不处于世界之中，而是从无限的或绝对的距离和虚无深处观看社会主义本质的，或者试图在他们所在的地点本身和时刻本身绝对接近本质的探寻，乃至与特定环境中的现存物融合。由此，社会主义和资本主义的差别体现在特别的某种东西上——譬如，“草”和“苗”。这两种方法表达了与事物本身的同一种逻辑联系，最终，在生产层面把社会主义国家对生产的改造引向没有剩余，没有对剩余的吸收，没有商品交换，甚至没有金融计算的国家。一句话，社会主义与资本主义的差异的关键就在于“有某种东西，或者没有”。然而，一个工业社会没有这些是否可行？传统马克思主义的诠释者对此几乎无任何反躬察觉，而资本主义的辩护士发明不同的策略，乐见社会主义的这种自我拆台的现状。在这种情况下，资本主义没有任何理由得不到发展！我们读读德勒兹和瓜塔里的《反俄狄蒲斯》，就会听到如下音调：伟大的列宁主义既没有防止国家资本主义在社会主义内部的复活，同样也没有防止古典资本主义通过暗中破坏而造成对其自身限制的突破。① 所以

① 参见［法］吉尔·德勒兹、费立克斯·瓜塔里《资本主义的再现》，载汪民安主编《生产（第五辑）：德勒兹机器》，广西师范大学出版社2008年版，第126—127页。

说，社会主义与资本主义的差异不是体现在特指某种东西的不同，或者说，问题的关键并不在于“有某种东西，或者没有”。

但这种不确定性，这种深层的差异遮蔽必须被揭开，因为不这样做，社会主义与资本主义的差异势必就是人为的区分。并且，借助于这种宏大的区分，设定了一个对另一个的优越性，同时优越的一方还被体制规定出一种优越的权利。事实上，这种区分是以往社会秩序中政治及其意识形态赖以稳固的基础。尽管经济是在历史中显露为最根本的“现实的”因素，但在某种历史目的论中，在传统马克思主义的诠释中，它还是被一个宏大的、差异意识形态结构——无产阶级/资产阶级——与资产阶级特殊化、个体化的要求相比，无产阶级更成其为人的“类型”。两种不同的标准不仅与两种不同的人（无产阶级/资产阶级）相符合，而且与两种不同的地域（东方/西方）相对应——掩盖起来甚至削弱。如果人们被这种可控制的结构所引导，困惑于长达一个世纪之久的这场政治实验的价值，那么最容易的办法就是忽视或背对如下问题：现实中以政党或国家为体现的阶级意识是否异化、变形、背叛了客观的阶级利益？苦难与进步是否同一？今天，若一个人愿意变成一头牛，那他当然可以不管人类的痛苦，而只顾自己身上的皮。[①] 而且因为世界历史“精神”这张超验的历史主体的皮早就大大习惯了如此无视前进的历史车轮碾碎的小草，因为作为强力行事者跨过的现实的苦难，不过是作为历史收获未来之代价，而且恰恰是向着制胜者的历史目的之下的苍莽方向走去，哪怕再深重的苦难历史也会加以消化。我们已经指出，在历史过程被反思成“发展”和“进步”的地方，历史就是合理性的，历史目的论（或类似它的某个东西）就产生了：它认为只要认准把“好的目的”拿来追求，破坏不过是代价。由此看到，黑格尔的辩证法喜爱历史，控制历史。但它也忘了自身也有一个历史，它不得不去承受，并且无法控制。我们一定会看到，历史受到未来目的操控的想法，需要把与之相关的某种实践目的（如，工具性政治目的与权力目的论）凌驾于历史之上并赋予形而上的第一性，或者说，目的论诸言必须与神学联姻。在某种程度上，欲将苦难与进步的矛盾统摄起来，仅由黑格尔辩证法所搜集来的零碎断片是不够的，显然，还应由终末论的绳子将其串联起来。马克思提醒，“这种历史哲学后来在圣布鲁诺看来也一定

---

① 《马克思恩格斯全集》第 31 卷，人民出版社 1972 年版，第 544 页。

是一连串的‘思想’”①。所以望月说得很对：马克思的历史理论是建立在“市民社会批判认识基础上的世界史”②。他本人仍然是把对现代社会“苦难”根源的思索，用于排除机械唯物主义以及对未来共同体的展望的一个标准见证人。对马克思而言，若要阻止意识形态将这不可还原的现实置于上述那种宏大的差异结构，那么无产阶级须“以其客观利益战胜和改造旧社会”，否则，就是让旧社会继续以“拯救你们的阶级为借口把整个民族抛回到中世纪的野蛮状态中去！”③ 无论如何，传统马克思主义的诠释者一直将今日的受难者看作明天的胜利者，这是黑格尔辩证法的把戏。它只是描述了本质上把将来和过去看作是可以根据现在计算出来的，因而，认为一切都是给定的历史机械论解释。在这种假设中，一种超人的智慧可以一下子看到过去、现在和将来，并能加以成本计算。追随马克思的视线，人类历史的选择并不是在进步和苦难之间，更不能把“苦难”悬搁起来；反过来说也一样。这些陈说始终有着朝向当今、向着现实的人的目前生存的矢量。只有在与目的形而上学相分离中产生的一种清晰的预感表达中，我们才会正确理解关于历史唯物主义的这些陈说。

三　对历史目的论批判的视点之二：超越欧洲的特殊性和普世性之迷思

在对历史目的论的政治以及意识形态批判方面，我们所完成的批判表明了在通往马克思历史理论道路上的障碍。我们还需要考虑，哲学的，特别是随着德国历史哲学的历史发展而来的目的论堆积了多少障碍。这首先牵扯到马克思的历史理论和目的论的关系问题：一方面，传统马克思主义有着上述所谓的社会主义与资本主义的差异性结构说。但另一方面，又有一个宏大的社会发展的三阶段结构说。如果说马克思对历史的考察不是为了说明支撑无产阶级/资产阶级这一对立结构以及由此引出共产主义的必然性，而是为了说明历史发展的基本轮廓，即说明共同体、市民社会、社

---

① 《马克思恩格斯选集》第1卷，人民出版社1995年版，第94页。

② 参见［日］望月清司《马克思历史理论的研究》，韩立新译，北京师范大学出版社2009年版，第7—8页。

③ 参见《马克思恩格斯全集》第6卷，人民出版社1961年版，第230页。

会主义这样三个阶段，它们分别对应过去、现在和未来。那么，这一切的出现以及社会发展的三阶段结构说和历史目的论的说法有什么关系？我们发现，在以赛亚·伯林、卡尔·波普尔以及分析马克思主义代表埃尔斯特等人眼里，它属于一种难以接受的目的论的、非科学的理论。

按照这些人的想法，马克思历史理论已现实主义地教人有一个自在的客观的道德意图、理想标准，保证了社会发展阶段高低的区分，这种区分不能不是目的论的。现在看来，这个传开的关于马克思历史理论的想法实如空虚的构想而被拆穿了。此一流行的想法出于理解之肤浅。我们必须把“主观的”与“客观的”，“生产力的发展”与“道德的发展”这些名称的形而上学之对立性质抛在一边。然后该做的事情是，以对这些人所认为的在掌握得较扎实了的结果为依据来做决定性的批判，这一批判就把历史理论与目的论表象可能破灭之间的内在联系展示出来。现在该让我们洞察此一联系。这一联系原初地而且唯一地是由马克思见到的，但这个联系却为这些人招致奇怪的后果。简单地说，我们的意思是，如果马克思将资产阶级的生产方式以前的人类历史分类为亚细亚的、古代的、日耳曼的这样三种类型，其中，只有某种类型才能产生近代市民社会，并最终能够使市民社会发育起来，为人类历史进入社会主义社会做准备，那么，这些人并没有能够发现马克思这一历史理论之真正的基础，因为，共同体的三种形式（即亚细亚的、古代的、日耳曼的）被他们放到时间上继起的、大进步的连续体中。事情已经显露：对于传统马克思主义来说，既定分析历史的工作是将人类历史确定为原始社会—奴隶制社会—封建制社会—资本主义社会—社会主义社会这样的历史进程，但是，这种工作其实是对应于在阶级关系和所有制变化之内寻找理论完美的表现。他们所着手进行的是将马克思历史理论蕴涵中的真理化为抽象普遍的命题，必定仍然是依赖于类似归纳的外在性的东西，一定会失败。

反之，马克思本人的意思是说，“只有出色的‘中世纪’日耳曼的西欧世界才是适合市民社会发育的土壤”，“阿尔卑斯山脉以北的‘中世纪’世界创造出来了本来意义上的市民社会，只有这种市民社会才以‘城市和农村的对立’的形式包含着发展为近代资产阶级社会的谱系”。[①] 于是

① 参见［日］望月清司《马克思历史理论的研究》，韩立新译，北京师范大学出版社2009年版，第4—5页。

对马克思的历史理论而言，原本关于将来走的道路，人类精神一无所知，因为道路是随着实践活动被创造出来的，它只不过是这种活动本身的方向。但是，如果人们把这种活动本身的方向变成绝对而预定的，那么他就打算对我们的历史性做出思辨的解释，隐藏于这些教条主义思想形象背后的东西就是如此。在这儿，使马克思历史理论身负历史目的论重荷的这三种形式是一种"类型说"，还是一种"继起说"？人们现在渐渐开始想把"类型说"这个说法按照《1857—1858年资本论及其手稿》中的意思译出。但是如果人们经此努力又以非马克思的意思去理解"类型说"，还把此意硬加上狭隘的欧洲界限，那么此番努力用处不大。

我们要说的是，在众说纷纭的关于资本主义化运动为什么只限于西欧这个主题上，马克思是从分工论出发、并尝试为发展关于欧洲人类的历史的必然性观念赢得一个新的立场。马克思这里所谓"历史必然性"是在分析资本主义产生的"起源"时所阐明的，即所阐明的是通过"对农民的剥夺"而把"一种私有制形式变为另一种私有制形式"的历史必然性。当然，我们须明确指出，经验意义上的欧洲有其自身的演变和发生，人们如果在无限先验目的论中理解此发生，那么就将历史目的论的视点与理性目的论嵌入历史分析的工作中。众所周知的事实是，这是普遍地以历史哲学的可能性为旨趣的。这些话的意思是想说，如果所谓历史目的论，即是认为"过去"构成了一个单一的目的论过程的观念，那么，"没有日耳曼的西欧就没有近代资产阶级社会谱系"可以是一个形式上的真命题，但这个"日耳曼的西欧"事实上在当时当地产生这个"适合市民社会发育的土壤"，却不是一个目的论的必然；相反，一个关心根据其历史先行之事（它必定包含某种不定性的自然力量，或生产力、资金和社会交往形式的总和）理解资产阶级社会生成的马克思，肯定不会从看到必定有许多资本主义因素在那里开始（就像某个历史人物的传记作者将从看到传主必定有一个人类母亲和父亲开始）；相反，马克思是从对"城市和农村的等价交往"这一体现了经验社会学类型的日耳曼结构特殊的问题开始的。马克思的问题是：日耳曼"农村"究竟是以何种形式潜存着"农村城市化"即全部生活领域（国土）的产业化和社会化的展望？① 当然，欧

① 参见［日］望月清司《马克思历史理论的研究》，韩立新译，北京师范大学出版社2009年版，第367—369页。

洲资本主义历史的开端是在某一确定的时刻与一个民族或一群人的命运联结起来的，它确有其地理的、政治的或别的确定因素，但是我们必须根据历史分析评估这些因素的重要性：政治、经济、地理等等事实性因素不过是从属于历史的因素，这等于说没有什么严格性能够确定（西）欧洲的本相（柏拉图意义上的）。如果资本主义开端和严格性能够确定本相的（西）欧洲，那么人们就能够思考先于此开端或围绕它的东西。但是，这种先验还原不过是被迫通过非还原的东西来解释还原。这无疑摧毁了整个历史目的论的基础。在今天的现实中，人们对历史开端的追溯已经遇到了相似的问题：统一西欧内部个别的国家，所要做的就是阻断并扭转，即令它们摆脱自身的经验事实性，然后把它们隔离在自身不平衡的社会、经济和确定的政治现状之中。而关于这一点，马克思也是这样看的。当我们强调，“在世界历史的时间序列中，亚细亚、古代世界、日耳曼世界存在着一定的时间差，因此可以按照纵向联结起来”时，马克思“是想从原理上将它们视为在空间上异质的文明圈，即所谓三种形式是三种历史空间中的形式”①。在他看来，当历史唯物主义力图考虑诸如全球化和具有生产能力的各行业、各区域和各民族的不平衡的地理发展时，西欧不是地理上的领地，尽管日耳曼形式的确主要是指地区类型。人们能够考虑一个假设：资本主义有许许多多地理和历史的根源。因而，此生成的实现是模糊的。而且，马克思本人并没有令资本主义完全成为一个确（肯）定性的符号——在其浩如烟海的著作群中，“特别是在其理论文章中，没有使用过资本主义一词”就是明证。② 如果在马克思眼里通过经验事实的研究勾勒资本主义，不过就是在这回事中使“有”显露出来，站出来，把东西摆出来，那么他就仅仅是承认经验事实性方面（非概念方面）西欧与资本主义“相型”之间具有优先关系。此点已在“工业较发达的国家向工业较不发达的国家所显示的，只是后者的未来景象”这回事上讲清楚了。

然而畅述上述一切之后还有未尽之意，这点未尽之意就把事情真相的丰富内容和我们所获得的结论摆出来了。一门历史目的学是独特的人性（实质乃欧洲人/非欧洲人 = 人/非人）在欧洲历史哲学主题中的反复变

---

① ［日］望月清司：《马克思历史理论的研究》，韩立新译，北京师范大学出版社 2009 年版，第 349—350 页。

② 同上书，第 5 页。

奏，更广义一些就是既隐藏又显露于历史解释模式中的理论观念。如果认真对待的话，一种历史解释模式显示出一种宏大的普遍性，却总是可以随时从这个或那个着眼点出发来怀疑的，因为历史的语法总是特殊的。与观点之不同相适应，在历史变动按照欧洲历史哲学内在固有的理念目的论变动，人类却为资本主义的产生付出了传统丧失、精神纽带断裂甚至失去家园的“代价”。因而，如果欧洲历史开端是值得称颂的，那么深入“20世纪愚昧的中心”，我们怎么才能明白欧洲曾经或正在展露着它对人性的根本否定？我们在这里看到的，还原的纯粹意义不能告诉我们这种可能性，而且，我们不能如客观主义—本质主义者那样认可此种“代价”之不可避免。因为，“创造这一切、拥有这一切并为这一切而斗争的”，不是从理性的理念出发的“历史”，不是所谓欧洲天生的隐德来希，不是所谓欧洲文化的“原现象”，而正是人，现实的、活生生的人。今天，西欧这个资本主义精神诞生地，将不得不融入历史时间的变迁。伽达默尔曾经说，欧洲，自1914年以来已经变得地方化了，只有自然科学能够唤起一种快速国际反响。与伽达默尔一样，历史学家早已承认，现代历史上的那个所谓“欧洲时代”在走向20世纪中叶时，已经开始让位给其他区域的与全球的构造。因为这样的欧洲历史已经不再被看做是任何体现一种类似“普遍人类历史的东西”。“只有当交往成为世界并且以大工业为基础的时候，只有当一切民族都卷入竞争斗争的时候，保持已创造出来的生产力才有保障。”[①] 照此说来，今天的马克思历史理论总是可以按照亚洲或非洲代替欧洲的模式去描述。如果以此方式理解，我们还可以把“世界历史”能被理解为一个合乎目的论过程的观点放在一边，也可以把过去是一个史前的“无历史”的虚无主义观点放在一边。

---

① 《马克思恩格斯选集》第1卷，人民出版社1995年版，第108页。

再论唯物史观与启蒙

邹诗鹏*

唯物史观近年复又成为国内外学界探讨的热点。其中唯物史观同欧洲思想传统的关系，是探讨的一个重点。笔者曾发表《唯物史观对启蒙的超越与转化》① 一文。在那里，笔者从历史逻辑（侧重于德国古典哲学的历史哲学方面）、政治解放以及现代性学科意义三个方面，对唯物史观对启蒙的超越关系作了一些初步探讨。论文发表后引起了一定的关注和讨论。问题探讨的意义是毋庸置疑的。列宁曾把马克思主义的来源精辟地归之于德国古典哲学、英国的古典政治经济学与法国的空想社会主义。这三个来源，正是三种启蒙传统的理论成果形式：英国古典政治经济学与法国空想社会主义，乃英法两国启蒙传统的最重要的成果，德国古典哲学，更是启蒙思想的德国版。当然，作为出自于欧洲思想传统的成果，唯物史观对启蒙的关系不是一种平行的比较，而是一种历史的超越与扬弃。近年来，笔者及其指导的博士生一直在努力深化或细化本课题的探讨②。这里再形成一些文字，以求教于方家。

恩格斯在《社会主义从空想到科学的发展》中分析了启蒙思想、空想社会主义与唯物史观及其科学社会主义理论的区别。在恩格斯看来，空想社会主义或“现代社会主义”，“就其理论形式来说，它起初表现为18

---

* 邹诗鹏，复旦大学教授。

① 邹诗鹏：《唯物史观对启蒙的超越与转化》，《哲学研究》2008 年第 6 期。

② 近年来，笔者指导或协助指导的几位博士生在这一方向上的选题，诸如“唯物史观与历史主义”（焦佩锋，已毕业）、“青年马克思与启蒙”（黄学胜）、“青年马克思与费希特主义”（司强）以及“马克思与迪尔凯姆：唯物史观与实证社会哲学传统比较研究”（吴辉），可望形成一批有一定学术价值的成果。

世纪法国伟大的启蒙学者们所提出的各种原则的进一步的、似乎更彻底的发展”。[①] 对于启蒙，恩格斯总体上持批判态度。“为革命作了准备的18世纪的法国哲学家们，如何求助于理性，把理性当作一切现存事物的唯一的裁判者。他们认为，应当建立理性的国家、理性的社会，应当无情地铲除一切同永恒理性相矛盾的东西。我们也已经看到，这个永恒的理性实际上不过是恰好那时正在发展成为资产者的中等市民的理想化的知性而已。因此，当法国革命把这个理性的社会和这个理性的国家实现了的时候，新制度就表明，不论它较之旧制度如何合理，却决不是绝对合乎理性的。理性的国家完全破产了。”[②] “这个理性的王国不过是资产阶级的理想化的王国；永恒的正义在资产阶级的司法中得到实现；平等归结为法律面前的资产阶级的平等；被宣布为最主要的人权之一的是资产阶级的所有权；而理性的国家、卢梭的社会契约论在实践中表现为，而且也只能表现为资产阶级的民主共和国。”至于空想社会主义，恩格斯的评价是：“他们和启蒙学者一样，并不是想首先解放某一个阶级，而是想立即解放全人类。他们和启蒙学者一样，想建立理性和永恒正义的王国；但是他们的王国和启蒙学者的王国是有天壤之别的。按照这些启蒙学者的原则建立起来的资产阶级世界也是不合理性的和非正义的。”[③] 但是，在恩格斯看来，空想社会主义的王国即靠“发明一套新的更完善的社会制度，并且通过宣传，可能是通过典型示范，从外面强加于社会”的做法，“一开始就注定要成为空想”[④]。

恩格斯批判启蒙及空想社会主义的立足点，无疑是唯物史观及其科学社会主义。唯物史观及其科学社会主义，一般地说是建立在对唯心史观的批判之上的，具体地说是建立在对资本主义的实践与理论批判（制度批判、意识形态批判、政治经济学批判、历史哲学批判）之上的。通过这一批判，启蒙所主张的理性及其理性国家观念，同资本主义制度本质地关联在一起，因此，启蒙的实质即资产阶级思想。这同时确定了唯物史观同启蒙思想的原则区别，而且，恩格斯对空想社会主义的批判，也是通过对

① 《马克思恩格斯全集》第3卷，人民出版社1995年版，第719页。
② 同上书，第722页。
③ 同上书，第721页。
④ 同上书，第724页。

空想社会主义所承继的启蒙原则的批判展开的；对空想社会主义的批判，进一步巩固了唯物史观对启蒙的扬弃与批判关系。

实际上，以空想社会主义为中介来概括马克思从启蒙到唯物史观的转变，更恰当地呈现出青年马克思的问题域。在青年马克思尚没有出离启蒙传统的地方，更多的乃是他本人停留于空想社会主义的地方。在1843年前，青年马克思相信，空想社会主义乃是他自己十分推崇的法国启蒙的社会实践活动，因此，把这一时期青年马克思的思想看成是知识进化论是有道理的，而知识进化论正是一种典型的启蒙思想。在1843年逗留于激进民主主义时，马克思开始出离启蒙传统，不过此时他依然推崇启蒙的同时也是空想社会主义所谓普遍的人类解放学说。在《论犹太人问题》中，马克思让刚刚得到阐释的政治解放让位于人类解放，而不是着力于批判当时政治解放的资产阶级语境，并促使解放的主体从资产阶级向无产阶级转换。《1844年经济学哲学手稿》引入了政治经济学批判，马克思通过把有产者与无产者的对立具体化为劳动与资本的对立所分析的共产主义，依然还是空想社会主义。不过此时马克思已经意识到共产主义的有限性，因为共产主义“是人的解放和复原的一个现实的、对下一段历史发展来说是必然的环节。共产主义是最近将来的必然的形式和有效的原则。但是，共产主义本身并不是人的发展的目标，并不是人的社会的形式”①。这里讲的共产主义，还是空想社会主义所说的共产主义。在《共产党宣言》中，马克思在确立科学社会主义及共产主义的原则时，才区分了历史上以及社会思潮中不同的社会主义及共产主义资源，包括空想社会主义。而正是与空想共产主义的区别，马克思扬弃并告别了启蒙思想。

青年马克思的思想同启蒙的关系尚有些暧昧。1845年唯物史观的正式确立，唯物史观同启蒙的思想史的界分，已经确定下来，至《共产党宣言》，更是在政治原则上巩固下来。再过30余年的沉淀，至恩格斯写作《社会主义从空想到科学的发展》时（写于1880年），唯物史观同启蒙的原则区别，自然已经十分清晰可辨了。

但这样一个在思想史以及学术方面都不再有问题的问题，若置于当代思想史的背景下，却依然是一个问题，因为它依然可以引出若干值得探讨的问题。

---

① 马克思：《1844年经济学哲学手稿》，人民出版社2000年版，第93页。

问题的关键是，当年经典作家在规定的框架及视阈内探讨的启蒙问题，本身就在不断变化。同马克思当年面对的传统相比，当今世界，启蒙的意义及其语境已经发生了很大变化。如下略作铺陈。

科学、技术、知性以及工业等曾支撑启蒙的现代性要素，是理性的客观精神，是破除人类自我蒙蔽的力量。但随着启蒙的全面铺开，科学日益成为新的并且是具有总体性力量的意识形态，工业与技术的日益强大，导致现代性世界的诸多自我疏离，知性同样成为人的智慧以及人文精神的障碍，物化成为生活的常态，且已经侵蚀日常生活世界，工具理性肆虐，虚无主义盛行。因此，诸如海德格尔的技术座架批判、霍克海默与阿多诺的“启蒙辩证法”，哈贝马斯的科学技术作为意识形态的批判，在马克思之后，指认出了启蒙的当代问题域。这些问题域，较马克思对启蒙的批判而言，显然是大大地拓展了。

商业、市场经济的兴起，从交往方式、制度、伦理以及精神信仰等方面支撑着个人主义以及自由主义，巩固启蒙的既有成果。马克思通过资本主义批判，揭示了启蒙之资本主义及自由主义实质，实际上是揭示了启蒙所掩盖的资本主义的异化状况。但是，其一，上述随着科学技术、工业以及知性日益增加的物化，反过来遮蔽了启蒙的资本主义本质；其二，全球资本主义状况是否进入西方启蒙话语，这一随着帝国主义时代不断积累的问题，今日依然是一个问题；其三，今日资本主义，同马克思早期资本主义相比，已进入盛期或晚期资本主义，消费逻辑在某种程度上支配着生产逻辑，作为意识形态批判的启蒙，无疑面临更多且更难的课题。

在马克思之后，在现代欧洲的语境内，启蒙的实践后果，总是同民族国家的巩固以及民族主义的高调崛起关联在一起的。黑格尔的理性国家、尼采的权力意志、海德格尔的存在哲学以及这些年甚为流行的列奥·施特劳斯的保守主义政治哲学，以赛亚·伯林的自由主义政治哲学，实际上都是启蒙传统对民族国家观念不断激惹的结果（尽管他们中的很多思想主张看起来都是反启蒙的）。借助于启蒙，民族主义看起来编织起一套克服种族主义并具有世界历史意义的理论话语系统，而在其实施全球殖民图谋时，也能自欺欺人地展示其现代性的甚至于是人道主义的同一化逻辑。这套逻辑的推行，同时也是旨在全球意义上对抗马克思共产主义运动，且看起来更具有凝聚效应。然而，当实实在在的殖民与侵略发生时，启蒙的画皮也自行撕开。这一点，经历殖民主义苦难的受殖民国家感同切肤。正是在这里，唯物史观对启蒙的批判，意味着通过非西方国家民族面向人类价值的利益诉求及其民族自觉，并展开为对作为启蒙实践基础的欧洲民族国家的自觉批判（或拒斥），且在现代实践中开启非西方的民族与国家的独立解放运动。非西方民族的独立解放运动，并不是启蒙的直接结果，而是唯物史观扬弃启蒙的结果或后果。唯物史观之扬弃启蒙，在很大程度上引导着西方历史的现代方向。至于法西斯主义以及恐怖主义，在某种程度上竟是启蒙极端化的表现。打着启蒙的旗号，在实际的历史进程中总要诉诸冲突、战争、大隔离乃至于大屠杀与种族灭绝。在经过20世纪两次史无前例的世界大战之残酷经历之后，人们在多大程度上还能接受启蒙这一话语？

大众文化时代的启蒙难题。与启蒙相关的社会分层，是精英与大众，也是贵族与群众，在很大程度上说，启蒙关联着的是传统时代的社会分层方式。依照韦伯传统型、魅力型、法理型的分类，启蒙就其效果而言当属魅力型，但就其历史语境而言又本质地属于法理型。实际上，韦伯的统治类型理论本身就揭示了启蒙在效用与功能之间的矛盾。大众文化则从文化结构与审美趣味上瓦解了启蒙的固有秩序，启蒙强化的精英意识必然失去群众，启蒙信奉的崇高价值竟然被大众所漠视，启蒙追求的历史话语被确定为宏伟叙事和矫情话语。理性由修辞所取代，审美由娱乐所取代，主体意识由接受意识所取代。网络及虚无实践时代因主体的匿名或消失，启蒙甚至丧失掉其固有的语境。网络中完全碎片化和意义零度的术语，完全无法承载启蒙对思想及语言稳定性的追求，网络英雄也异于现实中的英雄，网络生活的政治空间完全异于现实生活。比如，在现实生活中只是作为一般话语的民粹主义，在网络生活中很可能成为最重要的意识形态，并且网络生活中的民粹主义也不同于现实生活中的民粹主义。在笔者看来，网络生活主要由一种可命名为“网络民粹主义”的东西所支配，由此启蒙所设定的那些逻辑自动失效。当康德当年振振有词地回答“启蒙是什么”时，他不仅清楚而且是要规定启蒙的定义与意义，当时的政治与生活语境不仅给这种探索提供了可能，而且希望通过探索得出答案。由此康德对其启蒙观充满自信。但当福科不断追问“什么是启蒙”时，他实际上是要把一个看起来清楚的启蒙重新问题化并且难题化；福科是倾向于消解启蒙这一话语的。时代看来发生了一些重大的、乃至于根本性的转变。在变化了的境况下，如何讨论启蒙并且还要历史地超越和扬弃启蒙，的确是问题。

不妨把上述问题再说透一些。传统的启蒙设定了一种主体性价值，它对应于一种层次性的文化结构与序列。但当代社会与文化结构，越来越趋向于一种多层次、系统性并且多样化的结构模式。当启蒙以一种普遍并实质上蕴含着欧洲民族性及其民族国家之价值诉求时，必然招致批评，招致其他价值的反弹及反诘。唯物史观同样不可避免地是以一种普遍价值确立起来并开展其特有的启蒙工程的，而唯物史观式的现代性启蒙方式，同样带来其他政治与文化价值的质疑与反弹。其实，检讨现代性的推展过程，人们会发现，构成启蒙的诸多现代性要素，诸如工业、技术、知性、商业、资本主义、法、政治（政党）、文化、语言、民族国家、帝国、殖民、性等，都可以以自身构成一套启蒙话语，当代的启蒙话语不可避免地对这些启蒙话语进行颠覆与改写（或重写），启蒙话语总是成体系的（启蒙时代本身就是体系的时代，启蒙学者被称为“百科全书派”是恰如其分的）并在黑格尔的哲学全书中达到巅峰，但当代启蒙话语已经不可能不考虑这样一个基本语境，即已经无法以体系化的方式从事理论分析（哪怕是描述）。尽管实际说来并非如此，但现代的政治文化语境看上去更多地取决于协商与承认，而不是支配与征服。一种自以为优越于其他价值的价值观，已被认为是不健全的，而如果以之为交往原则，则干脆被看成是政治不正确而受到摒弃。一句话，启蒙看起来已经失去其发生作用的观念、姿态与理论空间。

问题本质地关联着精神及历史。人的精神之自我肯定，主要靠两种方式，一是向古代世界的回复以及通过这种方式建立起来的对常识感、经典、历史、民族精神、人类精神以及道德、艺术、审美价值之认同与守持，我们习惯地称之为人文精神；二是面向终极以及永恒世界的超验，主要指宗教。启蒙的兴起，则是对上述两种方式的祛魅或破解，其方法即怀疑、批判、理性化以及宗教批判（分别构成笛卡尔、康德、黑格尔与青年黑格尔派的重点）。启蒙的宗教批判方面，在新教神学的基本意旨中似乎已经得到表现。但笛卡尔与康德则要求在哲学理性的意义上再现这一工作。笛卡尔用怀疑诠证上帝存在，休谟将价值判断与事实判断区分开来，康德将先验（a prorio）从超验（transcendence）中区分出来，正是通过强化知性及知识论从而摒弃信仰世界，从而把信仰限定于个体的内心世界。但精神世界的知性化、功利化和工具化，导致人的精神世界空心化和虚无化。在现代性境遇下，理性化的世界同样导致精神世界的颓废与消沉，这实在是直到黑格尔的理性主义传统始料未及的。尼采发现，西方世界理性化的后果，造成了消极的和现代的虚无主义。马克斯·韦伯看到，不管理性化的科层制如何动作，其结局必然是铁笼子——本质的个体虚无。海德格尔认定，现代性理性世界里，个体的本真生存状态必然是沉沦和焦虑——后来萨特等存在主义者则进一步强化了这一观点。这些思想家所批判的思想模式，都是启蒙，是启蒙所强化的进步强制以及单一的历史逻辑。其药方，也大多是回复传统，或者回复古希腊传统（尼采、海德格尔），或者回复宗教及其宗教改革传统（韦伯），或者是进一步强化近代以来诸大国的认同于古罗马精神的方式（新自由主义与新保守主义政治哲学），或者是一般地强调回到传统（解释学）。

现当代西方文化精神力图通过回到启蒙所选择的方式，以重建精神与历史的信念，但问题重重。首先，考察启蒙以来的现代西方史，实际上是通过扩张自由主义及其资本主义，从而展开的世界史，而他们对抗随现代性而累积的虚无主义之药方，正是现成的民族国家及其民族主义，不论是单一民族国家，还是以国家方式凝聚的多民族性，还是泛民族主义，均是如此。但对其极致方式，即法西斯主义所复活的民族主义（实则是民族主义本身所扬弃的种族主义的复活）及其面对其他民族的虚无主义立场，人类已形成痛切体验与反省。其次，现代西方哲学回复传统之路，最后大抵以解释学及其史学为基本方向。但解释学之后接踵而来的，即后现代主义，历史虚无主义由此全面登堂入室。对于这一点，笔者曾形成一篇专文《解释学史学观批判》[①] 加以讨论，在此不予详述。解释学的人文性质及其对历史现成经验的发掘无疑是值得肯定的，但它对历史主观性的过多的肯定与阐释，实际上导致了历史的当下化，并应当承担相应的理论责任。在遏止虚无主义这一问题上，解释学看上去功不可没（吴晓明教授非常肯定这一点）。不过，连同解释学在内，恰恰见证了相对主义之盛行。这一时代的相对主义，已不仅只是认识论的意义，而是价值相对主义，是直接通向虚无主义的。在这个意义上，对后现代主义的批评并未触及问题的实质，必须从后现代主义往前追溯，从对解释学的批判入手。这种做法诚属无奈，但这的确是对当代文化精神的无奈，联系到鲍德里亚最后几年里

① 邹诗鹏：《解释学史学观批判》，《学术月刊》2008 年第 1—2 期。

对未来世界的彻底的虚无主义态度，从这份无奈中甚至会衍生出某种绝望。

启蒙所发生的上述改变，在很大程度上正是唯物史观超越和扬弃的结果。对启蒙的扬弃，以及启蒙传统的调整、反弹乃至于回复，同时也拓展了唯物史观的当代问题阈。当代思想与学术见证了唯物史观与启蒙的互动图景。

唯物史观在扬弃启蒙的过程中，强化了如下五重逻辑或观念：

一是革命逻辑。以革命代替启蒙的改良及教化，强化从旧唯物主义到新唯物主义的转变，强调以人对环境及其世界的改变，取代人对世界的解释以及环境决定人的旧见。旧唯物主义最后的社会理想，不过是空想社会主义，新唯物主义或唯物史观的社会理想，则是“实际地改变现存世界”的共产主义，这是一种激进政治的新构想。唯物史观当然也强调自然与历史规律性及其认识，这可以说是承诺了启蒙的理性观，但其强调的革命逻辑，则以一种强有力的意志，渗透并改造了启蒙的理性观，在那里，自然法是服从于人类社会的历史大法的。

二是物质与经济逻辑。启蒙从既定的自由主义政治哲学看待市民社会与国家的关系，唯物史观由从市民社会的发生基础即经济与物质生活领域重审市民社会与国家的关系，政治经济学批判是市民社会的经济分析的持续深化。《德意志意识形态》从历史的前提及形成过程来讲述唯物史观，只是在这种逻辑得到不断巩固之后，马克思才以原理的方式表述唯物史观（如《政治经济学批判序言》），并进一步强化物质与经济逻辑。

三是对历史进步论的辨析与巩固。启蒙的主题也是历史进步论，但是，启蒙在展开过程中同时出现了两种异质的路向：一种是浪漫主义、历史主义及其历史回复论；另一种是单一的和线性的，并且统一于资本主义的历史进化论。唯物史观则是在遏止第二个方面并对第二个方面展开资本主义批判的意义上表现出来的，也进一步强化了历史进步论。对于马克思而言，在展开资本主义的批判以及历史扬弃的前提下，资本主义的全部物质文明成果都可以成为历史进一步发展的基础。启蒙的世界历史，其实是以西方民族性承载的人类史，其无法摆脱欧洲中心主义。启蒙强化的是欧洲民族国家及其普遍意义，唯物史观则通过揭示民族国家的资本主义本质，从而为人类社会包括非西方国家提示了一条不同于西方民族国家的现代化历史道路。唯物史观实际上构成了非西方的民族解放与独立运动的理论依据乃至基础。

四是对启蒙有关无神论思想的彻底化。启蒙的主要任务之一就是反封建神学，启蒙支撑起基本的无神论信念，但主要还是在自然以及认识论意义上展开的，在对人类社会历史以及文化精神的解释上，依然还是受某种宗教神学观的支配。启蒙达到的最大目的其实是宗教宽容而不是宗教批判。青年黑格尔派主张彻底地展开宗教批判，但马克思敏锐地看到，主要的不是在哲学层面展开宗教批判，而是要在社会历史及文化领域驱逐神学世界观，把“神圣形象的自我异化”的批判转变为对“非神圣形象的自我异化”的批判（其实质正是从已经结束的宗教批判转变到对现代性世界的商品拜物教批判）。唯物史观承担的正是这样的任务。而且，马克思坚信，通过这一任务的完成，才真正实现了从唯心史观向唯物史观的转变，因而才带来欧洲思想乃至人类思想的全新的变化，换言之，才真正全面地开启现代性思想。

五是社会主义的价值关怀与理念。这是唯物史观之区别于启蒙在价值观上的分野。启蒙强调的主导价值观无疑是自由主义，是个人主义（包括主权国家基础上的功利主义），唯物史观破除资本主义制度，必然要破除由这一制度确立起来的自由主义及个人主义价值观。马克思绝不是反对诸如自由、个人、人权、平等、博爱这些特别由启蒙所强化的基本理念，只是质疑这些理念在资本主义制度下的意识形态性，展开资本主义批判，即摒弃自由主义与个人主义价值观，并在新的价值观体系即社会主义体系中安顿启蒙的那些核心价值。其中，马克思强化了集体逻辑（集体主义）和人民的逻辑（如前所述，这是对民粹主义的某种政治提升），并认为这些逻辑是优先于启蒙的那些基本价值。

如前所述，唯物史观及科学社会主义对欧洲思想界产生了重大的影响，甚至于使欧洲社会政治思潮由启蒙主导的自由主义转向了唯物史观主导的社会主义。但与此同时，欧洲思想也依其自身逻辑进行了一些重大调整，并反过来影响唯物史观思想之传布。

革命逻辑看起来特别适合于解释 19 世纪 40 年代前后的欧洲革命形势，其最重要的成果无疑是《共产党宣言》。1848 年之后，欧洲英、法、德（所谓三头政治）各自回归改良主义，并且走向复辟（英国自 1851 年进入长达半个世纪的维多利亚时代，似乎是启蒙理性主义的又一次辉煌；法国是拿破仑三世的复辟；德国则是从 1849 年的“帝国宪法”到俾斯麦以铁血政策实行的国家统一）。欧洲主要国家在1848年之后的政治走势，是保守主义的全面复活。保守主义的复活把欧洲的民族性以及民族国家理念推向高潮，并倚靠于此，对抗正在兴起的世界社会主义运动。之后，随着1871年巴黎公社革命的暴发，激进政治再次推向前台，随后又是梯也尔政府的复辟。在此前后，格林提出新自由主义（new liberalism）主张，并渐次在20世纪成为英国以及西欧各国的基本政治主张，自由主义再度复活，并同保守主义合流，以此形成与苏俄及东方社会主义的长期对峙。因此，欧洲19世纪40年代以来的现代政治格局，从社会政治思潮上看即受到社会主义的影响，但主流的政治格局依然是自由主义，资本主义吸取了革命逻辑的批评，但其主要格局还是自由主义及其改良主义（在这一意义上，唯物史观恰恰激进了启蒙及其自由主义传统的自我修复与当代转变）。

马克思并没有明确规定革命的方式。有两个方面值得注意：第一，马克思始终坚持激进革命的主张。这是自1843年起就形成的基本立场。1848年之后，他依然强调彻底革命的重要性，强调社会主义革命之不同于启蒙的基本立场。在《1848年至1850年的法兰西阶级斗争》一文中，马克思即批评山岳党及其社会民主党的所谓“纯粹理性范围内的起义”是“纯议会内的起义”①。后来对巴黎公社的批判，还是着眼于批判其不彻底性，这一点与巴枯宁对巴黎公社的民粹主义批评有相通的地方，但巴枯宁的无政府主义，以及后来托派的不断革命论，都是马克思主义者坚决反对的。马克思、恩格斯在坚持社会主义的基本原则的基础上，支持和利用普选权，但当第二国际明确提出社会民主主义纲领并自居为正统的马克思主义时，马克思、恩格斯即坚决反对，马克思自己甚至声称自己“不是马克思主义者”。马克思乃至于恩格斯对革命并非没有犹豫。不必提起其早年的知性进化论思想，去往英国之后，马克思对于英国基于产业革命及其经验主义传统而兴起的现代性状况，对于英国自1688年光荣革命以来形成的根深蒂固的改良主义传统，一定有了新的认识②。马克思、恩格斯明确指出英法两国的无产阶级革命的可能性已不大，革命当在德国发

① 《马克思恩格斯选集》第1卷，人民出版社1995年版，第435页。

② 笔者在最近的一篇文章《世博与现代性》（《江海学刊》2010年第5期）中特别分析了1851年英国第一届工业技术博览会浓厚的工业发明氛围对马克思思想以及研究风格的可能影响。

生。恩格斯甚至拿英国的技术与工业革命来批评法德的政治激进主义。第二，马克思更加关注革命的现实基础问题，即经济关系是否支撑政治关系的变革，换句话说，他更为关注革命的后果。关于此，马克思、恩格斯二人在有关1848年欧洲革命的反思中已经呈现出来。而最准确的表述则是在《政治经济学批判序言》中："无论哪一个社会形态，在它所能容纳的全部生产力发挥出来以前，是决不会灭亡的；而新的更高的生产关系，在它的物质存在条件在旧社会的胎胞里成熟以前，是决不会出现的。"① 这一被概括为"两个绝不会"的判断常常被认为是对《共产党宣言》中"资产阶级必然灭亡和无产阶级必然胜利"的"两个必然"思想的补充。通常以辩证法的方式来看待"两个必然"与"两个绝不会"。作为一种补充，本文倒提出这样一种看法：马克思是否在做这样的设想："两个必然"标示的是历史的本质逻辑，而"两个绝不会"则标示了一种历史的延迟逻辑，资本主义正是展开"绝不会"的现实条件，以延迟甚至无限推迟"两个必然"。

马克思、恩格斯特别强调了唯物史观中经济决定论的层面，以批判唯心史观，批判启蒙有关文化精神、政治国家决定社会存在的理论，抵制保守主义。但这样一种强化是否使唯物史观本身也成为唯经济决定论，并由此丧失对历史内涵丰富性的解释？值得思考。事实上，当第二国际把唯物史观庸俗化为经济决定论，并泛滥到对一切社会现象的解释时，问题就已经出现了。以至于马克思、恩格斯突然发现，人们讨论中的唯物史观，同其本人的理解相比，已经面目全非。在很大程度上，第二国际在经济决定论意义上讲述的唯物史观，已成为能够丰富呈现现代性思想的唯物史观的敌人。就其理论层面而言，第二国际的经济决定论，乃马克思主义传统中唯物史观扬弃启蒙的激进的、同时也是片面的形式。经济决定论在批评启蒙唯心史观的同时，却忽视了启蒙正在生成的现代性。然而，说到底，经济决定论其实还是唯物史观所扬弃的国民经济学的基本支点，因而也是唯物史观在其基本的理论阈中扬弃了的思想的复活（马克思所谓"启蒙国民经济学"）。

令人苦恼的是，第二国际经济决定论式的唯物史观，居然由此成为思想史上一种稳定的东西而传承下来。除了因为这样的"唯物史观"好懂

---

①《马克思恩格斯选集》第4卷，人民出版社1995年版，第33页。

且好记，也便于由此驳倒唯物史观。比如，在马克思之后，经典社会理论中的两位重要人物，迪尔凯姆和马克斯·韦伯，正是从经济决定论意义上定位唯物史观。迪尔凯姆把市民社会完全看成是现代社会分工的结果，主张实证性的社会事实而不是批判性的社会存在，他本人就是第二国际代表人物饶勒斯的好友并支持社会民主派，其有关社会主义的论述尤其值得从启蒙传统上解读。韦伯看起来只是在社会结构的意义上相信并运用了经济决定论（竟同样是第二国际思想的一个翻版），但在历史性上，他坚决主张从心灵和精神文化层面解释社会过程。其从新教伦理兴起解释资本主义精神的理论，即对经济决定论的完全否定[①]。诸如以赛亚·伯林、哈耶克以及波普等自由主义思想家，也是如此看待唯物史观，并振振有词地开展唯物史观及社会主义传统的批判。实际上，苏俄马克思主义的唯物史观，也表现为唯经济决定论，并通过这种方式形成苏联模式教科书，进而随着苏联模式教科书传到中国，成为现代中国人有关唯物史观的基本知识，正如辩证唯物主义被庸俗化地理解成“桌子哲学”，唯物史观或历史唯物主义也由此被看成是“吃饭哲学”。这样的理解，原本并不奇怪。令人沮丧的是，在今日中国人文社会科学界，可能除了马克思主义哲学界以及对这一理论本身确有专门研究之外，大多数人文社科同仁，甚至当他确定地使用“依据唯物史观的观点”之类话语时，他其实依据的，依然是经济决定论。显然，依据这样的唯物史观，是无法让马克思的唯物史观同现代人文社会科学进行深入对话的，也没有进入到马克思学说的当代性。

究竟如何定位唯物史观或历史唯物主义？我以为要立足于如下几个基本方面。第一，历史唯物主义的概念、范围以及理论结构，从形式上看，也许还是古典政治经济学或国民经济学构造的那个结构，诸如生产力、经济基础、上层建筑、政治意识形态、一般意识形态、社会意识及其决定与被决定关系模式——这其实也是启蒙所强调的方面。这一模式不是历史唯物主义的内在和实质的结构，但却是形式的结构。但仅仅到这里显然不够。第二，从理论路向上看，唯物史观或历史唯物主义，乃政治经济学批判活动的理论原理或原则，因而必须对上述政治经济学原理进行批判，批判注定不是像黑格尔那样是理性的批判，而是政治经济学批判（既是资

① 参见邹诗鹏《唯物史观与经典社会理论》，《学术研究》2010 年第 1 期。

本主义关系的批判，也是意识形态批判），政治经济学批判由此成为唯物史观与启蒙的原则区别。历史唯物主义，实际上是在政治经济学批判活动中呈现出来的。换句话说，历史唯物主义，恰恰要揭示由上述第一方面诸社会关系如何通过其内在的矛盾冲突从而导致整个资本主义制度的解体。第三，历史唯物主义对经济与物的批判，必须同对人的关系的批判、同人的实践活动结合起来，历史唯物主义同马克思在哲学革命意义上提出的新唯物主义内在相通，而社会关系以及社会形态的演进必须与人的发展结合起来。因此，诸如仅仅社会发展的五个阶段论与人的发展的三阶段论，都只是涉及历史唯物主义的一个维度。启蒙的问题，就在于把社会发展与人的发展分解开来。历史唯物主义是社会发展与人的发展的统一，这当然是实践意义即现实历史意义上的统一，并使得历史唯物主义的哲学人类学基础更加巩固。正是第三个方面使得第二个方面之超越第一个方面成为可能。因此，第三个方面是原则，第二个方面是方法，第一个方面，乃是一种现成性的结构。原则支撑方法，方法应对结构，由此，政治经济学批判乃至政治经济学的解构，解构掉的，就是启蒙及其自由主义原则。

可以看出，启蒙的学术立足点正是第一个方面，并绕过第二个方面直接表述为第三个方面，它所倚靠的资源即实证主义。非马克思主义的迪尔凯姆重构社会主义时所利用的即实证主义，在这一过程中，人们依然可以发现空想社会主义的影子。韦伯在经济社会学维度展开的也是实证主义，并由此否定了通向资本主义精神的可能性。马克思主义传统中，第二国际高举实证主义旗帜，并把唯物史观实证主义化，恩格斯在其晚年有关历史唯物主义的通信中，特别批判了第二国际，并承认自己同马克思早年强调唯物史观的经济决定论层面是“有些过头了”。恩格斯是坦率的。唯物史观同经济决定论及其实证主义的原则区别十分明确，批判的社会理论传统无疑进一步强化了唯物史观同实证主义的原则区别。因而，当今天人们还力图在实证主义传统下（这种努力经常打着科学的旗号）把握唯物史观时，恐怕应当注意这种二者间已经确定下来的差别。

当然，如果人们觉得一定有必要在实证主义的语境下讨论唯物史观，那就需要置于一种新的语境，一种启蒙传统回应唯物史观挑战的新的语境。这一语境，源于卢卡奇、科尔施等早期西方马克思主义者（也是受第二国际影响的结果），他们一度把历史唯物主义看成是资本主义自我发展的逻辑。在那里，辩证唯物主义成为呈现资本主义物化关系的认知及科学图式，发展到阿尔都塞的结构主义的马克思主义，这一图式达到其极致。正如结构主义是实证主义传统的当代复兴，而齐泽克、巴迪欧以及后马克思主义对马克思思想的发掘，依然还在展示这样一种传统。如果讨论真的达到这样一种状况（既是学术资源的掌握状况，又是问题及理路的把握状况），显然是值得展开一些有价值的探讨的。

启蒙的根本规定性是主体性。在这个意义上，马克思无论在无神论、本体论、认识论、实践哲学还是在政治理论上，都是启蒙的真正的完成者。大卫·哈维断言“马克思在很多方面都是启蒙思想的儿子”①，无疑是对的。其实，当海德格尔以一种隐晦的方式指出，马克思的唯物史观、彻底的无神论及其共产主义“将虚无主义推到极致”，更是对的。有意思的是，大卫·哈维的“历史—地理唯物主义”其实是将唯物史观同作为启蒙哲学基础的法国唯物主义关联在一起。海德格尔则将唯物史观还原为经济决定论并贯彻到历史哲学领域，由此，把一种曾在马克斯·韦伯以及齐美尔那里展开出来的物化思想②，同马克思的异化理论及其商品拜物教批判思想统一起来，并将马克思的资本（主义）批判转嫁到技术批判之中，并再度复活了浪漫主义传统。

海德格尔的浪漫主义，其保守主义色彩甚浓，而较少自由主义。他实际上不同意启蒙传统，因而也就不可能进入唯物史观之扬弃启蒙的问题域及其理路，他对于唯物史观的批判也是隐晦的。海德格尔有其存在论的立场，更有其政治考量上的苦衷。马克思把犹太人问题阶级化并且同现代世界本质地联系起来，且与此同时将问题引入激进政治，同海德格尔对排犹运动的默许与支持，具有相通性。但海德格尔骨子里排斥人类中心论。而马克思在骨子里却是人类中心主义者。当马克思把政治解放与人类解放统

---

① 大卫·哈维：《后现代状况》，阎嘉译，商务印书馆2004年版，第23页。

② 比如，依齐美尔的观点，马克思通过资本主义拜物教的批判，从而强化人的解放，这是唯物史观同启蒙及其主体性能够协调的关键。不过，依齐美尔的观点［参见乔纳森·特纳《社会学理论的结构》下册，邱泽奇等译，华夏出版社2001年版，第229页］，人的物化同时也有益于个体从传统的束缚中解放出来，一种在犹太人那里表现出来的现代性且受到马克思不屑的“自私自利的犹太人”，反倒被齐美尔肯定下来，齐美尔并不那么相信人类解放论——这一在唯物史观之扬弃启蒙过程中被强化的东西，在同样的意义上也被韦伯肯定下来。因此，韦伯与齐美尔这些人显然是在唯物史观之后再次肯定启蒙的价值，一直到哈贝马斯的重新启蒙及重构现代性，到吉登斯的民族国家理论，一直见证着马克思唯物史观扬弃启蒙之后启蒙传统再度复兴的路径。

一起来时，他便同排犹主义者完全区分开来了。但看来海德格尔依然是德意志民族主义的传人。然而，在民族主义以及德国国家意识不那么受欢迎（在法西斯主义之后，民族主义在德国越来越声名狼藉）的情况下，如何讲述德意志民族精神？这令海德格尔苦恼。但阿伦特看起来比海德格尔少了很多束缚，而且，她也不满意于海德格尔的政治观。这样一来，他对马克思政治理论的批判中，就渗入了不少自由主义资源。阿伦特曾把马克思之不同于西方政治传统的思想表述为三个方面："劳动创造了人类"；"暴力是历史的助产婆"；"哲学家们只是有不同的方式解释世界，问题在于改变世界"[①]。明眼人马上看到，这三个方面，都是针对唯物史观对启蒙的摒弃。劳动创造人，针对启蒙所谓理性决定人（不过，把劳动创造人看成是马克思政治理论的出发点，却是误读了马克思）；暴力针对启蒙所谓教化；改变世界针对启蒙所谓解释世界。通过这一分析，阿伦特把马克思的政治哲学看成是柏拉图主义的一个现代翻版，其实质是对唯物史观及其所谓极权主义政治哲学的批判。阿伦特的批判基础依然还是保守主义，与列奥·施特劳斯的保守主义政治哲学是相通的。来自于保守主义政治哲学传统对唯物史观的批判，以及来自于以赛亚·伯林、哈耶克等现代自由主义对唯物史观的批判同样是相通的。洞穿这一点并不难。唯物史观在扬弃启蒙传统时，同时也扬弃了自由主义与保守主义，而对抗唯物史观的策略，就是保守主义同自由主义的联手，其结果正是所谓新自由主义（neo-liberalism）与新保守主义的兴起与合流。只不过，在新自由主义与新保守主义主导的当代政治哲学语境内，由唯物史观支撑的马克思主义政治理论传统却一直保持退守状态[②]。是退回民粹主义或无政府主义，是归顺自由主义，还是进一步走激进路线，这其实正是近些年来世界社会主义运动低谷时期西方左翼激进思想的真实境况。

唯物史观扬弃启蒙传统及其启蒙传统和浪漫主义的反弹与复活，在大的文化意义上激起了现代西方人文主义思潮，往后则是新保守主义以及新自由主义的复兴，再后来则是20世纪90年代社会主义低潮时的所谓"历

① ［美］汉娜·阿伦特：《马克思与西方政治思想传统》，江苏人民出版社2004年版，第82页。

② 参见邹诗鹏《当代政治哲学的复兴与马克思主义政治哲学传统》，《学术月刊》2006年第12期。

史终结论”。值得深思的是，即使在唯物史观（依然还是经济决定论语境下的唯物史观）遭受最尖锐的批评时，它的那些本应该被人注意的思想，依然还是强有力的资源。唯物史观竟以某种不在场的方式注视着当代思想对其本身的讨论。唯物史观才是现代性问题的谜底！

历史唯物主义的双重逻辑

仰海峰*

随着对马克思思想的深入研究，许多学者已经形成了一种共识：历史唯物主义就是马克思的哲学理念。当然，只停留于强调这一点还是远远不够的，我们需要深入马克思的思想之中，在新的基础上揭示历史唯物主义的总体逻辑，从而批判地重构历史唯物主义。在这种批判的重构中，以下问题就显得非常重要：马克思的历史唯物主义并不只是在哲学的思辨中完成，而是在政治经济学批判与社会主义思潮的批判中，反思其哲学基础上形成的，这决定了历史唯物主义的重构必须在这些维度上同时展开。如果从这种复杂语境出发，我们可以发现，历史唯物主义并不只是从一般物质生产出发的哲学理念，更是面对资本主义社会生产的哲学批判。也就是说，历史唯物主义具有双重逻辑：即“人类学”意义上的一般物质生产逻辑与资产主义社会这一特定时期的资本逻辑。历史唯物主义的双重逻辑有其各自的理论视阈与理论意义。如果说在前资本主义社会，我们可以用物质生产逻辑来加以说明的话，那么，在资本主义社会，生产逻辑只有在资本逻辑的基础上才能得到说明。历史唯物主义的这种新构架，在马克思后来的《资本论》及其手稿中得到了充分的体现。对这一问题加以探讨，不仅有助于理解马克思，也有助于推进历史唯物主义的研究。

一　生产逻辑的引入及其哲学意义

如果将历史唯物主义看作是马克思的哲学理念，生产逻辑是历史唯物

* 仰海峰，北京大学教授。

主义的基础，那么首先就需要说明生产逻辑的引入在哲学史上的意义，并从中说明马克思哲学的本性。

自近代以来，哲学的探索都是以理性为基础的，这种理性不仅构成了人的存在的依据，而且构成了社会存在的本体。如果我们将社会历史生活划分为物质生活世界与精神生活世界的话，很显然，哲学关注的是与精神生活相关的问题。在这样一种逻辑构建中，物质生活世界只是理性的附属品。在很长的时间里，许多哲学家都认为物质生活世界及其历史是不值得研究的，因为这是一个杂乱无章的世界，得不出什么让人满意的东西。到了维柯之后，这一局面才得到初步的改变。在维柯看来，自然界是上帝创造的，因此只有上帝才能认识它。人只能认识自己创造的东西，即历史。由此，人的历史生活成为哲学探讨的对象。

这就给哲学研究提出了一个问题：即如何透视物质生活世界？在这一问题上，英国的古典政治经济学给出了新的思路。虽然在哲学前提上，古典政治经济学以经验论为基础，但其关注的是当下的物质生活世界是如何建构与发展起来的，在这一分析中，自然需要与劳动构成了其理论建构的两个立足点。

从人的自然需要出发，就涉及人的物质生活需要的满足问题，这就将对人及人的发展问题的理解与物质生产世界联系起来，在古典政治经济学那里就与劳动联系起来。这两点正是斯密的理论基础。在《国民财富的性质和原因的研究》一书中，斯密开篇讨论的是“分工”，以分工作为促进劳动的重要动力。“劳动生产力上最大的增进，以及运用劳动时所表现的更大的熟练、技巧和判断力，似乎都是分工的结果。”① 斯密认为，正是分工提高了劳动生产力，提高了产品的质量和数量。在说明分工时，斯密借助的正是人的自然需要。他认为分工的原因就在于人们不可能生产出满足自己需要的全部产品，因此人们有互通有无的自然倾向。这是人与动物的重要区别。在斯密的论述中，自然需要与劳动分工是相互关联的，自然需要是促进分工的原因，劳动分工则是满足需要的手段，他的整个经济学论述由此展开，并力图通过分析当下的经济生活过程揭示物质生活世界的规律。这一思路构成了英国古典政治经济学的主线，并直接影响到黑格

① ［英］亚当·斯密：《国民财富的性质和原因的研究》上卷，郭大力、王亚南译，商务印书馆1972年版，第5页。

尔的哲学理念。

在黑格尔那里，需要与劳动也是其哲学建构的两个重要构件。根据他的思想，只有到自我意识阶段，理性才真正地走上了自我发展、自我升华的道路。在他关于“自我意识”的讨论中，需要与劳动就是其理论思考的起点。这是其《精神现象学》第四章的核心主题。为了满足自然需要，人与人相遇在一起，在这个过程中才产生了人与人之间的战争，并由此产生了主人与奴隶的关系。在主人与奴隶关系的辩证法中，黑格尔强调劳动是自我意识建构的重要条件，正是在劳动过程中，奴隶不仅内化了主人意识，而且通过陶冶自然意识到的自身力量，实现了对主人意识与自我意识的双重承认，这才是真正的自我意识的生成。有了自我意识，才能谈及理性后来的发展及其最终形态——绝对精神。理性的这一发展过程是《精神现象学》的主题。这也就意味着，对理性的考察，离不开对物质生活世界及其历史的分析。黑格尔没有从物质生活世界出发来揭示意识与理性的建构过程，而是认为物质生活世界的历史是理性的外化存在，理性就是在不断地扬弃其外化存在而回到自身，最终达到了理性的自由状态。这样一种对物质生活世界的理性反思，在《法哲学原理》中得到了具体的呈现，需要与劳动也构成了黑格尔分析“市民社会”的基础。在黑格尔看来，市民社会既体现了理性的自由发展，同时也体现了理性在现实生活中的局限，他关于劳动分工体系的论述、关于警察与同业公会的分析等，都意在揭示市民社会的内在悖论。但他认为，这一悖论可以在国家理性中得到解决。

在黑格尔的思考中，市民社会与国家具有理性的同质性，虽然在现实中它们存在着巨大的差异，这使他认为可以从理性的高级阶段来解决理性在低级阶段中存在的问题，即国家理性能够真正解决市民社会中理性的悖论。因此从总体逻辑上来说，物质生活世界仍然是理性的表现场地，是伦理精神自我实现的一个阶段。这仍然是传统哲学的理念。马克思的思想发展过程正是对这种理性哲学的变革过程。在这一过程中，马克思首先将哲学视野聚焦于市民社会领域，然后对市民社会进行经济学—哲学的分析，也正是在这一视野转换中，一种不同的哲学思路才得以呈现出来。

正如马克思自己所说的，对市民社会的分析需要到政治经济学中才能实现。进入到政治经济学之后，劳动生产的逻辑就必然会呈现出来。即使我们承认存在着人的原初需要，但只有通过物质生产，这种需要才能得到满足。虽然这只是一个简单的事实，但对此的论述却改变了物质生活的生产与思想的关系，即物质生活及其生产过程是思想的历史基础，而不是相反。这不是简单的物质与精神的关系，而是物质生产与精神的关系，物质生产构成了人类社会存在的前提，也是精神生活得以发生与发展的历史前提。只有在这样的视阈中，生产逻辑才能确立起来，并解决精神与物质的二元论。青年马克思的思想进程，正是从思辨哲学中解放出来，发现生产逻辑的人类学意义的过程。

结合马克思的相关论述我们可以看出，生产逻辑不仅是一种经济学的话语，而且是一种哲学的话语。在这一基础上，传统哲学的理念发生了重要的变化。按照我的理解，传统哲学是一种强调意识内在性的哲学。而在马克思哲学的新视阈中，哲学的基础发生了变革，即不再是意识的内在性或与之相对立的外在物质成为哲学的基础，哲学发生于一定的社会物质生活的生产与再生产过程中，意识与物质的关系都只有在这一历史过程中才能得到理解。这才是马克思对传统哲学理念进行变革的意义所在。马克思的新哲学体现为两个层面：一是传统意义上的哲学思考。在这一思考中，理念及其逻辑运演是哲学的核心。在《神圣家族》与《德意志意识形态》中，马克思都曾从思辨层面来批判青年黑格尔派的哲学理念。二是物质生活世界的建构过程。这正是物质生产逻辑得以展开的过程，而这正是传统哲学中被忽视的内容。这两个层面并不是相互独立的。理性并不独立于物质生活世界之外，理性有其特定的历史基础，需要揭示的正是这两者之间的内在建构关系。正是在这样的哲学新视阈中，马克思才能辨识出青年黑格尔派的问题。青年黑格尔派想要批判黑格尔哲学及当时的德国现实，但它们只是停留于思辨的层面来解构黑格尔哲学而不能揭示这一哲学与当时生活之间的联系，这决定了他们并不能真正超越黑格尔，更不能真正地批判德国现实。马克思嘲笑他们在进行“跪着的造反”。对于马克思来说，当他真正理解了市民社会并揭示出思想与物质生产过程的内在关联之后，他才能真正地超越青年黑格尔派的问题域，同时才能超越古典政治经济学的问题域以及与此相关的社会主义思潮的问题域，才能将对传统哲学的批判推进到对社会历史生活本身的批判，这才是马克思哲学革命的真正意义所在。[①] 当生产逻辑进入到哲学话语之中时，马克思的政治经济学研究与

① 关于这一问题，参见仰海峰《形而上学批判：马克思哲学的理论前提及当代效应》，江苏人民出版社 2006 年版，导论与第二章第四节。

哲学研究才真正地合为一体。

二 生产逻辑的哲学分析

《1857—1858 年经济学手稿》“导言”的第一句话就是“摆在面前的对象，首先是物质生产”[①]。这句话与《德意志意识形态》中关于人类历史前提的描述是一致的。只要人类社会存在，物质资料的生产与再生产就是前提，这正是生产逻辑所具有的人类学意义。物质生产体现了人与自然之间的关系，在《资本论》中，马克思称之为人与自然之间的物质变换。“劳动过程……是人和自然之间的物质变换的一般条件，是人类生活的自然必然性，因此与它的任何社会形式无关，倒不如说是一切社会形式所共有的。”[②] 这是对自然与对人的双重改造。要理解一般的物质生产过程，就需要理解其基本的构成要素以及促进物质生产发展的条件。

既然人类社会存在的前提是物质生产，那么生产的一般规定就适用于所有的社会阶段，这就是马克思所说的：“生产的一切时代有某些共同标志，共同规定。”如果将生产的共同规定抽象出来，就可以得出“生产一般”的概念。“生产一般是一个抽象，但是只要它真正把某些共同点提出来，定下来，免得我们重复，它就是一个合理的抽象。”[③] 这种生产一般有其必要的要素，在《资本论》法文版第三篇“绝对剩余价值的生产”第七章“使用价值的生产和剩余价值的生产”中（法文版与德文版在这一标题上有差别。对应的德文版第三篇“绝对剩余价值的生产”第五章标题为“劳动过程和价值增值过程”。法文版的标题不仅直接反映了剩余价值的生产，而且更能直接反映生产使用价值的一般物质生产），马克思“撇开社会经济发展的这个或那个阶段给这个运动打上的各种特殊的印记”[④]，以使用价值的生产为例进一步分析了一般物质生产过程的要素与构成。一般物质生产过程具有以下要素：人本身的活动或劳动本身；劳动

① 《马克思恩格斯全集》第 30 卷，人民出版社 2002 年版，第 22 页。

② 马克思：《资本论》，中国社会科学出版社 1983 年版，第 172 页（该译本为法文中译本，后文如无特别说明，均参考这一译本）。

③ 《马克思恩格斯全集》第 30 卷，人民出版社 2002 年版，第 26 页。

④ 马克思：《资本论》，人民出版社 1975 年版，第 165 页。

对象；劳动资料。[①] 劳动对象就是广义的土地，这是未经人的协助就已经存在于那里的劳动的一般对象。“所有那些通过劳动只是同土地脱离直接联系的东西，都是自然赋予的劳动对象。”[②] 劳动资料“是人置于自己和他的劳动对象之间作为自己的活动的传导者的物或物的综合体”[③]。正是通过劳动资料，人才能将自己的目的实施到对象身上。在劳动过程中，人的活动借助于劳动资料使劳动对象按照自己的意图发生变化，生产出供自己需要的产品，这时劳动与劳动对象统一起来。

促进一般物质生产的条件是什么呢？马克思认为是劳动资料。“劳动只要稍有一点发展，就不能没有经过加工的资料。”[④] 在马克思的时代，这被看作是人与动物的重要区别。马克思甚至认为，劳动资料的发展不仅促进了物质生产，而且成为区别社会经济时代的标志。从这一维度出发，生产资料的革新是推进社会生产发展的条件。也正是在这样的维度上，如果撇开资本主义的形式规定，协作、分工、机器生产有其人类学的意义。比如协作，马克思认为随着社会的发展，劳动过程越来越需要协作，如修筑道路、铺设铁路等。通过这些协作，一方面“可以扩大劳动的空间范围……另一方面，协作在发展生产规模的同时也可以缩小劳动过程进行的空间。这种双重作用，节约非生产费用方面的非常有效的杠杆，仅仅是由于劳动者的集结、不同的但互相联系的操作的靠拢和生产资料的积聚造成的”。[⑤] 从促进生产力的发展视角来说，协作的意义在于：通过共同劳动，不仅提高了个人生产力，而且创造了一种作为集体力的新生产力。这是生产逻辑意义上的协作问题，虽然这个过程在资本主义产生初期有其特定的意义。

分工也是如此。斯密就是从分工出发来揭示其物质生产的意义的。斯密认为分工是增进劳动生产力的原因，分工不仅推动了劳动生产力的发展，而且体现了文明的程度。分工之所以能促进劳动生产力的提高，原因有三：“第一，劳动者的技巧因业专而日进；第二，由一种工作转到另一种工作，通常须损失不少时间，有了分工，就可以免除这种损失；第三，

① 马克思：《资本论》，人民出版社1975年版，第166页。

② 同上书，第166—167页。

③ 同上书，第167页。

④ 同上。

⑤ 同上书，第329—330页。

许多简化劳动的和缩减劳动的机械的发明，使一个人能够做许多人的工作。”[①] 马克思同样论述了分工的历史作用，把分工看作是产生工场手工业的一种根源，分工使工人熟练于某种固定的劳动，提高了劳动者的特定技艺，这不仅缩短了工人在劳动中从一种操作转换到另一种操作的空间距离，而且促进了人与人在劳动过程中的合作，这些都有助于生产力的发展。机器的产生，则实现了协作与分工的重新结合，并以自然力取代人力，以科学代替了成规。“机器工业把科学和巨大的自然力并入自身，因而会大大提高劳动生产率，这一点是一目了然的。”[②] 马克思的这些论述，虽然是结合资本主义生产过程展开的，但主要讨论的是其在人类学的物质生产逻辑上的意义。也正是从生产逻辑出发，马克思认为资本主义社会所创造的财富超过了过去的一切社会所创造财富的总和，为人类走向未来社会创造了物质条件。

就人类自身的发展而言，物质生产过程具有双重意义：第一，正是在物质生产过程中，人与自然之间建立了一种动态的交互性关系，人们在生产劳动过程中既改变了自然，也改变了人本身。第二，物质生产的发展为人的自由发展提供了现实的可能性。

我们先讨论第一个问题。随着生产劳动的展开，人通过目的性的劳动改变了自然存在，这就是黑格尔所谓的“劳动陶冶自然”的过程。在《德意志意识形态》中，马克思通过批判费尔巴哈深入地论述了这一点。费尔巴哈通过批判黑格尔和近代以来的哲学，认识到近代以来的哲学发展过程就是思辨理性逐渐摆脱感性存在并将感性本身加以抽象的过程，“未来哲学应有的任务，就是将哲学从‘僵死的精神’境界重新引导到有血有肉的，活生生的精神境界，使它从美满的神圣的虚幻的精神乐园下降到多灾多难的现实人间”[③]。这种新哲学就是他所谓的人本学。如果现有的感性都被思辨理性所浸渍，这种新人学何以可能？正是在这里，费尔巴哈提出了自己的新“感性”的思想。我个人认为，费尔巴哈所谓的新感性指的是一种没有经过现代理性污染的感性，这种感性是从原始的自然情感

① ［英］亚当·斯密：《国民财富的性质和原因的研究》上卷，第8页。

② 马克思：《资本论》，人民出版社1975年版，第389页。

③ ［德］费尔巴哈：《费尔巴哈哲学著作选集》上卷，生活·读书·新知三联书店1959年版，第120页。

中引申出来的，如男女的自然性爱等。与这种感性相对应的，就是一个没有被理性所污染的自然，这当然不再是黑格尔所谓的劳动陶冶过的自然。马克思批判的正是这种“想象”的自然乌托邦。马克思认为：费尔巴哈“没有看到，他周围的感性世界并不是某种开天辟地以来就直接存在的、始终如一的东西，而是工业和社会状况的产物，是历史的产物，是世世代代活动的结果……甚至连最简单的‘感性确定性’的对象也只是由于社会发展、由于工业和商业交往才提供给他的”。[①] 也就是说，在资本主义生产的影响下，人们所面对的首先是经过劳动改造了的自然，而不是费尔巴哈所想象的那个没有经过人类影响的初始自然。如果说在前资本主义社会，人们在改变自然的同时，更多依赖于自然界并把自然界看作与自己同样的伙伴，甚至是高于自己的存在的话，那么在资本主义社会，自然则完全是以社会为中介而存在的，如果从一般物质生产逻辑来看，黑格尔说劳动陶冶自然恰恰揭示了现代社会中自然的存在方式。费尔巴哈的自然概念虽然有其哲学批判的意义，但在历史的意义上，这种批判只具有道德评价的意义，并没有达到黑格尔的思想高度。

更为重要的是，人们在通过劳动改变自然的同时，也改变了人本身。黑格尔曾以主人—奴隶关系说明过这一点。在黑格尔看来，虽然奴隶在听命于主人并成为主人享乐的劳动工具，但奴隶在陶冶自然的过程中，认识了自然并认识到自己的力量，并最终获得了真正的自我意识。黑格尔的论述虽然有强烈的思辨特征，但劳动对人的发展的意义这一思想，却被马克思继承下来。在《1844 年经济学哲学手稿》中，马克思曾以“对象化”来描述工业劳动中人的本质力量的实现问题。“工业的历史和工业的已经生成的对象性的存在，是一本打开了的关于人的本质力量的书，是感性地摆在我们面前的心理学。”[②] 在《资本论》中，马克思进一步概括了生产劳动意义：“劳动首先是发生在人和自然之间的行为。在这个行为中，人自身作为一种自然力与自然相对立。为了占有物质，赋予物质以对自身生活有用的形式，人就使他身上的力——臂和腿、头和手运动起来。当他通过这种运动作用于他身外的自然并改变自然时，也就同时改变他自身的自

① 《马克思恩格斯选集》第 1 卷，人民出版社 1995 年版，第 76 页。

② 《马克思恩格斯全集》第 3 卷，人民出版社 2002 年版，第 306 页。

然，使自身的自然中沉睡着的能力发挥出来。”① 人们在劳动中对对象改变到何种程度，人本身的意识和能力也就发展到何种程度，并会以这种发展了的意识来审视自然界。可以说，物质生产过程不仅满足了人的需要，而且促进了人的能力的发展。

就第二个问题而言，正是生产劳动的发展，才为人的自由而全面的发展和个性的实现提供了现实的条件。在《德意志意识形态》中，马克思指出：生产力的发展是人的世界历史性存在的客观条件，也是共产主义实现的物质条件。只有在生产力的发展中，人们才能摆脱贫困状态，才能建立起普遍交往。即使在资本主义社会生产劳动发生异化的情况下，其物质生产过程仍然具有人类学的意义。“因此，如果说以资本为基础的生产，一方面创造出普遍的产业劳动，即剩余劳动，创造价值的劳动，那么，另一方面也创造出一个普遍利用自然属性和人的属性的体系，创造出一个普遍有用性的体系，甚至科学也同一切物质的和精神的属性一样，表现为这个普遍有用性体系的体现者，而在这个社会生产和交换的范围之外，再也没有什么东西表现为自在的更高的东西，表现为自为的合理的东西。因此，只有资本才创造出资产阶级社会，并创造出社会成员对自然界和社会联系本身的普遍占有。由此产生了资本的伟大的文明作用；它创造了这样一个社会阶段，与这个社会阶段相比，一切以前的社会阶段都只表现为人类的地方性发展和对自然的崇拜。只有在资本主义制度下自然界才真正是人的对象，真正是有用物；它不再被认为是自为的力量；而对自然界的独立规律的理论认识本身不过表现为狡猾，其目的是使自然界（不管是作为消费品，还是作为生产资料）服从于人的需要。资本按照自己的这种趋势，既要克服把自然神化的现象，克服流传下来的、在一定界限内闭关自守地满足于现有需要和重复旧生产方式的状况，又要克服民族界限和民族偏见。资本破坏这一切并使之不断革命化，摧毁一切阻碍发展生产力、扩大需要、使生产多样化、利用和交换自然力量和精神力量的限制。”② 这正是从一般物质生产逻辑视野中揭示的资本主义生产方式的意义。

物质生产的发展，不仅为人的自由发展提供了直接的物质前提，而且创造出人的自由发展的时间与空间。随着物质生产力的高度发展，人们用

---

① 马克思：《资本论》，人民出版社1975年版，第165页。

② 《马克思恩格斯全集》第30卷，人民出版社2002年版，第389—390页。

于获得生活必需品的劳动时间越来越短，用于发展自身其他能力的时间越来越多，对这一时间的占有就是人的自由发展的重要条件。“生产力的增长再也不能被占有他人的剩余劳动所束缚了，工人群众自己应当占有自己的剩余劳动。当他们已经这样做的时候，——这样一来，可以自由支配的时间就不再是对立的存在物了，——那时，一方面，社会的个人的需要将成为必要劳动时间的尺度，另一方面，社会生产力的发展将如此迅速，以致尽管生产将以所有的人富裕为目的，所有的人的可以自由支配的时间还会增加。因为真正的财富就是所有个人的发达的生产力。那时，财富的尺度决不再是劳动时间，而是可以自由支配的时间。”① 不仅在时间上是这样，在空间上也是这样。正是现代生产力的发展，推动历史向世界历史转变，人们才能摆脱空间的限制，从地域性的存在中脱离出来，成为世界历史性的个人。

上述这些，只是对历史唯物主义物质生产逻辑的简要概括，许多具体内容还需要进一步展开。这里的问题在于：生产逻辑只是历史唯物主义的基础性逻辑，一旦进入到资本主义社会，一般意义上的物质生产逻辑就不够了，这就正如马克思在“导言”第一节结尾时所说的：“总之：一切生产阶段所共有的、被思维当作一般规定而确定下来的规定，是存在的，但是所谓一切生产的一般条件，不过是这些抽象要素，用这些要素不可能理解任何一个现实的历史的生产阶段。”② 对于理论建构来说，需要揭示的是这些要素在特定历史阶段的存在方式及其作用方式。这意味着要以新的逻辑来揭示资本主义的物质生产过程，这一新逻辑就是资本逻辑。

三 生产逻辑的局限与资本逻辑的凸显

在“导言”中，马克思写下了第一句话后，紧接着对物质生产作了一个限定性的说明，“在社会中进行生产的个人，——因而，这些个人的一定社会性质的生产，当然是出发点”③。这句话使我们想起马克思在

① 《马克思恩格斯全集》第31卷，人民出版社1998年版，第104页。

② 《马克思恩格斯全集》第30卷，人民出版社1998年版，第29页。

③ 同上书，第22页。

《德意志意识形态》中的表述："我们的出发点是从事实际活动的人"①，"这是一些现实的个人，是他们的活动和他们的物质生活条件，包括他们已有的和由他们自己的活动创造出来的物质生活条件"②。"以一定的方式进行生产活动的个人，发生一定的社会关系和政治关系。"③ 因此，生产总是在"一定的"社会关系和政治关系中的生产，这也就意味着需要对这个"一定的"社会进行分析，而不是停留于一般的物质生产逻辑。对于马克思来说，这个一定的社会就是资本主义社会，"现代资产阶级生产——这种生产事实上是我们研究的本题"。④ 在《资本论》第一版"序言"中，马克思明确地说："我要在本书研究的，是资本主义生产方式以及和它相适应的生产关系和交换关系。"⑤ 在资本主义生产方式中，一般物质生产逻辑已经不够了，正如马克思从一般物质生产逻辑视角讨论使用价值的生产时所指出的："只要谈到资本主义生产，生产劳动的这个定义就完全不够了。"⑥ 为什么在资本主义社会，生产劳动的一般界定就完全不够了呢？在这一问题上，学界的研究还需要进行深层的探索。当然，如果我们把马克思的政治经济学研究与马克思的哲学思想割裂开来，把它们看作是两个不同的领域，那么也无法在这一问题上迈开探索的步伐。

虽然物质生产构成了人类社会历史的前提，但将物质生产抽象出来作为解释人类历史的基础，这却是古典政治经济学之后的事情。这种抽象的产生，得益于资本主义生产方式的普遍化，只有当资本主义的工业劳动获得了普遍性规定时，才能产生劳动价值论，并提出劳动一般理论。"有了创造财富的活动的抽象一般性，也就有了被规定为财富的对象的一般性，这就是产品一般，或者说又是劳动一般，然而是作为过去的、对象化的劳动。"⑦ 正是在"劳动一般"的基础上，才能提出"生产一般"的概念。虽然物质资料的生产在历史上早已存在，但以生产逻辑来反思历史，却是当代历史与思想的结果。虽然对历史的审视是以当下的历史情境为基础

---

① 《马克思恩格斯选集》第1卷，人民出版社1995年版，第73页。

② 《马克思恩格斯选集》第1卷，人民出版社1995年版，第67页。

③ 同上书，第71页。

④ 《马克思恩格斯全集》第30卷，人民出版社1998年版，第26页。

⑤ 《马克思恩格斯全集》第44卷，人民出版社2001年版，第8页。

⑥ 马克思：《资本论》，第169页，人民出版社1998年版，注释8。

⑦ 《马克思恩格斯全集》第30卷，人民出版社1975年版，第45页。

的，但人们又易忘却理论所产生的特定情境而将之普遍化，这正是政治经济学生产理论中存在的问题，也是我们以生产逻辑来面对资本主义时需要注意的问题。这一问题体现在以下几个方面。

第一，生产总是现实的人的生产，在现实的资本主义经济活动中，个人在表象层面都是自由活动者，他们都是作为自由人进入生产劳动过程中的，个人之间的关系也就体现为两个独立的主体之间的关系。当这种表象上的自由主体被抽象出来时，生产中的人也就成为孤立的个体，这正是经济学家、政治学家、哲学家的理念，而且这种理念被投射到了原始社会中。在《1857—1858 年经济学手稿》“导言”中，马克思在对这种生产的个人进行了特定社会形式的界定之后，立刻批判了斯密、李嘉图在经济学中的想象，即将孤立的个体看作是社会生产的主体。接着马克思又批判了卢梭社会契约论中的关于个体的想象，并指出产生这种想象的原因及其错误：（1）早期经济学家、哲学家、政治学家对孤立的个体的想象，是对 16 世纪以来兴起的市民社会的预感。这种市民社会，按照黑格尔的理解，就是原子式的个体的社会，他们组成一种外在的关系，并在 18 世纪之后，得到了长足发展。（2）在早期社会中，生产的个人并不是孤立的，而是隶属于扩大为氏族的家庭以及后来的公社中，他们从属于一个整体，只是到 18 世纪之后，这种孤立的个人才真正出现在历史舞台上。关于这一问题，马克思在《1857—1858 年经济学手稿》第二篇的“资本主义生产以前的各种形式”中进行了具体的讨论。（3）这种关于孤立的个人的想象，是现代发达生产关系的结果。这就意味着，关于生产逻辑中劳动主体的分析必须置于特定的社会历史情境中。如果仅从孤立的个体出发，我们根本无法认识资本主义生产过程中人与人的真实关系。根据生产逻辑，资本家与工人之间就是两个孤立的个体之间的关系，他们之间是平等的，而且他们之间进行的交换也是自由而平等的，但实际上这只是一种假象，而在真实的物质生产过程中，他们之间恰恰是一种非平等、不自由的关系。要理解生产过程中主体间的关系，就必须进入特定的社会形式规定中，这种特定的社会形式，就是资本逻辑所要揭示的问题。

第二，物质生产逻辑抽离了生产过程的社会关系的规定性，它体现的是生产过程的一般要素及其技术结合。在前面关于生产要素的讨论中，我们已经看到了生产逻辑的物质规定性，这种生产逻辑也是政治经济学家面对资本主义生产方式的理论视野。在这一视野中，资本主义生产方式中的特殊规定性不见了，人们把资本主义的生产方式等同于一般生产方式，资本与劳动都被简化为物质生产过程的要素，并获得了永恒存在的形式。“资本，别的不说，也是生产工具，也是过去的、客体化了的劳动。可见资本是一种一般的、永存的自然关系；这样说是因为恰好抛开了正是使‘生产工具’、‘积累的劳动’成为资本的那个特殊。”[①] 当资本成为生产中的物质要素时，任何东西都可以是资本，包括自然提供的对象，如石头等，而且资本会存在于一切社会中。这正是斯密将原始社会的劳作工具也看作是资本的重要原因。“如果这样抽掉资本的一定形式，只强调内容，而资本作为这种内容是一切劳动的一种必要要素，那么，要证明资本是一切人类生产的必要条件，自然就是再容易不过的事情了。抽掉了使资本成为人类生产某一特殊发展的历史阶段的要素的那些特殊规定，恰好就得出这一证明。要害在于：如果说一切资本都是作为手段被用于新生产的对象化劳动，那么，并非所有作为手段被用于新生产的对象化劳动都是资本。资本被理解为物，而没有被理解为关系。”[②] 这种要素式的思维构成了政治经济学家看待利润形成的观念基础。从要素思维出发，生产过程中的每一部分、除了劳动力而外，都能创造利润，而劳动力反而没能做到这一点，因为作为自由而平等的交换者，其劳动已经由工资得到了补偿。不仅如此，从资本作为生产要素出发，那么资本就是人类生活中无法根除的存在，因为没有了资本，我们也就无法进行生产。比如李嘉图社会主义者勃雷认为：个人与国家的繁荣必须具备三个条件：“1 必须劳动。2 必须要有过去劳动的积累，或资本。3 必须要有交换。”[③] 为什么要有资本呢？因为如果没有资本，劳动根本无法真正地进行。只不过勃雷认为，在现代社会，资本都归资本家了，社会变革就是要让所有人都拥有资本。这正是将资本作为生产要素来加以思考。这种面对资本的方式，是当时许多社会主义者所共有的。这种要素式的思维经过了双重倒置：先是将资本主义物质生产还原为一般物质生产，然后又从这种还原了的生产逻辑出发来面对资本主义生产方式，这时一般生产逻辑也就成为评价的尺度。

---

① 《马克思恩格斯全集》第 30 卷，人民出版社 1998 年版，第 26—27 页。

② 同上书，第 214 页。

③ ［英］约翰·勃雷：《对劳动的迫害及其救治方案》，袁贤能译，商务印书馆 1983 年版，第 45 页。

第三，如果从生产逻辑出发，就无法真正地理解资本主义社会生产、分配、流通、消费的内在关系。如果将资本主义生产等同于一般人类意义上的物质生产，那么，当下社会的问题就不在生产领域，而在分配领域。这就正如马克思在论述上述四者关系所说的："肤浅的表象是：在生产中，社会成员占有（开发、改造）自然产品供人类需要；分配决定个人分取这些产品的比例；交换给个人带来他想用分配给他的一份去换取的那些特殊产品；最后，在消费中，产品变成享受的对象，个人占有的对象。"① 这时，上述四者关系之间的联系就变成一种三段论："生产是一般，分配和交换是特殊，消费是个别，全体由此结合在一起。这当然是一种联系，然而是一种肤浅的联系。"② 在这种理解中，对政治经济学的责备就是认为政治经济学家太过于重视生产，而忽视了分配的重要性。一些社会主义者正是从这里来寻找解决问题的出路的。汤普逊认为："没有比财富的分配这个问题再使人感觉兴趣的了，如果研究得正确，也没有比这个问题再有用的了；因为不仅每一个社会的物质享受被发现直接依存于财富的公平而明智的分配，而且在很大程度上，道德和同情、谨慎、宽仁之乐以及它力能取得的知识享受的多寡也算不间接地与财富分配有依存关系。"③ 同样，还可以认为交换是非常重要的，并从交换手段出来解决现实问题。这在《1857—1858 年经济学手稿》关于达里蒙的理论的评论中就可以看出来。正是对此的反思，马克思认为，在当下的经济过程中，交换、分配等只是表象，只有从生产出发才能揭示资本主义社会的内在特性，而要揭示这种生产方式，又必须走出一般人类学意义上的生产逻辑，进入资本逻辑。马克思的政治经济学批判，就是要揭示资本逻辑的运行规律及其历史效果。

四　资本逻辑对生产逻辑的统摄

如果说生产逻辑与资本逻辑构成了历史唯物主义的双重逻辑，那么在

① 《马克思恩格斯全集》第 30 卷，人民出版社 1998 年版，第 30 页。

② 同上。

③ ［英］威廉·汤普逊：《最能促进人类幸福的财富分配原理的研究》，何慕李译，商务印书馆 1986 年版，第 25 页。

不同的历史时期，这双重逻辑的对位是不一样的。在前资本主义社会，按照马克思的论述，生产逻辑起着支配作用，而在资本主义社会，虽然资本生产具有人类学的意义，但却是资本逻辑统摄生产逻辑。这意味着：第一，我们不可能把人类学意义上的生产逻辑简单地应用到资本主义社会，这一问题我们在本文第三部分已经进行了讨论，不再赘述。第二，只有从资本逻辑出发，我们才能真正地理解人类学意义上的生产逻辑。第三，需要揭示资本逻辑对生产逻辑的统摄方式。

我们的讨论从第二点开始。马克思认为："在一切社会形式中都有一种一定的生产决定其他一切生产的地位和影响，因而它的关系也决定其他一切关系的地位和影响。这是一种普照的光，它掩盖了一切其他色彩，改变着它们的特点。这是一种特殊的以太，它决定着它里面显露出来的一切存在的比重。"① 进入资本主义社会，"资本是资产阶级社会的支配一切的经济权力。"② 进入资本主义社会之后，资本逻辑占据着支配地位，它决定着资本主义社会生产的形式与结构。不仅如此，马克思还认为，资本逻辑构成了我们透视历史上各种社会形式结构的基础。马克思以"人体解剖对于猴体解剖是一把钥匙"为例进行了说明。马克思指出：虽然在低等动物身上具有征兆的东西，在高等动物身上也能发现，但只有在高等动物被认识之后才能得到理解。例如，体现为资本具体形式的东西，如货币等，在中世纪就存在，但这种"资本"形式隶属于封建式的土地所有制，只具有征兆的形式。同样，商品交换在原始社会的后期就有了，但这种交换只具有地方性的形式，"直接的物物交换这个交换过程的原始形式，与其说表示商品开始转化为货币，不如说表示使用价值开始转化为商品。交换价值还没有取得自由的形态，它还直接和使用价值结合在一起。这表现在两方面。生产本身，就它的整个结构来说，是为了使用价值，而不是为了交换价值，因此，在这里，只有当使用价值超过消费的需要量时，它才不再是使用价值而变成交换手段，变成商品。另一方面，使用价值尽管两极化了，但只是在直接使用价值的界限之内变成商品，因此，商品所有者交换的商品必须对双方是使用价值，而每一商品必须对它的非所有者是使用价值。实际上，商品交换过程最初不是在原始公社内部出现的，而是在

① 《马克思恩格斯全集》第30卷，人民出版社1998年版，第48页。

② 同上书，第49页。

它的尽头，在它的边界上，在它和其他公社接触的少数地点出现的。这里开始了物物交换，并由此侵入公社内部，对公社起着瓦解作用”。[①] 商品交换瓦解了传统社会，但只有当商品交换普遍化时，才产生了资本主义社会。在这里，同样不能按照原初的交换形式来理解资本主义社会，这正是李嘉图社会主义者想要做的。一旦资本主义生产方式占据支配地位之后，所有过去的生产方式都被纳入资本主义生产过程之中，而且只有在资本主义生产方式中才能找到自己的位置。马克思在分析资本的原始积累时指出：虽然存在着属于资本的洪水期前的条件，但这些产生的条件恰好意味着资本还不存在，而只处于生成之中。而一当现实的资本存在时，这些条件和前提就消失了。“这些前提，最初表现为资本生成的条件，因而还不能从资本作为资本的活动中产生；现在，它们是资本自身实现的结果，是由资本造成的现实的结果，它们不是资本产生的条件，而是资本存在的结果。”[②] 因此，一般意义上的物质生产过程变成了资本生产的内部过程。要理解生产逻辑，先要理解资本逻辑，这是资本逻辑统摄地位的确立。

在资本逻辑的支配下，体现人的主体本质的对象化活动被异化所支配，生产逻辑意义上促进生产力发展的分工变成了这种异化的现实根源，协作与机器的意义也同样被资本逻辑所改变，生产力发展所节约的时间，本该成为人的自由发展的时间，却成为资本获得剩余价值的条件。在人类学意义上物质生产逻辑能够展现人的本质力量的地方，在资本主义社会都被异化为人的空虚化。“在资产阶级经济以及与之相适应的生产时代中，人的内在本质的这种充分发挥，表现为完全的空虚化；这种普遍的对象化进程，表现为全面的异化，而一切既定的片面目的的废弃，则表现为为了某种纯粹外在的目的而牺牲自己的目的本身。”[③] 这并不是说生产逻辑意义上的分工、协作、机器大工业没有意义，而是说在资本主义社会中，它们在促进生产力的发展与人的解放的同时，又设立了这种发展与解放的栅栏。可以说，马克思在《资本论》中对分工、机器等的说明，实际上是按照双重结构展开的：一是生产逻辑意义上的说明，二是资本逻辑意义上的说明。后者是对前者的重新审视，同时前者又构成了批判后者的重要参

① 《马克思恩格斯全集》第31卷，人民出版社1998年版，第443页。

② 《马克思恩格斯全集》第30卷，人民出版社1998年版，第452页。

③ 同上书，第480页。

照系。资本逻辑批判在分析资本的运行中，最后要解决的正是特定阶段的生产逻辑所面临的被支配问题，从而使生产真正成为人的自由的活动。

随着资本逻辑对生产逻辑的支配地位的确立，我们对资本主义社会的认识也必须做出改变。按照我的理解，这种认识的改变主要体现为以下两点：第一，马克思认为，当资本主义以自身为自我再生产的起点时，就必须按照资本逻辑的自我生产过程来建构我们的认识。这也就意味着，当我们运用经济范畴来理解当下历史时，就不能按照这些范畴在历史上起作用的先后次序来排序，“它们的次序倒是由它们在现代资产阶级社会中的相互关系决定的，这种关系同表现出来的它们的自然次序或者符合历史发展的次序恰好相反。问题不在于各种经济关系在不同社会形式的相继更替的序列中在历史上占有什么地位。更不在于它们在‘观念上’（蒲鲁东）（在关于历史运动的一个模糊的表象中）的顺序。而在于它们在现代资产阶级社会内部的结构”。[①] 这也是马克思在《哲学的贫困》中批判蒲鲁东的主要论点。因此，“在研究经济范畴的发展时，正如在研究任何历史科学、社会科学时一样，应当时刻把握住：无论在现实中或在头脑中，主体——这里是现代资产阶级社会——都是既定的；因而范畴表现这个一定社会即这个主体的存在形式、存在规定、常常只是个别的侧面；因此，这个一定社会在科学上也决不是在把它当作这样一个社会来谈论的时候才开始存在的”。[②]

第二，不可将资本主义的生产过程还原为一般物质生产过程，从认识的过程来看，对生产逻辑的认识是一种回溯性的认识。马克思在人体解剖与猴体解剖的论述中充分地表现了这一主题，即只有认清了资本逻辑，我们才能真正地理解生产逻辑。“资产阶级社会是最发达的和最多样性的历史的生产组织。因此，那些表现它的各种关系的范畴以及对于它的结构的理解，同时也能使我们透视一切已经覆灭的社会形式的结构和生产关系。资产阶级社会借这些社会形式的残片和因素建立起来，其中一部分是还未克服的遗物，继续在这里存留着，一部分原来只是征兆的东西，发展到具有充分意义，等等。”[③] 同样，对资本逻辑的认识，也只有在资本主义开

① 《马克思恩格斯全集》第30卷，人民出版社1998年版，第49页。
② 同上书，第47—48页。
③ 同上书，第46—47页。

始自我反思的时候才是可行的。“资产阶级经济学只有在资产阶级社会的自我批判已经开始时，才能理解封建的、古代的和东方的经济。在资产阶级经济学没有用编造神话的办法把自己同过去的经济完全等同起来时，它对于以前的经济，特别是它曾经还不得不与之直接斗争的封建经济的批判，是与基督教对异教的批判或者新教对旧教的批判相似的。”① 这有点像黑格尔所说的，密涅瓦的猫头鹰只有在黄昏的时候才起飞。

综上所述，在对资本逻辑的分析中，资本逻辑与生产逻辑交织在一起，但资本逻辑处于主导与支配地位，瓦解资本的逻辑成为马克思《资本论》及其手稿的理论指向。当然这里将资本逻辑与生产逻辑加以区分，并不是说在现实的资本主义生产过程中真的存在着两个可以区分的生产过程，而只是为了便于说明马克思的思想。至于资本逻辑的具体内容，需要结合《资本论》及其手稿加以分析。我将在其他文章中加以论述。

五　简要的结语:超越资本逻辑

虽然在资本主义社会，资本逻辑支配一切，但这一逻辑并不是不可超越的。对于马克思来说，超越资本逻辑构成了其理论指向。这种超越的可能性既存在于资本逻辑的内在矛盾中，也存在于资本逻辑所具有的生产逻辑的意义中。

就资本逻辑的内在矛盾来说，马克思不仅从商品交换层面进行了分析，而且从商品的生产结构层面进行了分析。商品二重性表明商品是一个矛盾性的存在，商品的使用价值与交换价值之间的矛盾才导致了货币的产生与发展，但货币并没有解决这一悖论，而只是将这一矛盾普遍化了。这构成了《1857—1858 年经济学手稿》“货币章”的一个重要主题。就生产结构层面来说，马克思认为根本矛盾在于生产力的社会化与私有制的矛盾，这一矛盾又通过资本家与工人的矛盾表现出来，从而打开了通向未来的可能性空间。可以说正是资本逻辑本身为我们超越资本逻辑创造了条件与可能性。在马克思之后，资本逻辑的社会形态发生了很大的变化，如果说，马克思分析的是自由竞争的资本主义，那么 19 世纪后期，资本主义社会则走向了组织化资本主义，而在 20 世纪 70 年代之后，则走向了后组

① 《马克思恩格斯全集》第 30 卷，人民出版社 1998 年版，第 47 页。

织化资本主义。这意味着，我们需要分析资本逻辑在后两个时代的具体形态。但这些变化并不影响我们对马克思资本逻辑思想的探讨，也不影响我们对马克思超越资本逻辑思想的分析。

更为重要的是，资本逻辑的超越使生产逻辑的意义再次呈现出来，并在新的历史阶段获得了新的意义。在前面的论述中，我们已经讨论到物质生产对人的发展与解放的意义，但需要看到的是，由于生产力的低下，物质生产在很大程度上是为了解决人们生活资料的匮乏问题。经过资本逻辑的中介，生产已不再是解决匮乏问题的辛勤劳作，更多体现为人的本质力量的展现，这时生产逻辑与人的全面发展和自由解放一致起来，这正是生产逻辑的历史“本体论”意义。当生产逻辑的这一维度充分实现时，人的自由与全面的发展也就在实践中得以体现出来。这正是马克思面对未来社会的根本观点。

从《1857—1858 年经济学手稿》看马克思的唯物史观

安启念[*]

应该如何理解主要由马克思创立的唯物史观，目前学术界存在严重分歧。分歧的焦点之一，是对马克思主义哲学教科书广为宣传的唯物史观理论的评价。围绕这一分歧，近年来学术界做了大量讨论，但至今仍无共识。讨论当然要以文本为依据，但遗憾的是马克思和恩格斯一生从未对自己的哲学思想做过专门的全面、系统的阐述，我们根本找不到马克思、恩格斯对唯物史观的统一定义。不仅如此，他们的许多论述甚至不尽一致，以致有人认为对唯物史观的理解同样体现了马克思、恩格斯的对立。人们对唯物史观的理解见仁见智，但各有所据。这种情况极大地增加了研究的难度。有感于此，本文打算变换思路，不讨论马克思或恩格斯对唯物史观的直接论述，而是以《1857—1858 年经济学手稿》为例，考察马克思在政治经济学研究中作为方法论对唯物史观的具体运用，以此为切入点探讨马克思的唯物史观思想。

一

《1857—1858 年经济学手稿》是《资本论》的最初手稿，在马克思的政治经济学研究中具有重要意义。它不仅在基本思想上，而且在研究方法上都体现了《资本论》乃至马克思全部政治经济学研究的特点。马克

* 安启念，中国人民大学教授。

思政治经济学研究的基本方法是什么？毫无疑问，是唯物史观，而且是教科书所宣传的唯物史观。恩格斯说：“当德国的资产阶级、学究和官僚把英法经济学的初步原理当做不可侵犯的教条死记硬背，力求多少有些了解的时候，德国无产阶级的政党出现了。它的全部理论内容来自对政治经济学的研究，它一出现，科学的、独立的、德国的经济学也就产生了。这种德国的经济学本质上是建立在唯物主义历史观的基础上的，后者的要点，在本书的序言中已经做了扼要的阐述。”① 这里所说的“本书”指马克思的《政治经济学批判·第一分册》，其序言即《〈政治经济学批判〉序言》，对唯物史观要点的扼要阐述即人所共知的对唯物史观的“经典表述”。教科书中的唯物史观理论即由“经典表述”而来。

这样理解的唯物史观的确是《1857—1858 年经济学手稿》乃至《资本论》和马克思全部政治经济学研究的基本方法。

首先，马克思之所以从事政治经济学研究，是因为他在大学所接受的黑格尔哲学认为社会生活的基本规范，伦理道德和法律，是思想观念的产物，而这一观点遭到了马克思亲身经历的现实生活的否定，于是马克思把注意力由哲学转向政治经济学。按照他自己的说法，他所得到并且一经得到就用于指导政治经济学研究工作的，正是“经典表述”，即教科书中表述的唯物史观。《1857—1858 年经济学手稿》以及《资本论》的研究之所以选择资本主义社会的生产关系为对象，本身就是唯物主义的体现。

其次，马克思在《1857—1858 年经济学手稿》的导言中集中阐述了该书研究以及表述的方法，其中曾以纲要的形式列出了应该着重阐述的内容：“生产。生产资料和生产关系。生产关系和交往关系。国家形式和意识形式同生产关系和交往关系的关系。法的关系。家庭关系。”② 显然，这里所说的正是教科书唯物史观的基本内容，随后列出的要点也证明了这一点。

最后，《1857—1858 年经济学手稿》全书有多处运用唯物史观基本原理对各种具体问题做了分析，例如在资本章的第二篇《资本的流通过程》中，马克思专门考察了“固定资本和社会生产力的发展”，通过分析科学技术的发展引起的生产工具、生产方式、生产关系以及生活方式的变化，

---

① 《马克思恩格斯选集》第 2 卷，人民出版社 1995 年版，第 37—38 页。

② 同上书，第 27 页。

揭示了共产主义取代资本主义的历史必然性。[①] 这是教科书所表述的唯物史观的生动体现。

在马克思之前，所有的哲学家都把社会发展归结为思想观念的发展，主张思想观念决定国家和法，国家和法又决定市民社会，因而是历史的唯心主义者。马克思把这种关系颠倒过来，用生产力及其发展对经济基础和政治、法律、道德、哲学、艺术等复杂的上层建筑和它的历史演化提供了唯物主义的解释，进而为政治经济学以及一切人文社会科学研究奠定了可靠的基础。在这里必须强调指出的一点是，这样的理论着眼的是社会各要素之间的关系，是社会结构，是对社会结构及其变化的唯物主义说明。它对于马克思的政治经济学研究具有重要的方法论意义，这是没有疑问的。但问题是，社会结构并不是马克思从事政治经济学和一般人文社会科学研究的唯一角度。

在《1857—1858 年经济学手稿》的方法论思想中，马克思也十分重视从历史的角度看问题。结构分析与历史考察都是马克思指导经济学研究的基本方法论原则。在该书《导言》中，马克思着重对他在政治经济学研究中使用的方法做了说明。从《导言》看，马克思研究方法的特点，首先是把经济生活的各个要素作为相互联系的整体来看，而且认为在一切要素中起决定作用的是生产。例如在生产与消费的关系上，马克思提出：生产是消费，消费是生产；它们互为手段、互为中介。但是："无论我们把生产和消费看作一个主体的活动或者许多个人的活动，它们总是表现为一个过程的两个要素，在这个过程中，生产是实际的起点，因而也是起支配作用的要素。消费，作为必需，作为需要，本身就是生产活动的一个内在要素。"[②] 除此以外他强调，他和其他经济学家的主要不同在于，这些经济学家把当时现实生活中的各种经济现象作为既定事实，而他认为它们都是历史发展的产物。他对每一个重要的经济事实都做了历史分析。《导言》一开始便说："摆在面前的对象，首先是物质生产。在社会中进行生产的个人，——因而，这些个人的一定社会性质的生产，当然是出发

---

① 参见《马克思恩格斯全集》第 31 卷，人民出版社 1998 年版，第 88—110 页。

② 《马克思恩格斯全集》第 30 卷，人民出版社 1995 年版，第 35 页。突出生产活动的决定作用是马克思实践唯物主义思想的表现，本身就有唯物史观的意义。本文对此暂不做讨论。

点。”[①] 在指出了被斯密和李嘉图，以及卢梭，“当做出发点的单个的孤立的猎人和渔夫，属于18世纪的缺乏想象力的虚构”之后，马克思说：“这种18世纪的个人，一方面是封建社会形式解体的产物，另一方面是16世纪以来新兴生产力的产物，而在18世纪的预言家看来（斯密和李嘉图还完全以这些预言家为依据），这种个人是曾在过去存在过的理想；在他们看来，这种个人不是历史的结果，而是历史的起点。因为按照他们关于人性的观念，这种合乎自然的个人并不是从历史中产生的，而是由自然造成的。这样的错觉是到现在为止的每个新时代所具有的。”[②] 讨论到分配问题时，马克思说：“生产实际上有它的条件和前提，这些条件和前提构成生产的要素。这些要素最初可能表现为自然发生的东西。通过生产过程本身，它们就从自然发生的东西变成历史的东西，并且对于这一时期表现为生产的自然前提，对于前一个时期就是生产的历史结果。它们在生产本身内部被不断地改变……分配对于新的生产时期表现为前提，但它本身又是生产的产物，不仅是一般历史生产的产物，而且是一定历史生产的产物。”[③] 马克思还以劳动为例指出，即使是最抽象的政治经济学范畴，也同样具有历史性。他说：“劳动这个例子令人信服地表明，哪怕是最抽象的范畴，虽然正是由于它的抽象而适用于一切时代，但是就这个抽象的范畴本身来说，同样是历史条件的产物，而且只有对于这些条件并在这些条件之内才具有充分的适用性。”[④] 在对各个重要经济范畴的历史性做了以上分析之后，马克思才谈到对资本主义社会的政治经济学研究。他认为，资本主义是以往人类历史长期发展的产物，各种因素得到最充分的展现，因而“资产阶级经济为古代经济等等提供了钥匙”[⑤] 研究资本主义社会不仅可以认识资本主义本身，也可以更好地理解和把握在它之前的社会形态：“资产阶级社会是最发达的和最多样性的历史的生产组织。因此，那些表现它的各种关系的范畴以及对于它的结构的理解，同时也能使我们透视一切已经覆灭的社会形式的结构和生产关系……人体解剖对于猴体解剖是一把钥匙。反过来说，低等动物身上表露的高等动物的征兆，只有在高

① 《马克思恩格斯全集》第30卷，人民出版社1998年版，第22页。

② 同上书，第24—25页。

③ 同上书，第38—39页。

④ 同上书，第46页。

⑤ 同上书，第47页。

等动物本身已被认识之后才能理解。”①

由上所述可以看出，《1857—1858 年经济学手稿》对资本主义社会所做的政治经济学研究，从方法论看，首先是把它放在人类社会的历史发展中来把握，强调它的各种经济现象都是历史发展的产物，也只有在历史发展中才能理解；其次才是把它作为既定的存在，研究其中各要素之间的关系，包括社会存在和社会意识的关系。这里顺便指出，即使是对资本主义社会各要素的分别考察，马克思也不是着眼于认识它们的既定存在，而是着重揭示它们的形成与消灭，着眼点还在历史。

二

通过以上分析我们可以得出结论：马克思用以指导政治经济学研究的方法论包括“结构”和“历史”两个方面、两个维度。它既注重对某个社会进行的横向的、共时性的结构考察，即对其中各个要素相互关系的唯物主义的说明，也注重对这个社会及其众多内在因素的纵向的、历时性的考察。不论任何时候，人们面对的社会，无论它本身还是它的各个组成部分，都是以往社会历史发展的产物，它们处于永不停止的运动之中；在某个时间点上的任何一个具体社会的内部，其各个社会要素之间，例如社会存在与社会意识诸要素之间，都处于相互联系之中，表现出一种复杂的结构。因此显而易见，马克思《1857—1858 年经济学手稿》中的历史分析与结构分析方法具有普遍意义。它们是两个维度，两个坐标轴，分别反映了事物在时间中和在空间中的存在，反映了它的绝对运动和相对静止两种状态。从一个更大的理论背景中看，我们可以发现，“结构”和“历史”不仅是马克思政治经济学研究的基本方法，而且是他研究、考察一切问题的基本维度。只有二者结合才能在抽象的层次上再现具体，从逻辑上把事物的历史运动与现状完整地表现出来。马克思运用上述两个维度动态地历史地研究人类社会的事例不胜枚举，《1857—1858 年经济学手稿》只是一例。此外，《〈政治经济学批判〉序言》在阐述了生产力决定生产关系、经济基础决定上层建筑以及社会革命的原因，即对社会结构分析的基本内容之后，马克思立即指出：亚细亚的、古希腊罗马的、封建的和现代资产

① 《马克思恩格斯全集》第 30 卷，人民出版社 1998 年版，第 46—47 页。

阶级的生产方式，可以看做是经济的社会形态演进的几个时代，从历史的维度对人类社会做了概括。再如在《共产党宣言》中，马克思首先考察了资本主义制度的历史起源、演化过程，然后再分析资本主义社会生产力、生产关系的矛盾以及以此为基础的阶级斗争和资本主义必然灭亡共产主义必然胜利的历史趋势。批判资本主义是马克思毕生的理论主题，《共产党宣言》中的“结构”、“历史”两个维度，在《德意志意识形态》、《资本论》甚至《1844 年经济学哲学手稿》中，都可以看得十分清楚。经过这样的分析，资本主义的来龙去脉、众多内在因素的相互关系被揭示出来，它作为一个有生命的存在展现在我们面前。

实际上对于马克思来说，“历史”不仅是它研究社会问题的两个基本维度之一，而且是两者中更为重要的维度。马克思是革命家，一生都在为消灭资本主义实现共产主义奋斗，他更看重的不是对资本主义社会结构的唯物主义解释，而是对资本主义必然灭亡的原因与途径的揭示。因此，与那些把宣扬资本主义制度是人类本性的自由展现因而具有永恒性的资产阶级学者相比，马克思在青年时代便自觉接受黑格尔的辩证法并毕生坚持，不仅突出强调资本主义的历史性、暂时性，而且强调一切事物都在流动，历史性是世界万物的本质属性，以至于说：“我们仅仅知道一门惟一的科学，即历史科学……”① 革命家的本性使马克思与形而上学无缘，对变化、发展、产生、灭亡、革命、历史情有独钟。

马克思本人曾经明确地说，唯物史观是他政治经济学研究的方法论。如果从《1857—1858 年经济学手稿》使用的研究方法来看他的唯物史观思想，我们立即可以发现，现行的哲学教科书所阐述的唯物史观是值得讨论的。这种唯物史观最大的问题是，它仅仅局限于社会的“结构”分析，基本上没有涉及人类社会的“历史”方面。教科书所说的唯物史观“经典表述”只是阐述了在社会的生产力、生产关系、经济基础、上层建筑诸要素之中，生产力起着决定作用，因为生产力是人不能自由获取和选择的，因而由它所决定的其他要素以及整个社会的性质，对人而言是一种客观存在，其关系具有唯物主义性质。然而关于人类社会的发展机制，社会的历史性，“经典表述”只是简单地说：“社会的物质生产力发展到一定阶段，便同它们一直在其中运动的现存生产关系或财产关系（这只是生

---

① 马克思：《德意志意识形态》，人民出版社 2003 年版，第 10 页。

产关系的法律用语）发生矛盾。于是这些关系便由生产力的发展形式变成生产力的桎梏。那时社会革命的时代就到来了。随着经济基础的变更，全部庞大的上层建筑也或快或慢地发生变革。”① 仅仅这样说是远远不够的。既然全部社会结构的变更，社会的历史发展，完全取决于物质生产力的发展，那么对于历史唯物主义者而言，揭示社会意识对社会存在的依赖固然重要，但更重要的是必须对生产力的发展做出唯物主义的说明。这样理解的社会才能运动起来，才有历史可言，社会历史也才是唯物主义的。这是全部唯物史观的关键。

马克思既强调社会经济形态的历史性，也强调其历史规律的客观性。只从结构的角度考察社会的理论可以是唯物主义的，但不会是历史的。这样的理论是解释世界的理论，不是改造世界的理论，与马克思的宗旨并不完全吻合。

三

唯物史观是关于社会历史的唯物主义理论，不能没有“历史”维度。唯物史观不仅要对社会进行唯物主义的“结构”分析，更要揭示这一结构运动发展的机制与规律。真正的唯物史观必须对生产力的发展机制做出唯物主义的解释。这是问题的关键。没有这种解释，唯物史观就少一个维度，就是不完整的。不仅如此，它最终也可能并不是唯物主义的，因为人们完全有可能对生产力的发展做出唯心主义的解释，而一旦如此，全部社会生活尽管由生产力决定，但最终还是唯心主义的。

马克思是用劳动实践概念对生产力的发展做出唯物主义解释的。他和恩格斯在《德意志意识形态》中说：“历史的每一阶段都遇到一定的物质结果，一定的生产力总和，人对自然以及个人之间历史地形成的关系，都遇到前一代传给后一代的大量生产力、资金和环境，尽管一方面这些生产力、资金环境为新的一代所改变，但另一方面，他们也预先规定新的一代本身的生活条件，使它得到一定的发展和具有特殊的性质。由此可见，这种观点表明：人创造环境，同样，环境也创造人。”② 《1857—1858 年经

① 《马克思恩格斯选集》第 2 卷，人民出版社 1995 年版，第 32 页。

② 马克思：《德意志意识形态》，人民出版社 2003 年版，第 36—37 页。

济学手稿》说："自然界没有造出任何机器，没有造出机车、铁路、电报、自动走锭精纺机等等。它们是人的产业劳动的产物，是转化为人的意志驾驭自然界的器官或者说在自然界实现人的意志的器官的自然物质。它们是人的手创造出来的人脑的器官；是对象化的知识力量。"① 马克思还说："如果我们从整体上来考察资产阶级社会，那么社会本身，即处于社会关系中的人本身，总是表现为社会生产过程的最终结果……作为它的主体出现的只是个人，不过是处于相互关系中的个人，他们既再生产这种相互关系，又新生产这种相互关系。这是他们本身不停顿的运动过程，他们在这个过程中更新他们所创造的财富世界，同样地也更新他们自身。"② 人如何更新自身？通过更新他的生产关系、社会关系；怎样更新生产关系？通过更新生产力。但是生产力又是怎样更新的？这是关键问题。对此马克思是这样回答的："劳动首先是人和自然之间的过程，是人以自身的活动来引起、整理和控制人和自然之间的物质变换的过程。人自身作为一种自然力与自然物质相对立。为了在对自身生活有用的形式上占有自然物质，人就使他身上的自然力——臂和腿、头和手运动起来。当他通过这种运动作用于他身外的自然并改变自然时，也就同时改变他自身的自然。他使自身的自然中沉睡着的潜力发挥出来，并且使这种力的活动受他自己控制。"③ 普列汉诺夫认为，"在这几句话中包括着马克思的历史理论的全部本质"④。他是对的。因为正是这几句话才唯物主义地解释了人的物质生产力的发展，从而为全部唯物史观理论奠定了基础。正是劳动实践使生产力处于不断的运动发展之中，使整个社会运动起来，从而有了历史。

由于通过劳动实践对物质生产力的发展做出了唯物主义的解释，生产力又是整个社会结构中起决定作用的因素，因而事实上马克思、恩格斯的全部历史唯物主义理论都是建立在劳动实践的基础之上的。例如马克思说："对社会主义的人来说，整个所谓世界历史不外是人通过人的劳动而诞生的过程，是自然界对人说来的生成过程……"⑤ 恩格斯则把马克思主义者称作"在劳动发展史中找到了理解全部社会史的锁钥的新派别"。此

① 《马克思恩格斯全集》第31卷，人民出版社1998年版，第102页。

② 同上书，第108页。

③ 马克思：《资本论》第1卷，人民出版社1975年版，第201—202页。

④ 普列汉诺夫：《论一元论历史观之发展》，三联书店1961年版，第107页。

⑤ 马克思：《1844年经济学哲学手稿》，人民出版社2000年版，第92页。

外人们熟知的恩格斯的著作《劳动在从猿到人的转变中的作用》，用劳动实践活动对人的产生以及人类社会的发展及其历史趋势，做了深刻而生动的论述。劳动实践是一种物质活动，把它作为历史的基础，把劳动发展史作为理解全部社会发展史的锁钥，这样的思想无疑是历史的唯物主义。不仅如此，马克思还有大量其他相关论述。在《1844 年经济学哲学手稿》中，马克思说："通过异化劳动，人不仅生产出他对作为异己的、敌对的力量的生产对象和生产行为的关系，而且还生产出他人对他的生产和他的产品的关系，以及他对这些他人的关系。"[①] 在《1857—1858 年经济学手稿》中这一思想也随处可见。马克思认为分配、交换、消费制约着生产，但最终它们是由生产生产出来的。他说："不仅消费的对象，而且消费的方式，不仅在客体方面，而且在主体方面，都是生产所生产的。所以，生产创造消费者……生产不仅为主体生产对象，而且也为对象生产主体"[②]；"生产生产出消费，是由于生产创造出消费的一定方式，其次是由于生产把消费的动力，消费的能力本身当做需要创造出来。"[③] 概括起来看，以上论述都是马克思、恩格斯如下思想的具体体现。他们说："全部人类历史的第一个前提无疑是有生命的个人的存在。因此，第一个需要确认的事实就是这些个人的肉体组织以及由此产生的个人对其他自然的关系……任何历史记载都应当从这些自然基础以及它们在历史进程中由于人们的活动而发生的改变出发。"[④] 就是说，人的生理构造决定了人必须通过生产劳动实践才能生存，从而决定了劳动实践成为马克思、恩格斯全部唯物史观思想的基础。

两个维度，纵的、历时性的、历史的维度与横的、共时性的、结构的维度，是马克思的唯物史观思想内在固有的。二者有没有矛盾？完全没有。横的、结构的维度揭示了生产力是如何决定经济基础上层建筑和无比复杂的整个社会的；纵的、历史的维度借助实践概念揭示了生产力从而整个社会是如何不断发展的。它们共同构筑起完整的唯物史观大厦，二者相互补充，缺一不可。

---

① 马克思：《1844 年经济学哲学手稿》，人民出版社 2000 年版，第 60—61 页。

② 《马克思恩格斯全集》第 30 卷，人民出版社 1998 年版，第 33 页。

③ 同上书，第 34—35 页。

④ 马克思：《德意志意识形态》，人民出版社 2003 年版，第 11 页。

由此我们可以得出结论：马克思的唯物史观是以劳动实践为基础，包含纵的、横的，也即“结构”和“历史”两个维度的关于社会历史的唯物主义理论。他的唯物史观思想包含所谓的“经典表述”，但这一表述远远是不能完全涵盖的。马克思唯物史观思想的“历史”维度，这个对革命家马克思更重要的维度，长期没有得到应有的重视，因此我们理解的唯物史观其实是不完整的。这是我们唯物史观研究的重要缺陷。

社会主义为什么不能建立在“哲学论证”的基础上?

——重温马克思、恩格斯对“真正的社会主义”哲学的批判

聂锦芳*

自20世纪80年代末90年代初苏联解体和东欧剧变以来，在国内学界对马克思思想的阐释、宣传和研究中，其社会主义思想一直受到相当程度的冷落；较之于对他的哲学著述、经济学手稿和《资本论》的深入解析，他当年为与形形色色的社会主义派别论战而撰写的评论、为国际工人协会起草的文件和为各国工人党的发展而提出的种种方案等相关文献，几乎到了无人问津的地步；然而，离开后者而勾勒出来的马克思的形象、所把握到的马克思的思想，是更全面、准确和到位了，还是陷入了另一个极端的偏颇、曲解和错位了呢？更为重要的是，20世纪社会主义理论探索和国际共产主义运动的坎坷遭际，为我们留下了一笔沉重的精神财富和历史遗产，而中国特色的社会主义却以前所未有的方式和速度在发展，这其中的经验教训和创新实践与经典马克思主义之间有着怎样的关系，一直没有得到认真的清理和总结。正是出于这一考虑，笔者近期拟重点研究马克思的社会主义文献，重新考察他当年在纷纭的理论纠葛中对社会主义的思考和阐释，本文是对《德意志意识形态》第二卷《序言》和第一章的解析，奉献于此，求教于方家。

---

* 聂锦芳，北京大学教授。

一　诉诸“思维”和“情感”的“社会主义”[①]

（一）“真正的社会主义”的形成及其实质

“真正的社会主义”的形成可以说是“德国式”的思维方式和国民性在社会主义问题上的体现。在《序言》开头，马克思、恩格斯就提醒我们回味在第一卷《圣麦克斯·政治自由主义》部分他们所考察过的德国自由主义与法英资产阶级运动之间的关系，即当法国资产阶级经过历史上最激烈的革命跃居统治地位并且影响到了整个欧洲大陆的时候，当政治上已经获得解放的英国资产阶级推进了工业革命并在政治上控制了印度、在商业上控制了世界上很多地方的时候，软弱无力的德国市民奉献给世界的却只有抽象的“哲学”理论、只有所谓世界的“善良意志”，他们在自由主义的实践面前畏缩倒退，“采取了远离其实际形态的方式”[②]。无独有偶，现在“这种关系在德国社会主义和法英无产阶级运动之间也同样存在”[③]。就是说，尽管社会主义＼无产阶级运动与政治自由主义＼资产阶级运动之间是一种对立的、异质的关系，二者之间意味着社会理论和阶级运动的阶段性跃迁，但“德国式”的思维方式和国民性却超越了这些不同的关系和阶段，表现出惊人的一致性甚至可以说没有些许变化。

那么，就实际情况看，“真正的社会主义”是怎样出笼的呢？是当时那些德国共产主义者及其思想代言人，接受了来自法国和英国的某些共产主义思想，并且把这些思想与其德国哲学前提混合起来的结果。德国人尽管在现实斗争和运动方面表现迟缓乃至没有作为，但他们拥有思想、观念和哲学，并且自视甚高。这使他们面对法国人和英国人时总会产生一种傲慢，对其皮相之见或“粗俗的”经验主义总有一种蔑视感，而且喜欢相互对照，凸显出“德国式”的“纯粹的思想”的“科学性”。在对共产主义和社会主义文献和著作的评价方面，他们的态度也是如此。在他们看

---

① 这里必须指出的是，到写作《德意志意识形态》时，马克思、恩格斯对“社会主义”和“共产主义”这两个概念各自所指称的含义还没有形成非常明确的见解，因此也就没有做严格的区分，经常并用或者混用，有时甚至认为“社会主义”是比“共产主义”更高级的阶段，这与他们后来的看法是不同的。

② 参见《马克思恩格斯全集》第3卷，人民出版社1960年版，第213—214页。

③ 《马克思恩格斯文集》第1卷，人民出版社2009年版，第588页。

来，由法国和英国的社会主义者所撰写的那些著述，尽管并不是现实运动的表现和产物，而是从“纯粹的思想”中产生的，是试图描绘出“最合乎理性的”社会制度的纯理论的著作①；但仍然被他们视为是“不讲科学的”，于是他们就想以“德国科学”代表的身份来完成使其“科学化”的使命。那么，这个“德国科学”赋予法国和英国社会主义和共产主义的“真理”究竟是什么呢？马克思、恩格斯指出，他们企图用德国的特别是黑格尔和费尔巴哈的观念②，来阐明社会主义和共产主义文献的思想，用真正的、绝对的意识即德国哲学的意识的尺度来衡量和校正这些思想，把法国人和英国人的思想翻译成德国思想家的语言；认为这样就阐释清楚了共产主义与德意志意识形态之间的联系，也就揭示了共产主义和社会主义的真理，揭示了“绝对的社会主义”，形成了所谓“真正的社会主义”。这样一种“改造”，在他们看来就如同托利党人谈到自己创造英国宪法时所说的一样，使他们的“真正的社会主义”成了“民族的骄傲和所有邻国人们羡慕的对象”。③

不难看出，“真正的社会主义者”在思路上蹈入了双重的错位：本来共产主义体系以及这些批判性和论战性的著作不过是现实运动的表现和产物，而他们却把这些体系和著作同现实运动分裂开来了，他们并没有考虑到，这些些著作即使在宣传某些体系，也是以实际的需要为基础的，是以一定国家的一定阶级的整个生活条件为基础的；同样，这些禁锢于意识形态之中的“真正的社会主义者”，在思考社会主义在自己国家的境遇和前途的时候，也没有考察德国现实的关系和德国社会主义的现实根源。

（二）“真正的社会主义”的表现和派别

声称以“科学”为基础的“真正的社会主义”，虽然实质上不过是社会主义和共产主义在德国“精神天国”的变形，但在其公开的著作中、在进行宣传时，它就不再诉诸“德国式”的“思维着的精神”，而是诉诸

① 马克思、恩格斯指出，德国“真正的社会主义者”对法国人和英国人所撰著的社会主义文献是很陌生的，既对文献相互之间的联系一无所知，又对文献本身有许多错误理解。他们仅仅根据施泰因、埃尔克斯等人所编的诸如《社会主义的和共产主义的运动》等书才知道有这些著作。

② 中文译为“意识形态”了。

③ 《马克思恩格斯文集》第1卷，人民出版社2009年版，第588—589页。

“情感”了；它所关心的已经不是实在的人、不是无产者，而是“人”、是普遍的“类”了。因此，它就丧失了一切革命激情，不是在宣扬革命，而是宣扬普遍的人类之爱了。这样，它就不需要求助于无产者了，而是求助于德国的小资产者及其博爱的幻想以及这些小资产者的思想家，求助于当时德国流行的时尚、观念和思潮了。从诉诸“精神”到诉诸“情感”，从无产者的革命意识转向小资产者的博爱幻想，对于“真正的社会主义”说来是再容易不过的了。

考虑到当时德国社会的实际状况及其存在的各种复杂关系，产生把共产主义与流行观念调和起来的企图，进而出现“真正的社会主义”这样一个中间派别是不可避免的。同样随着情况的变化，特别是像马克思、恩格斯这样一些辨析毫芒、善于洞察历史发展大势的思考者的出现，这一种派别走向分化和决裂也是不可避免的。许多曾“以哲学为出发点”的德国共产主义者，正是通过这样的过渡走向了科学共产主义；而那些不能摆脱意识形态的羁绊的人则始终停留在“真正的社会主义”阶段上，并终生信奉和宣传它。因此，如果不仔细甄别、特别是不认真分析和批判“真正的社会主义者”写下的著作、刊印出来的文献，就不可能知道，那些以各种方式参与过共产主义事业的人，究竟是仍然坚持其原来的观点，还是已经前进了。

此外，还必须注意到的是，诉诸“情感”的“真正的社会主义”为诸如“青年德意志”这样文学团体①的作家们打开了利用社会运动的大门。本来，社会主义天然地与现实的阶级利益的博弈、党派之间的斗争联系在一起，因此，它首先应当是一种社会变革的运动。但是，由于德国没有现实的、激烈的、实际的党派斗争，致使这样的社会运动在一开始时就变成了纯粹的文学运动，“它在现实的党派利益之外产生，而在共产主义党派形成以后还想不顾它而继续存在”②。当名副其实的共产主义党派作为无产者和工人阶级的代表产生以后，“真正的社会主义者”不得不越来越局限于把小资产者作为自己的公众，并把那些表达和反映小资产者卑微处境和善良愿望的作家视为这些公众的代表。

---

① 青年德意志是19世纪30年代产生于德国的一个文学团体，海涅和白尔尼对这一团体有很大影响。“青年德意志”的作家（谷兹科夫、文巴尔克和蒙特等）在他们的文艺作品和政论中反映出小资产阶级的反抗情绪，捍卫信仰和出版自由。

② 《马克思恩格斯文集》第1卷，人民出版社2009年版，第589页。

二　“人道主义”是在什么意义上超越“共产主义”和“社会主义”的?

马克思恩格斯认为，当时刊登在《莱茵社会改革年鉴》[①]《来自瑞士的二十一张》[②]《德国公民手册》[③] 和《新轶文集》[④] 等集刊上的文章鲜明地表述了“真正的社会主义”的哲学，构成其“准备在上面建立起自己的教堂的那座岩石”。但可能考虑到卡·格律恩、奥·吕宁等人的著述要另行专章评论[⑤]，而莫·赫斯则是他们进行“德意志意识形态”批判的合作者，对其思想只能零星、穿插地剖析，所以这里他们只选择《莱茵社会改革年鉴》上的两篇文章进行解读。

马克思、恩格斯首先剖析的是海尔曼·泽米希的一篇论文《共产主义、社会主义、人道主义》。这是有特别用意的。因为在他们看来，“在这篇文章中十分自觉地、而且以强烈的自尊感表露出‘真正的社会主义’的德国民族性质”[⑥]。

文章标题所涉及的这三个概念有作者特定的所指，海尔曼·泽米希界定说：“共产主义是法国的现象，社会主义是德国的现象”；而洞悉“两个民族的发展进程”会发现，法国人是通过政治走向共产主义的，而德国人则通过形而上学走向了社会主义，即走向“真正的社会主义”；最后，作者的结论是：“共产主义和社会主义归根到底都消融在人道主义中了。”[⑦]

---

① 《莱茵社会改革年鉴》（*Rheinische Jahrbucher Zur gesellschaft Lichen Reform*）是由海·皮特曼分别于1845年、1846年在达姆斯塔德、别列坞出版的杂志。

② 《来自瑞士的二十一张》（*Einundzwanzig Bogen aus der Schweiz*）是由格·海尔维格于1843年在苏黎世和温特图尔出版的一部论文集，其中刊登了莫·赫斯的三篇匿名文章：《社会主义和共产主义》、《行动的哲学》和《唯一的完全的自由》。

③ 《德国公民手册》（*Deutsches Bürgerbuch*）是海·皮特曼于1844年在达姆斯塔德出版的年鉴，其中刊登了赫斯的文章《论我们社会中的贫困及消灭》。

④ 《新轶文集》（*Neue Anekdotde*）是“真正的社会主义者”于1845年5月底在达姆斯塔德出版的文集，其中收集了莫·赫斯、卡·格律恩、奥·吕宁等人的文章。

⑤ 参见《德意志意识形态》第2卷第4章和恩格斯单独写作的《真正的社会主义》。

⑥ 《马克思恩格斯全集》第3卷，人民出版社1960年版，第539页。

⑦ Herman Semmig，“Communismus，Socialismus，Humanismus”，*Rheinische Jahrbucher Zur gesellschaft Lichen Reform*，Nr. 1，S. 168，Darmstadt，1845.

马克思、恩格斯认为，作者的这一思路，首先是把共产主义和社会主义变成了两种抽象的理论、两种原则，然后给这两个对立面杜撰出“一种黑格尔式的统一”，再安上一个“人道主义”的名称。这种“醉心于思辨妙想”的推导，“当然是非常容易的事”。而且这整套词句差不多是从《德国公民手册》上赫斯的文章《论我们社会中的贫困及消灭》逐字抄录下来的。此外，作者认为，“法国人并不了解他们的天才。在这一点上，以社会主义的形式提供了最合理的——如果可以使用合理这个词的最高级的话——社会制度的德国科学帮助了他们”[①]。这一判断则是《来自瑞士的二十一张》以及其他德国共产主义著作中的思想的组织和重复。

马克思、恩格斯一一检视了作者对共产主义和社会主义的反驳和对人道主义的论证。

（一）充满“最粗暴的关系”和“粗暴的对立”的共产主义

作者认为，共产主义并不是理想的社会状态，从其“主要中心”法国的实际状况看，它并没有超越政治上的对立，相反它把人的依赖性引导到极端的、最粗暴的关系，引导到对粗暴的物质的依赖，即引导到劳动和享乐之间的分裂。也就是说，在共产主义那里仍然显现着社会现象间的粗暴的对立，使暴政在其范围内也完全能够继续存在。这样的后果是，“人在共产主义中不会意识到自己的本质”，达到无条件的、无前提的自由，达到自由的道德活动。一句话，“共产主义没有把各个原子联合成一个有机的整体”[②]。马克思、恩格斯考证认为，这些说法同赫斯在《德国公民手册》中的论断如出一辙，赫斯的陈述是，“法国的社会主义者和共产主义者……在理论上根本没有了解社会主义的实质……甚至激进的共产主义者也远远没有克服劳动和享乐的对立……没有上升到关于自由活动的思想……共产主义和小店主世界之间的区别只在于：在共产主义中，现实的人的财产的全部转让应当是摆脱了任何偶然性的，即应当是理想化的”[③]。

这里可以看出，德国“真正的社会主义者”都是先提出一种“无条

---

① Herman Semmig, “Communismus, Socialismus, Humanismus”, *Rheinische Jahrbucher Zur gesellschaft Lichen Reform*, Nr. 1, S. 168, Darmstadt, 1845.

② Ibid..

③ Msses Hess, “Ueber die Noth in unserer Gesellschaft und deren Abhülfe”, *aus dem Deutsches Burgerbuch*, S. 43, Darmstadt, 1844.

件的、无前提的自由”的公设，并把这种自由当作是表达“无条件的、无前提的思维”的实践的公式。以之衡量法国的社会现实，就会发现到处是“最粗暴的关系”、“对粗暴的物质的依赖”和“粗暴的对立”；以之衡量法国的共产主义理论，同样不能不引发对法国人的责难，说他们本来应当帮助“人”意识到“自己的本质”，但在其理论中却只意识到实际的社会状况，致使这些理论也难免显现出“粗暴的”特征，因为它们成了现实“粗暴的对立”在观念上的反映。

实际说来，要求把共产主义“各个原子”联合成“一个有机的整体”，并不比要求做一个“圆的方形”更合理些。德国“真正的社会主义”“对于法国人的一切责难就在于：法国人没有以费尔巴哈的哲学作为自己的整个运动的最高原则”[①]。它处处抱怨粗暴，一切东西，特别是物质，都使其难以忍受，这样，即使为了装饰门面而不得不转向“粗暴的现实”时，它对现实却始终保持很大的距离。马克思、恩格斯拟喻说，它会歇斯底里地向现实怒叱道：noli me tangere！（不要触犯我！）而海涅的诗集《抒情间奏曲》中的第50首对此更做了形象的描述：一位德国人曾断言：“/对爱情的迷恋/不能过于粗暴，/不然就会伤身。”

不仅如此，这篇文章还非历史主义地看待共产主义运动及其形形色色的思想体系。比如，作者说，“魏特林所提出来的共产主义不过是对他在巴黎和日内瓦期间所熟悉的那些傅立叶思想和共产主义思想的改作而已”，其实“并不存在任何别的共产主义”[②]。按此推理，由于魏特林没有到过英国，那么，举凡托马斯·莫尔、欧文、汤普逊、瓦茨、侯里欧克、哈尼、摩尔根、萨斯威尔、古德温·巴姆贝、格里夫斯、艾德门兹、霍布逊、斯宾斯等等这些已经过世的、毕生为共产主义运动和理论做过各种各样的探索的人“都不是共产主义者了”。难怪马克思、恩格斯讽刺说，如果听了作者的这一宏论，这些共产主义的先驱肯定“会大吃一惊，也许会惊讶得在坟墓里翻一个身”[③]。

而在追溯共产主义体系的发展时，作者的这种非历史主义的态度再次

---

① 《马克思恩格斯全集》第3卷，人民出版社1960年版。

② Herman Semmig，“Communismus，Socialismus，Humanismus”，*Rheinische Jahrbucher Zur gesellschaft Lichen Reform*，Nr. 1，S. 170，Darmstadt，1845.

③ 《马克思恩格斯全集》第3卷，人民出版社1960年版，第542—543页。

暴露。他说："共产主义者在创立体系或事先设计好的社会制度[①]方面是特别练达的。但是所有这些体系都带有独断独裁的特点。"[②] 马克思、恩格斯特别看重这段话中括号内的内容，因为它表明，作者根本无意下功夫研究共产主义体系的发展，只简略表达了自己关于一般体系的意见，就自认为把握住了问题的本质。"他一下子就不仅超越了《伊加利亚》[③]，而且超越了从亚里士多德到黑格尔的一切哲学体系、'自然体系'[④] 以及林耐和茹协的植物学体系、甚至关于太阳系的学说。"[⑤] 而所有这些都与共产主义运动的萌芽、发展及其理论的探索有密切的联系。差不多所有的体系都是在共产主义运动开始时出现的，起初它们通过民间小说的形式来为宣传事业服务，这种形式同刚刚参加到运动中来的无产者的尚未成熟的阶级意识是完全符合的。卡贝曾把自己的《伊加利亚》称为哲学小说（roman philosophique），但当我们在把卡贝作为共产主义运动的一个派别的首领来加以评价时，参照系和依据不应当是他的理论体系，而应是他的论战性的著作和他的整个活动。马克思、恩格斯还指出，在这些共产主义的著述中间，也有形形色色的情况，例如傅立叶的体系充满了诗的色彩；欧文和卡贝的体系则缺乏任何幻想，而带有商人的斤斤计较的痕迹，或者从法律上迎合那个需要感化的阶级的观点。而在以后共产主义运动的发展过程中，这些体系都将失去任何意义，最多不过作为口号在名义上保留下来。现在在法国谁会去相信"伊加利亚"、在英国谁会去相信欧文的计划呢？况且欧文自己也已经根据各种不同情况或针对各个不同的阶级而改变了宣传这些计划的方式。

因此，正确地结论应当是："一切划时代的体系的真正的内容都是由于产生这些体系的那个时期的需要而形成起来的。所有这些体系都是以本国过去的整个发展为基础的，是以阶级关系的历史形式及其政治的、道德

① 参见卡贝《伊加利亚》、《论公众福利》、魏特林的作品。

② Herman Semmig, "Communismus, Socialismus, Humanismus", *Rheinische Jahrbucher Zur gesellschaft Lichen Reform*, Nr. 1, S. 170, Darmstadt, 1845.

③ 指卡贝所著的《伊加利亚旅行记，哲学和社会小说》，于1840年、1842年在巴黎出版第1、2版。

④ 指法国唯物主义者保·亨·霍尔巴赫所著《自然体系，或物质世界和精神世界的规律》，于1770年在伦敦出版。

⑤ 《马克思恩格斯全集》第3卷，人民出版社1960年版，第543页。

的、哲学的以及其他的后果为基础的。”① 只是说所有的体系都是独断的和独裁性的，这丝毫没有说明共产主义体系的这种基础和内容。德国人没有英法两国人所有的那种发达的阶级关系，所以德国共产主义者只能从他们出身的那个等级的生活条件中攫取自己的体系的基础。不同的是，自负的德国的“真正的社会主义者”对此全然不知，他们总是“从永恒的观点”（sub specie aeterni）根据人的本质来判断一切，而英法两国人却是从实际出发，根据实际存在的人们和关系来观察一切。后者思考和行动是为了自己所处的时代，而德国人思考和行动却是为了永恒，面对一切现象，他们总在追问：“难道它会永恒地继续下去吗？”②

（二）尚未“把人类的特性完全体现”出来的社会主义

海尔曼·泽米希认为，“社会主义虽然实行无政府制度③，但它是人类和宇宙的本质上独特的特性的初步体现”，正因为如此，这一制度过去是没有存在过的。就实质看，社会主义对人类的道德核心充满信赖；那么，这种道德核心是什么呢？是“自然—人道”！再问：什么意味着“自然—人道”呢？以人与人的关系看，在两性的结合中显现得最为明显，“两性的结合只是爱的最高阶段并且应当是爱的最高阶段，因为只有自然的东西才是真正的东西，而真正的东西才是道德的东西”④⑤。而就个人的情形看，“自然—人道”就意味着“活动和享乐”的一致性，而且它们应当是由“人类的特性来决定的，而不是由我们之外的产品来决定的”。然而，正是在这一点上，海尔曼·泽米希认为，社会主义没有把人类的这种

---

① 《马克思恩格斯全集》第3卷，人民出版社1960年版，第544页。

② Herman Semmig，“Communismus，Socialismus，Humanismus”，*Rheinische Jahrbucher Zur gesellschaft Lichen Reform*，Nr. 1，S. 168，Darmstadt，1845.

③ 马克思、恩格斯说海尔曼·泽米希这里把社会主义而没有把自由竞争的资本主义宣布为“无政府制度”，因为在他这位“真正的社会主义者”看来，后者太“粗暴”了、太“物质了”，他根本不屑于谈。

④ Herman Semmig，“Communismus，Socialismus，Humanismus”，*Rheinische Jahrbucher Zur gesellschaft Lichen Reform*，Nr. 1，S. 171，Darmstadt，1845.

⑤ 马克思、恩格斯讥笑说，海尔曼·泽米希这里用来证明“结合……是并且应当是”的那个理由可以用来说明一切，例如，对猿类的“道德核心充满信赖精神的”“社会主义”同样也可以宣布，在猿那里看到的那种自然形态的手淫只是对自身的“爱的最高阶段”，“并且应当是爱的最高阶段，因为只有自然的东西才是真正的东西，而真正的东西才是道德的东西”。（《马克思恩格斯全集》第3卷，人民出版社1960年版，第545页）

特性完全体现出来。因为社会主义者是把活动与产品联系在一起的，“这些产品是为活动、即为真正的生活所必需的”，整个人类的共同活动的要旨就在于这些产品的创造，这样，这些产品就把人的活动与其享乐分开了；更为重要的是，社会主义者还进一步认为，对所有的人说来，这些产品或许应该是其进一步发展的共同基质，这样他们更加致力于“财产的共有性”。

这样一种“活动和享乐”的分离状况充斥着现代社会，海尔曼·泽米希描述说：“真的，现在我们这个社会如此野蛮化了，有些人像野兽一样贪婪地向他人的劳动产品猛扑，让自己的固有本质由于游手好闲而腐化；这一情况的必然结果是：另一些人被迫像机器一样地工作，他们的财产之所以丧失，并不是由于游手好闲，而是由于过度的疲劳……但是，我们社会中的两极，即食利者和无产者，都处在一个发展阶段，二者都依赖于他们之外的物。”① 这就是说，组成这个社会本身的个人都遭受到了各种痛苦：食利者“像野兽一样贪婪”，让人固有的本质由于游手好闲而腐化；而无产者“被迫像机器一样地工作”，“固有的人的本质由于过度的疲劳而丧失”。二者都受到了他们之外的产品的排挤和压迫，“都处在一个发展阶段”。

我们知道，施蒂纳曾有一个比喻，认为正如个体生命经历了从儿童到青年再到成人的发展阶段，世界历史的进步也会经历从“黑人”到“蒙古人”再到“高加索人”的过程；儿童、“黑人”的特点是“依赖于事物世界”，青年、“蒙古人”会“注目于精神世界”，而成人、“高加索人”则能实现“两者的否定的统一”。按照海尔曼·泽米希的上述分析，“食利者”和“无产者”不过是还处于个体发育之处的儿童和人类进化之初的“黑人”阶段。为此，马克思、恩格斯讽刺地称他为“我们这位‘蒙古人’”，意指即使按照施蒂纳的逻辑，他也没有进化到更高的成人或“高加索人”阶段。

怎么评判海尔曼·泽米希上述对社会主义的分析呢？

首先，他把“人的特性”看作是一种先验的存在，认为它决定了人的活动和享乐的一致性；这根本颠倒了二者真正的关系。“他不是到他周围的人们的活动和享乐中间去找寻这个特性——如果他这样去找，他很快就会

① Herman Semmig, “Communismus, Socialismus, Humanismus”, *Rheinische Jahrbucher Zur gesellschaft Lichen Reform*, Nr. 1, S. 169、170, Darmstadt, 1845.

看到我们之外的产品在这里也在起着多么大的作用，——却来谈论什么二者在‘人的特性’中的‘一致’。他不把人们的特性了解为他们的活动和被活动所制约的享乐方式的结果，而把活动和享乐解释为‘人的特性’，这样，当然就取消了任何继续讨论的可能性。”① 马克思、恩格斯指出，避开人的现实行动，所谓“人的特性”就成为一种无法表达、无法理解的东西。

其次，他所理解的“自由活动”是纯粹的抽象的思维活动。海尔曼·泽米希说，自由活动就是“不决定于我们之外的物”的活动；这意味着，自由活动是 actus purus，纯粹的抽象的活动，而且归根到底它又被归结为“纯粹思维”的幻想。如果这种纯粹的活动与物质的基质和物质的结果联系起来，那么这种活动当然是完全被玷污的了；海尔曼·泽米希只是迫不得已才注意到这种被玷污了的活动，所以他轻视这种活动的产物，称它不是“结果”，而“只不过是人的糟粕”。因此，马克思、恩格斯认为，作为这种纯粹活动的基础的主体，决不可能是实在的有感觉的人，只能是思维着的精神。这样用“德国方式”来解释的“自由活动”只是那种“无条件的、无前提的自由”的另一种表达形式而已；“真正的社会主义者”关于自由活动的这种空谈，掩盖的是他们对现实社会生产及其运动的无知。

再次，海尔曼·泽米希很可以代表“真正的社会主义者”的一点是，他在食利者和无产者的对立中看出了“社会中的两极”，进而认为这二者“都处在一个发展阶段”，这同样显现了他认识问题的幼稚和肤浅。发现社会对立的存在并不是“真正的社会主义者”的发明，这一现象差不多在一切比较发达的社会生活阶段都存在过的，而且从远古时起，所有的道德论者就广泛地谈论过这种对立，而在无产阶级运动的初期，这种对立又重新被提出。只不过和其他论者不同，“真正的社会主义者”不是用普通的语言，而是用哲学语言说出这种关于无产者和食利者对立的论调；不是用恰如其分的词句，而是用空洞抽象的词句表达这种幼稚的思想。而只用一句哲学语言即“对他们之外的物的依赖”来概括无产者和食利者的共性，进而把他们发展的完全不同的各个阶段变成“一个阶段”，“使历史的一切发展阶段的差异都消失得无影无踪”，这是对历史发展真实进程和阶级社会复杂状况的曲解和误读。

① 《马克思恩格斯全集》第 3 卷，人民出版社 1960 年版，第 548 页。

我们知道，像海尔曼·泽米希这样把资产阶级和无产阶级看作同时产生并且共存于同一历史阶段的看法，长期以来在国际共产主义运动中也不乏市场。而马克思、恩格斯是根本不认同这一看法的。相反，他们把无产阶级看作是资本运动和资产阶级革命的后果，而在其产生之初，“和工业资产阶级、小资产阶级还有共同利益”①；其成长、变化和发展经历了一个漫长的过程，即使在当时，其内部也存在千差万别的情形，既有法国的共产主义、英国的宪章派和美国的民族改良主义，也有德国“真正的社会主义”。无产阶级与资产阶级之间、社会主义与资本主义之间，不仅仅是对立关系，更是递进关系。如果没有后者的存在、奠定的基础和取得的进步，就没有前者的产生、变化和发展；资产阶级、资本主义当然要批判、要超越，但无产阶级、社会主义是在既有基础之上的创造和革命，不是从头开始，更不是倒退到它之前；如果只是打着“无产阶级”、“社会主义”的旗号和标签而在生产力发展水准、文明素质和实践行动能力方面却没有达到资产阶级、资本主义的水准，那么这种“无产阶级”和“社会主义”的性质就是很可怀疑的。社会主义是“实际存在着的共产党”的运动，而不仅仅是共产主义文献，更不是“企图从哲学上来理解这类文献的思想”；社会主义的发展是从行动开始的，而不是从“行动的哲学”开始的；社会主义的前景存在于经过斗争风霜、文明雨雪的磨炼的广大的民众的生活实践中，而不存在于“一知半解的学者和文学家的狭小阶层”的“批判”中，后者“自以为在扭转世界历史的杠杆，而事实上他们只是把自己的幻想纺成一条无限长的线”②。

（三）作为共产主义和社会主义归结的人道主义

在驳倒了共产主义和社会主义之后，海尔曼·泽米希认为就可以进入两者的最高统一的阶段和境界——人道主义了。“在人道主义中一切关于名称的争论都解决了。为什么要分什么共产主义者、社会主义者呢？我们都是人。”③ 这种分析思路被马克思、恩格斯讥笑为如同“为什么要分什

① 《马克思恩格斯全集》第3卷，人民出版社1960年版，第547页。

② 同上书，第550页。

③ Herman Semmig，“Communismus，Socialismus，Humanismus”，*Rheinische Jahrbucher Zur gesellschaft Lichen Reform*，Nr. 1，S. 169、172，Darmstadt，1845.

么人、兽、植物、石头呢？我们都是物体”① 一样可笑。

按照支撑“真正的社会主义者”的这种哲学的解释，人道主义是历史发展的最终目标，是思想史发展的中心线索，如果说在古代只出现过它的“素朴思想”和萌芽情形，中世纪是其“浪漫主义”阶段和形态，那么到“新世纪”将是“人道主义”一统天下。这样说来，人道主义就成为以前的 Humaniora② 的汇总和真理。不仅如此，“真正的社会主义者”还相信，思想、概念是能够创造世界和毁灭世界的，所有现实的分裂都是由思想、概念的分裂所引起的，他们当然也就会认为某一个人能够通过消灭某种思想、概念而消灭生活的分裂。“经院习气的最后结果就是生活的分裂，而赫斯已把这种分裂消灭了。”循此就不难理解，在现实生活中人道主义“有朝一日会帮助”法国人“代替他们的社会本能”。

海尔曼·泽米希特别强调，“最近两年”德国哲学对人道主义做出了特殊的贡献。“费尔巴哈……开始进行人类学的研究工作，开始通过人来恢复他的异化了的本质；他消灭了宗教的幻想、理论的抽象、神人；而赫斯却摧毁了政治的幻想、他的能力、他的活动的抽象，即摧毁了资产。只是由于赫斯的工作，人才摆脱了最后的、在他之外的力量，并开始具有道德活动的能力。”过去不把人当作人来看待，在资本统治的时代，只是根据人所拥有的财宝来评价他的价值，“他的金钱决定了他的意义”，而现在，在摧毁了看待金钱的这些幻想之后③，“人重新恢复了自己的尊严”，于是“开始考虑新的、人类的社会制度”，“对人的本质的认识所产生的自然的、必然的结果已经是真正人类的生活了”④。

“真正的社会主义者”还习惯于运用一些特别的字眼，诸如“真正的所有制”、“真正的个人的所有制”、“现实的”、“社会的”、“活生生的”、“自然的”等所有制，以此来消解现实中的矛盾和对立。比如说，共产主义与私有制世界的对立是一种“最粗暴的对立”，实质上是“拥有财产”

---

① 《马克思恩格斯全集》第 3 卷，人民出版社 1960 年版，第 551 页。

② Humaniora 是西方古代教学课程的总和，教授这些课程的目的在于研究古希腊罗马的古典文化；文艺复兴时代的人文主义者及其继承者认为这些课程是人文教育和修养的基础。

③ “从永恒的观点”（sub specie aeterni）来看的金钱，当然只是幻想，所谓“黄金只是幻景（lór nést qúune chimère）。

④ Herman Semmig, “Communismus, Socialismus, Humanismus”, *Rheinische Jahrbucher Zur gesellschaft Lichen Reform*, Nr. 1, S. 171、172, Darmstadt, 1845.

和“没有财产”之间的对立。这种对立的消灭被看作是消灭对立的这一方面或另一方面：如果是消灭财产，其结果是普遍没有财产或贫困；或者是建立社会所有制，以消灭没有财产的状况。而实际上这些状况都很难发生，一方面是真正的私有者，另一方面是没有财产的共产主义无产者，他们的对立日益尖锐，而且必然会导向危机。而现在，“真正的社会主义者”作为无产者的“理论代表”，想通过自己的理论活动达到某种结果，他们用“真正的所有制”这样的哲学词句削弱对于这种对立的尖锐性的认识，或者使这种对立模糊起来，甚至使资产者为了保全自己而根据博爱的空想去取媚共产主义者。

仔细甄别就不难发现，这种“真正的所有制”的理论把至今存在着的一切现实的私有制只看成是一种假象，而把从这种现实的所有制中抽象出来的观念看成是这种假象的真理和现实；因而这种理论彻头彻尾是思辨的。这种理论只是更明确地表现了小资产者的观念，这些小资产者的博爱的意图和善良的愿望也就是要想消灭没有财产的状况。尽管马克思、恩格斯深信，这“一小撮德国空谈家是断送不了共产主义运动的”，但还是忧虑这种情况“削弱着共产主义意识的尖锐性和坚定性”，指出“应当反对一切能够更加冲淡和削弱对于共产主义同现存秩序的充分对立性的认识的词句”。①

阅读海尔曼·泽米希的这篇文章，不禁使人对德国的国民性有了更深切的体会，对此，海涅曾有深刻的描述：“法国人和俄国人占有了陆地，/海洋是属于英国人的，我们的支配权却不用说，/只是在梦的王国里。/在这儿我们掌握着领导权，/在这儿我们就不会被割裂，而其他国家的人民，/却是在平坦的地上发展。”② 马克思、恩格斯更深刻地指出，这篇文章使人再一次认清，“德国人的虚假的普遍主义和世界主义是以多么狭隘的民族世界观为基础的”③。他们以极其自满的情绪把那些虚无缥缈的王国、“人的本质”的王国同其他民族对立起来，宣布这些王国是全世界历史的完成和目的；他们在一切领域都把自己的幻想看成是他们对其他民族的活动所下的最后判决，他们到处都执行观察者和监视者的角色，自

① 《马克思恩格斯全集》第3卷，人民出版社1960年版，第554页。

② ［德］海涅：《德国——一个冬天的童话》第7章，冯志译，人民文学出版社1978年版，第42—49页。

③ 《马克思恩格斯全集》第3卷，人民出版社1960年版，第554页。

认为自己的使命是对全世界进行审判，断言整个历史过程在德国达到了自己的最终目的。而实际上，这种傲慢的和无限的民族妄自尊大是同极卑贱的、商人的和小手工业者的活动相符合的。“如果民族的狭隘性一般是令人厌恶的，那末在德国，这种狭隘性就更加令人作呕，因为在这里它同认为德国人超越民族狭隘性和一切现实利益之上的幻想结合在一起，反对那些公开承认自己的民族狭隘性和承认以现实利益为基础的民族。不过，在各国人民那里，现在只有资产者及其著作家中间才可以看到民族保守性”①，而无产阶级已经成长为具有全球眼光和远大志向的新的阶级了。

三 社会主义的“建筑基石”？

接下来，马克思、恩格斯分析的是同样刊登在《莱茵年鉴》上的鲁道夫·马特伊的文章《社会主义的建筑基石》。在这篇文章中作者以非常感性的阐述，启发读者去领悟“真正的社会主义”的理论。

（一）消解生活与幸福之间的二重性

文章一开头，作者就指出，“幸福”是“过去几千年来的一切愿望、一切运动和一切坚持不懈的努力的最终目的”。人类的历史可以说就是追求幸福的历史，然而在现实生活中却充满了不幸，“当旧世界的大厦倒塌了的时候，人类的怀着自己一切愿望的心在彼岸世界找到了避难所；它把自己的幸福移到了那里”。而这恰是造成人间生活一切灾难的根源。现在要讨论的是，“人能不能重新把人间作为自己幸福的国土来欢迎？他知不知道人间就是他最初的故乡？为什么他继续把生活和幸福分开，为什么他还不消灭把人间生活分裂为两个敌对部分的最后一道障碍？”②

在作者看来，只要转换观念，只要用心去寻找，在人生活的自然世界和社会领域都不难发现幸福的存在。当年你奔向“自然的怀抱”的时候，从田野上那些五色缤纷的花朵丛中、从那些高大挺拔的橡树林身上，观察它们在生长、开花，你会蓦然醒悟：这就是它们的生活——这就是它们的

---

① 《马克思恩格斯全集》第3卷，人民出版社1960年版，第555页。

② Rudolph Matthäi, “Socialistische Bausteine, Rheinische Jahrbucher Zur gesellschaft Lichen Reform”, Nr. 1, S. 156、157, Darmstadt, 1845.

欢乐和幸福；当你置身于牧场，看到无数活泼的小动物、飞鸟和马群，你不觉得除了那种已经成为其生活表现和享受的东西之外，它们不知道而且也不希望有其他的幸福吗？当夜幕降临的时候，你遥望星空，知道那些天体按照永恒的规律在无垠的空间旋转，这种旋转不正显现出生活、运动和幸福的统一吗？总之，可以看出，"所有这些实体在大自然所给予它们的生活能力的修炼和表现中同时也找到了自己的幸福、满足和享乐"。这对人不能有什么启示吗？"难道人不是像其他一切实体一样，也是来自太古世界，也是自然界的创造物吗？难道他不是由同样的物质构成的吗，不是天生就有同样的能使万物具有生活的普遍力量和特性吗？为什么他还在某个人间的彼岸世界中寻找自己的人间的幸福呢？"①

作者所描绘的这样一幅和谐、温馨和幸福的图景，并没有被马克思、恩格斯所认可，相反，他们却将其替换成另外一种全然不同的景致：在自然界中，植物和动物之间残酷的竞争；在"高大挺拔的橡树林"中，资本家夺去了小灌木林的生活资料，使它们不得不发出这样的叫喊来抗议：不让我们接近土地、水、空气和阳光！（terra，aqua，aere et igni interdicti sumus!）在众多的植物中到处有寄生植物的存在，他们充当着"植物界的思想家"的角色；而在牧场上，"林鸟"同"无数的小动物"之间、青草同"活泼的马群"之间不间断地进行公开的战争；由"无数的天体"组成的星空，既有天上的"封建王国"，也有这个王国中的"佃户"和"贫农"，其中有一些星体如月亮"过着牛马般的生活"（因为同样不让其接近空气和水），无依无靠的"流浪者"彗星也不得不接受等级的划分，那些小行星的碎片则是"暂时的不快的事故"的发生的证明，而像陨石一样坠落下来的"安琪儿"则"羞怯地"穿过星空，直到在某个地方给自己找到一个简陋的藏身之地为止，继而它还会碰到一些不动的星体与其纠缠……

鲁道夫·马特伊呼吁说，"看看田野里的百合花吧，它们不劳动，不纺织，可是你的天父依然供养着它们"。② 马克思、恩格斯则回应说，"是的，看看田野里的百合花吧！看看山羊是怎样吞食它们，人怎样把它们摘

---

① Rudolph Matthäi，"Socialistische Bausteine"，*Rheinische Jahrbucher Zur gesellschaft Lichen Reform*，Nr. 1，S. 158，Darmstadt，1845.

② Ibid. .

下来插在自己的纽扣孔上，牧女和驴夫在淫乱时怎样践踏它们!”① 同一世界在不同的人心目中有多么大的差异啊!

当然，鲁道夫·马特伊也不是把人看得与自然界完全一样，他同样也注意到二者的区别。他说，“人认识自己，他具有自我意识。可是在其他生物那里，自然的本能和力量是零散地和无意识地出现的，而在人那里，这些本能和力量是结合在一起的，是具有意识的”。但他认为，这二者又是相通的，“人的本性是整个自然界的镜子，自然界在这面镜子中可以认识自己。因而，如果自然界在我身上认识自己，那末我就在自然界中认识自身，在自然界的生命中认识我自己的生命，我们就是这样赋予自然界注入我们身上的东西以生命表现的”。②

马克思、恩格斯认为鲁道夫·马特伊的这种论证“是幼稚的哲学神秘主义的典型”。他是从消解生活和幸福之间的二重性这样一种思想出发的。为了证明这一点，他求助于自然界，断言在自然界中不存在这种二重性，并由此得出结论说：既然人同样是自然界的物体，并具有一切物体所具有的共同特性，因此人也不应当有这种二重性。③ 在这样把自然界神秘化之后，他又把人的意识神秘化，把人的意识变成被他神秘化了的自然界的“镜子”。不言而喻，如果以意识的表现来代表自然界，那么意识就会只是自然界用来观察自己的一面镜子而已。过去是以人只是自然界中的一种物体这一说法为根据，来证明“人”应当在自己的范围内消解那种似乎在自然界中不存在的二重性，而现在又根据人只是自然界借以认识自己的一面镜子的说法来证明这一点。这不是暴露了鲁道夫·马特伊思路的混乱和矛盾了吗?

“人具有自我意识”，这是鲁道夫·马特伊正确地指出来的事实。但他把自然界的单个的生物的本能和力量变成了“自然界”这个概念的本能和力量，认为后者是零散地在前者中“表现出来”的。他把无意识的

① 《马克思恩格斯全集》第3卷，人民出版社1960年版，第557页。

② Rudolph Matthäi, “Socialistische Bausteine”, *Rheinische Jahrbucher Zur gesellschaft Lichen Reform*, Nr. 1, S. 158, Darmstadt, 1845.

③ 对此，马克思、恩格斯指出：“其实，霍布斯能有更充分权利引用自然界来证明自己的一切人反对一切人的战争（bellum om-nium contra omnes），而黑格尔却能在自然界中看出二重性，看出绝对观念的‘放荡’时期，甚至能把动物称为对神的恐惧的具体表现。”参见《马克思恩格斯全集》第3卷，人民出版社1960年版，第558页。

自然物与有自我意识的人看作是相通的，是为了以后杜撰“自然界”的本能和力量在人的自我意识中的结合。这样一来，人的自我意识就变成了蕴含在人身上的自然界的自我意识，就是说，自然界在人当中找到自己的自我意识，现在人为了与自然物相区别就在自然界当中去找寻自己的自我意识；在这个思路之下，人当然只能在自然界中找到自己用上述神秘化的方法注入自然界的东西了。这样人就回到了自己的出发点。马克思、恩格斯不无刻薄地将其称为“用自己脚后跟旋转的玩意儿”，但就是这样一种思路在德国竟然被称为“发展”！

（二）第一块建筑基石：个体与总体关系的融通

鲁道夫·马特伊指出，作为一切生命基础的自然界，是一种从自身出发又回复到自身的统一体，它包括自身的一切无数的多样的表现，而在这种统一体之外什么也没有。这是就自然界的总体状况说的。那么，自然界内部的情形是什么样的呢？“任何现象、任何单个的生命都只是依靠自己的对立面、依靠自己同外界的斗争才存在和发展的；单个的生命只是奠立在同总合的生命的相互作用上面的，同时，由于自己的本性，它同总合的生命联合成一个整体，联合成宇宙的有机统一体。”在统一体中，“一方面，单个的生命在总合的生命中找到自己的基础，自己的泉源和养料，而另一方面，总合的生命企图在不断的斗争中吞噬单个的生命，并把它融化于自身之中”。①

鲁道夫·马特伊还认为，人与自然界是相通、相似的，对自然界的上述理解和解释也适用于人，可以引入对人与社会关系的观照中。就是说，“人只能在总合生命的范围内，并通过总合的生命才能发展起来”。“按照自己的本性，只有在同其他人们的交往中并通过这种交往，我才能够达到自己生活的发展，才能达到对这生活的自觉的享受，才能够获得自己的幸福。”“单个的生命和普遍的生命之间的对立，在社会中同样也成为有意识的人的发展的条件。在不断斗争中，在向作为限制性力量与我对立的社会的不断反抗中，我发展起来，并获得自决，获得自由，而没有自由就不可能有幸福。我的生命是不断解放的过程，是对有意识的和无意识的外部

① Rudolph Matthäi, “Socialistische Bausteine”, *Rheinische Jahrbucher Zur gesellschaft Lichen Reform*, Nr. 1, S. 158、159, Darmstadt, 1845.

世界的不断斗争和胜利，我力求使外部世界服从自己，利用它来享受自己的生活。因而，自卫本能、对个人幸福、自由、快乐的追求乃是生命的自然的、即合理的表现。”“因此，我要求社会使我能够在它那里夺回我的快乐和幸福，要它对我的斗争欲望开辟活动场所。像单个植物要求土壤、热度、阳光、空气和雨水来生长枝叶、花朵和果实一样，人也想在社会中找寻全面发展和满足自己的一切要求、倾向和天资的条件。社会应当赋予人以争取自己幸福的机会。至于他怎样去利用这种机会，他怎样安排自己和自己的生活，这要由他自己、由他的个性来决定。我的幸福是什么呢，这个问题除了我自己，任何人都不能够解决。”①

作为“社会主义预言家”的圣西门临死的时候对其学生说：“我毕生所追求的就是如何保证所有的人的天资得到最自由的发展。”② 他的这句名言在鲁道夫·马特伊这里获得了阐释和论证。

可以看出，鲁道夫·马特伊解决这一问题的逻辑是：先把自己的思想强加于自然界，然后又试图在人类社会中看到这些思想的实现；前面他曾把单个人被宣布为自然界的镜子，而现在则是整个社会被宣布为自然界的镜子；于是就可以根据强加于自然界的各个观念作出关于人类社会的进一步的结论了。

怎么评判鲁道夫·马特伊这种论证呢？

首先，他对自然界与人类社会之间所做的这种类比是“空洞的”。“自觉的生命”同“不自觉的单个的生命”、人类社会同自然界其实是相异乃至相对的。鲁道夫·马特伊没有深入考察社会历史的发展，所以不清楚在任何时代社会都不是自然界的正确的反映，反而抽象地认为“社会是同个人对立的限制性力量”等说法可以运用于一切社会形态。

其次，他不理解个别性与普遍性之间的真实关系。他没有把“总合的生命”、自然界和人类社会看作其赖以构成的“单个的生命”、自然物和个人之间的相互作用，而只是把前者看作同后者发生特殊的相互作用的另外一种特殊的存在了，就是说他不知道它们之间的关系其实是个别性与

---

① Rudolph Matthäi，“Socialistische Bausteine”，*Rheinische Jahrbucher Zur gesellschaft Lichen Reform*，Nr. 1，S. 159、160，Darmstadt，1845.

② ［法］昂利·圣西门《圣西门选集》第3卷，董果良、越鸣远译，商务印书馆2009年版，第261页。

普遍性之间关系，只是认为给这两个范畴赋予各种不同的名称，并且说这两个范畴是对立的，因而认为调和这种对立是非常有必要的。这说明他的哲学思维根本没有达到黑格尔的水准。

最后，他关于个体对总体的权利和要求的说法更是一种谵言妄语。由于鲁道夫·马特伊只是从逻辑上承认“单个的生命”对“总合的生命”的权利，因此他得出结论说，满足需要、发展天资、对自己的爱等乃是“生命的自然的、合理的表现”；由于他把社会看成是自然界的镜像，因此得出结论说，在迄今存在过的一切社会形态中，这些生命的表现获得了充分的发展和对其合理性的承认。但是，反观社会的真实情况，我们却发现“在现代社会里”，生命的这些合理的、自然的表现却“常常受到压抑”，并且“通常只是因此而变坏，变为反常现象、畸形状态、利己主义、罪恶等等”。由此可见，社会毕竟不符合自己的“原型”，不符合自然界，所以他就“要求”社会依据自然界来安排自己，这就像作为“单个的生命”的处于热带的椰子树要求作为“总合的生命”的自然界，在北极地区给它提供“土壤、热度、阳光、空气和雨水”一样可笑。就是说，单个人对社会的要求是由形而上学的两面即个别性与普遍性的虚构的相互关系引申出来的，而不是由社会的现实发展所产生的。希望构成社会的个人可以保持自己的“独自性”，同时却又要求社会来一个只有在他们自身发生变化后才会发生的变化。这是多么一厢情愿的想法啊！

（三）第二块建筑基石：个体与个体之间关系的和谐

马克思、恩格斯首先引用了德国童谣中的一句叠句：“Und wer das Lied nicht weiter kann，Der fang'es wieder von vornen an.”（“谁不能把这首歌唱下去，/就让他再从头唱起。”）来讽喻这一部分鲁道夫·马特伊仍在重复上面关于个别性与普遍性的空洞词句，不同的是他给予两个范畴以更多具体名称，前者按次序体现为：自然界、无意识的总合生命、有意识的总合生命、普遍生命、世界的机体、包罗万象的统一、人类社会、共同性、宇宙的有机统一体、普遍幸福、总合福利等等，而与此相适应，后者则有以下这些名称：无意识的和有意识的单个生命、个人幸福、自身福利等等。马克思、恩格斯还通过几段文字的对比[①]，说明“第二块‘建筑基

① 《马克思恩格斯全集》第3卷，人民出版社1960年版，第564—565页。

石’比第一块‘建筑基石’并没有什么新的内容”①。

那么，为什么还要把它作为新的“建筑基石”呢？马克思、恩格斯分析说，这是“由于在法国社会主义者那里遇见了 égalité，solidarité，unité des intérents〔平等、团结、利益一致〕这些字眼，所以我们这位作者企图把这些字眼德国化”②。而以下一段话表明作者实际上是想在总体的社会中解决个体与个体之间的关系。

“作为社会的一个有意识的成员，我在其他每个社会成员中认识到和我不同的、和我对立的、但同时依赖于共同的存在基原并且来自同一存在的和我相等的本质。我认识到每一个人都是由于本身的特殊性而同我对立、又由于本身的普遍性而同我相等的人。因此，承认人类平等，承认每个人生存的权利，是以一切人所共有的对人的本性的意识为基础的，正像爱、友谊、正义以及一切社会美德是以对人类自然联系和一致的感觉为基础的一样。如果我们一向把它们称为义务，要求人们来履行这些义务，那末在不是以外界的强制为基础的、而是以对内在人类本性的意识即理性为基础的社会中，它们就变成了生命的自由的、自然的表现了。因此，在符合于人类天性的、即合理的社会中，一切成员的生活条件应当是相同的，也就是说应当是普遍的。”③

与“以外界的强制为基础”的现代社会不同，作者标榜一种“以对内在人类本性的意识即理性为基础”的理想的真正社会。此外，鉴于当时社会财富的积累已经达到一定的程度，鲁道夫·马特伊还谈到个别的福利和总合的福利，提出：“我促进总合的福利，也就是促进自身的福利；我促进自身的福利，也就是促进总合的福利。”“单个生命和普遍生命之间的这种两极的关系表现为它们有时互相斗争，互相敌对，而有时又互相制约，互为基础。”“因此，最终的结果是单个生命和总合生命的有意识的统一，是和谐。”“有机社会的基础是普遍的平等，它通过个人和普遍之间的对立发展为自由的和谐，发展为单个幸福和普遍幸福的统一，发展为社会的公共的和谐，发展为普遍和谐的镜象。”④

---

① 《马克思恩格斯全集》第3卷，人民出版社1960年版，第565页。

② 同上书，第565—566页。

③ Rudolph Matthäi，“Socialistische Bausteine”，*Rheinische Jahrbucher Zur gesellschaft Lichen Reform*，Nr. 1，S. 161－162，Darmstadt，1845.

④ Ibid.，S. 163－164.

在马克思、恩格斯看来，上述说法的一个最重要的症结在于任何判断都缺乏历史性的佐证。第一，一切人所共有的关系在这里成了“人的本质”的产物、人的本性的产物，而实际上，这些关系像对于平等、团结等意识一样是历史的产物。第二，作者认为“一切社会美德”是以“对人类自然联系和一致的感觉”为基础的，他不知道这种所谓“人类自然联系”是每天都在被人们改造着的历史产物，举凡“封建义务”也好，奴隶制也好，或者历来的一切形式的社会不平等现象也好，在任何一个后来的革命者看来，都显得多么惨无人道和违反自然！第三，作者指认现在的社会是依靠“外界的强制”的，但他所理解的“外界的强制”不是一定的个人的带限制性的物质生活条件，而只是国家的强制，即“刺刀、警察、大炮”，而在马克思、恩格斯看来，这些东西绝对不是社会的基础，只不过是社会本身分裂的结果而已。

（四）第三块建筑基石：作为个体自由自觉活动的劳动

鲁道夫·马特伊说：“人和自然界的斗争是以两极的对立、以我的特殊生命和自然界的普遍生命的相互作用为基础的。当这一斗争表现为自觉活动的时候，就叫作劳动。由此可见，劳动就是人的一切自觉的活动，他力求通过这种活动使自然界在精神和物质方面服从自己，以便向自然界夺取自己对生活的有意识的享受，利用自然界来达到自己在精神上或肉体上的满足。”同时他认为，劳动应该是享乐。“当生活在自己的一切表现中，当生活在所有修炼和表现自己的力量和能力的时候都应当得到享乐和满足，所以由此可以得出一个结论：劳动本身应当是人类天资的表现和完善，劳动应当提供享乐、满足和幸福。因此，劳动本身必然要成为生活的自由表现，从而成为一种享乐。”与劳动的这种情形相应，“劳动产品应当同时既促进劳动者、个人的幸福，又促进普遍幸福。这一点是通过相互作用，通过一切社会活动的相互补充来实现的”。“劳动作为提供享乐同时也促进普遍福利的自由活动，乃是劳动组织的基础。”①

对于他的这种推理，马克思、恩格斯认为，“要把上面那短短几行字中所有不合逻辑的地方揭示出来而又不使读者感到厌烦，是很困难的”。

---

① Rudolph Matthäi, “Socialistische Bausteine”, *Rheinische Jahrbucher Zur gesellschaft Lichen Reform*, Nr. 1, S. 164 – 165, Darmstadt, 1845.

但他们还是做了如下的评判。

首先，鲁道夫·马特伊的思路是先从事实得出一个抽象概念，然后宣称这个事实是以这个抽象概念为基础的。这是给自己装上一副“德国人的深思的和思辨的姿态”的一种最便宜的方法。举个例子，对于“猫吃老鼠”这样一个“事实”，鲁道夫·马特伊进行了这样的“反思”：猫是自然界，老鼠是自然界，猫吃老鼠=自然界吃自然界=自然界自己吃自己。结果，这一简单明了的“事实”就被“哲学描写”为：猫吃老鼠是以自然界自己吃自己为基础的。这样，人和自然界的斗争就被作者用这种方法神秘化了。

其次，随着人和自然界的斗争的神秘化，人对自然界的自觉的活动也被他神秘化了：他把这种活动看成是这一现实斗争的纯粹抽象观念的表现。结果，“劳动”这个普通的字眼就被他偷用来作为这全部神秘化把戏的结果，就是说，劳动是从关于人和自然界的纯粹抽象的观念中构想出来的，因此，“用来给劳动下定义的方法既适合于而又不适合于劳动发展的一切阶段”。① 说其“适合于劳动发展的一切阶段”是就其在下定义时仍然注意到劳动是人对自然界的活动而言的，这在任何阶段都是适应的；而说其“不适合于劳动发展的一切阶段”是就其把这种活动解释为“自觉的活动”而言的，谁都清楚，劳动发展史迄今为止很少呈现出人“表现自己的力量和能力”、拥有“享乐、满足和幸福”的阶段。

再次，鲁道夫·马特伊为了要证明作为“生活的表现”的劳动应当提供享乐，因而就假定，生活在自己的每一个表现中都应当提供享乐，由此得出结论说，在作为“劳动的表现”的生活中也应当提供享乐。这是“用释义的方法把假设变成结论”，“又把结论本身篡改了”。他从“生活在自己的一切表现中都应当得到享乐”这一点中得出结论说，作为生活的表现之一的劳动“本身应当是人类天资的表现和完善”，就是说又是生活的表现和完善。也就是说，劳动就应当是劳动本身、“必然要成为”劳动本身。从形式逻辑上说，这种定义者与被定义者之间的同语反复、循环论证根本是不允许的，因而是错误的。至于说到这段话的内容，那么他根本解释不清楚为什么以前劳动没有成为它应当成为的东西，为什么它现在就应当成为这样的东西，或者说为什么它应当成为那种直到现在都由于必

① 《马克思恩格斯全集》第3卷，人民出版社1960年版，第570页。

然性而还没有成为的东西。至此我们明白了，为什么“人的本质同人和自然界之间的两极对立”直到现在“还没有得到解释”？因为缺乏历史意识和深刻的社会体认的鲁道夫·马特伊对此根本解释不清。

最后，他关于劳动产品公有制的共产主义原理的“科学论证”，不过是颂扬竞争和分工的经济书中所谈的东西的模糊不清的翻版而已，只是因为嵌入了“幸福”一词而变得不那么坚定了；至于他把“劳动”看作是劳动组织的基础的说法，则是把话说反了，因为既然劳动只是应当和必然成为“提供享乐等等的自由活动”，但目前还不是这样的自由活动，还需要发展和提升，而这又必须在一定的组织、环境和条件下进行，那么倒不如说，劳动组织等是其“作为提供享乐的活动的劳动”的基础。但是，很显然，作为一名“真正的社会主义者”，他对这种劳动发展的实践和过程不感兴趣，对他来说，只要有了作为这种自由活动的“劳动”这一概念就已经足够了。

总体上看，通过对“真正的社会主义”形成、流变过程和实质的揭示，通过深入分析这一派别思想代表的具体论述，马克思、恩格斯再次确认，“共产主义是用实际手段来追求实际目的的最实际的运动”[①]，是现代社会变革的表现和产物。她不能靠“哲学论证”、思想演绎和“美文学描摹”，其“建筑基石”不是抽象的自然与社会、“生活与幸福之间的二重性”的消解、不是虚幻的“人类的特性的完全体现”，恰是从“最粗暴的关系”和“粗暴的对立”的社会出发的；“禁锢于意识形态之中”、试图通过“哲学概括和阐释”来使其理论和体系精致化、科学化的做法，根本无助于问题的解决和实质性推进。这些对于我们总结国际共产主义运动的经验教训、推进对社会主义的认识和理解，是有深刻的启迪意义的。

① 《马克思恩格斯全集》第3卷，人民出版社1960年版，第236页。

历史唯物主义与“历史科学”

陈立新*

时下很多研究者把历史唯物主义指证为“历史科学”，进而热衷于由“历史科学”来解读并推进历史唯物主义，以至于人们有必要开始构造作为“历史科学”的历史唯物主义的知识图像。这种学术研究态势的出现，不能说是偶然或纯属炒作。马克思主义经典著作中毕竟确有“历史科学”的说法，当代实证自然科学的成就更是让人们满怀信心地想象“历史科学”的意蕴。正是这样，我们问：马克思所说的“历史科学”，是否确是流俗所阐释的与自然科学相对且以自然科学为榜样的那种含义？深入马克思的语境，我们能否获得与此不同的理解？本文试图就此进行一些探讨，以求教于方家。

一　如何理解马克思所说的“历史科学”？

把历史唯物主义说成“历史科学”，人们直接援引的马克思文本，是《德意志意识形态》手稿中作者自己删除的一段论述：“我们仅仅知道一门唯一的科学，即历史科学。历史可以从两方面来考察，可以把它划分为自然史和人类史。但这两方面是不可分割的；只要有人存在，自然史和人类史就彼此相互制约。自然史，即所谓自然科学，我们在这里不谈；我们需要深入研究的是人类史，因为几乎整个意识形态不是曲解人类史，就是完全撇开人类史。意识形态本身只不过是这一历史的一个方面。”①

---

* 陈立新，武汉大学教授。

① 《马克思恩格斯选集》第1卷，人民出版社1995年版，第66页注②。

迄今为止，学界不约而同地忽略马克思自己删除这段论述的实情，更不论马克思为何要这样做。不过，仅仅检视晚近的一些历史唯物主义研究，我们便可发现，很多研究都要引证马克思这段论述，作为原典依据；有的研究者即便没有直接引证，但也间接地从这段论述出发，展开进一步的阐发或论证。就是说，人们在马克思已然删除的论断中寻求思想支持，并对马克思本人的做法近乎于集体无意识的失语状态。问题在于：当代人如此普遍地无视马克思的做法，这究竟说明了什么？我们果真能够对于马克思本人的选择置若罔闻吗？把马克思的这种删除还原于马克思的思想演历之中，我们是否会有新的发现呢？这里先来分析马克思谈论“历史科学”的那句话。

马克思说：“我们仅仅知道一门唯一的科学，即历史科学。”

依字面意思，我们很容易从这句话获取这样一条信息，即：马克思自称不知道除了“历史科学”之外的其他什么科学——包括自然科学。而且，“仅仅”和“唯一”的用词，毫无疑问能够增加这条信息形式上的确凿性。然而，这一信息初看似有可能，但其实指一定无关于马克思。且不说马克思知识渊博，也不论马克思高度重视并充分利用自然科学成就以促进和深化自己的哲学思想，仅就这段论述而言，马克思就明明白白提到了“自然科学”。马克思首先明确提出，“历史”可以划分为“自然史”和“人类史”这两个不可分割相互制约的方面，下文即明言“自然史”就是“自然科学”。显然，在马克思的视野中，“历史科学”涵括“自然科学”，且用来阐说“自然科学”，而不是相反。在自然科学处于强势霸权的时代，马克思居然有此想法，岂不有悖于时代文化精神？马克思为何有此似乎不可理喻之论？如此这般不识时务，难道是马克思愤世嫉俗的偶发奇想？马克思使用的“历史科学”这个术语，或许能够给我们一个可信的解答。

马克思使用的“历史科学”，原文是 Wissenschaft der Geschichte。这里的关键是“历史”的用词。在德语中，“历史”有两个用词，即 Geschichte 和 Historie。而 Historie 则来自希腊文的 historein。有关这两个词词义上的分殊，卡尔·洛维特有一个富有启发性的指证：“历史（Geschichte）在词源上与发生的事情同义，而 historein 在希腊文中指的是‘考察某种东西’或者‘探究某种东西’，并且借助报告公布所考察和探究的东西。”[①] 就此而言，中文把 Geschichte 译为“历史”，把 Historie 译为“历史学”，还是准确可靠的。这样便可推论，马克思所说的“历史科学”，显然不是为了在知识地图上为“历史学”（Historie）抢占一块地盘，也没有把“历史”（Geschichte）阐释为一个学科领域或朝着这个方向理解的明显信息。作为旁证，在 18 世纪中叶，德国学术界已经开始使用 Geschichtswissenschaft 这个专用名词，用来表示作为一个知识领域的“历史科学”。[②] 马克思舍弃不用这个形式上已经完整、功能指向也已明确的术语，表现出对于大众用法的拒绝——至少是思想划界，这一明确可见的取向无疑耐人寻味，我们真能漠然置之？

这里的“历史科学”不是与“自然科学”相对且有自律性内涵的专用名词。马克思所说的“自然科学”，原文是 Naturwissenschaft。在德语中，与 Naturwissenschaften 相对的，是 Geisteswissenschaften，即人文科学或精神科学。这一习惯用法，在当今的德语中可谓司空见惯，但在马克思生活的那个时代，Geisteswissenschaften 作为一个专用名词，已经在人们的学术研究中出现。“1843 年，历史学家德罗伊森（Johann Gustav Droysen）在《希腊化时期史》第二卷的前言中就已经使用了这一术语。”[③] 我们当然不应也无法揣摩马克思为什么没有使用这个术语，但这个实情无疑标明，马克思对于“历史科学”当有着区别于流俗的理解或期待。这就证明，当今对于马克思这段论述的解读，从“自然科学”视角来理解或看待“历史科学”，无疑是背离马克思思想的现实想象。那么，马克思通过“历史科学”究竟要表达怎样的思想呢？为此，我们将侧重讨论：由“历史”（Geschichte）之词源含义可以彰显马克思至为根本地思考并赋予了“历史”何种原始的寓意？

众所周知，现代德语已经广泛使用卡尔·洛维特所说的“历史”之词源含义。还原于思想史语境，我们不难发现，虽说人们认同“历史”即是指“发生的事情”，但具体到“发生的事情”之所指及其动因时，不

① ［德］卡尔·洛维特：《从黑格尔到尼采》，李秋零译，生活·读书·新知三联书店 2006 年版，第 287 页。

② 参见［德］德罗伊森《历史知识理论》“引论”，胡昌智译，北京大学出版社 2006 年版，第 2 页；［美］唐纳德·R. 凯利：《多面的历史》，陈恒译，生活·读书·新知三联书店 2006 年版，第 479 页。

③ ［美］鲁道夫·马克瑞尔：《狄尔泰传》，李超杰译，商务印书馆 2003 年版，第 30 页。

同的人就有相当不同的态度和叙说。有的人将此归之于自然及其力量，有的人则用神的意志来解释。我们无意于在此评价这些观点，只在于突出马克思与之不同的理解，进而展示马克思的理解所敞开的富有原则高度的认识方向和范导意义。

马克思指出："正像一切自然物必须形成一样，人也有自己的形成过程即历史，但历史对人来说是被认识到的历史，因而它作为形成过程是一种有意识地扬弃自身的形成过程。历史是人的真正的自然史。"①

这段论述比较集中标识了马克思对待"历史"的基本态度。(1) 关乎问题之根本的方面，是马克思把"历史"与"人"相勾连。一方面，"历史"是以人为核心、动力和归宿的过程；另一方面，"人"是摆脱不了过去、现在、未来三重时间向度为生存条件的历史性存在物。(2)"被认识到的历史"之提法，表明历史的可理解性，毋庸置疑与鼓吹或制造历史神秘化的谬论区分开来。(3) 历史过程"有意识地扬弃自身"，意味着历史不是像自在自然界那样自发地变化，而是蕴含人的自觉选择在内的人的自主活动过程——换言之，历史正是人的自我把握、自我决定、自我建构的过程。

这样简要的分析可以证明，依马克思之见，"历史"与"人"其实同源同质，历史专属于人。既然如此，马克思所说的"历史科学"就一定有着人们习焉不察的内涵。我们当然可以按照时下所盛行的做法，把"历史科学"设想或描画为一个学科知识领域。即便是这样，"历史"与"人"的原始关联，作为先于一切知识且为一切知识之根基的存在，理当是我们进入理解实践断然不能忽略的原则。立足于这样的原则高度来思考"历史科学"，特别是遵循马克思制定的由"历史科学"而"自然科学"的认识方向，我们将有怎样的思想收获呢？

二 "人的科学"提示了什么？

非常清楚，由"历史科学"而"自然科学"的思想进路，即是以人为轴心的认识路线。这当然不是在具体内容上框定或干涉"自然科学"，而是对于"自然科学"之存在性质的基本判断。这一观点或理论视野，

① 《马克思恩格斯文集》第1卷，人民出版社2009年版，第211页。

马克思并非是在《德意志意识形态》中才首次提出，《1844 年经济学哲学手稿》（以下简称《手稿》）精详论证的“人的科学”（Wissenschaft vom Menschen），应是其前期理论成果或思想前奏。

首先需要明确的，我们阅读《手稿》都会轻易看出，《手稿》所说的“人的科学”，正是以“自然科学”为论说对象，而不是要讨论“自然科学”之外的某种“科学”。这应当更加使我们相信，上文所论马克思制定的那个认识方向，不是马克思一时灵感偶发，而是经过深思且已成熟稳定的思想。我们在此集中注意力来梳理马克思所论的“人的科学”的问题。

马克思说：“只有通过发达的工业，也就是以私有财产为中介，人的激情的本体论本质才既在其总体上、又在其人性中存在；因此，关于人的科学本身是人在实践上的自我实现的产物。”①

在思想史上，如何对待或处理“人在实践上的自我实现”问题，有多种诠释方案。有的让其表现在华丽的辞藻中，有的使之潜行于现实的想象中。与这些停留于现实世界之外的遐想迥然相异，马克思始终把视线指向人们的现实生活过程，尤其关注在“发达的工业”且“以私有财产为中介”的资本文明时代人类自我实现问题。一方面，马克思把“工业”看成“人的本质力量的公开的展示”，是人的自我实现的重要途径。由之而来，“发达的工业”的说法，既确证了借助“工业”这一感性活动形式，人可以达到自我实现的现实保障、可靠前景、彻底化程度，又点明了人的自我实现的历史阶段性特征。众所周知，“发达的工业”正是在资本主义生产方式基础上形成的，是资本文明的一个标志杆。于是，另一方面，马克思肯定私有财产能够表征社会财富、凝结并体现人的本质力量的“积极的本质”，把“劳动”指认为“私有财产的主体本质”。这就道破了私有财产运动之于“人的实现或人的现实”原本就有的建构性——比方说，私有财产的现实存在彰显了人类筹划自身生存的主动性，以及坚守“自己的生命活动”即劳动的积极性，等等。

由“发达的工业”以及“私有财产”的现实运动来楬橥人的自我实现，马克思独具慧眼，再现了资本主义社会现实生活世界的现象实情，在此基础上绽露了自然科学作为“人的科学”的现实性和明证性。

① 《马克思恩格斯文集》第 1 卷，人民出版社 2009 年版，第 242 页。

不可否认，“发达的工业”是18世纪下半叶蜂起的欧洲工业革命的直接成果。工业革命以机器代替人力，以大规模的工厂生产代替个体手工生产，为自然科学成果的转化与应用提供了可能性和现实环境。正是如此这般地内在相关，工业革命利用自然科学成果，以加速度的方式迅猛发展与扩张，同时又反过来为自然科学的发展提供强大坚实的助力，推动自然科学进步。这就是说，生活世界以人们可以用“纯粹经验的方法”加以确认的现实图景，标明工业乃是“自然科学对人的现实的历史关系”。

“在大工业已经达到较高的阶段，一切科学都被用来为资本服务。”①在资本主义社会，“私有财产神圣不可侵犯”成为国民牢固的成见，在此观念的驱动和指引下，整个资本社会皆无止境地追逐和增加财富。随着“自然科学从属于资本”成为资本新时代的一般特征，以“发达的工业”为主导的资本主义生产过程便不可阻挡地需要并利用自然科学，且以史无前例的方式和程度占有自然科学。可以说，“只有资本主义生产方式才第一次使自然科学为直接的生产过程服务”，“资本主义生产第一次在相当大的程度上为自然科学创造了进行研究、观察、实验的物质手段”，“科学因素第一次被有意识地和广泛地加以发展、应用并体现在生活中”②。在这种情况下，若要追究自然科学服务于现实生活的程度或水平，我们可由社会生活的一种新颖变化而获得解答：大工业时代以来产生了只有用科学方法才能解决的实际问题，社会生活过程及其条件已经以不可延宕之势，“受到一般智力的控制并按照这种智力得到改造”。这样说来，马克思这段反问式阐述堪称切中肯綮：“如果抛掉狭隘的资产阶级形式，那么，财富不就是在普遍交换中产生的个人的需要、才能、享用、生产力等等的普遍性吗？财富不就是人对自然力——既是通常所谓的‘自然’力，又是人本身的自然力——的统治的充分发展吗？财富不就是人的创造天赋的绝对发挥吗？”③

由此我们当要追问：如果资本的“文明一面”、资产阶级“非常革命”的历史作用已然为人类文明发展进程所证明，资产阶级对于自然科学的器重、运用和推动也被证明是其中的一个至关重要的原因和内容，那

① 《马克思恩格斯全集》第31卷，人民出版社1998年版，第99页。

② 参见《马克思恩格斯文集》第8卷，人民出版社2009年版，第356、359页。

③ 《马克思恩格斯全集》第30卷，人民出版社1995年版，第479—480页。

么，这不也是自然科学只有服务于人的现实生活才能有其存在和发展的历史性证明吗？这不更是自然科学按照“人的科学”而自我建构且成效卓著的历史性证明吗？近代以来，自然科学在有助于人类生活中所取得的巨大成就，正是“人的激情的本体论本质”的充分运用和展示，是人在感性活动中的自我实现。在这种情况下，正如马克思所洞察的，自然科学已经成为“人的科学的基础”、“真正人的生活的基础”。这就不可辩驳地证明，自然科学可以探究各种各样的问题，但无一例外都源自于人的现实生活，也需要且能够反哺人的现实生活。因此，马克思断然拒绝让自然科学游离于现实生活世界之外的任何企图和行动。马克思毫不隐讳地指出，以为“生活”有一种基础，而“科学”有另外一种基础，这根本就是谎言。正是因为切近领悟并深刻阐明自然科学之生存基础与人类筹划现实生活的原始同一性，马克思认为，“自然科学往后将包括关于人的科学，正像关于人的科学包括自然科学一样：这将是一门科学”①。

就此可以肯定，马克思使用“人的科学”，旨在启明自然科学的存在根基、发展方向和终极使命。易言之，这是在关乎根本的意义上挑明自然科学的原始出生地和扎根处。由于生存历史性之于人的天生注定性质，也唯有人才是历史性存在物，因此，在思想史的上下文关联中，《手稿》论证的“人的科学”其实就是《德意志意识形态》所论“历史科学”的前期思想表达，而“历史科学”则是对“人的科学”的接续和推进。不论“人的科学”，还是“历史科学”，两者都是为了规范、指引、守护自然科学的，而不是相反；同时，它们也无关于建构与自然科学相对待的某种学科知识领域的美妙臆想。

这表明，早在《手稿》之中，马克思就已经深入问题之根本点，切中问题之要紧处，匠心独运地解答了自然科学之存在合法性问题。如此富含理论建树的思想经历，马克思是不会轻易地打发以致丢弃曾经所思考的问题。思想的承接并予以稳定化，是人类思想演历中的常态，马克思对于自然科学的认识也没有例外，《德意志意识形态》一段相关的论述可以为证。

这是一段我们耳熟能详的论述：“在思辨终止的地方，在现实生活面

① 《马克思恩格斯文集》第1卷，人民出版社2009年版，第194页。

前，正是描述人们实践活动和实际发展过程的真正的实证科学开始的地方。”①

马克思这里至少有三点提示：其一，思辨的有限性。人们的现实生活筹划需要思辨的力量，但思辨不是万能的。思辨缘起于现实生活世界的现实需要，人的现实生活是逻辑思辨的根由，思辨的秘密就在人的现实生活之中。思辨疏离于或凌驾于人的现实生活过程，就会丧失自己的立足之基，沦为虚妄之念。这对自然科学的合理定位亦有针对性，因为自然科学一刻都离不开抽象思维。其二，实证科学的原始“出生地”。实证科学在人的现实生活面前“开始”，意味着自然科学“生命之旅”的启程。起源指示着以后的发展方向，实证自然科学唯在此路向上前行，才是实行自己的本务，进而才有存在的合法性。其三，“真正的实证科学”所以可能之根本——“描述人们实践活动和实际发展过程”。应该说，这个限定不是指实证科学的具体内容或具体开展状态，而是在一般意义上确认实证科学安身立命的“许可证”。这里还要明确两点：（1）“真正的”即是指“人的”，从而，“真正的实证科学”就是指“人的”实证科学，亦即“历史的”实证科学。这不过是要提醒人们牢记实证科学得以存在的根基，从而在任何时候都不脱离人的现实生活这一原始基础来谈论和倡导科学。甚至那些在表现形式上研究似乎与人无关的问题的具体实证科学，也不能疏离自己的立命之根。（2）实证科学即是指自然科学。《德意志意识形态》成书之时，孔德等人的思想已经开始传播。且不论如何评价孔德等人的思想，但实证自然科学的提法及所指在当时已然获得学术界的认同或默认。这些当能证明，马克思隐然未彰地道说了“人的科学”、“历史科学”。由此看来，对于自然科学之存在性质的判断或要求，马克思的思想一以贯之，就是要求自然科学理当是“人的科学”，是以人为本的科学。

因此，第一，马克思删除了本文开篇提到的《德意志意识形态》的那段论述，这是不是可能的呢？第二，流俗的那种迷恋于由自然科学来诠释“历史科学”的思想倾向，这是不是可能的呢？第三，或有把马克思所言的“真正的实证科学”说成就是指历史唯物主义，这是不是可能的呢？第四，不要说马克思文本的深层寓意，仅仅是马克思含义明白且切合时代语境要求的用词，居然受到不同的解读，甚至是曲解，这究竟是如何

① 《马克思恩格斯选集》第1卷，人民出版社1995年版，第73页。

成为可能的呢?

三 历史唯物主义的自律性何以可能?

我们以马克思删除的一段论述为对象，通过还原于马克思思想语境，突出了马克思由“人的科学”、“历史科学”而思考“自然科学”的认识方向。这就呈现出不同于流俗由“自然科学”而想象“历史科学”的思路，毋宁说暴露了这一解读思路出离马克思文本的虚妄性。既然如此，实质性的扭转和改变，当是我们要着力解决的事情。难处在于，人们已经习惯于流俗的这种理解，偶见疑虑者也是讳莫如深。这样说来，廓清问题之症结无疑是首当其冲的任务。就此我们问：究竟是什么力量实际支撑着流俗的这种理解，竟至人们对之习以为常，使其能够持存至今?

近代自然科学的影响力。

1543 年，哥白尼和比利时医生维萨里（A. Vesalius）分别出版了《天体运行论》和《人体构造》，标志着自然科学冲破神学樊篱而进入一个新时代。自此到 19 世纪，由“经验自然科学”进展到“理论自然科学”，自然科学突飞猛进，成就卓著，以至于 19 世纪被人们誉为“科学的世纪”。从此开始，自然科学各门具体学科皆相继独立，科学知识迅速传播并普及，科学成为社会生活的一个极其重要的组成部分。而且，理论自然科学的创新不断转化成为技术科学，具体应用于生产，科学与社会物质生产的联系日益密切。“在 19 世纪里，我们就看见为了追求纯粹的知识而进行的科学研究，开始走在实际的应用与发明的前面，并且启发了实际的应用与发明。发明出现之后，又为科学研究与工业发展开辟了新的领域。”① 始自 19 世纪，自然科学就逐渐成为人们信念建构的支撑、社会生活风尚的准则、一切知识的渊薮和表率。在现实生活世界完全化简为科学的世界、自然科学成了万能的“普照的光”、人类生活在唯自然科学马首是瞻的时代，如果不遵从自然科学标准，这还有可能吗?

近代自然科学规制社会生活，并不是孤立无援的，近代哲学为之提供了富有建设性的精神动力。相应的，近代哲学也在这种精神输出中不断地

① ［英］W. C. 丹皮尔：《科学史及其与哲学和宗教的关系》，李珩译，张今校，广西师范大学出版社 2001 年版，第195 页。

巩固和扩张。

近代自然科学虽然在“牛顿时代”获得决定性的奠基，然而，这种奠基却从“形而上学的沉思”中获得了关键的推动。按照海德格尔的诠释，构成牛顿第一运动定律之基础的，乃是“数学因素”。数学因素内在地需要自我论证，从而把自身展现为“一切思想的尺度”。笛卡尔通过“形而上学的思考”参与了数学因素这一自我建构的工作。[①] 海德格尔这里是指，笛卡尔由突出“我思”而使思想成为理性的基本行为，随着“我思”被设定为一切知识的“第一根据”，人们便仅仅相信由“我思”而出的东西，从而，源于思想且作为“公理”的数学因素便顺理成章地从形而上学中寻求滋养。

然而，只是康德才超越了笛卡尔而建构了“我思”的必然性。在对“纯粹自然科学是怎样可能的”追问中，康德明确指出，“纯粹理智概念”为自然界立法，是自然科学知识得以成立的先天条件。在康德看来，单纯依靠自然本身的机械作用原理，我们永远不能获得对于有机物及其内部可能性的足够认识，更不用说解释它们了。即便有一天再有一个牛顿出现，他也不能让我们了解甚至一根草不是由于有意安排而是按其自然规律的作用而发生长成的。[②] 黑格尔由此更前进了一步，指出为自然界立法的“纯粹理智”乃是理性的自我制造，就使理性的“规范性”和“构成性”共属一体，从而彻底解决了“思想之为思想”的问题，让形而上学引领着时代精神生活。因此，黑格尔非常有把握地宣称，科学作为“精神世界的王冠”，决不是“一开始”就完成了的，科学方法的性质只是在思辨哲学中才能获得真正的表述。在发展中知道自己是精神的这种精神乃是科学，科学赖以存在的基础就是“概念的自身运动”。黑格尔煞费苦心，一力在理性形而上学领域内为自然科学确定存在根据：“物理学没有思维就会一事无成；物理学只有通过思维才能获得它的范畴和规律，——没有思维，它再也不能前进。”[③]

黑格尔之后兴起了声势浩大的“叛离黑格尔”的哲学运动，实证主

① 参见［德］海德格尔《海德格尔选集》下卷，孙周兴选编，上海三联书店 1996 年版，第 877 页。

② 参见［德］康德《判断力批判》下卷，韦卓民译，商务印书馆 1964 年版，第 55 页。

③ ［德］黑格尔：《哲学史讲演录》第 4 卷，贺麟、王太庆等译，商务印书馆 1978 年版，第 162 页。

义是始作俑者。柯林武德认为，“实证主义可以定义为是为自然科学而服务的哲学”，“不过是把自然科学的方法论提高到一种普遍的方法论的水平之上而已”①。此言不虚。实证主义就是要宣扬，只有自然科学才是唯一值得信赖的知识，自然科学的方法是唯一可信的方法，“神学”和“形而上学”都应该予以拒斥和抛弃。依照实证主义的要求，哲学可以在科学范围内、在诠释并服务于科学方面发挥有益的作用，但必须遵守一个基本规则：凡是科学方法不能解决的问题，哲学必须满足于让其永无答案，哲学不能声称拥有自然科学所没有的获取知识的手段。在逻各斯主义甚嚣尘上的文化氛围中，面对缺失直接功效且晦涩难懂的抽象思辨，人们从实证主义中能够感受到明晰有用的思想指向，恰如炎热中享受到一股清风，社会大众的精神情感究竟归依何种哲学乃是不言自明的。

可是，一旦把自然科学的标准用在自然科学领域之外，实证主义的欠缺便暴露无遗。实证主义者乐观地消解历史过程和自然过程的异质性，主张用自然主义的方法构成历史，进而为历史研究颁布一个“实证主义纲领”：首先确定事实，其次构成规律。历史学家们满腔热情地投身于实行这一纲领的第一步，却不能进展到第二步。因为单纯为了事实而确定事实是无法令人满意的，事实之被确定仍然需要追究其合法性，“判断事实”乃是最起码的要求。就是说，研究者的主观情感无论如何都无法一笔勾销。如此说来，“实证主义纲领”的真正实行，势必蕴藏着对于某种“超验原则”的诉求。难道实证主义在前门拒斥的东西却又要从后门偷运进来？为了维护实证主义的研究纲领，孔德把“社会学”（又称为“历史机械学”或“社会物理学”）当作“整个实证哲学的唯一基本目标”。可是，这种维护充其量还是停留于这一纲领的第一步，因为社会学被牢固定位为实证科学。由此可见，以孔德为代表的实证主义，漠视现实生活的多样化，脱离生活实际而固守自己的哲学原则，就事实上允诺了抽象思辨的现实可能性。

发轫于批判黑格尔，却走向了分享黑格尔抽象思辨哲学原则的终局。实证主义打造的思想苦旅，既有为自然科学推波助澜之功，却也不折不扣地成为黑格尔哲学原则的一个反证，成为运用理性形而上学的急先锋。这

① [英] 柯林武德：《历史的观念》，何兆武等译，中国社会科学出版社 1986 年版，第 143、152 页。

表明，人们依从自然科学思维来认识社会、思考问题、制定对策，固然直接得益于近代自然科学的巨大影响，但近代理性形而上学的思想导引更是不容争辩的重要动因。

人们为什么能够认同和接受近代理性形而上学呢？

在人类历史长河中，资本的出现标志着一个新时代即资本文明时代的来临。这个新时代把商品当作整个社会的细胞，把整个社会建立在无止境地追逐价值的基础上，并以实现价值增值为目标。换言之，在资本社会，不论是工人还是资本，抽象劳动的增加皆是生命延续的基本保证。于是，抽象劳动成为社会生活的原动力，尽可能地追逐最大化抽象劳动成为整个社会生活的主旋律。由于抽象劳动撇开了劳动的具体性质而只是“一般人类劳动的耗费”，且由“社会必要劳动时间”来计量，便于等价等量地进行比较，因此，社会生活以抽象劳动为基础，就有极其公正和平等的外观。平等和自由是人们梦寐以求的生存状态，所以，以抽象劳动为基础的社会生活亦能获得社会大众的认同，抽象原则由此便内在巩固地实现了对于生活世界的普遍统治。

资本到来引发的巨大社会变迁，势必需要相应的文化辩护和论证。这既是为了获得必不可少的精神动力，也是为了推行自己的原则。而且，资本运动越频繁，资本势力扩张得越强盛，资本的这种思想观念上的需求就越甚。由黑格尔集大成的近代哲学正是这样的文化理论。这一哲学之所以能够有此等承担，关键在于其坚守思维“内在性”的存在论原则，精辟论证了抽象原则及其现实展开的必然性。这就是说，抽象原则是资本和近代形而上学能够联姻共谋的关节点。资本与近代形而上学借助这个关节点而形成了休戚相关、相得益彰的联系，以至于在世俗社会生活中，资本是形而上学的物质基础，形而上学成为资本的文化向导，两者共同决定了所谓的“现代世界”的基本面貌和发展空间。

这表明，人们把抽象思辨奉为圭臬，正是资本时代“抽象统治”或“观念统治”① 大行其道的必然结果，是资本降临以来人们在日常生活中的当然选择。既然如此，前述流俗的那种理解不过是切合抽象原则这一时代精神的正常观念反映或表达，尤其隐而不彰地贯彻或执行了以黑格尔为代表的近代哲学原则。这是其能够稳固地流传的根本原因。

---

① 参见《马克思恩格斯全集》第30卷，人民出版社1998年版，第114页。

这样说来，全部问题的关键便集中于黑格尔哲学。

伽达默尔曾说：“黑格尔哲学通过对主观意识观点进行清晰的批判，开辟了一条理解人类社会现实的道路，而我们今天仍然生活在这样的社会现实中。”① 从我们在上文的分析来看，参照我们当下的生活处境，伽达默尔这一评价可谓入木三分、切中要害。黑格尔用哲学的方式参与建构了资本社会的主导原则，并形诸于哲学语言，表现出切中现实生活、把握时代精神的思想特质。这是黑格尔哲学的巨大功绩。问题在于：黑格尔生活在他所揭示的社会现实中，马克思也不可能离开这样的社会现实；虽然从黑格尔哲学中获得了极其重要的思想资源，但马克思毫不妥协地与黑格尔区别开来则是不容置疑的；历史唯物主义正是在这种区别中、并通过这种区别而通达人类社会现实，进而形成了标注自身存在的自律性。看来，理解并把握这种区别堪称重中之重。

卢卡奇认为，以黑格尔为最高成就的西方近代哲学，“目的是从思想上克服资产阶级社会，思辨地复活在这个社会中并被这个社会毁灭了的人，然而其结果只是达到了对资产阶级社会的完全思想上的再现和先验的推演”。于是，近代哲学以未解决的和不可解决的二律背反的形式，最深刻地表达了资产阶级社会根基的二律背反和资产阶级社会所连续不断地生产和再生产的二律背反。② 这就是说，黑格尔开辟了“思想把握现实”的哲学进路，致力于在理论上阐明现代世界之优越性及危机，并通过思辨力量激活被抽象原则所湮没的现实的人。

与之相反，马克思则转而“向现实本身去寻求思想”，既延续黑格尔哲学理解社会现实的合理取向，又扬弃其用概念框架来型塑社会现实的抽象思辨性。历史唯物主义的自律性正是由此而建构并呈现出来。从马克思致力于终结以概念演绎为动力机制的思辨哲学进路来考量，历史唯物主义的自律性当有以下三个本质重要的环节或向度需要我们去阐扬。

（1）抽象思辨的来历——“意识在任何时候都只能是被意识到了的存在，而人们的存在就是他们的现实生活过程。”（2）历史唯物主义的立足根基——“旧唯物主义的立脚点是市民社会，新唯物主义的立脚点则

① ［德］伽达默尔：《哲学解释学》，夏镇平、宋建平译，上海译文出版社 1994 年版，第 111 页。

② ［匈］卢卡奇：《历史与阶级意识》，杜章智等译，商务印书馆 1999 年版，第 231 页。

是人类社会或社会的人类。”（3）历史唯物主义的存在方式——“哲学家们只是用不同的方式解释世界，问题在于改变世界。”

综观马克思主义的发展史，审视学术界目前的研究动态，必须承认，我们对于后两个向度的理解和阐释，出现了巨大的偏差，以至于严重销蚀了历史唯物主义的自律性。究其原因，马克思主义经典著作家没有给出具体的方案固然带来了多种阐释的可能性，但最最重要的，则是人们把黑格尔所代表的近代哲学当作哲学的唯一样式，用来评判或指点任何哲学，而且，恰如当年黑格尔指证包括中国在内的东方世界没有哲学那样地武断。哲学岂能不用概念来构造？哲学不就是反思吗？于是，历史唯物主义就被按照概念框架以及反思要求来设计并描画——用“自然科学”来想象“历史科学”进而来规制历史唯物主义，正是其中的一种表现。这样一来，马克思批评费尔巴哈仅仅是“理论家和哲学家”所表现的哲学态度、所指向的哲学视阈、所蕴含的哲学境界、所思考的哲学使命，等等，皆毫无例外地被忽略了。当然，这正是“不用想象某种现实的东西就能现实地想象某种东西”的意识形态迷思。看来，马克思批判意识形态曲解或完全撇开“人类史”，当年就不是故作姿态，今天仍有击中或矫正时弊之效。顺便说一句，这是不是人们忽略马克思删除那段论述的深层原因呢？

至此，我们通过分析资本文明时代抽象原则的主导性及其一种哲学表达，绽露了流俗以“自然科学”来想象“历史科学”进而规制历史唯物主义的思想成因及其实际可能性。虽说这种流俗理解正合时宜，历史唯物主义由此或许能够获得很多知识元素，抑或真能被构造为一个理论体系，但显而易见的是，历史唯物主义将更加稳当地倒退为近代哲学，最好的情况下也只是与近代哲学相对待且有自己解释原则的知识体系。果真如此，历史唯物主义矢志于“改变世界”的理论诉求或使命承担，就仍是诱人的空头口号，甚至会被更为巧妙精致地置换为“解释世界”的某种特殊形式。在这种情况下，历史唯物主义安身立命的自律性还有可能吗？正是这样，对于这种高傲地或天真地撇开马克思思想本有之义而自作深思、却又感觉不到自身不足的流俗理解，我们究竟应该怎样想呢？经过历史唯物主义的思想革命，“自然科学”已被提升到“人的科学”、“历史科学”的原则高度和发展方向，我们确能心安理得地由“自然科学”来规划“历史科学”、进而要求和期待历史唯物主义成为“真正的实证科学”吗？

马克思历史主义原则的当代考量

——论历史事实·历史现象·历史规律

沈江平*

从古至今，任何一个人，任何一件事情都脱离不了历史的评价，地位卑微也好，声势显赫也罢，无一例外。任何看待历史、如何评价与反思历史的主体——人，人类历史发展是否具有内在的规律性，是现代诸多哲学流派、历史学派争议颇多的焦点。历史决定论的基本原则就是肯定人类社会发展是一个有内在规律的进程。而马克思的历史主义原则历来是理论界争论的一个重要问题。英国史学家杰弗里·巴勒克拉夫就曾指出："今天仍保留着生命力和内在潜力的唯一的'历史科学'，当然是马克思主义。……当代著名史学家，甚至包括对马克思的分析抱着不同见解的历史学家，无一例外地交口称赞马克思主义历史哲学对他们产生的巨大影响，启发了他们的创造力。"① 以赛亚·伯林在《历史的必然性》一书中说："在一切比较重要的社会历史理论中当中，马克思主义胆量最大，而且最充满智慧。"② 历史是关于过去的科学，也是关于现在的科学，一切历史都是现在的历史。当下中国，马克思主义中国化、大众化、时代化思潮翻涌，理论创新已成为时代要求，马克思主义首当其冲。唯物史观，作为一种哲学，它不会也不可能代替任何其他历史科学，更不能总揽历史的一切内涵，而它在哲学意义上的最高层次的历史观照是任何历史科学必须承认

---

* 沈江平，中国人民大学讲师。

① ［英］杰弗里·巴勒克拉夫：《当代史学的主要趋势》，杨豫译，上海译文出版社1987年版，第261页。

② 同上。

的。马克思的历史主义原则的硬核——唯物史观对人类历史发展——资本主义社会的批判性诊断，对未来人类社会——共产主义社会的发展走向，在西方社会、在当代中国得到了呼应。德里达认为，“地球上所有的人，所有的男人和女人，不管他们愿意与否，知道与否，他们今天在某种程度上说都是马克思和马克思主义的继承人”，马克思成为当今世界上“占统治地位的话语”①。马克思的历史主义原则，是马克思、恩格斯在创立与发展马克思主义理论的进程中逐渐衍化而成的对待历史的方法性根本原则。关照历史基于反思现实，马克思的历史主义是对现实的强烈关注和对未来的深刻把握前提下的产物。对其实质内涵与内容旨趣，学术界一直在争论和探索。历史相对主义、虚无主义、非历史主义、英雄主义等思潮仍然挥之不去，在某些时候甚至大有卷土重来之势。毋庸置疑，对历史主义的重新理解、对马克思的历史主义原则的厘定，以及如何用马克思的历史主义原则来剖析中国当代历史、时下现状，并推陈出新，是我们必须面对和亟待解决的重大理论问题。

在马克思、恩格斯的著作中，直接使用“历史主义”词汇的地方几乎没有，很多时候，我们的理解都是在诠释学基础上来释义的，比如在他们用“历史地看问题”、“历史观点”、“历史的方法”等等话语的时候，而其本质都是在表述历史主义的思想内涵。马克思指出：“我们不想讲得太详细，只想指出几个要点来说明，历史是不能靠公式来创造的。”② 说明历史是需要方法原则来解剖的。列宁就说过：“马克思一方面能够承受并进一步发展‘18 世纪的精神’，另一方面又能承受并进一步发展 19 世纪初期那些哲学家和历史学家的经济主义和历史主义（以及辩证法），这只是证明了马克思主义的深刻性和它的力量，这只是证明把马克思主义看做是科学上最新成就的见解是完全正确的。”③ 我们知道，马克思在其著作中多次提到维柯及其《新科学》，并在《资本论》中引用了维柯的著作。可以参阅《资本论》第一卷。马克思在文中继承和超越了维柯的历史主义原则，认为人类史是自然史的扬弃与高级阶段，有着自身的发展规律。这种规律是不以人的意志为转移的，而是历史合力作用的结果，看待

① ［法］德里达：《马克思的幽灵》，何一译，中国人民大学出版社 1999 年版，第 127 页。

② 《马克思恩格斯选集》第 1 卷，人民出版社 1995 年版，第 163 页。

③ 《列宁全集》第 20 卷，人民出版社 1958 年版，第 197 页。

历史，每个意志对合力都有所作用，显微镜和望远镜相得益彰。

在 19 世纪就已成为科学思维的特征的历史主义，要求对社会现象的形成过程进行分析，对各个历史阶段进行具体剖析。从黑格尔的精神概念王国里获得了最充分的哲学养分的资产阶级的历史主义，最终不能客观诠释历史。它认为社会发展的客观规律是不可能掌握的，认为把历史进程作为一个整体来认识是不可能的。真正科学的历史主义认为，自然界和社会生活的发展过程都是有规律的，这种规律只有在研究其历史的基础上才能被认识；理论概念只有在能正确反映历史现实的主要的和典型的特点时，才能被认为是正确的。而马克思的历史主义正是如此。马克思的历史主义是在对黑格尔的历史主义批判继承的基础而形成的。它消除了黑格尔的历史主义思辨性质及其抽象性。历史不再是自成起结的封闭圆圈，而是一个开放性的、层次性的进程。历史也不是什么精神的自我发展，而是现实的、活生生的人的活动。他说："创造这一切，拥有这一切并为这一切而斗争的，不是'历史'而正是人，现实的、活生生的人。'历史'并不是把人当作达到自己目的的工具来利用的某种特殊的人格。历史不过是追求着自己目的的人的活动而已。"① 建立在唯物史观理论基础上的马克思的历史主义，是唯物辩证的方法在社会历史领域的具体应用。在认识论层次上，马克思的历史主义关照历史要求从客观历史实际出发，而不是从某种观念、精神或理念出发去认识历史。在本体论层次上讲，马克思的历史主义认为人类社会发展是有规律的客观过程，是现实的、活生生的人的有目的实践活动的发展。在价值论层次上，马克思的历史主义把历史评价和人物评价置身于其生活世界而不是神圣王国中。正如列宁所言："在分析任何一个社会问题时，马克思主义理论的绝对要求，就是要把问题提到一定的历史范围之内。"②

历史是必然与自由的合力，即客观规律与主观创造的博弈。马克思充分认识到了历史的这种二重性。因此，马克思的历史主义，就是马克思主义的历史辩证法，是马克思看待历史的一种辩证的历史决定论的方法。他的历史主义原则贯彻到分析、把握人类历史进程中，具体变现为阶级分析方法、历史与逻辑相一致的方法、实践辩证分析方法。如年鉴学派奠基人

① 《马克思恩格斯全集》第 2 卷，人民出版社 1957 年版，第 118—119 页。

② 《列宁选集》第 2 卷，人民出版社 1995 年版，第 512 页。

费弗尔所言："任何一个历史学家，即使从来没有读过一句马克思的著作，……也要用马克思主义的方法来思考和理解事实和例证。"[①] 总之，马克思主义的历史主义方法论是一种科学的方法论，它突出地强调历史性、现实性、具体性，要人们通过实践，进入现实的具体的历史情境中去，其旨趣指向是，唯有从物质生产实践出发并在此基础上对社会现实进行具体的历史的分析，才能对社会历史实现科学性与价值性、历史与逻辑、普遍性与特殊性的有机统一。

首先是阶级分析方法。阶级分析是马克思的历史主义的一个重要原则和方法。马克思并不是最早认识到人类社会历史中存在阶级和阶级斗争的。正如马克思所言："无论是发现现代社会中有阶级的存在或发现各阶级间的斗争，都不是我的功劳。在我以前很久，资产阶级的历史学家就已叙述过阶级斗争的历史发展，资产阶级的经济学家也已对各个阶级作过经济上的分析。"[②] 马克思的历史主义阶级分析方法要求人们从对经济关系活动的分析中去认识阶级的运动。阶级首先是一个经济范畴，是与一定阶段的生产发展紧密联系的，是生产关系和交换关系所有者之间斗争的产物。事实证明，马克思的历史主义阶级分析方法，是研究阶级社会重大政治变迁和重大历史运动的科学方法。离开了马克思的历史主义原则，阶级分析方法是不可能得到科学运用的，重视阶级分析方法，但不是把所有的问题都当作阶级问题去处理，它不是研究阶级问题的唯一的方法。"十年动乱"是个教训。

其次是历史与逻辑相一致的方法。这一方法要求对于动态的历史必须予以动态考察，而不能用一种模式化或概念化的东西将其作简单的概括。任何理论上的概括，都必须建立在历史主义的基础上，做到逻辑与历史的一致，而不是用逻辑去剪裁历史。1877 年，在给《祖国纪事》杂志编辑部的信中，马克思以非常明确的语言表达了他的历史主义哲学主张："极为相似的事变，发生在不同的历史环境中就引起了完全不同的结果。如果把这些演变中的每一个都分别加以研究，然后再把它们加以比较，我们就会很容易地找到理解这种现象的钥匙；但是，使用一般历史哲学理论这一

---

① 张广智：《克丽奥之路——历史长河中的西方史学》，复旦大学出版社 1989 年版，第 264 页。

② 《马克思恩格斯选集》第 4 卷，人民出版社 1995 年版，第 547 页。

把万能钥匙，那是永远也达不到这种目的的，这种历史哲学理论的最大长处就在于它是超历史的。”① 这就要求我们既要坚持实践的原则，尊重历史的客观性，在研究中，不能以抽象地逻辑推理遮蔽历史主义的现实研究。在马克思看来，历史中的概念，“充其量不过是对人类历史发展的观察中抽象出来的最一般的结果的综合。这些抽象本身离开了现实的历史就没有任何价值. 它们只能对整理历史资料提供某些方便，指出历史资料的各个层次间的连续性。但是这些抽象与哲学不同，它们绝不提供适应于各个时代的药方或公式。”② 正如马克思所言：“凡是将理论引向神秘主义的神秘东西，都能在人的实践中以及对这个实践的理解中得到合理的解决。”③ 正是通过现实的、活生生的人的实践活动，历史与逻辑实现了有机统一。

最后是实践的辩证分析方法。实践批判和实践的辩证是马克思主义对以往旧唯物主义超越的界点。因为在马克思、恩格斯看来，“对实践的唯物主义者即共产主义者来说，全部问题都在于使现存世界革命化，实际地反对并改变现存的事物”④。马克思通过以实践为手段、以实践为对象、以实践为自我实践的方式，来理解、揭示自然史与人类史的关系、历史共性与具体性的关系及历史事实与价值评价的关系的内在逻辑一致性。辩证法意义上的批判、斗争与和谐、统一是不能割裂的。历史发展也是如此。历史不是观念的堆积，而是活生生的人的现实实践活动。而这种活动——实践更不是孤立、片面的简单线性轮替，而是“每一代都利用以前各代遗留下来的材料、资金和生产力；由于这个缘故，每一代一方面在完全改变了的环境下继续从事所继承的活动，另一方面又通过完全改变了的活动来变更旧的环境”⑤。马克思正是在人类实践辩证的继承、发展的基础上，既看到了资本主义创造了以往任何时候都要多的生产，又揭示了资本主义必然被社会主义代替的历史发展规律，彰显了社会主义实践的优越性。

理论总是要服务于实践。马克思的历史主义原则经历着中国波澜壮阔的改革开放的检验。只有理论的澄清，才能更好地指导实践。实践证明中

① 《马克思恩格斯选集》第3卷，人民出版社1995年版，第342页。

② 《马克思恩格斯选集》第1卷，人民出版社1995年版，第73—74页。

③ 《马克思恩格斯选集》第2卷，人民出版社1995年版，第56页。

④ 《马克思恩格斯选集》第1卷，人民出版社1995年版，第75页。

⑤ 同上书，第88页。

国的发展离不开马克思主义的指导。质言之，如何在遵循人类发展社会规律的视阈中，运用具体的原则来指引中国建设是当前面临的问题。历史唯物主义是历史研究中总的指导思想和理论基础，而历史主义原则是在研究具体的历史问题时所遵循的原则和方法。历史唯物主义涵盖着历史主义，历史主义是整个历史唯物主义原理的构成维度之一。这是历史主义与历史唯物主义的一致性之所在，也就是它们之间的联系。对于历史研究来说，它们二者的侧重点不一样。当我们探讨社会历史发展的一般规律时，需要着重根据历史唯物主义的原理去进行研究；而当我们对某些具体的历史事件和历史人物进行研究时，则需要在历史唯物主义一般原理的指导下，按照历史主义原则的要求来对具体的历史事实进行分析，作出具体的判断。历史主义是针对着“对历史的非历史的态度提出来的”。因此，尊重当下中国的客观性质，忠于现实本身，照现实的本来面目研究中国，而不要有任何主观的添减，这就是马克思的历史主义的内涵；从不容置疑的历史事实及产生这些事实的不以人的意志为转移的历史条件出发，把所要分析的问题搁置到相应的历史范围之内，具体问题具体分析，站在当代的高度研究历史，但不能把历史现代化，这就是马克思的历史主义的要求。据此，我们认为，中国的问题要具体分析，历史的发展是合力的结果。

马克思的历史主义在中国也遭遇着历史的纠结。新中国成立以来关于马克思历史主义原则的几次大争论，在一定程度上推进了我们对马克思的历史主义原则的认知。从50年代前期实用主义对历史主义的遮蔽，到60年代阶级斗争挂帅对马克思的历史主义的扭曲，直至80年代对马克思的历史主义的重新认知，其每一次论证都是与整个中国社会大环境息息相关。1924年瞿秋白最早提及的“社会科学中之历史主义”，1938年毛泽东正式提出“我们是马克思主义的历史主义者，我们不应当割断历史”①。马克思的历史主义在中国的实践发展中风风雨雨，遭遇诸多。研究历史主义不仅具有重要理论意义，还有实践意义。只有历史主义地看待历史问题，才能正确地历史地看待现实问题。反之，只有历史地看待现实问题，才能正确地审视历史问题。新中国成立后，毛泽东提出区分敌我和人民内部两类矛盾的界限，提出正确处理人民内部矛盾的问题，这是对的；而后来他对我国阶级斗争形势的错误判定，他在关于处理人民内部矛盾问题上

① 《毛泽东选集》第2卷，人民出版社1991年版，第534页。

犯了众所周知的严重错误，“文革”十年，可以说是非历史主义方法与做法极度泛滥的时期。将政治凌驾于学术研究之上，完全蔑视科学研究的学术价值，将阶级观点与历史主义对立起来，把历史研究归结为政治的工具与附庸，迎合政治需求，给中国学术特别是史学研究带来巨大灾难。党的十一届三中全会的召开，放弃以阶级斗争为纲，提出以经济建设为中心，正是充分坚持和继承了马克思的历史主义原则，摒弃了阶级斗争挂帅的非历史主义的做法。

人民群众是历史的创造者。现在我们要建设有中国特色的社会主义，当然要从中国实际出发，要研究中国现状，也要研究中国历史和传统文化，特别是近代以来中国历史和文化的巨大发展变化。时代的担当赋予生活在这样一个大变革时代的我们，期待我们运用理智来理解时代变迁并依据时代意境来行动。认为只有传统文化才是“中国特色”，试图绕过近现代而从古代“寻根、找土壤”，那也是不现实的，不符合马克思的历史主义的发展观点。正是根据马克思主义的历史主义原则，我们尊重自己国家和民族的历史，决不忘掉基本的历史联系，决不割断历史。历史遗产，有精华也有糟粕。马克思主义的历史主义要求尊重历史，但决不是要美化历史。毛泽东同志说得好：“我们必须尊重自己的历史，决不能割断历史。但是这种尊重，是给历史以一定的科学的地位，是尊重历史的辩证法的发展，而不是颂古非今，不是赞扬任何封建的毒素。”① 正确处理马克思主义与中国传统文化的关系，本身就是一种历史主义的态度取舍问题。以传统文化为母体，以马克思主义为根本，对现代西方文化辩证取舍，才符合马克思的历史主义原则。建设有中国特色的社会主义，离不开对历史的反思，离不开对当下的把握，离不开指导思想的凝聚力，从而才有“中国道路”、“中国模式”的国际大讨论。显然有关“中国特色”的相关问题，其叙事、言说无疑都是在中国改革开放这样一个大的历史背景下展开，这正是马克思的历史主义原则中的实践辩证方法的具体展现。世上没有所谓普遍的抽象模式而言，历史也不会终结于西方的民主架构。

马克思的历史主义对中共党史研究具有重要的指导意义和学术价值。马克思主义的历史主义在党史研究中的运用，毛泽东曾概括为“古今中外法”。习近平最近强调了党史工作应揭示和宣传三个“必然性”：“中国

① 《毛泽东选集》第2卷，人民出版社1991年版，第708页。

共产党在中国的领导地位和核心作用形成的历史必然性”，“中国人民走上社会主义道路的历史必然性”，以及“通过改革开放和社会主义现代化建设，实现中华民族伟大复兴的历史必然性”。并且提出：“坚决反对任何歪曲和丑化党的历史的错误倾向。这是党史工作必须遵循的党性原则，也是每一个党史工作者应该履行的政治责任。”[①] 非马克思主义、历史虚无主义思潮在一些领域的出现，某些所谓专家学者甚至对我党的历史肆意歪曲，把历史的负面当正面，把局部当整体，有意无意地把“孩子”连同污水一起倒掉了，造成了诸多不良影响。历史虚无主义把偶然性当成了历史形成的唯一因素，出现篡改历史，戏说历史等等荒谬做法。阉割历史，以今天的某些价值来评判历史、党史，无疑是狭隘、功利的错误历史观。客观、辩证地看待中共党史、看待中国近代史、现代史、当代史是我国史学工作者无法回避的重大课题。错误的历史主义原则必定扭曲对历史事实的真实评价。正如霍布斯鲍姆曾说：“对历史的分析必须有一个逻辑分析的框架。这一框架必须以客观可见的人类事务中的定向变迁因素为基础，而不涉及我们主观的或现时的愿望、不涉及我们的价值判断。”[②] 只有在历史史实的客观分析中建立起历史的事实判断和价值判断的统一，用马克思的历史主义原则，从国家意识形态的高度来把握历史是我们应有的责任。只有如此，才能反思和继承历史，认清形势。新中国的成立是中国共产党浴血奋战的结果，改革开放是共产党人拨乱反正、勇于承担的伟大事业，以人为本、科学发展是中国共产党人向世人展示中国一种人与自然和谐、人与社会和谐的中国发展史。

创新如今俨然是一个颇具魅力的通行证，学术也是如此。将历史作为一种确定无疑的内容，用来诠释人类过去的特定样态，无疑是一种非马克思的历史主义态度。历史没有起点，也没有终点。一切历史都是当代史。时下中国，“以人为本”的科学发展观的提出，正是建立在马克思的历史主义基础上的理论创新。创新是建立在认同的前提下，历史认同是民族的、地域的、文化的认同。历史不仅要呈现认同，也要描述与他者的差异。但差异不代表不认同，差异同样可以和谐共处。中国作为世界上最大

---

① 习近平：《全国党史工作会议讲话》，2010 年 7 月 21 日，中新网。

② ［英］艾瑞克·霍布斯鲍姆：《史学家》，马俊亚等译，上海人民出版社 2003 年版，第 35 页。

的发展中国家，如何在当代历史中定位自己、如何与发展中国家及发达国家相处，特别是中美关系、中欧关系、中日关系等国际关系的处理，都需要作历史性的思考。这无疑需要我们的智慧，需要我们创新历史思维、更新历史意识。

客观历史的进程，包含人类有目的活动中成功和失败的经验，因而历史自身是有意义的。历史的意义并不单纯是人赋予的。历史的意义就是人类活动在创造着的物质财富与精神财富，是人的活动留下的成功与失败的经验与教训。历史思考的目的是使我们更加幸福地、更快乐地和更有希望地面对现在和未来。只有对过去的看法由对当下问题的洞察力得到生动书写时，历史才更加生动、真实。对历史主义的回溯，不是让我们沉浸在悲痛的已往，不是“以昨天的卑鄙行为来为今天的卑鄙行为进行辩护”，[①]而是让我们从中得出进步的因子。唯有如此，历史才有价值。历史是被期待的，过去的经验中总是隐藏着一个未被历史验证的未来。历史发展曲折复杂。我们运用马克思的历史主义原则，既要看到历史留给我们的遗产，又要解析非主流的经验教训，以及中国道路、中国问题，需要借鉴，需要反思。中国过去的道路、现在的道路乃至未来道路选择和发展模式，都是基于中国自身历史史实的抉择。没有所谓的普世价值，马克思的历史主义原则，昭示的就是坚持中国自己的特色，在马克思主义的指导下，走自己的路，在人类历史洪流中，创造属于中华民族的特定价值。

① 《马克思恩格斯选集》第1卷，人民出版社1995年版，第3页。

公正与公共性

马克思恩格斯视野中的正义问题

段忠桥*

进入21世纪以来，随着“贫富差距拉大”问题在我国现实生活中的日益凸显和罗尔斯的《正义论》在我国学术界影响的逐渐扩大，探讨分配正义的论著开始明显增多。然而，人们只要在互联网上检索一下就不难发现，从马克思主义出发研究这一问题的论著不但很少，而且学术影响和社会影响都不大。这是为什么？我认为，原因之一是人们对马克思、恩格斯关于正义问题的论述缺少全面的了解和准确的把握，因而存在不少理解上的误区。为此，本文试图从近年出版并较有影响的两个人的著作——中央党校吴忠民教授的《社会公正论》（山东人民出版社2004年出版）及《走向公正的中国社会》（山东人民出版社2008年出版），以及中山大学林进平博士的《马克思的“正义”解读》（社会科学文献出版社2009年出版）入手，在着力指出并澄清它们之中存在的一些误解的同时，对马克思、恩格斯视野中的正义①问题做一较为全面的说明。

一

就国内学界对马克思、恩格斯关于正义问题的研究而言，吴忠民教授是较早涉足这一领域的学者。早在2001年，他就在《马克思主义研究》

---

* 段忠桥，中国人民大学教授。

① “正义”概念在马克思、恩格斯的德文原著中是用Gerechtigkeit表示的，这一概念在中文版的《马克思恩格斯全集》中有时也被译为“公正”或“公平”，因此，国内很多学者都把“公平”、“公正”和“正义”作为同一概念来使用的。本文也遵循这种用法。

第 4 期上发表了一篇题为“马克思恩格斯公正思想初探”的论文。在《社会公正论》和《走向公正的中国社会》① 中，他又对马克思、恩格斯公正思想做了进一步的论证。本文将集中分析这两本书中的三个误解。

吴教授的第一个误解出现在他的《社会公正论》第三章“马克思主义的公正思想”中。他在那里首先指出，马克思、恩格斯曾对公正问题进行过认真的研究，并形成了比较系统的公正思想。但是长期以来，由于种种因素的影响，人们对于马克思、恩格斯的公正思想没有给予应有的重视。由此出发，他提出了这样一个见解：“马克思恩格斯认为，公正是人类社会的崇高境界，是社会主义和共产主义的首要价值之所在。”②

吴教授这一见解的依据是什么？从他的相关论述来看，依据只有一个，那就是恩格斯在 1843 年写的“大陆上社会改革运动的进展”一文中的一段话：“真正的自由和真正的平等只有在共产主义制度下才可能实现；而这样的制度是正义所要求的。”③ 吴教授把恩格斯的这段话作为他的见解的依据显然是不能成立的。我们知道，1843 年的恩格斯还远没有形成科学社会主义的思想，因而，他此时讲的“共产主义制度”还远不是他后来论述的科学社会主义理论中的共产主义。我们只要仔细读一下恩格斯的那篇文章就可以发现，他此时所说的“共产主义”指的是法国的以巴贝夫为代表的共产主义和德国的以魏特林为代表的共产主义。④ 吴教授那一见解中讲的“社会主义和共产主义”无疑不是意指这样的共产主义，而是意指科学社会主义理论中的共产主义。这样说来，恩格斯的这段话就不能用作吴教授的那一见解的依据。吴教授还能给出其他依据吗？我认为不能，因为在马克思和恩格斯成熟时期的著作中就再没有出现“真正的自由和真正的平等只有在共产主义制度下才可能实现；而这样的制度是正义所要求的”这样的论述。

吴教授的见解不仅存在依据的问题，而且还与马克思、恩格斯在公正与社会主义和共产主义关系问题上的基本观点相悖。按照吴教授的见解，

① 在吴忠民教授的论著中，“公正”与“正义”是同一概念。对此他有这样的说明：“公正与正义同义，英文写法均为 justice。”参见吴忠民《社会公正论》，山东人民出版社 2004 年版，第 1 页。

② 吴忠民：《社会公正论》，山东人民出版社 2004 年版，第 61—62 页。

③ 《马克思恩格斯全集》第 1 卷，人民出版社 1956 年版，第 582 页。

④ 同上书，第 576 页、586 页。

社会主义和共产主义是公正所要求的，因为公正是人类社会的崇高境界，是社会主义和共产主义的首要价值。在这里我们无须深究吴教授说的公正的确切含义是什么，因为无论它的含义是什么，马克思、恩格斯都不认为社会主义和共产主义是公正所要求的。从马克思、恩格斯的相关论述不难看出，他们多次强调共产主义社会的实现不是基于某种公正的要求，而是基于历史发展的客观必然性。在他们看来，各种公正的要求说到底都只是一种价值判断，而不是对历史必然性的揭示。对于这类要求，恩格斯在谈论民主的泛斯拉夫主义时讲过这样一段话："'正义'、'人道'、'自由'、'平等'、'博爱'、'独立'——直到现在除了这些或多或少属于道德范畴的字眼外，我们在泛斯拉夫主义的宣言中没有找到任何别的东西。这些字眼固然很好听，但在历史和政治问题上却什么也证明不了。'正义'、'人道'、'自由'等等可以一千次地提出这种或那种要求，但是，如果某种事情无法实现，那它实际上就不会发生，因此无论如何它只能是一种'虚无飘缈的幻想'。"① 因此，"马克思从来不把他的共产主义要求建立在这样的基础上，而是建立在资本主义生产方式的必然的，我们眼见一天甚于一天的崩溃上"。② 对于社会主义和共产主义的实现，马克思讲得更明确："工人阶级企图实现的社会变革正是目前制度本身的必然的、历史的、不可避免的产物。"③ 他还严厉批评了将社会主义和共产主义基于某种公正要求的作法。他在致弗·阿·左尔格的一封信中指出："在德国，我们党内，与其说是在群众中，倒不如说是在领导（上层阶级出身的分子和'工人'）中，流行着一种腐败的风气。同拉萨尔分子的妥协已经导致同其他不彻底分子的妥协：在柏林（通过莫斯特）同杜林及其'崇拜者'妥协，此外，也同一帮不成熟的大学生和过分聪明的博士妥协，这些人想使社会主义有一个'更高的、理想的'转变，就是说，想用关于正义、自由、平等和博爱的女神的现代神话来代替它的唯物主义的基础（这种基础要求一个人在运用它以前认真地、客观地研究它）。"④ 不难看出，吴教授的见解严重误解了马克思和恩格斯的思想。

① 《马克思恩格斯全集》第 6 卷，人民出版社 1961 年版，第 325 页。

② 《马克思恩格斯全集》第 21 卷，人民出版社 1965 年版，第 209 页。

③ 《马克思恩格斯选集》第 3 卷，人民出版社 1995 年版，第 113 页。

④ 《马克思恩格斯全集》第 34 卷，人民出版社 1972 年版，第 281 页。

吴教授的第二个误解也出现在他的《社会公正论》第三章“马克思主义的公正思想”中。在提出他的上述见解之后，吴教授进而又提出这样一种见解：“马克思恩格斯将公正作为现实的奋斗目标”，并认为“公正应当成为工人阶级最为重要的价值观念”①。

吴教授这一见解的依据又是什么？从他的相关论述来看，依据也只有一个，这就是马克思在1871年为国际工人协会起草的《共同章程》写的一段话：“加入协会的一切团体和个人，承认真理、正义和道德是他们彼此间和对一切人的关系的基础，而不分肤色、信仰或民族……”② 这个依据也不能成立。熟悉马克思主义发展史的人都知道，1871年的《共同章程》的最初文本是马克思在1864年10月用英文写的《临时协会章程》，而吴教授用作依据的那段话最早就出现《临时协会章程》中③。弄清这一点对于我们理解马克思的思想十分重要。因为从马克思起草《临时协会章程》的背景材料可以看出，马克思使用“真理、正义和道德”这几个词只是出于策略的考虑。对此，马克思在他1864年11月4日给恩格斯的信中有这样的说明：“不过我必须在《章程》引言中采纳‘义务’和‘权利’这两个词，以及‘真理、道德和正义’等词，但是，这些字眼已妥为安排，使它们不可能为害。”④ 他还说：“要把我们的观点用目前水平的工人运动所能接受的形式表达出来，那是很困难的事情。……重新觉醒的运动要做到使人们能像过去那样勇敢地讲话，还需要一段时间。这就必须实质上坚决，形式上温和。”⑤ 在1864年11月29日给莱·菲力浦斯的信中，马克思又谈起了这件事，他说：“出于对一向喜欢空谈的法国人和意大利人的礼节上的考虑，我不是在《宣言》中、而是在《章程》的引言部分不得不加了几个无用的字眼。”⑥ 马克思的这些论述表明，吴教授引用的《共同章程》的那段话根本不能作为“马克思恩格斯将公正作为现实的奋斗目标”，“公正应当成为工人阶级最为重要的价值观念”的依

---

① 吴忠民：《社会公正论》，山东人民出版社2004年版，第62页。

② 《马克思恩格斯选集》第2卷，人民出版社1995年版，第610页。

③ 同上书，第672页注释169。

④ 《马克思恩格斯全集》第31卷，人民出版社1972年版，第17页。

⑤ 同上。

⑥ 同上书，第438—439页。这里说的“几个无用的字眼”，指的就是“义务”和“权利”这两个词，以及“真理、道德和正义”等词。

据的。吴教授还能提出其他依据吗？我认为也不能，因为无论是马克思还是恩格斯都一贯反对“将公正作为现实的奋斗目标”和“公正应当成为工人阶级最为重要的价值观念”的。

吴教授的第二个见解还与马克思、恩格斯在公正与无产阶级革命关系问题上的基本观点相悖。在马克思、恩格斯看来，各种公正的要求，说到底都是把工人获得解放的希望寄托在道德意义的“应当”上，说得更明确一点就是，寄托在有朝一日资产者良心的发现上，因而，它为无产阶级运动描绘的前景就只能是耐心地等待。对此恩格斯说道，“如果我们对现代劳动产品分配方式（它造成赤贫和富豪，饥饿和穷奢极欲的尖锐对立）的日益逼近的变革所抱的信心，只是基于一种意识，即认为这种分配方式是非正义的，而正义总有一天一定要胜利，那就糟了，我们就得长久等待下去”[①]。相反，无产阶级革命的正确主张是，“现代资本主义生产方式所造成的生产力和由它创立的财富分配制度，已经和这种生产方式本身发生激烈的矛盾，而且矛盾达到了这种程度，以至于如果要避免整个现代社会灭亡，就必须使生产方式和分配方式发生一个会消除一切阶级差别的变革。现代社会主义必获胜利的信心，正是基于这个以或多或少清楚的形式和不可抗拒的必然性印入被剥削的无产者的头脑之中、可以感触到的物质事实，而不是基于某一个蛰居书斋的学者关于正义和非正义的观念”[②]。可见，吴教授的第二个见解也严重误解了马克思和恩格斯的思想。

吴教授的第三个误解出现在他的《走向公正的中国社会》第一章“社会公正的意蕴及意义”中。他在这一章中首先提出，虽然人们对于社会公正的界定一直存在着不少争论，但是有一个相对来说是比较公认的经典解释，这就是：所谓社会公正，就是给每个人他（她）所“应得”。他接着提出，在现代社会和市场经济条件下，社会公正包括四个方面的基本原则：基本权利的保证、机会平等、按照贡献进行分配和一次分配后的再调剂。在谈到第一个基本规则，即基本权利的保证规则时，他讲了这样一段话，“这一规则强调的是，只要一个人来到世上，他就具有不证自明的基本权利，这些权利包括生存权、社会保障权、受教育的权利等等。社会对社会成员的基本权利必须予以切实的保护。正如恩格斯所指出的那样：

① 《马克思恩格斯选集》第3卷，人民出版社1995年版，第500页。

② 同上书，第500—501页。

'一切人，作为人来说，都有某些共同点，在这些共同点所及的范围内，他们是平等的，这样的观念自然是非常古老的。但是现代的平等要求与此完全不同；这种平等要求更应当是从人的这种共同特性中，从人就他们是人而言的这种平等中引申出这样的要求：一切人，或至少是一个国家的一切公民，或一个社会的一切成员，都应当有平等的政治地位和社会地位。'"① 从吴教授的这些论述不难看出，由于他既没对所讲的“不证自明的基本权利”中的“不证自明”的含义做任何说明，也没对为什么只要一个人来到世上就具有了不证自明的基本权利做任何解释，而只是说“正如恩格斯所指出的那样”，即径直引用恩格斯的那段话作为他讲的“不证自明的基本权利”的依据，这无疑意味着，他认为恩格斯在这段话中讲的“现代的平等要求”就是恩格斯本人赞同的平等要求，而且这种要求是“不证自明”的，因为恩格斯说这种要求“更应当是从人的这种共同特性中，从人就他们是人而言的这种平等中引申出这样的要求：一切人，或至少是一个国家的一切公民，或一个社会的一切成员，都应当有平等的政治地位和社会地位”。吴教授的这一见解是不能成立的。

首先，恩格斯讲的“现代的平等要求”并不是指他本人赞同的平等要求，而是指在由封建社会向资本主义社会转变中出现的资产阶级的政治平等要求和无产阶级的社会平等要求。吴教授引证的那段话出自恩格斯的名著《反杜林论》第一编哲学中的“道德和法·平等”那一部分，在讲完那段话后恩格斯紧接着说，“要从这种相对平等的原始观念中得出国家和社会中的平等权利的结论，要使这个结论甚至能够成为某种自然而然的、不言而喻的东西，必然要经过而且确实已经经过了几千年”②。在对历史上的先后出现的平等要求做了简要的回顾以后，恩格斯指出，在封建的中世纪的内部孕育了这样一个阶级，这个阶级在他的进一步发展中，注定成为现代平等要求的代表者，这就是市民等级。市民等级后来发展为资产阶级，其平等要求是在政治上消灭阶级特权。恩格斯还指出，“从资产阶级由封建时代的市民等级破茧而出的时候起，从中世纪的等级转变为现代的阶级的时候起，资产阶级就由它的影子即无产阶级不可避免地一直伴随着。同样地，资产阶级的平等要求也由无产阶级的平等要求伴随着……

① 吴忠民：《走向公正的中国社会》，山东人民出版社 2008 年版，第 19 页。

② 《马克思恩格斯选集》第 3 卷，人民出版社 1995 年版，第 444 页。

无产阶级抓住了资产阶级的话柄：平等应当不仅是表面的，不仅在国家的领域实行，它还应当是实际的，还应当在社会的、经济的领域中实行”①。可见，恩格斯讲的“现代的平等要求”既包括资产阶级的平等要求，也包括无产阶级的平等要求，而吴教授却把恩格斯讲的“现代的平等要求”理解为恩格斯本人赞同的平等要求，且不说恩格斯如何评价无产阶级的平等要求，仅就“现代的平等要求”还包括资产阶级的平等要求而言，吴教授的那种理解也是不能成立的。

其次，恩格斯并不认为“现代的平等要求”具有“公理式的真理性”，而是强调它是一种历史的产物。在对资产阶级的平等要求和无产阶级的平等要求分别做了说明以后，恩格斯说道，“平等的观念，无论是以资产阶级的形式出现，还是以无产阶级的形式出现，本身都是一种历史的产物，这一观念的形成，需要一定的历史条件，而这种历史条件本身又以长期的以往的历史为前提。所以，这样的平等观念说它是什么都行，就不能说是永恒的真理。如果它现在对广大公众来说——在这种或那种意义上——是不言而喻的，如果它像马克思所说的，‘已经成为国民的牢固的成见’，那这不是由于它具有公理式的真理性，而是由于18世纪的思想得到普遍传播和仍然合乎时宜”。② 恩格斯的这些话表明，尽管他在前边引用过的那段话中讲了现代的平等要求，更应当是从人就他们是人而言的这种平等中引申出来的，但他并不认为它具有“公理式的真理性”。吴教授所说的“不证自明”，其实也就是恩格斯这里说的“具有公理式的真理性”。如果是这样的话，那吴教授的那种理解，即认为恩格斯讲的现代的平等要求是“不证自明”，就是不能成立的。

吴教授的第三个误解实际上还包含着平等 = 正义的意思，而这是与马克思、恩格斯在平等问题上的基本观点相对立的。前边指出，吴教授认为，所谓社会公正，就是给每个人他（她）所“应得”。而每个人的“应得”，说到底，指的就是他在其第一基本规则强调的“只要一个人来到世上，他就具有了不证自明的基本权利”。如果将这与他接着引证的恩格斯的那段话联系起来看，他实际上是认为一切人，或至少是一个国家的一切公民，或一个社会的一切成员，都“应当”有平等的政治地位和社会地

① 《马克思恩格斯选集》第3卷，人民出版社1995年版，第447—448页。

② 同上书，第448—449页。

位，或者说，平等 = 正义。然而，这却恰恰是马克思、恩格斯一贯反对的思想。对此恩格斯在《〈反杜林论〉的准备材料》中指出，“为了得出‘平等 = 正义’这个命题，几乎用了以往的全部历史，而这只有在有了资产阶级和无产阶级的时候才能做到。但是，平等的命题是说不应该存在任何特权，因而它在本质上是消极的，它宣布以往的全部历史都是糟糕的。由于它缺少积极的内容，也由于它一概地否定过去的一切，所以它既适合于由 1789—1796 年的大革命来提倡，也适合于以后的那些制造体系的凡夫俗子。如果想把平等 = 正义当成是最高的原则和最终的真理，那是荒唐的”①。马克思恩格斯不但反对“平等 = 正义”这一命题，而且认为决不应该把“消除一切社会的和政治的不平等”作为无产阶级的口号。马克思在《哥达纲领批判》中指出，“本段末尾‘消除一切社会的和政治的不平等’这一不明确的语句，应当改成，随着阶级差别的消灭，一切由这些差别产生的社会的和政治的不平等也自行消灭”②。恩格斯说的更明确，“用‘消除一切社会的和政治的不平等’来代替‘消灭一切阶级差别’，这也很成问题。在国和国、省和省、甚至地方和地方之间总会有生活条件方面的某种不平等存在，这种不平等可以减少到最低限度，但是永远不可能完全消除。阿尔卑斯山居民和平原上的居民的生活条件总是不同的。把社会主义社会看作平等的王国，这是以‘自由、平等、博爱’这一旧口号为根据的片面的法国人的看法，这种看法作为当时当地一定的发展阶段的东西曾经是正确的，但是，像以前的各个社会主义学派的一切片面性一样，它现在也应当被克服，因为它只能引起思想混乱，而且因为已经有了阐述这一问题的更精确的方法”③。

二

在近几年国内马克思正义思想研究领域，林进平博士也有一定的影响。他早在 2005 年就与其导师徐俊忠教授合作，在《学术研究》发表了一篇题为“历史唯物主义视野中的正义观——兼谈马克思何以拒斥、批

① 《马克思恩格斯全集》第 20 卷，人民出版社 1971 年版，第 669—670 页。

② 《马克思恩格斯选集》第 3 卷，人民出版社 1995 年版，第 311 页。

③ 同上书，第 325 页。

判正义”的论文。2009年，他又出版了一本集中论述马克思正义思想的专著——《马克思的“正义”解读》。

与吴忠民教授的见解截然相反，林进平博士认为，“一般而言，正义都会被当作具有积极意义或者说是某种体现为善的价值理想。然而正义在马克思成熟时期的作品中，却有着与这种流行观点几乎不同的境遇：正义并不是马克思诉求的对象，而是马克思拒斥、批判的对象”。[①] 在《马克思的“正义”解读》一书中，他仔细考察了马克思有关正义思想的发展历程，指出尽管早期的马克思曾有自己的正义观，但自创立了历史唯物主义之后，作为一种永恒的正义或正义一般就无一幸免地落入了历史唯物主义的批判之中，因为从方法论角度考虑，正义论与历史唯物主义所体现的是两种不同的思维方法。他还进而指出，马克思对正义的批判体现在从历史唯物主义的角度对正义进行了解构：社会的真正基础和动力是社会生产而不是正义；物质生产和社会经济制度决定了正义的范式及其实质；物质生产的发展决定了正义内容的演变；正义是社会生产发展到一定阶段的产物，是一个历史范畴；是生产决定分配，不是正义决定分配。我认为，林进平博士的上述见解大体上是正确的，虽然其中有些表述不够准确。不过，在他的这本书中也存在一些误解，下面我将集中分析其中的两个误解。

林进平博士的第一个误解，是认为马克思（恩格斯）[②] 只把分配正义视为统治阶级意志或利益的体现。他是这样论证的：正义作为一种价值观念无非是物质生产发展到一定阶段的反映，其表述的也无非是对物质生产的反映；虽然历史上有过不同形态的正义，但是，作为正义，它们都传承一个共同的范式：各得其所应得；要分配共同劳动所得就必须有分配标准，由于人们参与生产的范式存在着不可通约性，而这意味着分配劳动所得存在多种可能标准，存在着各种主张的冲突；这就产生了怎样才能协调各方的利益主张，分配各方劳动所得的问题，而这意味着必须要有一个各方面都能够认可或者接受的权威来进行分配；由于分工决定了分配，因

① 林进平：《历史唯物主义视野中的正义观——兼谈马克思何以拒斥、批判正义》，《学术研究》2005年第7期。

② 其实还有恩格斯，因为他作为论据引用的《德意志意识形态》是马克思和恩格斯合著的，但不知为何，林进平却只提马克思。

此，能够支配生产或支配分工者就有资格分配所得，而这种资格，在现实上就落在统治阶级的身上，因此，所谓正义无非是必须合乎统治阶级的意志或利益。这一点也道出了正义的实质。[①] 他还进而提出，在奴隶制社会，体现了奴隶主利益的就被称为是合乎正义；在封建社会，体现了封建贵族利益的就是正义，而在资本主义社会，只有合乎资产阶级的利益才是合乎正义的。由此，我们在历史和现实中看到的是，“统治阶级的思想在每一时代都是占统治地位的思想”[②]。一个在物质生产上面占统治地位的阶级必然试图在制度层面和观念层面实行它的全面统治。[③] 由于林进平作为依据引用的这两段话出自马克思、恩格斯合著的《德意志意识形态》，这就意味着，他认为在马克思和恩格斯论述中，分配正义只是统治阶级意志或利益的体现。林进平的这一见解是不能成立的。

首先，马克思、恩格斯讲的作为价值判断的分配正义主张，既包括体现统治阶级意志或利益的分配正义主张，也包括体现被统治阶级意志或利益的分配正义主张。在马克思、恩格斯的论述中，虽然各种分配正义主张说到底都是基于特定的物质生产方式，但对它们直接起决定作用的却是这种物质生产方式的社会关系即生产关系。由于自原始社会解体后出现了在生产关系中处于不同地位的阶级或社会集团，而同一生产关系又往往为它们带来不同的利益，因此，不同的阶级或社会集团总是从自身利益出发提出各自的正义主张。马克思在《路易·波拿巴的雾月十八日》谈到小资产阶级的代表人物时指出，“使他们成为小资产阶级代表人物的是下面这样一种情况：他们的思想不能越出小资产者的生活所越不出的界限，因此他们在理论上得出的任务和解决办法，也就是他们的物质利益和社会地位在实际生活上引导他们得出的任务和解决办法。一般说来，一个阶级的政治代表和著作代表人物同他们所代表的阶级之间的关系，都是这样”[④] 恩格斯在谈到与正义问题直接相关的现代社会的道德时也指出，“如果我们看到，现代社会的三个阶级即封建贵族、资产阶级和无产阶级都各有自己的特殊的道德，那末我们由此只能得出这样的结论：人们自觉地或不自觉

① 参见林进平《马克思的“正义”解读》，社会科学文献出版社 2009 年版，第 120、124、126 页。

② 《马克思恩格斯全集》第 3 卷，人民出版社 1971 年版，第 52 页。

③ 同上。

④ 《马克思恩格斯选集》第 1 卷，人民出版社 1995 年版，第 614 页。

地，归根到底总是从他们阶级地位所依据的实际关系中——从他们进行生产和交换的经济关系中，吸取自己的道德观念”①。由此说来，当不同的阶级或社会集团提出各自的正义主张时，无论其所说的正义是指什么而言，其正义主张说到底都与它们自身的物质利益直接相关，都受它们在生产关系中所处的地位所制约。在阶级社会中，由于人们在正义问题上无法达成共识，因此，在奴隶社会，既有奴隶主主张的正义也有奴隶主张的正义；在封建社会，既有封建主主张的正义也有农奴主张的正义；在资本主义社会，既有资产者主张的正义也有无产者主张的正义；在封建社会向资本主义社会转变时，还存在封建主主张的正义、资产者主张的正义和无产者主张的正义并存的情况。对此，恩格斯有一段论述讲得很清楚：“希腊人和罗马人的公平观认为奴隶制是公平的；1789 年资产阶级的公平观则要求废除被官方宣布为不公平的封建制度，因为据说它不公平。在普鲁士的容克看来，甚至可怜的行政区域条例也是对永恒公平的破坏。所以，关于永恒公平的观念不仅是因时因地而变，甚至也因人而异，这种东西正如米尔伯格正确说过的那样‘一个人有一个人理解’。”② 马克思在批判拉萨尔时也指出：“什么是‘公平的’分配呢？难道资产者不是断言今天的分配是‘公平’的吗？……难道各种社会主义宗派分子关于‘公平的’分配不是也有各种极不相同的观念吗？”③ 可见，马克思、恩格斯并不认为分配正义只是统治阶级意志或利益的体现，只是为统治阶级所特有的，被统治阶级同样也有自己的正义主张。

其次，从林进平所引用的马克思、恩格斯的那两段话，即“统治阶级的思想在每一时代都是占统治地位的思想”，和“一个在物质生产上面占统治地位的阶级必然试图在制度层面和观念层面实行它的全面统治”，也得不出“所谓正义无非是必须合乎统治阶级的意志或利益”的结论。因为从这两句话至多只能得出统治阶级的正义思想是占统治地位的正义思想的结论，而得不出被统治阶级没有自己的正义思想的结论。

再次，林进平的见解不仅从马克思、恩格斯那里找不到依据，而且还与他自己的一些论述相矛盾。例如，他在其著作中多次谈到鲍威尔的正

① 《马克思恩格斯选集》第 3 卷，人民出版社 1995 年版，第 434 页。

② 同上书，第 212 页。

③ 同上书，第 302 页。

义、蒲鲁东的正义、巴枯宁的正义，而这些人讲的正义显然不是合乎统治阶级意志或利益的正义，但林进平把它们也是作为正义来论述的。此外，林进平在谈到马克思为什么拒斥、批判正义时还讲了这样一段话："不过，作为法权观念的正义虽然是强者的话语，但并没有意味着弱者在一些特殊时期不能借用这一话语来捍卫自己的利益，……正义所包含的对自己利益的关切，在一定限度上也有利于激发弱势群体的自我意识，就这一点来看，我们看到马克思对弱势群体的正义情感是持理解的态度。注意到这一点也许有助于理解马克思何以会在共产国际时期向正义论者'妥协'。"[①] 他在这里显然也承认弱者在一些特殊时期可以用"正义"这一话语来捍卫自己的利益，承认弱势群体也有自己的正义要求，既然这样，那就意味着"正义"不是必须合乎统治阶级的意志或利益的。

林进平的第二个误解是认为马克思拒斥、批判任何正义主张。他论证说，自历史唯物主义形成以后，"在马克思的文本中，涉及'正义'的，都几乎是马克思对'正义'的拒斥与批判的对象。如果对马克思拒斥、批判的'正义'做一归结的话，马克思主要是拒斥、批判了两种相互关联的'正义'主张：自然正义和分配正义"[②]。他还指出，"马克思为何拒斥、批判正义？这一问题如果单从理论角度考虑，当然可以认为是正义论存在着局限或缺陷，才使得马克思拒斥、批判正义。但是，一种有缺陷，甚至是错误的理论假如只是停留在理论之中，或封闭在个人的私人领域，对现实没有作用的话，也可以不必理会。但是，正义论者却是试图把他们的正义观念运用在具体的社会实践上"[③]。我认为，如果马克思在其文本中涉及的'正义'，都只是林进平说的各种资产阶级或小资产阶级的自然正义和分配正义理论，那他的见解就是成立的。但实际情况却是，马克思在其文本中还涉及无产阶级的正义主张。对于无产阶级的正义主张，马克思也持全然拒斥、批判的态度吗？

前边表明，无论是统治阶级还是被统治阶级都有各自的分配正义主张。然而，由于正义也即公平概念本身具有将同一尺度应用于每一个人的含义，因此，尽管一种分配公平主张实际上只是对某一阶级或社会集团有

① 林进平：《马克思的"正义"解读》，社会科学文献出版社2009年版，第136页。

② 同上书，第112页。

③ 同上书，第135页。

利，但它却往往被这一阶级或集团说成对其他阶级或社会集团也是公平的。于是就形成了这样一种情况，尽管各个阶级或社会集团对公平的理解是各不相同的，但无论哪个阶级或社会集团都把公平作为争取或维护自身利益的口号。无产阶级的情况也是如此。对于无产阶级的平等要求也即公平要求，恩格斯曾有这样的论述："资产阶级的平等要求也由无产阶级的平等要求伴随着。从消灭阶级特权的资产阶级要求提出的时候起，同时就出现了消灭阶级本身的无产阶级要求……"① 当然，马克思、恩格斯也都批评过无产阶级运动中出现的错误的公平主张。例如，针对当时工人运动中流行的"做一天公平的工作，得一天公平的工资"的口号，马克思强调指出，"他们应当摒弃'做一天公平的工作，得一天公平的工资！'这种保守的格言，要在自己的旗帜上写上革命的口号：'消灭雇佣劳动制度！'"② 然而，仔细研究一下就可以发现，马克思这里批评的只是把争取分配上的公平作为无产阶级斗争的口号，由此不能得出马克思拒斥、批判无产阶级任何公平要求的结论。实际上，马克思曾高度评价无产阶级超出分配的局限而直指所有制关系的公平意识。例如，在分析劳动和资本的关系时他明确指出，"认识到产品是劳动能力自己的产品，并断定劳动同自己的实现条件的分离是不公平的、强制的，这是了不起的觉悟，这种觉悟是以资本为基础的生产方式的产物，而且也正是为这种生产方式送葬的丧钟，就像当奴隶觉悟到他不能作第三者的财产，觉悟到他是一个人的时候，奴隶制度就只能人为地苟延残喘，而不能继续作为生产的基础一样"。③

这里需要指出，无产阶级的公平要求也是公平要求，因而它是一种价值判断。那无产阶级的公平要求的依据是什么呢？关于这个问题，恩格斯是这样讲的：无产阶级的平等要求"起初采取宗教的形式，借助于原始基督教，以后就以资产阶级的平等论本身为依据了"。说得再具体一点就是，无产阶级的平等要求也是"从人就他们是人而言的这种平等中"④ 引申出来的。如果说无产阶级的平等要求是"以资产阶级的平等论本身为

① 《马克思恩格斯选集》第3卷，人民出版社1995年版，第447页。

② 《马克思恩格斯选集》第2卷，人民出版社1995年版，第97页。

③ 《马克思恩格斯全集》第30卷，人民出版社1995年版，第455页。

④ 《马克思恩格斯选集》第3卷，人民出版社1995年版，第444页。

依据”的，那马克思、恩格斯为什么不一概加以拒斥、批判呢？这首先是因为，平等观念在当时“差不多所有的国家的社会主义运动中仍然起着巨大的鼓动作用”①，此外还因为，用马克思的话来讲就是，“要把我们的观点用目前工人运动所能接受的形式表达出来，那是很困难的事”②。所以，马克思恩格斯并不一概拒斥、批判无产阶级的平等要求，而是尽可能将其引导到与他们创立的历史唯物主义统一起来的消灭阶级的方向。正因为如此，马克思在1864年10月起草的《临时协会章程》中，一方面采纳了“真理、正义和道德”这些字眼，另一方面又将那些字眼“妥为安排，使它们不可能为害”③。恩格斯在讲完无产阶级的平等要求是“以资产阶级的平等论本身为依据”的之后进而强调，“平等的要求在无产阶级的口号中有双重的意义。或者它是对明显的社会不平等，对富人和穷人之间、主人和奴隶之间、骄奢淫逸和饥饿者之间的对立的自发反应——特别是在初期，例如在农民战争中，情况就是这样；它作为这种自发反应，只是革命本能的表现，它在这里，而且仅仅在这里找到自己被提出的理由。或者它是从对资产阶级平等要求的反应中产生的，它从这种平等要求中吸取了或多或少正当的，可以进一步发展的要求，成了用资本家本身的主张发动工人起来反对资本家的鼓动手段；在这种情况下，它是和资产阶级平等共存亡的。在上述两种情况下，无产阶级平等要求的实际内容都是消灭阶级的要求。任何超出这个范围的平等要求，都必然要流于荒谬”④。简言之，只要将无产阶级平等要求的实际内容限定在消灭阶级的范围，马克思、恩格斯对其就不但不加以拒斥、批判，反而予以高度的评价。

以上是对吴忠民教授和林进平博士几个误解的澄清，以及对马克思、恩格斯视野中的正义问题的说明。希望本文能引起学术界的关注，以促进对马克思主义正义思想的深入研究。

---

① 《马克思恩格斯选集》第3卷，人民出版社1995年版，第444页。

② 《马克思恩格斯全集》第31卷，人民出版社1995年版，第17页。

③ 同上。

④ 《马克思恩格斯选集》第3卷，人民出版社1995年版，第448页。

马克思主义公正观的基本向度及方法论原则

马俊峰*

在我国关于社会公正问题的大讨论中，学者们引用较多的都是当代西方一些思想家的论述，罗尔斯、诺齐克、哈耶克、麦金泰尔等人的论述被反复引用和申说，而马克思、恩格斯等经典作家却处于一种被忽视的状态。形成这种状态的原因是多方面的。对历史背景和语境不作具体的分析，就难以把握马克思、恩格斯对于社会公正问题的真实态度和精神实质，相反，甚至会得出他们不仅没有关于社会公正的理论，而且是反对和拒斥从社会公正角度讨论问题的结论。本文认为，马克思主义作为无产阶级认识和改造世界、求得自身解放和人类解放的世界观和方法论，是真理与价值相统一的理论，也只有从科学向度与价值向度辩证统一的角度，才可能对作为价值之一种表现的公正问题作出合理的理解。公正既是一种价值观念，具有评价标准的功能，也是实际的价值（包括利益、机会、权利等）分配的一种状态，其中会涉及自由与平等的矛盾、形式公正与实质公正的矛盾、一般与特殊的差别、平等与效率的抵牾，公正与不公正的对立，等等，只有运用辩证思维的方法，才能对其复杂性获得正确的认识。

中国改革开放取得了举世瞩目的成就，“中国道路”、“中国模式”、“中国经验”、“北京共识”等频频为许多国际人士所提及所论述，尤其为广大发展中国家的人们所重视，在苏东剧变国际共产主义运动陷入空前低

* 马俊峰，中国人民大学教授。

潮之际，中国特色社会主义的世界性影响正在逐渐显现出来。但我们也必须清醒地认识到，中国的现代化大业仍任重道远，中国特色社会主义建设和改革开放事业正面临着诸多困难：经济增长方式转变时进时退困难重重，发展速度快但质量较差、效益较差的问题远未获得根本性解决，环境恶化资源紧张的问题正成为制约经济持续发展的瓶颈；社会利益分化阶层分化加速进行，而社会治理和良性运行的机制尚未建立起来，原有的改革共识在逐渐破裂，而新共识的形成机制还付诸阙如；政治体制改革步履维艰，明显滞后，公共权力普遍缺乏有效监督，各个领域贪腐严重，行政成本急剧增加，已经到了社会不堪重负的程度；改革与发展的收益和代价未能得到合理分配，基尼系数超出国际警戒线，公众的被剥夺感、不满和怨气在普遍弥漫，各种社会矛盾和冲突在不断积累和加剧，如此等等。用一句话来概括，中国在获得经济快速发展的同时，社会不公正现象也达到了非常严重的程度。近年来理论界之所以普遍关注社会公正问题，正是这种社会现实的反映。一些学者提出应改变“效率优先兼顾公平”的改革指导思想，有人甚至提出反思改革、叫停改革，要求重新审视和谋划我们的改革方针，这些观点都获得了相当的社会呼应，有形成一种社会思潮社会情绪的可能。这些迹象都表明，改革的合法性正当性基础正受到相当严峻的质疑甚至挑战，如何科学合理地谋划改革并取得最大社会共识，成为必须直面的一个严重问题。

一 立足当代实践发展的新高度重新解读马克思主义公正观

中国理论界关于社会公正或正义问题[①]的讨论，从 20 世纪 90 年代开始一直延续至今，且具有一种范围越来越扩大、讨论越来越深入、争论也越来越激烈的趋势。这场大讨论，是中国当代社会矛盾在理论和观念上的反映，是普遍而严重的社会不公正现象引起了各方面不满和广泛注意的结果。从总体上看，尽管由于学科视角不同立场不同因而存在着不同甚至对立的观点，但都应看作是中国的理论家们对于“什么是社会主义、如何

① 对于公平、公正、正义这几个概念，学界有不同的定义。在我们看来，它们本质上属于同一序列的概念，其差异主要是语用方面的，所以在本文中，基本上是作为同义词来使用。

建设社会主义”这个时代大课题的具体探讨和解读，是对中国如何实现社会主义现代化、如何实现中华民族伟大复兴这个最大的实践性问题的理论探索，是在探索和认识深化过程中出现的一些不同理论观点。可与此同时，我们也必须看到，在这场关于社会公正问题的大讨论中，学者们引用较多的都是当代西方一些思想家的论述，罗尔斯、诺齐克、哈耶克、麦金泰尔等人的论述被反复引用和申说，而马克思、恩格斯等经典作家被置于一种被忽视甚至被忘却的状态。即使讨论马克思主义公正观的文字也有一些，但深入程度和影响都明显偏弱，在理论上难以与很强势的新自由主义公正观相匹敌，在解释和应对现实问题方面也没有提出积极的重要的建设性意见，故而被边缘化、被忘却也就是必然的了。这个现象无论如何是不正常的，需要引起我们严肃的注意和反思。

马克思、恩格斯确实对于社会公正、正义等问题谈论得相对比较少，而且在许多地方还是用一种讥讽的口吻从否定的意义上来进行批判，比如将这类诉诸公平、正义的讨论称之为“陈词滥调”、“空话”，这在批判普鲁东、拉萨尔和杜林等人的观点时表现得尤为明显。于是在不少人看来，在社会公正问题上马克思那里没有什么资源，有的甚至怀疑马克思主义有没有关于社会公正问题的理论，还有人认为马克思主义反对从公正、正义这种属于道德范畴的角度理解和批判资本主义社会，反对从这个角度理解现实社会问题。其实早在20世纪七八十年代，西方马克思主义者如伍德、胡萨米等，曾就马克思到底有没有社会公正理论或如何看待社会公正问题展开过长期争论，即所谓“马克思与正义之争”①。虽然这场争论无论在当时还是后来对中国都没有产生什么较大影响，但问题的逻辑却有着一定的相似性或共同性，比如，强调马克思主义是科学，揭示了历史发展的基本规律和根本动力，以生产力发展作为衡量社会关系和社会制度进步的根本标准，那么还是否有必要再引入公正（正义）这个尺度？公正仅仅是一种抽象的道德观念抑或是与人的发展（权利）状态相关联的一种考察社会制度的维度？如果是后者，那么它与生产力维度之间又是什么关系？马克思认为的（社会）平等与消灭阶级联系在一起，这是否意味着，在阶级消灭之前的社会中就根本不存在平等和公正与否的问题，任何对平等

① 参见林进平、徐俊忠《伍德对胡萨米：马克思和正义问题之争》，《现代哲学》2005年第2期。

和公正的讨论都是没有意义的，是对不合理的现实的粉饰？再比如，判定马克思主义中有没有公正观的合理判据是什么？是严格局限于马克思、恩格斯留下的现成文本字句，还是更侧重于依据马克思主义的总体精神、基本方法和逻辑理路对他们留下的关于公正问题不同说法的完整把握，包括后世马克思主义者的研究和发展？是主要着眼于马克思、恩格斯关于公正问题话语的“形式的系统”，还是更侧重于其“内容的系统”而且是发展着的“内容的系统”？如此等等。这些问题都是需要我们深入思考认真回答的。

正如历史上的改革或革命思潮兴起都打着公平正义的旗号批判既有制度的不公正一样，公平正义问题与社会主义思潮和运动也有着内在联系，甚至可以说是社会主义运动高扬的一种核心价值。只要有不公正，社会主义就不会死灭。确实如此，无论我们总结国际共产主义运动的经验，还是谋划建设中国特色社会主义的方略，都不能也不应缺少了公平正义这个维度，绝不能也不应忽视社会主义这个具有本质性意义的方面。我们（包括苏联）在革命胜利后之所以走了很大一段弯路，付出了沉重代价，一个重要原因是对于“什么是马克思主义，什么是社会主义”的认识并不很清楚，其中就包括对马克思主义公正观缺乏正确的理解，比如，我们更多的是出于道德义愤而不是依据经济发展的内在必然性来看待私有制、剥削和阶级问题，不懂得没有生产力的高度发展以及人的普遍交往关系作为条件，“那就只会有贫穷，极端贫困的普遍化；而在极端贫困的情况下，必须重新开始争取必需品的斗争，全部腐朽污浊的东西又要死灰复燃”①。在当时的许多领导人看来，既然剥削等在道德上是不公正的，而社会主义公正就是要求消灭阶级消灭剥削，我们又掌握了国家政权具有消灭阶级和剥削的实际力量，那就没有任何理由保留这些腐朽的东西，相反要消灭得越早越好，消灭得越坚决越好，消灭得越彻底越好。再比如，所有社会主义国家几乎都不重视法制建设，一个重要原因就是总觉得法制程序碍手碍脚，形式公正会妨碍党的旨在实现实质公正的决策，结果都不同程度地出现过个人迷信、一言堂现象和领袖专政、佞言盛行、正直人士遭遇清洗等人治社会的普遍弊端。我们改革之后出现的诸多严重社会不公正问题，同样也与我们在改革战略的总体设计中对社会公正的重视度不够，与制度安

① 《马克思恩格斯选集》第1卷，人民出版社1995年版，第86页。

排层面缺乏有效防范有关，而如何合理地矫正这些社会不公正现象，更是需要有一套科学的合理的公正观理论作为指导。这些都说明，当代社会发展特别是中国特色社会主义建设实践已经将社会公正问题凸显为带有普遍性的重要问题，也成为马克思主义发展无法回避必须直面的一个重大理论问题。我们必须立足于当代实践发展的新高度和理论研究的新成果，重新解读重新理解马克思主义经典作家对于社会公正问题的论述，在马克思主义立场和方法指导下对现实社会公正问题进行深入研究，并对一些相关的错误观念错误理论进行批判。重新理解和确立马克思主义公正观已成为当务之急。

二 历史语境与马克思恩格斯对于社会公正问题的真实态度

众所周知，资本主义作为一种新兴的生产方式以及文明形态，之所以能够在较短的历史时间内获得很大程度的扩展播散，一些人甚至将之当作是“理想王国”，其深层根据和关键之处就在于它极大地提高了社会生产力，创造了巨量社会物质财富，为解决人类有史以来就存在的“匮乏”问题提供了希望，而它最受诟病也最引起集中批判的，则是它造成的严重社会不平等和社会不公正。在批评资本主义的各种思潮中，最激烈也最具激进性的当数空想社会主义，他们谴责资本主义社会是“富人的天堂穷人的地狱”，圈地运动是“羊吃人”的运动，资本主义制度是“少数人把锁链套在多数人脖子上的”制度，让没有才能的人管理有才能的人，道德败坏的人统治善良的人，这“完全是个是非颠倒的世界”[①]，是“恢复了的奴隶制度”[②]。在他们看来，私有制是万恶之源，只有消灭私有制，推翻资本主义，代之以社会共同占有生产资料的制度，即实行“社会主义”，才能实现真正的社会公正，“从道德上、智力上和体力上改善人数最多的和最贫穷的阶级的状况”[③]。

① 《圣西门选集》第1卷，王燕生等译，商务印书馆1979年版，第239页。

② 《傅立叶选集》第1卷，赵俊欣等译，商务印书馆1979年版，第117页。

③ ［俄］普列汉诺夫：《论空想社会主义》上卷，中国人民大学编译室等译，商务印书馆1980年版，第106页。

马克思、恩格斯青年时期就深受空想社会主义思潮的影响，也是激烈揭露和批判资本主义社会不公正现象的队伍中人。但他们没有满足和停留于此种批判，经过艰苦的科学研究，他们创立了自己的理论体系，可毫无疑义，正像马克思主义哲学是黑格尔哲学的“合理内核”的真正继承者一样，马克思主义作为科学社会主义也是空想社会主义合理因素的真正继承者。如果说，像当时的许多思想家一样，空想社会主义者们都是立足于抽象的“人性”、“正义”等“道德真理”来批判资本主义和论证社会主义的合理性必然性，那么马克思、恩格斯并不是反对他们对资本主义的道德批判，更不反对他们对资本主义不公正现象的无情揭露，而是不满于他们仅仅停留在道德批判的层次，认为立足于道德义愤的批判无论多么强烈也不能代替科学的分析。他们不仅非常慎用这类词语，而且经常对这种诉诸道德义愤的做法采取讥讽挖苦和极端厌恶的态度，究其原因，除了认为使用公平不公平这些名词会“引起不可救药的混乱，就好像在现代化学中企图保留燃素论的术语会引起的混乱一样”[①]，更主要的还是因为“空想社会主义的见解曾经长期支配着 19 世纪的社会主义观点，而且现在还部分地支配着这种观点。法国和英国的一切社会主义者不久前还信奉这种见解，……社会主义是绝对真理、理性和正义的表现，只要把它发现出来，它就能用自己的力量征服世界”[②]。对这种背景和语境不作具体的分析，就难以把握马克思恩格斯对于社会公正问题的真实态度和精神实质，相反，甚至会得出他们不仅没有关于社会公正的理论，而且是反对和拒斥从社会公正角度讨论问题的结论。看到马克思、恩格斯对“公平”、“正义”的讥讽，就认为他们没有社会公正的思想甚至根本反对社会公正之类的概念，就像设想马克思、恩格斯由于反对空想社会主义和其他社会主义流派所以他们也反对社会主义一样，逻辑上是很荒谬的。

对于承认、挖掘和研究马克思主义公正观来说，“文本依据不足”的问题还不是最主要的，必须要越过的最大障碍是这么一种情况：即在我们长期竭力宣传所形成的信念中，马克思主义是科学，是关于社会历史发展的科学理论，而公平、正义等都属于道德观念、法权观念，属于价值观念，关于公正不公正的判断属于价值判断，科学与价值属于完全不同的两

---

① 《马克思恩格斯全集》第 18 卷，人民出版社 1964 年版，第 310 页。
② 《马克思恩格斯选集》第 3 卷，人民出版社 1995 年版，第 732 页。

套系统。比如马克思就明确指出过："你们认为公平和公道的东西，与问题毫无关系。问题在于，一定的生产制度所必需的和不可避免的东西是什么。"① 恩格斯也说过，"希腊人和罗马人的公平认为奴隶制是公平的；1789年资产阶级的公平要求废除封建制度，因为据说它不公平"。所以它们是因人而异的。② 不仅如此，马克思在《哥达纲领批判》中嘲讽拉萨尔"公平的分配"时还说过这样的话："什么是'公平'的分配呢？难道资产者不是断言今天的分配是'公平'的吗？难道它事实上不是在现今的生产方式基础上唯一'公平'的分配吗？"③ 前一句好理解，无非说它是资产者根据自己的公平观作出的价值判断，后一句却麻烦大，因为，若承认"今天的分配""事实上"是公平的，而且是"现今的生产方式基础上唯一公平"的分配形式，那就等于承认资本主义剥削是"公平"的，公正的，既如此，无产阶级及其劳动人民的反抗就失去了合理性，以剥夺剥夺者为目标的革命运动就缺乏了正义性，马克思主义作为无产阶级的思想武器也就无法成立。也就是说，科学和价值之间非但不同而且会发生冲突和相互否定。这也正是后世马克思主义者在指认马克思主义的实质时出现"科学主义"论和"人道主义"论分歧的重要原因，前者主张马克思主义必须拒斥公正之类的价值概念和价值判断，即使共产主义也不是什么真正公正的社会，后者则认为马克思主义中最核心的东西是人道主义，最能引起后世学人重视的不是他对资本主义的科学分析，因为许多分析都已经证明过时了，有些甚至在当时就不正确，而是他基于人的异化理论而对资本主义不公正现实的批判，直到今天也没有过时，为一切不满于现实状况并着力进行批判的人们提供了用之不竭的理论资源和道义力量。

在我们看来，科学（事实、真理）与价值确实是不同的两个维度。发现事实判断和价值判断的差别是人类认识的一种进步，但把二者的差别和矛盾当作是决然对立的、不能相容的，认为在事实与价值之间存在一条鸿沟，则是形而上学思维方式的一种表现，也是执迷于传统思辨哲学或理论哲学的认识论中心主义的思维模式的表现。马克思通过引入科学的实践观，创立了实践唯物主义，以实践思维或实践观点的思维方式超越了传统

① 《马克思恩格斯选集》第2卷，人民出版社1995年版，第76页。

② 《马克思恩格斯选集》第3卷，人民出版社1995年版，第212页。

③ 同上书，第302页。

的理论哲学思维的固有局限性，在哲学主题、哲学使命、理论立场、运思方式等一系列问题上都实现了重大转向。马克思、恩格斯作为科学社会主义的创始人，其对空想社会主义的合理因素以及局限性的分析，其无产阶级立场的自觉确立，其对资本主义历史进步性和加剧了人的异化的不公正性或非正义性的批判，其对历史发展规律和资本主义生产方式的科学分析，都是为了论证人类解放或进入“真正的人的历史”的可能性为目的的。在他们那里，正像其个人人格是革命家和理论家的统一一样，其理论也是科学性与革命性、真理与价值、真理观与价值观的有机统一。这两个方面或两个维度虽然会在不同场合不同问题上有所偏重，甚至有时会表现出一定的抵牾和紧张，但在总体指归上是统一的，当然是一种辩证的统一。任何将之割裂并对立起来的做法，都是一种偏颇，任何否定这两个维度总想使之归结为一的做法，也势必会造成一定的歪曲。

实践的观点是马克思主义哲学的首要的基本的观点。实践作为人的生命存在方式，决定了人的活动不同于物的存在的类属特征，即具有超越物的存在的单义确定性，根据自我确立自我建构的意义系统而进行选择的多义性和非确定性特征；实践作为人的感性活动、现实物质生产和物质生活的总体性范畴，构成了社会存在的实质内容，既是全部社会关系的基础，也是人的现实生活的存在。马克思多次强调他的观察方法是从现实的人、现实的个人出发，而现实的人就是从事着各种感性活动即实践的人，是受着具体社会关系和环境制约又通过自己的活动改变环境的人，是通过自己的选择活动满足自己的生存和发展需要的人，是通过社会分工和交往分为不同阶层不同阶级的人，是受社会存在规定形成了一定的思想意识又在这些思想意识的指导下进行选择活动的人。现实的人既是历史的前提又是历史的结果，既是历史的观众又是历史的“剧作者”，是受动性和主动性、被决定性和选择性的统一。利益和价值构成人们进行选择的客观根据，而价值观念和评价则是人们进行选择的主观依据。所谓“立场”不同，说到底不过是人们的实际利益所规定的价值诉求不同而已。人就是人的社会，人就是人的世界，脱离了人的世界和社会，以及脱离社会和世界的人，都是思维抽象的结果。而传统哲学思维正是以这种人和世界的抽象对立为前提，人是抽象的人类思维，是抽象的主体，哲学家自视为人类思维的代表，试图发现世界的本源和本质，寻得最终的根据，以此进行推理，即可得到真理的体系也即超越时空的凡是人都得认同都得遵循的普遍的永恒的绝对真理。对自然界是如此，对社会历史、对人性、对道德、对自由平等公平正义莫不如此。很显然，传统哲学是一种认识论中心主义的哲学，把认知关系当作是主体客体间首要的甚至唯一的关系；它以抽象的统一主体为基本预设，无论是把主体当作抽象的人类主体还是理性的个人或个人的理性都是如此，以为只要发现了真理，无论是自然真理还是道德真理，就必然能够得到人们普遍的认同和同意，真理依靠自身的力量就能够变为现实。这种预设虽然在认识论范围内有一定的合理性，但在实践哲学领域，在处理实际的社会实践问题的过程中，这个前提根本无法成立，因为人们的利益分化以及对立是一个基本的事实，就像列宁曾指出的那样，即使是几何学的真理，如果违反了人们的利益也会遭到反对。实践哲学的视阈和方法，就是建立在承认这种多元主体现实存在并各自以自己的利益为出发点而进行博弈性活动的经验事实的基础上的，认为无论理论思想多么抽象多么远离现实，实际上都可以从社会物质生活自身的矛盾以及受此决定的不同阶级阶层间的矛盾中找到其根源。确实，由于各种原因，马克思没有创立比较系统的哲学价值理论，而且为了防止与他创立的政治经济学的价值概念相混淆，非常慎用非经济学意义的价值概念。但同样确定的是，在马克思、恩格斯对具体的社会问题的分析中，存在着丰富的哲学价值论的思想，特别是其实践唯物主义的方法和内在逻辑，为后世的研究者建立马克思主义价值论提供了重要指导思想。

平等、自由、公正等无疑都是属于哲学价值论的范畴，是一些价值概念。可由于在过去很长一个时期内，尽管我们也承认马克思主义是无产阶级的世界观和方法论，但却只从科学这个维度理解马克思主义，由于缺少了哲学价值论这个维度，平等、自由、公正这些概念实际就处于一种无法置放的尴尬境地，从理论上说马克思主义是继承人类一切优秀成果的产物的命题根本无法得到合理的解释。而在社会主义建设实践中，对于如何比较公正地处理不同阶层不同利益群体的矛盾、如何满足人民群众作为公民关于自由、平等、公正的权利要求，又缺乏合理的理论指导，制度设计方面存在重大缺陷，更始终未能将法治国家作为政治文明建设的基本目标。中国改革开放实现从计划经济体制向市场体制转轨之后，利益分化和主体多元化所导致的社会矛盾更为复杂更为突出，计划体制时期的管理理念管理体制已经难以应对，建立法治国家成为普遍的社会要求，也逼得我们必须重新思考和研究马克思主义关于自由、平等和公正的理论，认真反思缺乏价值论维度所带来的各种缺陷和弊端，中国价值论研究的兴起和蓬勃发展就是这方面要求的表现，而以人为本的科学发展观和构建社会主义核心价值体系的提出，则进一步表明，重视价值维度获得了共产党在执政理念层面上的自觉。

三 马克思主义公正观的两个向度及其方法论原则

公正观当然是价值理论和价值观的重要内容，但正如“价值观”这个概念存在着双重的意义一样，马克思主义公正观也包含两个方面的内容。一方面是作为“价值观念”的公正观，也就是作为无产阶级的评价标准的公正观，它又分两个层次，低层次的或作为“最低纲领”的是与现实经济关系和权利关系相联系的评价标准，高层次的或作为“最高纲领”的则是作为社会主义运动目标和理想的公正观，这就是消灭私有制、剥削和一切阶级差别后所达到的自由个性基础上的真正的平等和实质公正的公正观。二者内在联系但又有原则差别，前者是确立现实策略的基础，后者则是最终理想，绝不能将它们混为一谈，也不能以一个否定另一个。另一方面则是作为价值理论对公正问题的基本看法的公正观，是立足于历史的辩证的思维方法分析了公正问题的历史和现状而所形成的基本理论观点。这两个方面当然无法绝然割裂，但它们之间的差别也不是无关紧要的：前者主要是评价标准和价值判断，后者则主要是一种对公正问题的理论说明；前者突出的是无产阶级的利益诉求和理想形态，后者侧重的是基于历史发展情况对不同阶级不同阶层不同时代的公正观的合理解释；前者展现的是不同阶级立场和利益诉求的对立性，后者着重于对不同阶级及其利益诉求的历史合理性、局限性的实事求是的科学分析。前者只有建立在后者的基础上，才能获得其深厚的理论支撑和历史底蕴，才不至于成为空洞的僵死的无法变通的教条；后者也须站在无产阶级立场上，才能具备一种彻底唯物主义的精神气质和理论优势。很显然，马克思主义作为真理（科学）与价值、真理观与价值观的统一，不仅表现在它同时具有科学的维度和价值的维度，也表现在对价值现象的理解中始终保持一种科学分析的态度。所以，在马克思、恩格斯那里，既有对资产阶级自由、平等和公正观的虚伪性、虚假性的辛辣嘲弄和揭露，对资本逻辑造成的人的各种异化现象的无情批判，也有对这些（权利）观念产生的现实基础及其对于实现人的政治解放、促进了人的独立发展的历史功绩的充分肯定；既有对资本开辟国际市场实行殖民地政策的罪恶表现出极大的道德义愤和谴责，也有对资本主义生产方式在全球性扩展的历史必然性及其进步性的科学说明；既有对建立在等价交换基础上的平等和公平的缺陷所进行的揭露，也有对这种缺陷的不可避免性和如何克服其局限性的历史分析；既有对人类解放理想的真诚憧憬和热情歌颂，也有对实现这些目标的历史条件和现实过程的科学分析，以及对无产阶级应该采取的革命策略的严肃审查，如此等等。正是在这些看上去似乎是相互矛盾着的论述中，包含了丰富的辩证法和思维智慧，为我们研究社会公正问题提供了重要的方法论前提。

根据马克思主义哲学的总体精神和这些年来我们努力研究马克思主义价值论的成果，我们认为，马克思主义对待公正和公正观的方法论原则至少包括如下几点：第一，不能以抽象的人性、理性等为基础来确定公正不公正的标准，将之当作是一种一经发现就永恒不变的“绝对真理”，相反，要根据一定历史时期经济的发展水平以及由之制约的人们的实际地位和权利结构来揭示不同公正观的实质及其历史变迁。虽然可以说公平正义一直是人类普遍追求的关于人际关系和社会秩序的合理状态，是应得与所得的合理关系的一种期盼，是个人的权利和义务的合理配置，但由于“权利决不能超出社会的经济结构以及由经济结构制约的社会的文化发展”①，所以，社会对人们权利的规定，人们对权利的理解，以及思想家们对公正问题的理论研究，都具有一定的历史性。一些道德学家、神学家、法学家力图发现关于这个理想的公正的一般规定，但在不同时代，在不同的经济发展阶段，思想家们的规定和论述却是不同的，即使在同一个社会同一个民族，受着各自利益和社会地位的规定，人们的公正观不仅不同甚至截然对立。在前资本主义社会，人们受着血缘和地缘关系的制约，处于人对人依赖关系的阶段，受此规定，等级制就被看作是公正的，甚至是天经地义的；只有随着大工业和市场经济成为社会主导性生产方式的条件下，在法律上保护私有财产、维护交换者平等、自由的权利，才被当作是公正的基本要件，等级特权则被看作是不公正和非正义的。而在空想社会主义者看来，这种按照启蒙学者所谓自由平等的原则建立起来的“资产阶级世界也是不合理性的和非正义的，所以也应该像封建制度和一切更早的社会

① 《马克思恩格斯选集》第3卷，人民出版社1995年版，第305页。

制度一样被抛到垃圾堆里去”①。这个事实说明，公正观作为一种价值观念，作为一种价值评价的标准和价值判断，尽管它直接来源于法权观念和道德理想，但它又与经济发展的不同阶段、与人们的经济地位和利益联系着，正如没有超历史的权利和权利观一样，也没有超历史的公正和公正观。

第二，马克思说，“社会生活本质上是实践的。凡是把理论导向神秘主义的神秘东西，都能在人的实践以及对这个实践的理解中得到合理的解释”②。许多讨论公正问题的理论家和思想家，包括马克思之前的和现当代的，包括近年来被经常引用的罗尔斯、诺齐克等思想家，他们之所以总是立足于抽象的人性、人的理性、人的自由权利等来寻求问题的答案，就是因为他们总把这些问题当作是理论的问题，而从来没有把它当作是实践的问题。从实践的角度看，不同公正观是不同主体（阶级、阶层、民族等）的利益诉求的抽象表现。不同的公正观之间的分歧和对立，表面上看是不同理论观点的对立，实际是不同的利益主体如阶层阶级集团等的不同利益诉求之间的对立。这种矛盾和对立的解决，不是理论的事情而是实践的事情。在现实的社会实践生活中，无数的个人之间要通过合作互助，结成一定的社会关系来进行交往，但这些个人从来都不是作为孤立的同质的个人，而是作为有差别的个人并结成不同的集团、阶层、阶级来行动的，他们站在不同的立场上、有选择地继承不同的文化传统或文化传统的不同方面而形成自己的公正观和价值观，进而对现实的社会秩序、利益分配制度进行一定的评价，作出一定的价值判断，形成自己的态度。只要社会还存在着不同的集团、阶层和阶级，存在着不同集团阶层等的利益冲突，就不可能有统一的公正观。这是从古到今的一个基本历史事实。那种忽略这个事实，或者把这个事实解释为人们还没有发现关于公正的“真理”，只是根据自己的偏见而相互诘难的暂时现象，力图依据个人原子主义方法构建一种真理性的公正观以求获得最大共识并获得对问题的最终解决的做法，不过是唯心主义思辨哲学在公正问题上的具体表现，是乌托邦主义的具体表现。

第三，公正观作为法权观念、道德观念的最高抽象，作为评价各种制度、规范之合理性与否的最高标准和原则，绝不是直观的思维方式和抽象

① 《马克思恩格斯选集》第3卷，人民出版社1995年版，第722页。

② 《马克思恩格斯选集》第1卷，人民出版社1995年版，第56页。

的逻辑推理能够胜任的，只有辩证思维才能揭示其中的奥秘所在。我们这里只选取三个最具典型意义的方面来进行简略的讨论。

（1）公正观与公正的关系。公正观作为人们评价一种制度、一种社会现象是否公正的标准，是一种观念性的存在，是人们进行评价的标准。人们的公正观不同，对同一制度是否公正的看法和判断也就不同，这是一个不争的事实。但这些不同价值判断之间能否进行比较呢？能否说某种价值判断比其他的判断更加合理一些呢？这个更加合理的“标准”是什么呢？换句话说，现在讨论公正问题的人大都承认，公正是制度的首要价值，那么这作为首要价值的“价值标准”是否就是人们的评价标准呢？价值标准与评价标准是否同一呢？如果不同一，这个价值标准又是什么呢？经过这一追问，就会发现二者并非一回事。实际上，历史上许多人也并不认为二者是同一的，比如诉诸“自然法”或认为还存在一种“神的正义”，都是将之当作规定评价标准的“标准”而使用的。而在马克思主义看来，“这个公平始终只是现存经济关系在其保守方面或在其革命方面的观念化、神圣化的表现”[①]。我们不能仅仅停留在观念层面或理论层面，而需要透过不同的公正观发现其真实的基础，即社会经济关系，还需要再进一步分析这种经济关系的形成发展及其历史合理性问题。真正能够作为这个标准的，是这种经济关系是否与当时生产力的发展要求相一致，也即是与人的需要体系和能力发展的实际水平相一致，而这种一致本身就是历史的变化着的。这就为不同时代社会制度的比较提供了一个历史维度，既避免了公正问题上的相对主义，也避免了唯心主义和乌托邦。

（2）公正的一般与特殊的关系。社会生活是复杂的，是由人们活动的许多领域或方面构成的，而在各个领域各个方面都存在着各种性质不同的有价值的物品的分配问题，各种有助于价值创造和实现条件的分配，包括权利和义务、付出和收益、机会与资格等的规定和配置，还包括对一些错误行为、违法行为的惩罚和对不合理分配的矫正，因而也就有各种不同形式的分配制度。无论这些制度是自发形成的还是人为设计的，都有一个是否公正的问题，并非像哈耶克所主张的那样只有自发形成的秩序才是天然合理公正的秩序。这也就是说存在着各种不同形式的特殊的公正，如经济公正、政治公正、教育公正、医疗公正、法律公正等，此外还存在着作

① 《马克思恩格斯全集》第18卷，人民出版社1964年版，第310页。

为支配各种特殊公正的总原则的一般公正。按照辩证法，一般公正既不同于特殊公正，又不能离开这些特殊公正，一般就存在于特殊之中，同时又影响和规定着特殊的公正。任何对特殊公正的讨论，都无法离开对公正的一般理念一般原则并以之作为一种理论前提，而对公正的一般原则的研究也需要注意其对于各种特殊公正的覆盖性或普遍适用性问题。从历史和目前的研究情况看，许多人对二者的这种辩证关系是缺乏自觉的意识的，这是导致理论失误的一个重要方法论原因。比如，一些研究者抛开各种特殊公正及其历史发展情况而抽象地讨论公正的一般原则，对于具体的各种制度的发展历史、对于历史上和现实中各种不公正现象的表现及其形成原因，缺乏应有的了解，把视野仅仅局限于以往思想家们关于公正理念的设想和论证以及相互辩驳之中，即局限于关于公正的观念史的研究中，似乎从中就可以发现关于公正问题的“真理”。这种研究方法实质上是马克思所批判的把观念当作现实的唯心主义方法，依此路径，是绝然难以有效推进对公正问题的研究的，更不用说促进社会不公正现象的解决了。

（3）形式公正与实质公正的关系。马克思在《哥达纲领批判》中分析按劳分配原则的局限性时，讨论过形式平等和实质平等的关系问题。在他看来，按劳分配不过是市场经济时代等价交换原则的一种具体表现形式，即使到了社会主义社会，原则与实践已不再冲突，确实按照劳动这个统一尺度，根据每个人为社会提供的劳动来分配相应的生活资料，从形式上看每个人都是平等的，但由于每个人的劳动能力、赡养人口多少方面的不同，实际上人们拥有的享用的生活资料还是不相等的。这个矛盾和缺陷只有到了共产主义阶段才能解决。[①] 这种讨论不仅与公正问题直接关联，而且具有非常重要的方法论意义。具体来说，第一，平等与公正密切关联，不能仅仅从形式上着眼，还得注意实质性的内容或效果。这一点对于任何制度、规则的评价都是适用的，是具体问题具体分析的方法论的要求。比如，资本主义社会是资产阶级在经济政治文化各个方面都占有优势的社会，是资产阶级居于统治地位的社会，尽管它在法律上规定每个公民都具有平等的权利，如拥有私有财产的权利、自由选择学校的权利、选举和被选举的权利、自由批评政府的的权利等，这些规定比起封建社会把某些特权合法化的规定来看，明显是比较公正的，就其使用统一尺度对待所

① 《马克思恩格斯选集》第3卷，人民出版社1995年版，第305页。

有人来说，在形式上也是公正的，可在实质上，只有资本家、有钱人能够享受这些权利，法律保护私有财产对于一无所有的穷人来讲，不过是一句毫无意义的空话。第二，形式公正与实质公正不是两种公正，而是公正的两个方面或两种属性。任何一种公正如经济公正、教育公正、法律公正，任何一种公正实现的任何一个环节，都包含着这种差异和矛盾。这是因为，“权利，就它的本性来讲，就在于使用同一尺度；但是不同的个人（而如果他们不是不同等的，他们就不成其为不同的个人）要用同一尺度去计量，就只有从同一个角度去看待他们，从一个特定的方面去对待他们”，“把其他一切都撇开了”。这就会造成许多问题和弊病，而“要避免所有这些弊病，权利就不应当是平等的，而应当是不平等的”。① 这个矛盾是权利自身的一种矛盾，也就是公正的形式方面和实质方面的差异和矛盾，或者说是形式公正和实质公正之间的矛盾。按照马克思的意思，这个矛盾或弊病即使在扬弃了市场经济国家掌握了全部生产资料完全贯彻按劳分配的条件下都是无法避免的，在社会主义市场经济条件下就更是如此。顺此观之，时下流行的把起点公正、过程公正当作是形式公正，而把结果公正（平等）当作是实质公正的划分是有问题的。起点、过程、结果是一种时间区段上的划分，是同一个公正实现过程的不同环节的划分，不能混同于形式公正和实质公正的划分。如果承认起点和过程（在形式上）都是公正的，那么最终的结果，无论如何就（在形式上）都应理解为是公正的。这正像体育竞技运动中，尽管结果要分出胜负，但只要规则规定和执行规则中都比较公正，最后无论谁胜谁败大家都认为是公正的一样。第三，形式公正与实质公正作为公正的两个方面两种属性，既有差别又相互规定相互作用。“实质”在这里具有“目的性”和“原则性”的意义，是在一定范围内讨论形式规则合理与否、是否应该修改、如何修改的一种依据，形式公正作为实质公正的一种具体的现实的体现形式，尽管总存在着这样那样的缺陷和不足，可又是实质公正存在的一种必要条件，也是实现实质公正的某种保证。不完备的法制总比没有法律要好，法治社会比起人治社会毕竟是历史的进步。我们过去由于没有搞清楚这个道理，不懂得社会管理的高度复杂性，忽视形式公正对于实现实质公正的意义，总觉得各种法律及其程序碍手碍脚，轻视法制建设，结果导致了非常严重的后

① 《马克思恩格斯选集》第3卷，人民出版社1995年版，第305页。

果。这个教训是值得我们永远记取的。

四　当代公正观争论中的自由、平等与公正的关系

在当代条件下讨论公正问题，不能绕开自由、平等与公正的关系。这不仅因为在当代西方思想界罗尔斯、诺齐克、麦金泰尔等人关于公正观的争论中，这是一个轴心性问题，还因为自由、平等和公正都是现代人类文明的核心价值观念或价值项目，任何现代国家和以实现现代化为目标的国家都不能无视这些问题，更还是因为我们长期以来对马克思主义总体精神把握的偏差，在这个问题上存在着普遍而严重的误解。纵观人类关于公正问题的思想发展史，把平等和自由与公正联系起来并作为其主要内容进行讨论，主要是近代启蒙运动以来的事情，是人类社会发展到现代文明阶段的事情。在此之前，比如在奴隶社会和封建社会，那些思想家们倒是认为建立在不平等基础上的等级制才是自然的公正的，柏拉图、亚里士多德、阿奎那等就是如此，中国儒家的三纲五常也以等级不平等为其基础。近代启蒙思想家们适应市场经济和民主政治的时代要求，竭力论证自由、平等是不可剥夺的天赋人权，只有符合人人平等自由原则的制度才是公正的合理的。在现实政治中，资产阶级以自由、平等、博爱为旗帜，联合广大贫苦群众，推翻了君主专制和封建等级制度，实现了人的“政治解放”，促进了生产力的极大发展，这是它的历史功绩，也使得自由平等这些思想原则产生了世界历史性的普遍影响。对此马克思给予了高度评价，同时也进一步分析了造成这种情况的原因，“每一个企图取代旧统治阶级的新阶级，为了达到自己的目的不得不把自己的利益说成是社会全体成员的共同利益，就是说，这在观念上表现就是：赋予自己的思想以普遍性的形式，把它们描述成唯一合乎理性的、具有普遍意义的思想。进行革命的阶级，仅就它对抗另一个阶级而言，从一开始就不是作为一个阶级，而是作为全社会的代表出现的；它俨然以社会全体群众的状态反对唯一的统治阶级。它之所以能这样做，是因为它的利益在开始时的确同其余一切非统治阶级的共同利益还有更多的联系，在当时存在的那些关系的压力下海不能够发展为特殊阶级的特殊利益”。① 资产阶级在革命成功成为统治阶级之后，

---

① 《马克思恩格斯选集》第1卷，人民出版社1995年版，第100页。

它的特殊利益与社会全体群众的共同利益发生分裂，与工人阶级、农民阶级的利益发生了冲突，由此决定，它作为统治阶级，必然要从原来倡导的自由平等原则进行撤退，甚至可以说在一定程度上背叛了这些原则，新的阶级压迫和剥削代替了革命时期关于自由和平等的承诺，资本的“自由”取代了人的自由并导致严重的人的异化。尤其在资本的原始积累时期，人的异化达到了骇人的程度，周期性的经济危机造成整个社会的阵发性痉挛和疯狂，这也正是社会主义思潮蓬勃兴起、风起云涌的最直接、最深刻的原因。由于工人阶级斗争和社会主义运动的冲击，在生产力不断发展特别是借助于科技革命而实现的生产结构变革的基础上，西方发达资本主义国家不断调整和改革自己的制度，比如建立了社会保障和工资谈判制度，人们的生活水平和工作条件都有了很大改善，妇女、黑人等相继得到了选举权，自由、平等、民主的原则在形式上获得了相当程度的普遍化，从而使得社会阶级矛盾得到了很大程度的缓和，社会秩序较好。正是这些变化和发展，为西方发达国家资产阶级意识形态和价值观念的输出和传播，使得其作为“具有普遍意义的思想”获得了广泛的基础。

毫无疑问，西方国家的主流意识形态本质上属于资产阶级价值观，无论是自由主义还是社会民主主义或社群主义，他们对自由、平等的论证都是以抽象的人性论、个人原子主义为基础，竭力回避和掩盖其维护阶级利益的立场，而“赋予自己的思想以普遍性的形式”。他们的差别在于，自由主义者更强调个人自由权利相对于人人平等具有某种优先的地位，以个人自由为最高价值，人人平等只能理解为人人具有平等的自由权利，是自由权利方面的平等，而不应将之扩展为拥有财富的平等，更不能以这种理由来限制个人自由。哈耶克就是这种理念的典型代表，他推崇自发的自由秩序，反对一切形式的“社会主义”，认为各种以社会公正名义对个人自由的限制都是“走向奴役之路”。诺齐克与罗尔斯的争论，也主要是关于第二条原则即应否为了（结果）平等而限制自由的争论，在第一原则即自由优先方面他们是一致的。用秦晖先生的话讲，他们之间不过是自由主义“左派”和自由主义右派之间的差别。倒是作为社群主义的麦金泰尔等人，对个人自由至上的原则提出一定质疑，认为对于正义有多种不同的传统，否认在正义问题上有统一的“真理”。

青年时期的马克思、恩格斯，也曾沿袭启蒙传统和人道主义立场，高扬自由、平等的价值，激烈批判限制个人自由的普鲁士国家法律是非正义的，而在创立了历史唯物主义实现“两个转变”之后，他们超越了先前的立场，反对脱离社会经济关系这个现实基础，从抽象的人性论以及道德和法权的层面讨论自由、平等、公正这些概念及其相互关系。在马克思、恩格斯看来，自由、平等并不是什么天赋的人权，而是市场经济成为社会主导性生产方式这种现实在观念上的反映，是市场经济时代的价值观念，它们的实质内容是在等价交换的基础上要求交易双方具有平等地位和按照自己的意志进行交易的权利，反对一切等级特权和超经济剥削，在其扩大的意义上，平等和自由成为公民作为公民的一种资格要求，一种获得了法律规定和保护的公民权利。这些权利确实是资产阶级首先提出的，是一种“资产阶级权利”，相对于无产阶级革命的最终目的即消灭私有制、消灭阶级本身实现人类解放的共产主义来说，必须超越这些权利要求，不能把争取这些权利写在自己的旗帜上。但这些权利规定作为人的“政治解放”的成果和确证，却具有着普遍性的历史积极意义，完全可能也很有必要作为无产阶级争取解放斗争的一种武器，特别是对于在资本主义社会中进行合法斗争的无产阶级政党来说，拒绝利用这些现成的武器，简直就是一种愚蠢。对于尚未获得政治解放的无产阶级来说就更是如此。即使在无产阶级取得了胜利实现了“按劳分配”的社会主义条件下，也必须看到“在这里平等的权利按照原则仍然是资产阶级权利，虽然原则和实践在这里已不再互相矛盾”。[①] 很显然，马克思、恩格斯并不否认自由、平等作为现代文明基本价值范畴的必要性和正当性，他们反对和批判的只是资产阶级思想家们对自由、平等概念的唯心主义解释，揭露的是资产阶级在成为统治阶级后，为维护自己的特殊利益对自己曾经承诺过的这些原则的背叛，楬橥的是只有无产阶级才可能真正贯彻这些原则，实现每个人的自由全面发展或自由个性的“真正的人的历史”。

西方思想家们囿于思辨哲学的模式，或以某种神圣化的存在，如上帝（法），如自然（法），或以个人自由作为基础，试图单义性绝对性地规定公正，找到一种关于公正的所谓绝对真理或永恒正义。而在马克思的实践哲学看来，这种目标设定及其思维进路本身就是不合理的，公正（观念）作为一种道德和法权观念，是从经济关系中产生出的，无论是自由、平等还是其他权利，都受着一定时代的经济结构、阶级力量对比和文化发展情

---

① 《马克思恩格斯选集》第3卷，人民出版社1995年版，第304页。

况的制约。正如马克思说的那样，不仅“统治阶级的思想在每一个时代都是占统治地位的思想”，而且统治阶级内部的斗争也直接影响着“思想的生产和分配”，“例如，在某一国家的某一时期，王权、贵族和资产阶级为争夺统治而争斗，因而，在那里统治是分享的，那里占统治地位的思想就会是关于分权的学说，于是分权就被宣布为‘永恒的规律’”。① 如果我们透过意识形态宣传和争论的迷雾，那就能够看到，第一，思想家们关于自由、平等与公正关系的争论，无论看上去多么抽象多么远离社会现实，实际上都折射着不同派别的经济政治利益，代表着不同集团的价值诉求；第二，公正作为制度的价值，作为评价制度的一种尺度，从来都与制度对权利的规定及配置相关联，从这个意义上说，公正是自由与平等的一种“合题”，是根据维护社会秩序的要求和当时的实际情况处理自由和平等矛盾的方式的一种合理性及其对这种合理性的承认。与平等有形式平等和实质平等的差别一样，自由也有一个形式自由和实质自由的差别问题，即法律所规定的个人自由权利与个人实际上能够实现这些权利的能力及条件的差别问题，前者可以通过法律的形式进行规定，在法律上是人人平等的，但后者则由于个人先赋的及后天条件的差别则必然是不平等的。这是自由权利的内在矛盾，也是自由与平等的矛盾。因此，即使在合法地运用个人自由而致使社会差别和不平等现象过于严重时，社会共同体为了避免严重的内部冲突而导致解体，为了防止社会秩序的崩溃，就需要在制度和政策方面采取措施，限制一些人的自由，比如设置累进性所得税和高额遗产继承税。相反，在人人可以平等享受的社会福利和旨在照顾收入平等的政策等影响了投资和劳动积极性导致效率下降时，则可能采取降低税率鼓励投资和消减福利的措施；在平均主义泛滥的条件下，强调公正就需要打破用结果平等否定机会平等而形成的“伪公正”，突出保证机会平等适当拉开收入差距（不平等）的积极意义，而在等级特权横行的条件下，强调公正则主要就是突出基本权利的平等；如此等等。第三，从实践的角度看，至少在现代民主社会条件下，无论是一定制度的设立或是对一定制度的改革，往往是不同集团和社会力量博弈的过程，尽管各自都以公正与否作为自己主张的立论基础，最后结果却都表现出不同主张的调和或妥协。所以，作为评价制度的公正标准就不是一条线，而是一个范围或区间，其

① 《马克思恩格斯选集》第1卷，人民出版社1995年版，第98—99页。

上限是各方都比较满意，下限则是各方都还能接受，凡是落到这个范围的，基本就是公正的。罗尔斯的“重叠共识”，哈贝马斯倡导的“交往理性”、“协商民主”、“合法性”，这些思想都可以看作是对这种情况的一种反映或折射。总之，我们既不能单义地用平等或自由来规定公正，或者机械地僵死地给平等和自由排出一个固定不变的顺序，并以此来作为公正的“绝对真理”，也不能离开对公民的自由和平等权利的规定及实现状态来空洞地讨论公正问题，至于那些根本排斥否认自由和平等是现代文明的基本价值的做法，更是违背了马克思主义的基本精神。

关于效率与公平公正的关系，这也是容易误解并确实引起误解和争论的问题，确立马克思主义公正观对之必须予以辨析。第一个误解，把公平公正等同于平等，进而把效率与公平公正的关系看作是效率与平等的关系。美国经济学家奥肯曾著有《效率与平等》，主要针对西方国家的福利政策带来的问题和困境来立论。他虽然用的是平等这个概念，但实质所指是“结果平等”，基本结论是效率与平等不可兼得，效率多一点平等就得少一点，反之，平等多一些效率也就低一些。此书引入中国之时，正值我们反思平均主义分配政策的诸多弊端，旨在推进打破铁饭碗、拉开收入差距的分配制度改革，所以广被引用。但在讨论中，本来是要批判平均主义分配制度的不公平不合理，所以导致低效率或效率损失，可一些人或许受20世纪70年代批判“资产阶级法权”运动的影响，认为平均分配是实质上的平等或实质公平，或简单地把“共同富裕”当作是公平，这样就自觉不自觉的将问题改换效率与公平的关系问题，并提出“效率优先兼顾公平”，影响很大。21世纪初反思改革，不少批评者认为贫富差距过大是因为执行了“效率优先兼顾公平”方针的结果，呼吁应改变这一方针，甚至叫停改革。秦晖先生曾多次著文辨析，称之为“伪问题”，“淮南为橘淮北为枳”。[①] 可惜这种辨析并未为理论界普遍接受。第二个误解，与第一个误解相关，就是把（结果）平等对效率的负面影响当作是追求公平公正所需付出的代价（效率损失），换言之，把公平公正与效率的正相关关系误解成负相关关系。实际上，无论在历史上还是在现实生活中，也不管是在经济领域还是其他领域，比如教育、科技、医疗、体育领域等

① 参见秦晖《天平集》，新华出版社1998年版；秦晖《社会公正与学术良心》，《知识分子立场：自由主义之争愈中国思想界的分化》，时代文艺出版社2000年版。

等，如果其制度安排不公正，创造了价值的人们总得不到相应的回报，各种不公正的弊端无法得到有效矫正且不断扩大蔓延，长久积累的结果，重者是劳动力的再生产难以为继，轻者也势必会打击挫伤这些人的生产积极性，到处都是不满、怨气、怠工、反抗，即使靠暴力强行维持这种制度，那也必然是困难重重难以奏效，且产生很大的自重效应，需付出很高的制度维持成本。这些都是造成效率损失的因素，是低效率的原因，只有改革这种不公正的制度，理顺各种关系，才能消泯怨气减少内耗，调动起人们的生产积极性，提高了整个社会生产的效率。而随着生产效率提高，社会财富增多，交往更加普遍，人们的权利观念等主体性意识相应提高，对公正也提出了更高的要求。所以，效率与公正之间呈现出一种相互促进的关系，如若二者总是此消彼长，那就无法说明为什么人类社会不断发展，而效率和公正双方都在不断提高这个基本事实。第三个误解，在为“效率优先兼顾公平”进行辩护的过程中，不少学者认为，马克思主义坚持生产力发展是衡量社会进步的根本标准，而公正则主要是一种道德标准，最多是涉及分配合理性的标准，与发展生产力的效率标准相比，只能处于第二性的地位，所以“效率优先兼顾公平”是一个马克思主义的观点。在我们看来，且不说把公正看作是道德标准本身就不合适，这种论证方式和思路明显没有脱离开所谓科学主义的马克思主义和所谓人道主义的马克思主义的争论的框架背景。实际上，在马克思那里是超越了人与社会的这种二元对立的：社会就是人的社会，是人的活动的总和而不是与人抽象对立的某种独立存在，生产力说到底不过是人的本质力量的现实表现，社会生产力的发展就是也只能是人的发展的一种表征。如果说在以往历史时代特别是资本主义条件下生产力作为一种客观力量与人相对立，这表现为人的异化的形态，那么在以扬弃这种异化为使命的社会主义社会，生产力发展与人的发展就体现为内在的统一，发展生产力既依靠人也为了人，人的全面发展既是生产力发展的手段也是其目的，它们之间的差别和矛盾正如马克思曾深刻论述的生产和消费的关系一样，是一个有机过程内部不同环节之间的差异和矛盾。效率与公平会有矛盾，但绝不是一种不可兼得的关系，也不是刻板机械的谁更应优先的选择位序问题，总试图确定一个固定的不可移易的顺序，不过是对于解决矛盾的某种暂时方式“赋予普遍性的形式”，是理论哲学的抽象的思维方法的表现。

公正的反面是不公正，可二者又难分难解。正如恩格斯所说的“运动要通过它的反面即静止来得到理解和度量”一样，公正也需要通过不公正来理解和度量，总是通过对不公正的否定来体现和实现，而在实现了的公正中又会孕育着和演化出新的不公正，它们之间的界限总是相对的，历史的，变化着的。公正作为不公正的否定，既是理论上观念上的，表现为对不公正现象的抗议和批判，也落实为实践上的，这就是通过制度的方式，通过对权利和权力的重新规定，划定一定的界限，防止、限制和矫正那些不公正的行为。如果说防止或限制是一种积极的姿态，一种“事先”采取的形式，而矫正则表现为一种消极的“事后”的形式，对那些违反规定的不公正行为的惩治。任何一种制度，都内在地包含着这两个方面的规定性，既规定“可以”如何，“不应”、“不能”如何，也规定如果违反“应该”如何处置。在这个层面上，问题总是具体的现实的，或者说，一种公正总是对应着某种不公正，对之进行防止和矫正。而在更高的层面上，公正本质上作为发展着的人对人的现实发展条件的超越性要求，又具有某种总体性的特征，是一种总的调节原则，它不仅调节自由和平等的矛盾，平等与效率的矛盾，权利与义务的分配及实现中的矛盾，而且对于不同层面的公正之间的矛盾，不同理想之间的矛盾，各种理想与现实条件的矛盾，整体利益要求与局部利益要求的矛盾，社会秩序的要求和个人权利之间的矛盾，等等，都具有着重要的调节性作用。这种调节，不是我们许多人惯常认为的那种要求“国家”来进行的调节，这是一种把“国家”当成特殊人格、当作一个“大家长”来看待的前民主时代的观念，而是一种诉诸不同主体的合理协商寻求最大的重叠共识来进行的调节，是通过社会有机体自身的纠错机制和历史发展过程而形成的调节。显然，每一种调节都意味着对不公正的规定和否定，而每一次否定，又都受着当时具体的历史条件的限制，包括思想观念条件的限制，都会具有一定的局限性和不彻底性，因为“历史只能提出自己能够解决的任务”。这个矛盾是永远无法得到最终解决的，而只能获得一种马克思所说的“椭圆式”的暂时解决方式。设想存在着一个消灭了一切不公正现象的完全公正真正公正的社会，如同设想能找到一种所有人都认同都服膺的关于公正的永恒不变的绝对真理一样，都是一种不符合历史辩证法的乌托邦式的空想。但如果因此就认为，只有人们关于公正不公正的不同的价值判断和评价，根本不存在公正不公正这个问题，又会导致相对主义和虚无主义。

中国改革开放建立了社会主义市场经济的体制，用邓小平的话说，这是一场革命，是在生产方式变动基础上带动的生活方式、交往方式、思维方式和价值观念的巨大变革，是经济转轨和社会转型，这意味着必须在市场经济基础上重新建立一套与计划体制时期不同的社会运行机制和社会秩序，意味着必须重新审视以往的意识形态和价值观念，重塑与社会主义市场经济相适应的一整套价值规范、政治运行模式和各种制度法律等。我们确实没有现成的经验可以借鉴，并且还受到计划经济时期积累的巨大"社会主义遗产"如何处置如何分配的严峻挑战，改革政策的公正性问题，包括经济转轨中如何防止"掌勺人私分大饭锅"（秦晖语）、如何应对公权力寻租、权钱交易形成的普遍腐败和防止出现"权贵市场经济"的问题，如何化解和矫正财富分配方式不公正造成收入差距巨大民怨沸腾的问题，已然成为最严重最突出最具爆炸性的问题，其他的如教育公正问题、医疗公正问题、司法公正问题等也都困扰着我们。为了有效地解决现实社会实践中的这些重大问题，我们必须解放思想，在马克思主义指导下积极大胆地进行理论探索，包括确立马克思主义公正观，并以此为基础提出一些具体可行的对策性意见。历史经验充分证明，越是面临复杂的高风险性的社会实践问题，越是需要鼓励和提倡进行大胆的理论探索，提出不同的方案并相互竞争，然后在决策时才可能择善而从，或综合参伍妥协折中，制定出使各个阶层各个方面都能接受乃至比较满意亦即比较公正的政策。从理论发展和文化建设的角度说，马克思主义公正观无疑属于社会主义核心价值体系的重要内容，是中国特色社会主义理论的重要组成部分，必须组织力量下大力气进行研究。这是一种基础性建设工程，只有认真做实做好，我们在理论方面道义方面才能掌握意识形态领域斗争的制高点，有效地防止思想教育和宣传上的左右摇摆，只有立足马克思主义公正观对社会基本制度改革和建设方针形成一种总体而一贯的把握，才能走出长期以来一直困扰我们的"一管就死一放就乱"的恶性循环和总是以政策来弥补制度漏洞、"头痛医头脚痛医脚"的临时救急式的窘境，逐步形成一种"活而有序，争而不乱"的社会运行机制。这才是维持可持续发展和社会和谐的最有力的保障，也是彰显中国特色社会主义道路的世界历史性意义，提升社会主义制度的历史优越性和吸引力的根本途径。

现代性的财富幻象及其发展伦理制约

——关于复杂发展世界的复杂文化心态（之三）

陈 忠*

这是一个复杂的发展世界，财富是复杂发展世界一个重要基本问题。一方面，财富逻辑是现代社会的基础逻辑，财富对社会发展、人性完善、世界秩序具有基础意义；另一方面，财富逻辑的越界、膨胀、泛化与轴心化，又对社会发展、人性良善、世界秩序具有深刻的颠覆与破坏作用。把握财富、财富幻象的本质与问题，对树立全面的社会发展观，解释、解决发展世界的诸多问题，规划更加合理的财富人生，实行更加合理的财富战略、发展战略，都具有重要意义。

一 财富本质：主体能力与社会关系

自现代性发轫甚至更早，财富就颇受关注和争议。“近代资本主义经济生活，是从重商主义时代开始的。这种经济生活，一开始就要求回答财富是什么，财富的来源是什么，以及财富怎样才能迅速积累这些基本问

---

* 陈忠，苏州大学教授。本文为2007年国家社科基金重点项目“发展伦理学的范式转换与‘和谐世界’的历史构建”（07AZX005）的阶段性成果。“关于复杂发展世界的复杂文化心态（之一、之二）”分别发表于《社会科学辑刊》2009年第6期、《河北学刊》2010年第3期、《中国人民大学报刊复印资料》《中国社会科学文摘》《新华文摘》有转载或摘要。

题。"[①] 重商主义强调财富是货币与金银，重农主义"把土地生产看作各国收入及财富的唯一来源或主要来源"[②]。亚当·斯密则认为，"社会财富来自劳动，社会财富的增长，不单是取决于参加生产的劳动量，而更重要的是取决于更大的劳动生产率"[③]。在黑格尔看来，财富与人、人的自由内在相关。一方面，财富源于人的劳动与创造，"财产依赖于勤劳"[④]；另一方面，财富又是衡量人性实现程度的重要现实物。"从自由的角度看，财产是自由最初的定在。"[⑤]"为了取得所有权即达到人格的定在，单是某物属于我的这种我的内部表象或意志是不够的，此外还须取得对物的占有。通过取得占有，上述意志才获得定在。这一定在包含他人的承认在内。"[⑥] 在马克思看来，经济基础决定上层建筑，社会发展需要经济基础、上层建筑、意识形态的和谐统一；物质财富的增长是社会发展一个重要内容，人必须首先解决吃穿住用等问题，才能够从事其他活动，"在极端贫困的情况下，必须重新开始争取必需品的斗争，全部陈腐污浊的东西又要死灰复燃"[⑦]；没有对财富、资本、货币的本质与源泉的正确认识，也就没有对社会运行构架的正确把握。齐美尔则通过对货币进行哲学分析，对现代性的财富问题进行了揭示。在齐美尔看来，"社会生活越是受金钱经济关系的支配，存在的相对主义特征在有自觉意识的生活中就越是起作用、越是明确"[⑧]。"在这个日益变得实际的世界上，货币——这一体现事物相对性的东西——似乎像是一个绝对者，一个包含担负着所有那些相对的事物及其反面的绝对者。"[⑨] 众所周知，斯密、黑格尔、马克思、齐美尔等对财富的源泉，财富与现代性的实然与应然关系等有不同的理解，但诸多思想家对财富的共同关注却

---

① ［英］亚当·斯密：《国民财富的性质和原因的研究》（上），郭大力等译，商务印书馆1972年版，王亚南《改订本序言》第2页。

② ［英］亚当·斯密：《国民财富的性质和原因的研究》（下），郭大力等译，商务印书馆1972年版，第229页。

③ ［英］亚当·斯密：《国民财富的性质和原因的研究》（上），郭大力等译，商务印书馆1972年版，王亚南《改订本序言》第3页。

④ ［德］黑格尔：《法哲学原理》，范扬等译，商务印书馆1961年版，第58页。

⑤ 同上书，第54页。

⑥ 同上书，第59页。

⑦ 《马克思恩格斯选集》第1卷，人民出版社1995年版，第86页

⑧ ［德］齐美尔：《货币哲学》，陈戎女等译，华夏出版社2002年版，第420页。

⑨ 同上书，第326页。

说明，现代性与财富内在相关，财富是现代性的一个重要核心问题，没有对财富本性的揭示，也就没有对现代性及其生成、转换规律的深层把握。

一般而言，财富指对人有价值的东西，对社会的存在和发展有积极作用的东西，即有利于人与社会的存在和发展的东西。这一点，正如《现代汉语词典》对"财富"、"价值"的解释，"财富：具有价值的东西"；"价值：有积极作用。"一般而言，从外延看，财富包括自然财富、物质财富与精神财富，比如，河流、山川、住宅、物品、用具、货币、制度、知识等实体性与虚拟性财富；从内涵看，财富是人的劳动创造物，是人的主体能力的现实化与对象性、关系性确认；在内涵与外延的统一中，财富是处于自然与社会关系的人的创造，人是财富生成的最终源泉及度量财富的根本尺度。"任何历史记载都应当从这些自然基础以及它们在历史进程中由于人们的活动而发生的变更出发。"① 在自然与人的关系上，自然物具有历史与起源上的先在性，人却具有逻辑与价值上的优先性。从形态看，财富主要有自然财富、实体财富、制度财富、知识财富等。自然财富，其本质是人的一种主体性、价值性投射，是具有主体意识、价值意识的人对"对人而言具有有用性的自然物、自然"的一种意向性确认。实体财富，指人通过改善自然所获得的创造物。制度财富，是人改造社会关系所获得的规则、秩序成果。知识财富，指人们在改造自然与社会中所获得、积累的观念、理念等。制度财富与知识财富在财富总体结构中地位与重要性的增长是社会发展的重要趋势。但不管财富以何种形式存在，在本质上都源于人的创造；人既是价值与财富的根本源泉，也是衡量对象有无价值、价值大小的主体，人是财富的源泉，财富具有"人本性"。

在劳动价值论视野中，劳动是财富的生成源泉，财富源于人的劳动，是人的能力的外化与现实化，财富具有"劳动本性"、"创造本性"。在斯密看来，劳动是财富的源泉。"一国国民每年的劳动，本来就是供给他们每年消费的一切生活必需品和便利品的源泉。"② 在李嘉图看来，价值源于劳动，"一件商品的价值，或所能换得的他种商品的数量，乃定于生产

① 《马克思恩格斯选集》第1卷，人民出版社1995年版，第67页。

② ［英］亚当·斯密：《国民财富的性质和原因的研究》（上），郭大力等译，商务印书馆1972年版，第1页。

所必要的相对劳动量"[①]。在马克思看来，劳动最集中地体现了人的主体性，劳动是人性的具体化，"生产生活就是类生活"，"自由的有意识的活动恰恰就是人的类特性"，[②]"使用价值或财物具有价值，只是因为有抽象人类劳动对象化或物化在里面。"[③] 在齐美尔看来，"劳动价值理论起码就哲学意义而论是最令人感兴趣的理论。人的物质层面与精神层面、人的思想和意志将会在劳动中达到一种整一性——这些潜能自身达不到这样的整一性——前提条件是只要人们把这些潜能看成似乎是和睦共存的。劳动是一条使人的各种潜能整齐划一的洪流，这些能力就像江河的源头汇聚到这个洪流中，它们各各不同的本质消逝在相似的劳动产品中"[④]。在劳动价值论视野中，财富在本质上是一种劳动创造物、劳动产品。劳动价值论是对财富的"人本性"的更为具体的揭示。

在唯物史观视野中，仅仅停留在"劳动财富论"这个阶段，仍未真正揭示财富的深层本质。不深入到"劳动力"、"人的能力"这个层面，劳动只是一个抽象的范畴。劳动的核心内容是劳动力、劳动能力，这样，财富与价值的最根本源泉也就是人的劳动能力、生产能力、创造能力，是处于一定社会关系中的人所具有的一种鲜活的生产、实践、创造的能力。人的生产能力、劳动能力，由人的体能状态、知识状态、劳动熟悉程度、劳动组织程度，并具体外化为工具、技术、科学等。可以说，马克思的劳动价值论在本质上是一种"劳动力价值论"，马克思唯物史观视野中的财富本质论也就是一种"劳动能力财富论"、"财富的能力本体论"、"能力财富论"。在这个意义上，可以说，财富的最根本内涵是人的劳动能力、生产能力、创造能力，财富具有"能力本性"。这一点，正如马克思所揭示，财富是"人的对象性的本质"[⑤]。

马克思不仅揭示了价值、财富的劳动力本性、能力本性，更揭示了价值与财富的"社会关系本性"。"商品只有作为同一的社会单位即人类劳动的表现才具有价值对象性，因而它们的价值对象性纯粹是社会的，那么

---

① ［英］大卫·李嘉图：《经济学及赋税之原理》，郭大力等译，上海三联书店 2008 年版，第 1 页。

② 马克思：《1844 年经济学哲学手稿》，人民出版社 2000 年版，第 57 页。

③ 马克思：《资本论》第 1 卷，人民出版社 2004 年版，第 51 页。

④ ［德］齐美尔：《货币哲学》，陈戎女等译，华夏出版社 2002 年版，第 327 页。

⑤ 马克思：《1844 年经济学哲学手稿》，人民出版社 2000 年版，第 79 页。

不言而喻，价值对象性只能在商品同商品的社会关系中表现出来。"① 价值是社会关系的产物，只存在于社会关系之中。对作为财富本质的劳动能力而言，一方面，劳动能力、生产能力只有在已有的现实社会关系中才能生成；另一方面，劳动能力、生产能力的使用、发挥也受到现实生产关系、社会关系的强大制约。也就是说，人的生产能力、劳动能力从来不能离开生产关系、社会关系而孤立存在。在马克思唯物史观视野中，生产力与生产关系总是一对不可分割的范畴，一方面，生产力决定生产关系，另一方面，生产关系又反作用于生产力。生产力与生产关系只是在分析上的意义上才能单独存在，现实中，生产力与生产关系从来没有单独存在过。对理解财富本质而言，生产力与生产关系的不可分离，人的劳动能力与劳动关系的不可分离，其实深刻揭示着财富是能力与关系的统一。财富是"能力本性"与"关系本性"的具体统一。

其实在亚当·斯密、黑格尔的财富观中，已经在一定意义上内涵着对财富的能力本质与关系本质的认识。面对重商主义对金银的过分看重，把金银看作是根本的财富，亚当·斯密特别强调"国家产业的年产物"的财富重要性，强调每年的生产能力对国家存在、稳定和发展的重要性。这实际上是以一种朴素的方式强调能够不断创造出现实财富的劳动能力、生产能力的重要性。而当斯密强调信用对财富创造的重要性时，他其实是以一种实证的方式强调了社会关系对财富创造与持存的重要性。② 当黑格尔认为占有财富才能使自由获得现实性时，认为占有应该"包含他人的承认"时，也包含着对财富之社会关系本性的一种揭示。当然，与马克思相比，斯密、黑格尔对财富的能力本性与关系本性的认识，还相对朴素、不十分明确，但毕竟在斯密等思想家那里，已经蕴含着对财富能力本质与关系本质的揭示。现代社会日益成为财富社会，财富的具体形式日益复杂、多样，实体财富的复杂形式不断呈现，比如，财富的虚拟形式、衍生形态不断生成，但财富的深层本质不仅并未改变，反而随着财富形式的多样而逐渐清晰：财富在本质上源于人的劳动与创造，人的创造能力与社会关系是最根本的财富；不管是对个体、地区，还是以国家、世界，主体的

① 马克思：《资本论》第1卷，人民出版社2004年版，第61页。

② ［英］亚当·斯密：《国民财富的性质和原因的研究》（下），郭大力等译，商务印书馆1972年版，第9、27页。

创造能力与社会关系都是最重要的财富；而在能力与关系的统一中，主体自身的能力则是最根本的财富。

二　财富幻象:本质内涵与主要类型

财富对社会发展的作用是综合的、多层面的。第一，从财富与人的关系看，一方面，财富源于人的能力与创造，人是财富的根本源泉；另一方面，财富是人的本质力量的现实化、对象化，人的能力以现实的财富为重要生成条件与发展环境。第二，从财富与社会的关系看，一方面，社会关系特别是良好的社会关系（比如亚当·斯密所强调的信用）是财富的重要内容或类型；另一方面，现实化的财富（比如财产、制度）又是维系、规范、生成良好社会关系的重要条件。第三，从财富与社会样态的关系看，一方面，新的财富样态的生成往往意味着新的社会样态的生成（比如，知识作为财富重要性的突现意味着人类进入知识社会阶段）；另一方面，在具体社会样态中所凝结成的具体时代精神，又往往左右、决定着人们对财富的整体态度，左右着人们的财富行动（比如，在一个以世俗、享乐为目标的社会，人们往往更多地追求物质财富）。第四，从财富与社会运行的关系看，一方面，财富是社会运行、社会管理的重要基础（比如，没有一定水平的物质财、制度、知识等财富，一个社会无法正常运行）；另一方面，社会运行、社会管理又以财富为重要手段，随着人们对财富规律的日益自觉，与财富特别是物质财富相关的手段已成为社会管理的重要政策手段（比如，政府通过税收等手段调节社会分配状况）。第五，从财富与社会认识、社会研究的关系看，一方面，现代社会是财富社会，一部现代性的历史也就是一部人与财富的特定关系史，财富集中体现了现代性的成就与问题，财富研究是现代性研究的重要内容；另一方面，财富的总量、结构与水平又现实性的构成人们进行社会研究的条件与环境，虽然社会文化与社会研究的水平与社会财富水平并不严格对应，具有一定的不平衡性，但从大的历史跨度与总体关系看，社会研究、社会文化的水平与社会财富水平具有正相关性。

财富对社会发展具有重要作用与人对财富具有正确、全面的认识，是两个问题。正如空气对人非常重要，人们却未必对空气有正确的认识一样。反思历史、观察现实，都可以发现，财富对社会的本体论重要性，往往以一种曲折、变形的形式表现出来，人们往往具有一种片面、不合理，甚至夸张变形的财富观。财富幻象，是对财富本质、结构、作用等的片面扭曲反映与不合理夸大，一种虽有生成原因、历史合理性的却在本质上有深层问题的财富观、财富态度。具体而言，财富幻象主要表现以下几个方面或者说主要有以下类型。

其一，本质幻象。财富是人的主体性、人的主体能力、本质力量的对象化、客观化、现实化。财富是内容与形式、外延与内涵的统一。但在日常生活中，人们往往追求财富的形式与外延，漠视财富的本质与内涵。比如，重农主义以土地为财富本质、重商主义以金银货币为财富，在本质都是一种以形式代替内容的财富观。马克思在《1844 年经济学哲学手稿》中对以货币为幻象的异化财富观进行过深刻批判。[①] 芒福德在《城市文化》中指出，“从习惯上看，人们已经把个性、社会关系、城市这些现实性的具体事物，都看作、当作抽象物；而同时却又把种种含混不清的、实用主义的抽象事物——诸如货币、信贷、政治主权——当做某种具体的、现实性的东西，似乎认为只有它们才具有超脱出人类社会惯例的独立存在的价值”[②]。这段话既是对抽象城市观的批判，也是对抽象财富观的批判。抽象与具体、形式与内容的错置与错位，是财富幻象的重要特征。

其二，结构幻象。财富是自然财富、物质财富、精神财富的统一，是实体财富与虚拟财富的统一，或者说生态财富、实体财富、知识财富、制度财富等的统一。任何一个社会的良性运行都需要不同样态财富的共存与比例协调。但在市场经济语境下，人们却往往更多地追求与重视物质财富、货币财富，而相对忽视精神财富、制度财富、知识财富与生态财富。对物质财富特别是货币财富的过分追求，是现代性条件下财富幻象的重要结构性问题。在现代性的初期，当人类所面对的主要财富问题是获得更多的生活资源，并以此为基础摆脱固有的权力束缚。实现主体自由时，以物质、实体为财富核心有其合理性，但当物质财富已经积累到一定程度，已经能够满足人们的主要生活、生产需要时，仍然以物质财富为核心目标，不主动进行财富观的升级，就会出现诸多深层问题。亚当·斯密对这种以

① 马克思：《1844 年经济学哲学手稿》，人民出版社 2000 年版，第 143 页。

② ［美］刘易斯·芒福德：《城市文化》，宋俊岭等译，中国建筑工业出版社 2009 年版，第 6 页。

偏概全、具有结构缺陷的财富观进行过揭露。他指出，“如果力求认真地证明，财富同由货币或金银构成，而由货币所购各物构成，并且只在购买货物时货币才有价值，那就未免过于滑稽。无疑，货币总是国民资本的一部分；但我们已经说过，它通常只是一小部分，并总是最无利可图的一部分”。[①] 正如马斯洛对人的需要结构的揭示，不同形态、结构协调的财富都是社会运行所需要的。“任何社会的首要目标都必须是满足人类的基本需求——食物、住所、健康、教育，因此，必须首先提高经济效率以使这些基本需求得到满足。但是，如果这些基本需求已得到满足，难道人们还必须个人、社会和生态的代价而一味强调经济生产率吗?”[②] 重视某些特定形态的财富，而忽视其他形态的财富，是财富幻象的结构论问题。以物质财富为核心，是一种带有饥饿社会痕迹、饥饿色彩的财富观。

其三，意义幻象。财富对社会发展与人的成长具有系统而全面的作用，在一定意义上甚至可以说，社会发展与人的成长的所有方面都可以用财富的形式来衡量。但所有形态的财富的加总也不等于人与社会。不管财富以何种形式存在，财富对社会与人的作用，都是且只能仅仅是一种基础性、维持性的作用。社会与人的存在与发展，除了具有现实性特征，还具有超越性特征，还具有未曾展开的潜能、可能性。财富在本质上是一种已经现实化了的人的本质力量，其主要功能也主要是维持社会的原质态运行，也就是说，财富作为一种现实性因素，无法承载与实现社会与人的全面性，无法体现人的全部能力、潜能、可能性。错置财富与人性的关系，把现实性、世俗化的财富作为人性与社会性的核心内容甚至以财富性代替人性与社会性，是财富幻象的重要意义论问题。

其四，方式幻象。财富是现实化、世俗化了的人性，财富在相当程度上展现、代表着人的现实能力、竞争实力。正源于此，现代性条件下，人们往往以工具理性为基础现实性地选择以自我为中心积聚财富，甚至追求对财富的独占、垄断。财富私有化、以自我为中心的财富观的最高形态是以宗教、信仰的方式为自身提供合理性。马克斯·韦伯所分析的新教伦

① ［英］亚当·斯密：《国民财富的性质和原因的研究》（下），郭大力等译，商务印书馆1972年版，第10页。

② ［美］L.S. 斯塔夫里阿诺斯：《全球通史：从历史到21世纪》，吴象婴等译，北京大学出版社2006年版，第12页。

理，就主张追求世俗财富与供奉神圣上帝之间的统一性。可以说，新教伦理在本质上是一种私有制宗教，一种以个体为本位的财富理想、财富宗教。批判私有制并不是意味着否认以个体为中心的财富观、私有制、私有化财富宗教在现代性初期对人性解放、社会解放、思想解放的巨大历史作用。而是主张在看到其成就的同时也应该看到其问题与虚伪性。比如，有的宗教机构和人士往往主张虚无的财富观，表现出对财富、特别是对物质财富的轻视与鄙视，但这并不妨碍这些宗教机构和人士通过让别人轻视财富等方式为自己积累财富，“通过使自己巧妙地介入家庭生活、继承和婚姻之网，教会极大地控制了社会的基层，在此过程中使自己变得富有起来”①。“16世纪初，在建设罗马圣彼得大教堂的财政压力下，教会开始在市场上大肆贩卖赎罪券。”② 而现实中的一些宗教场所与宗教人士也往往掌握甚至占有不菲的财富。批判私有制也并不意味着走向绝对化的财富共有，绝对共有财富观的核心问题在于对财富存在及其持有方式的理解过分理想，以一种超越历史条件的方式理解财富本质及其持有方式，从而走向抽象和虚幻，并往往实践性地沦为被少数人利用，成为少数人谋利的工具。根据具体历史条件，探索适合现代性发展规律与未来趋势的财富持有方式，是建构更为合理的现代性进程中必须解决的难题。

其五，时空幻象。财富是一个历史范畴，也是一个历史现象，其存在方式、作用与意义也是具体的。这就意味着在不同的历史阶段，需要有重点、重心不同的财富观。但在对财富的认识上，人们往往习惯于脱离时空条件，抽象地认识财富的本质、作用等，形成一种关于财富问题的时空间幻象。或者以某一时代的财富观作为唯一正确的财富观，比如，以现代性初期的财富观，作为永恒的财富观，主张对财富的无穷积累。或者以某一区域的财富观，作为一般的财富观，唯一合理的财富观，比如，以某些发达资本主义国家或地区的财富观作为全球唯一合理的财富观，主张财富的绝对私有化。时空幻象的重要问题是抽象化，忽视财富作用的具体性、变化性，不能随时代条件的变化而调整财富观的具体内容，未经反思地认为

① ［美］威廉·A. 哈维兰：《文化人类学》，瞿铁鹏等译，上海社会科学院出版社2006年版，第263页。

② ［美］杰里·本特利等：《新全球史》，魏凤莲等译，北京大学出版社2007年版，第667页。

自己掌握了绝对正确的财富观。列斐伏尔、索亚等认为，应该树立一种时间与空间相统一的世界图景，用历史、社会、空间三个维度相统一的方式理解和解读世界。① 对财富问题而言，树立时间、空间、社会相统一的方法，对确认财富的具体性、历史性，对树立更为合理的财富观意义重大。

三 财富幻象:历史作用与文化后果

在黑格尔看来，“凡是现实的东西都是合乎理性的”②，也就是说，任何一种现象，甚至错误或片面的认识也有其生成原因与存在理由。作为一种变形的财富观、主体观、世界观，财富幻象是诸多条件综合作用的结果。第一，在本体论层面，财富本性的展现需要时间，财富的形态有一个形成和发展的过程，而财富对社会发展特别是现代性的作用又非常强大，这是导致人们夸大财富作用，形成财富幻象的重要原因。第二，在认识论层面，人们对对象的认识往往与对象的发展节奏存在时滞，用在既有条件下的形成的观念，来看待已经变化了的事物，是常见的认识论、解释学现象，面对财富这个非常复杂处于变化中的对象，人们财富观的转换与财富形态的转换存在一定的时滞、时间差，亦属必然。第三，在行动论层面，在社会实践中，人们往往以一种夸张、意识形态化的方式凝聚力量推进某种行动、实现某种目标；在财富重要性日益凸显的语境下，财富的意识形态化、神圣化、宗教化，财富的幻象化，恰恰是现代社会推进财富增长的一种个体与整体矛盾关系中的“理性的狡计”。第四，在竞争论层面，主体之间的竞争是现实能力与可能的实力的综合竞争，主体之间的生存状态、发展位置往往更直接地受现实的左右，在生存与发展竞争日益激烈的条件下，人们重视对财富这种现实力量的积累，甚至以扩张的方式追求财富，更表现出一定的历史合理性与现实必然性。

历史发展从来没有以理想的方式进行，人与财富的关系，也从来没有以理想的方式展开。财富幻象是一种有问题的财富观、有问题的社会观、有问题的人性观，但财富幻象却对现实社会发展起有重要作用。需要树立一种历史的财富观，从本体论、认识论、行动论等相统一的方法，在历史

① ［美］爱德华·索亚：《后大都市》，李钢译，上海教育出版社 2006 年版，第 10 页。

② ［德］黑格尔：《法哲学原理》，范扬、张企泰译，商务印书馆 1961 年版，序言第 11 页。

与现实、理想与现实相统一中，全面认识财富幻象的本质，客观揭示财富幻象的历史作用。

其一，从现代性的生成看，在从前现代走向现代性的过程中，财富是人性完善、个性自由的重要代言词，财富幻象对现代性与现代人性的成长曾经有过巨大的精神解放作用。在现代性的早期，在那样一个现实财富总体缺乏的时代，特别是财富分配严重不均的时代，对财富的想象与幻象承载着人们对生存、生活、自由、个性等的诸多理想。对未来更好财富状况的想象，作为一种还没有具体内容的财富幻象，曾经作为一种虽虚拟却可以具体想象的召唤力量，给追求现代生活的人们以巨大的精神鼓励，甚至成为人们理想的具体内容。财富幻象是建构现代性的重要原动力，是现代性的一个重要内生性、本质性特征。

其二，从现代性的推进看，财富幻象是一种比以天国、来世为目标的传统宗教更具体现实性、更容易感知、更容易通约的世俗信仰、世俗宗教，在更为理性和自觉的生活价值、理想目标、生活伦理还没有建构起来的情况下，财富幻象对现代性的推进具有重要的动力作用。马克斯·韦伯对新教伦理与现代性关系的揭示，在一定意义上正是对财富幻象与现代性关系的揭示，对财富幻象推进、规范现代性作用的揭示。在整体与个体的统一中，对作为整体的现代性而言，个体以财富为理想总比没有理想要好，追求财富总比没有追求强，正是通过个体对财富的幻象化追求与幻象化垄断，现代性的总体水平不断提升。财富幻象对现代性的这种辩证的动力作用，正如斯密的“看不见的手”，黑格尔的“理性的狡计”、“恶是历史发展动力”所揭示。

其三，从现代性的运行看，财富幻象及与其辩证互生的社会契约，是现代性的重要秩序基础与规则框架。人们在追求财富的过程中，财富及财富幻象不断打破旧的社会秩序、社会规范；同时，财富幻象也为这个世界找到前所未有的新纽带，为这个世界找到了超越民族、种族的似乎真实的虚幻利益基础；更重要的是，以财富幻象为目标的社会行动在运行中所建构起的不同于血缘、地缘的社会规则，以利益关系为基础的新的合作性的社会规范、社会契约，对现代性的秩序建构起到了至关重要的作用。没有对相互财富的尊重与保护，也就没有财富幻象的现实化，个体在追求自身财富幻象的过程中却辩证性不断生成制约、规范自己的社会性的社会规范，不能不说是现代性的一个重要奇观。可以说，没有财富幻象也就没有现代社会契约，财富幻象是现代性的重要秩序来源。

在恩格斯看来，“凡是现存的，都一定要灭亡”①。历史正是在不断克服其自身的问题中前行。对财富研究而言，在充分肯定财富幻象历史作用的同时，还应该清醒认识、深层把握财富幻象的文化本质与深层问题。财富幻象是本质幻象、结构幻象、意义幻象、时空幻象等的统一，在这种统一中，财富幻象在本质上是人对现实化了的人的自身力量、作为现实力量而存在人的主体性的夸大，其本质是一种夸张、变形的主体性，一种对人、社会、世界关系的片面世俗化认识。变形的主体性、过度的世俗化，以世俗主义、个体主义、自我中心为特征的世界观，是财富幻象的重要文化本质。财富幻象对现代性的伤害，主要表现在以下几个方面。

其一，对现代性的初始基础的伤害。人与自然、或者说主体与生态，是社会存在与发展的基本条件，也是社会发展的基本矛盾。社会发展的过程，是人作为主体在自然生态中不断发展自身潜能的过程，实现人性丰富性的过程；也是人作为主体不断探索生态自然的可能变化形式与限度的过程；在根本上，是人作为主体不断探索人与自然可持续共存的规律、良性变迁的合理形式的过程。财富幻象作为一种财富中心主义的世界观，把人性的全面性、丰富性凝固为对现实利益的追求，其实是一种财富版的“人的死亡”、“人的终结”观念，其本质上是宣告了人性发展、人不断完善自身的可能。同时，财富幻象作为一种以财富无穷积累为特点的世界观，现实性地造成了对自然规律的不尊重，对生态变迁规律，对人与自然生态相互作用规律的不尊重，造成了生态恶化、自然破坏。在这个意义上，财富幻象是对人与自然全面可持续关系的误解与伤害，否定了人与自然建构新型和谐关系的可能，又是一种“自然的终结”的观点。

其二，对现代性的运行构架的伤害。把财富追求制度化，建构以私有财富为核心的制度，是当下现代性的一个重要特点。当一个社会的政治、社会、经济、文化等所有方面都以个体、私有财富为本位时，就走向了私有制的泛化。目前作为主流的现代性制度正是这种泛化的私有制。私有制的泛化是现代性的一个重要制度陷阱，造成了诸多社会问题。比如，正如布坎南的公共选择理论所揭示，人们往往把公共领域、公共权力作为私人牟利的空间、工具。也就是说，在以财富幻象为基础的制度文化下，所谓

① 《马克思恩格斯选集》第4卷，人民出版社1995年版，第216页。

的公共领域，只能沦为实质上的私人牟利工具。我们认为，在从宗法、宗教等神圣权力统治走向现代性的过程中，倡导个体权利本位有其历史合理性与必要性，但把个体、私有作为世界普适的社会建构，其实是一种“历史终结论”的观点，否定了人类以其他制度方式建构社会的可能，否定了人类进行社会建构创新的可能。反思历史、观察现实，以个体为本位、以利益为基础的社会契约，并不能调节所有的社会关系，并不能成为解决所有社会问题的唯一规则。人与人之间的关系是全面的，人与人之间除了有利益契约关系，也存在复杂的情感、价值、意义等关系。以财富幻象为基础的社会建制，虽然为现代性的运行提供了重要基础规则，但其没有边界的泛化必然导致“历史的终结”，导致人与之间关系的简单化、扭曲化。

其三，对现代性的运行原则的伤害。不论以何以形式存在，实物或是制度、知识、财富，都是一种现实性、世俗性的力量，一种与神圣性相对的世俗性范畴。作为一种世俗化、现实化的力量，财富对消解束缚人的传统神圣性起过重要作用，但对财富的过度崇拜，对世俗性的过度张扬，也对现代性的运行原则造成了重要影响。财富幻象使现代性的文化精神过分利益化、世俗化，使人们不再有对自然、传统、秩序、知识、价值等的深层敬畏，从而对社会的历史、传统、习俗、道德、情感等形成了深刻的伤害与破坏。财富幻象也使现代性的理性原则过于个体化、功利化、工具化，似乎理性就是理性的个体以理性的手段追求自身利益的最大化。当私有财富成为社会运行的基本原则，成为人们崇拜的上帝时，显然，意味着全面理性的片面化，现代理性本身的非理性化，意味着人文精神的彻底世俗化，意味着“人文精神的终结”和“文化的终结”。财富社会是一个人们曾经向往的天堂，也是一个可能导致人类文明全面衰落的陷阱。

四 财富幻象:历史超越与伦理制约

在现实性与合理性的具体历史统一中，康德看待宗教的态度对我们把握财富有辩证的参考价值。在康德看来，一方面，从理性的角度看，宗教并不成立，“我们完全不能通过任何这种确定的因素作用来认识上帝是什么”;[①] 另一方面，宗教又为日常生活及道德所必需，“一种道德的神学是

① ［德］康德:《判断力批判》（下），韦卓民译，商务印书馆1964年版，第162页。

完全有其可能的”。[①] 康德其实是在倡导或者说实践一种把理性与现实、理想与现实、认识与生活进行划界和区别的方法。康德方法的启示在于，对待在日常生活中起着重要作用的观念，既需要从理想出发对其进行理性的把握，也需要从现实与道德出发看到其对日常生活的合理作用。康德方法的问题在于，在康德那里，实质上存在着理想与现实、理性与道德的断裂，在分析宗教等研究对象时，忽视了研究对象的生成史、转换史，从而无法真正处理好理想与现实、理性与道德、认识与生活等的关系。在马克思、恩格斯看来，“我们仅仅知道一门唯一的科学，即历史科学”[②]。树立自觉的历史意识，回到历史本身，力求逻辑与历史的统一，是澄清诸多错误观念，不断接近事物规律的重要方法，也是认识财富本性，探索财富规律的根本方法。

现代性与财富形态、财富观念的转换具有历史与逻辑上的同步性。从历史进程，现代性与全球化的三个阶段看，可以说，一部现代性的转换史，也就是一部财富形态的转换史。14、15 世纪地理大发现、商业革命及 18 世纪的工业革命，是现代性与现代全球化的初始阶段，也是资本文明追求“物质财富”的阶段，资本文明到全球掠夺财富的阶段。19 世纪后叶至两次世界大战，是现代性与全球化的深化阶段，也是资本文明追求“制度财富”的阶段，追求以殖民的方式扩张自身利益与财富的阶段，是资本文明力图把利益性的社会契约、社会制度向全球扩张的阶段。[③] 20 世纪后期以来，是现代性与全球化的转换阶段，也是人们追求“知识财富”的阶段，在全球范围内以知识经济、信息经济等方式积累、扩张、重新分配财富的阶段。从观念转换看，现代性的转换与人们财富观念的转换，也具有总体上的同步性。可以说，一部现代性的历史，也是一部人们财富观念的转换史。在现代性的初始阶段，人们更多地把财富等同于物质财富，是现代性的“物质财富观”阶段；在现代性的深化阶段，人们开始注重制度的财富效应，是现代性的“制度财富观”阶段；在现代性的转换阶段，人们开始注重知识的财富效应，是现代性的“知识财富观”阶段。

① ［德］康德：《判断力批判》（下），韦卓民译，商务印书馆 1964 年版，第 163 页。

② 《马克思恩格斯选集》第 1 卷，人民出版社 1995 年版，第 66 页。

③ ［美］杰里·本特利等：《新全球史》，魏凤莲等译，北京大学出版社 2007 年版，第 963 页。

可以预期，随着现代性的转换与深化，可能还会出现新的财富形态，财富作用的辩证性日益明显，财富作用的可能边界将逐渐清晰，对财富幻象进行历史超越的条件也将逐渐呈现与成熟。对财富与财富幻象进行历史超越需要诸多主客观条件。

其一，深刻确认财富幻象的本体性缺失。虽然，财富的作用的辩证的，人类在总体上还处于财富社会进程中，还不具有彻底超越财富幻象的条件。但在人们对财富的追求日益急迫、财富幻象的问题日益凸显的今天，确认财富幻象问题本质尤其重要。财富是人性、人的本质力量的现实化，财富幻象是对世俗力量的夸张与迷信。财富幻象的本体性问题深深扎根于现实人生的有限性与物质的变化性之中。任何一种生命形式总是有终点的，任何一种财富形态也总会消失。在人与财富的关系中，人是目的，财富只是手段。在人与物的双重变化之中，把货币、特定形式的制度与知识等形态的财富作为信仰和最高目标，必然是一种幻象。幻象可以作为工具，但不可作为目的。相对于未展开的人性、可能展开的人的创造潜能而言，各种已有的财富既是一种相对固化的东西，也是一种变化、动态、易逝的东西。我们并不否认财富对社会发展的重要作用，并不否认财富社会的历史与现实价值，而是主张在肯定财富价值的同时，全面认识财富的深层本质与财富幻象的可能问题。财富甚至包括作为知识的财富也不是社会生活的全部内容，财富社会只是一种实现了的可能生活，人类社会还具有无限的未展开的可能性。在唯物史观视野中，财富幻象是对经济基础、上层建设、意识形态关系的断裂式、封闭式、死亡式理解。财富幻象的一个根本问题是把财富逻辑上升为现代性、社会发展的唯一、主导逻辑，把财富的基础性、工具性误认为目的性、意义性，把财富上升为决定社会形态、社会关系等的至上力量。财富中心主义的世界观、财富逻辑的至上化对现代性的伤害具有根本性、全面性，对现代性的社会关系、精神结构、心理状态等都造成了深刻伤害。

其二，全面把握财富与伦理的复杂历史关系。第一，从财富对伦理的作用看，财富的积累，特别是私有财富的产生与积累，是导致现代性伦理关系产生，决定现代性伦理关系属性的一个基础因素。在马克思看来，现代社会的重要特点是以物的依赖为基础的人的独立性。在齐美尔看来，物质财富的增长与货币化等，是现代个体自由的一个重要基础。也就是说，没有财富的总体化、客观化，也就没有现代人与人的相对独立与自由关系，没有现代性条件下的以个体独立为特点的伦理关系，没有人与人之间从血缘性、地缘性伦理向契约性伦理的过渡。第二，从伦理对财富的作用看，现代性条件下的以契约、个体自由为特质的伦理关系，又对现代社会的财富状态产生了重要推动作用。任何一种财富结构都需要伦理制度、伦理观念的深层保证与确认。没有人们以个体自由、个性独立的现代性伦理，没有人们对这种社会伦理关系的自觉认同与遵守，以私人占有为重要特点的社会财富结构也不可能在现代社会得以持存。第三，在伦理与财富的相互确认中，现代性条件下的“伦理与财富生态”呈现出具体的复杂性。一方面，以个体化、工具理性化为特点的伦理与财富关系是现代性的主导伦理与财富关系；另一方面，以共有化、情感化为特点的伦理与财富关系仍然存在。在文化人类学视野中，以共有为特点的伦理与财富关系有其历史合理性，也有其现实与未来的存在依据。在实践推进中，人们往往把工具理性、个体化作为现代性应然主导或唯一形态的财富与伦理关系。这种情况正是财富幻象深层化的重要表现。全面、辩证地认识财富与伦理的关系，确认伦理关系与财富关系的非私有化历史与非私有化可能，对超越财富幻象，推进当代社会发展理论的基础创新，树立合理的发展心态，具有重要意义。

其三，立足中国复杂发展实际自觉转换发展方式。中国发展阶段性的特殊性与发展格局的特殊性，决定了中国的发展战略与财富战略的阶段性特殊性。一方面，面对中国阶梯形的发展格局、东西部发展程度的差异，面对日益激烈的国际竞争，建构财富社会，积累财富实力仍然是中国相当长历史阶段中的一个重要任务、实际选择。另一方面，随着中国发展水平的提升，财富实力的积累，中国面临的诸多财富问题正日益突出，这样，自觉转换发展方式，超越财富社会发展目标，探索以更具伦理精神为底蕴的“后财富社会”的建构框架，就成为中国发展过程中必须做出的选择。建构“后财富社会”的一个重要内容、重要方式，就是为发展注入经过反思的发展伦理理念，对财富社会进行自觉的发展伦理制约。正如古莱、可思波等发展伦理学家所揭示，面对日益突出的发展问题，需要确立、建构以伦理精神为底蕴的发展观念与发展状态，需要为发展世界、财富社会注入自觉的人文底蕴，在发展经济、追求财富的同时，对发展、财富等进行自觉的目的、价值、意义反思。当然，财富社会的问题不仅仅是伦理问题，仅仅从发展问题进行伦理批判有走向虚幻道德说教的可能，但伦理精神却既是超越也是解决现代复杂财富问题的一个不可缺少的向度。

其四，探索建构多样现代性的可能路径。从世界范围看，目前的现代性以财富幻象与私有制的合谋为主导制度形态，或者说，私有制是当代社会的最大财富幻象。私有制的狡猾或者说成功之处在于，利用人们的财富幻象、利用人们对财富的追求，实现社会财富的总体增长。私有制有其历史与现实合理性，但在本质上是社会在总体上还处于贫困期的产物，是人们还没有理性、自觉认识财富本性的产物，是人们对财富的生产、管理等能力还相对低下的产物。正如齐美尔等所指出的，现代社会是一个财富社会，一个以财富为主导逻辑的社会，一个强调以区别于情感的利益理性为深层逻辑，强调理性的追求财富、货币、利益的最大化的社会。但齐美尔并不认为利益应该是现代社会的唯一主导逻辑。马克思等思想家之所以批判私有制，其中一个重要原因是私有制在本质上违反了人的社会性，私有制将生产方式、社会制度与意识形态等固化，并导致了诸多问题。在文化人类学学家哈维兰看来，平等、分享是人类更原始的物品分配方式，在早期社会，“财富是越轨行为的标志而不是令人向往的特点”①。当代资本主义生产方式具有内在不足，导致了现代性社会诸多结构性暴力。② 魏伯乐等教授在提交给罗马俱乐部的一部报告中指出，极端、泛化的私有制存在内在缺陷，“不管是何种辞令进行矫饰，即使富裕的国家也不得不承认，私有权的效率价值需要在私营部门和公共领域之间寻求一种平衡”③。对现代性而言，私有制的一个根本问题，在于将一个有限的东西作为绝对与永恒的，在于从制度上消解了、否定了人的社会性，否定了现代性的多样性与可能性。随着人们创造财富、管理能力、认识财富等能力的增强，随着东方社会的实质性崛起，现代性的多样形态正在日益成为现实。随着财富形态的丰富化，随着私有制幻象的极端化，现代性的其他可能正在逐渐辩证地成长。“人类社会是由人组成的，因而也可以由人重新构建。”④ 确认现代性的多样性、可选择性，并以此为基础对私有制进行制度制约、伦理制约，是克服财富幻象的基础路径。

---

① ［美］威廉·A. 哈维兰：《文化人类学》，瞿铁鹏等译，上海社会科学院出版社 2006 年版，第 173 页。

② 同上书，第 514 页。

③ ［德］魏伯乐：《私有化的局限》，王小卫等译，上海三联书店 2006 年版，第 1 页。

④ ［美］L. S. 斯塔夫里阿诺斯：《全球通史》，吴象婴等译，北京大学出版社 2006 年版，第 12 页。

风险社会与唯物史观的当代发展

贾英健*

全球化在今天的迅猛发展，造成了全球化问题的全球性蔓延，并将人类拖进一个全球性风险高度发生的时代。在这样一个时代，整个人类的社会生活随时都将面临着难以摆脱的风险危害。各种全球性风险威胁的存在不断地警示当代人类，一个全球意义上的风险社会已经来临。它不仅构成唯物史观在当代发展的一道独特的风险景观，而且也使以现实性生存为基础和主要特征的唯物史观面临着前所未有的挑战，因而也成为我们在今天阐释唯物史观创新和发展的崭新视阈。

一

风险是与人的实践活动有着直接联系的一个概念。从根本上说，今天人类面对的全球性风险问题，与人类实践的深度扩张和人类交往的普遍提升密切相关，用马克思的话说，就是与人类历史在打破了民族的和地域的狭隘限制之后开始的历史向世界历史的转变密切相关。在这种情况下，一方面人类实践迅速扩张而导致的社会生活的风险不仅数量增加、种类增多、程度加深，而且总量也在迅速扩张。与此同时，由于实践水平的提升，人类对外部世界的认识能力和改造能力都大大增强，人类应对和规避单纯自然风险的能力也得到极大提高。所有这一切，都凸显了人类实践风险正在成为社会生活中的一种主要的风险类型。另一方面，工业社会的风险发展不仅在数量和类型上增加，在规模和范围上扩张，并引发了全球性

* 贾英健，山东省委党校教授。

的社会风险的形成，形成了与传统社会不同的人类当代社会发展的风险景观。这突出表现为，人类社会实践和社会生活中的深度的全球化风险、加速的技术化风险、高度的相关化风险、众多的人为化风险、潜在的复合化风险等。总之，当代人类社会实践和社会生活的发展，将人类拖进一个全球性风险高度发生的时代。在这样一个时代，整个人类的社会生活随时都将面临难以摆脱风险的危害，而且这种风险一旦成为现实，后果将不堪设想。也正因为如此，吉登斯用“失控的世界”的论断来概括当代人类社会，贝克则将当代人类社会解释为“全球风险社会”。

既然风险社会是人类对当代社会发展的一种理性认知和科学表述，那么，它就与人们对风险的意识相关，由此也就自然会产生对风险社会的不同观点。在谈到这一问题时，虽然人们经常会从其与传统工业社会及其之前社会中的风险状况的不同中来界定风险社会，或者从当代出现了新的、影响更大的风险的角度来把握；或者从人类对风险认识的加深的角度来理解；或者从制度主义的视角出发来理解现代资本主义社会面临的风险问题，等等。但从总体上看，这些不同的观点都缺乏一种从哲学的视角，尤其是唯物史观的视角来对风险社会所做的深刻分析。

从唯物史观的视角出发来把握风险社会，我们不难发现，风险社会是一个“人造的社会”，即它与人的全球性交往实践活动有关，或者说是人的当代交往实践的产物。“这种活动、这种连续不断的感性劳动和创造、这种生产，正是整个现存的感性世界的基础。”① 实践的重要特点之一就是创造性。但是，任何创造活动都伴随着一些不确定性和风险。正因为如此，吉登斯才在被制造出来的意义上来把握风险。人的实践活动虽然伴随着风险的发生，但并不意味着人们就生活在风险社会。随着人的交往实践活动的普遍化和全球化，当原来的局限于区域内的实践风险转化为全球性的世界风险的时候，风险社会才得以形成。在人的全球交往实践中生成的风险社会，首先是一个面向人展开的、建立在利益基础之上的风险共同体。马克思认为，“人们奋斗所争取的一切，都同他们的利益有关”；“革命的开始和进行将是为了利益，而不是为了原则”。② 然而，利益上的不同不断地引起人们在交往活动中的利益冲突。为了协调这种冲突，满足每

① 《马克思恩格斯选集》第1卷，人民出版社1995年版，第77页。

② 同上书，第82、551页。

个人的利益需求，形成了社会这一共同体形式。但是，共同体在为人的利益提供了实现形式的同时，也把风险抛给了每一个共同体成员。这样，社会共同体就成为一个风险共担的共同体。其次，风险社会也是一个走向合理的现代性的自我批判的社会。风险社会理论作为一种反思的现代性，以对科技工具理性泛滥和消费主义扩张的批判为宗旨。这种理解固然深刻，但是，无论是科技工具理性的泛滥，还是消费主义的扩张，都是需要继续加以说明的问题。在这方面，风险社会理论显然没有走得更远，原因在于他们没有从这些问题中发现在背后起支撑作用的资本关系。实际上，资本的贪婪本性，说到底是资本拥有者的贪婪。资本关系所揭示的是全球社会中的人与人之间的关系，只不过这种人与人的关系是通过资本这一“物”的形式来实现的。因此，在对资本的理解中，人的价值维度是不能缺失的。从某种意义上说，现代工具理性和消费主义之所以能够泛滥和扩张，根本的原因在于，他们的理解缺少了价值理性的关怀。所以，对现代性的批判要在对科技工具理性和消费主义的批判中，形成一种合乎人的发展要求的新的现代理性。再次，风险社会以人类更高程度的自由的发展为价值指归。风险社会的来临意味着人类面临的危险和不确定性的增多，意味着人类将面对更多必然性的束缚，但这是以人类文明的发展和人的自由程度的提高为前提的。人的自由发展与风险社会这种关系表明，历史向世界历史转变与世界历史性的个人直接联系着的。作为世界历史性的个人，是建立在对资本主义所造成的风险之超越基础上的。这种超越，既包含着对狭隘的地域性个人的超越，也包含着对自身的超越，即超越那种在资本主义阶段上必然产生的孤立、片面、偶然的个人，确立个人对关系、对偶然性的统治，实现个人的全面发展和自由自觉个性。那时的社会虽然结束了风险社会的历史，但这并不意味着就没有了风险的发生，只是那时由于人类可以在更大程度和更加自由的意义上来限制和规避风险，有效地控制各种风险转化为现实危险和灾难的可能性，从而减少人类面临的各种现实的和潜在的危险的发生。

从上述对风险社会的理解出发，风险社会不仅在风险的规模、性质、程度等方面发生了根本性的变化，而且也从人的视角呈现出许多不同于以前的新的特征。第一，风险的人为性。风险社会是“被制造出来的风险”占主导地位的社会。“被制造出来的风险，指的是由我们不断发展的知识对这个世界的影响所产生的风险，是指我们没有多少历史经验的情况下所产生的风险。”[①] 正是由于这种被制造出来的风险在当代取代了其他外部风险占据主导地位。在风险社会，即使我们仍旧关心自然风险，也主要是指那些由人的活动导致的自然运动的变化而形成的风险，或者说是人化的风险。这种风险并不是指物质世界或物理过程不再存在，而是说它只是向我们表明，“我们周围的物质环境没有什么方面不受人类干扰的某种方式的影响。”[②] “我们不再那么担心自然界可能会给我们带来的不幸，而是担心我们已经给自然界造成的后果。这一转变为人们踏入风险社会带来了一个重要的起点”。[③] 第二，风险的超越性。风险社会的风险超出了时空的限制，其风险和危害并不仅限于事件的发生地，跨越国界乃至遍布全球是经常的事情，而且风险和危害也不仅限于现在，尚未出生的人或未来数代的人都可能受到当前事件的危害。风险在时空上的这种超越性，使当代人生活在“世界性的风险社会”之中。第三，风险的未知性。风险社会的风险传递与运动经常是潜在的、内在的，对我们的日常知觉来说，它是无影无踪的。随之而来的是对危险应负的责任陷入空间、时间和社会的不可预测性。由于现代风险具有高度的不可预测性，也使各种风险具有不确定性。所有这些，都使得任何专家也难以做出准确判断与预测，或者即便有预测也是模棱两可的，这就大大动摇了人们对专家的“系统信任”，使知识和制度的权威不断被削弱，一旦风险发作，人们就会陷于无所适从的境地。第四，风险的个体化。在风险社会，个体化进程消除了阶级区分的社会认同作用。社会群体失去了他们特殊的性质，无论是在他们的自我理解上还是群体之间的关系上，都是如此。其结果，就是人们越来越从个体的心理倾向来看待和感知社会问题。在一个个体越来越不能自主（就越来越相互依赖和制度依赖而言）的时代，要求个体承担的责任也越来越重，但如今的个体将不再能投身于任何先赋和固定的集体保护网，而是作为直接暴露在前沿的脆弱个体飘荡在风险全球化的浪潮中，随着个人面对的风险越来越多，风险的可归因范围却越来越狭窄。个人面对强大的社会风险，却发现自己处于孤立无援的境地。

---

① ［英］安东尼·吉登斯：《失控的世界》，周云红译，江西人民出版社 2001 年版，第 22 页。

② 同上书，第 23 页。

③ ［英］安东尼·吉登斯、皮尔森：《现代性：吉登斯访谈录》，尹宏毅译，新华出版社 2001 年版，第 50 页。

二

从根本上说，风险社会既体现着人的实践创造性，也体现着人的实践的风险化。正是这种风险的存在，不断地推动着人自己通过不断改进技术来解决风险，但是，这同样又可能会让人类走向一种更大的风险轮回中，从风险到风险的解决再到新的风险，构成了人的活动的一个重要规律。既然人的活动离不开风险，而且伴随着人的交往实践活动不断地走向全球化，风险社会也就成为当下人类的一种经验性存在，并对唯物史观提出了许多亟待认识和解决的新问题。

首先，风险社会改变了对唯物史观存在论基础的传统理路。实践是人的存在方式。马克思总是从实践这一存在论基础出发来理解和把握人类社会及其发展规律的。人不仅以自己有目的的实践活动创造了人化世界和人类社会，而且也面临着实践的二重性带给自己的风险。在当代全球风险社会，马克思的实践观正在遭到来自理论与实践两个方面的诘难。从实践方面说，现实的人在自己的实践活动中，将其自身带入了一个充满风险的社会。在这样一个充满风险的世界里，个人的发展总是表现为同社会和群体的相对立，不仅人的物质财富的增加并没有带来相应的精神财富的满足，而且还存在着理想与现实、事实与价值等的割裂。所有这些问题，都使人的实践活动充满了变数和不确定性。从理论方面来说，人类在这种理想追求中，总是因为存在着一些难以避免的局限性而不得不使人面临不确定的风险。因此，在风险社会中，如何处理好人的实践活动的历史性与风险的扩张性之间的关系，便成为一个需要解决的问题。

其次，风险社会也挑战了唯物史观关于现代性的风险逻辑与合理理念的解释张力。唯物史观立足于人的物质生产实践活动来分析人与人之间的关系，既确立了人的意识与现实存在之间的真实关系，也揭示了经济基础决定上层建筑和意识观念这一人类社会结构的形成和发展规律。但是，当人们运用这种逻辑对全球性风险进行分析的时候，似乎正在失去其原有的作用。一方面，全球风险社会将工业社会的财富分配逻辑发展为风险社会的风险分配的逻辑。工业社会的“工业化”标志是消除“短缺社会”的物质匮乏，生产尽可能多的财富以满足人的物质需要，从而使人民富裕，国家强大。其结果是建立一个“资本主义的劳动社会”。这种社会的实质是由参与职业劳动的状况来界定的，个人的身份也是由其所从事的劳动分工来决定。而这样的社会立足于社会与自然的明确分裂和对立：在那里，自然作为取之不竭的资源的来源，成了工业化进程的前提，自然变成了纯粹的资源供应者，被人所任意支配。与此相适应，“财富生产—分配”的逻辑在该社会占据统治地位。这样的社会，是通过不计后果、不择手段地创造和生产财富的工业化，来满足资本拥有者对物质和财富的欲望的社会。资本主义社会，正是通过这样的现代化，才获得了其繁荣和发展，并使资本主义取得了世界统治权。然而，这样的现代化方式导致了严重的破坏性后果，如国内阶级分化、阶级矛盾与冲突日益尖锐化、社会不平等和不公正加剧；对外大肆扩张、侵略和征服，殖民主义和帝国主义大行其道；生态遭到严重破坏、自然环境急剧恶化等。现代化的各种矛盾、冲突、危机使得现代化的合理性日益动摇，以至于人们再也找不到新的出路。伴随工业化而来的风险区别于人类社会历史上所有的风险，因为它源于工业的过度生产，它是工业进步的普遍产物，而且将随着进一步的发展而尖锐化。对此，贝克认为，西方的现代化用市场的疯狂代替了人类需要有节制的满足。现代工业文明无节制增长的模式，与地球资源的有限性从根本上是不相容的，它的生产力的扩张具有如此大的毁灭人的生存环境的潜力，最终必将导致这种文明体系的全面崩溃。如果说“工业社会”或“阶级社会”的概念，主要是指在一个匮乏社会中社会性地生产出来的财富以一种社会性的不平等但又是“合法”的方式分配的，那么，“风险社会”则建立在作为现代化一部分的系统性地生产出来的风险和危害基础之上的。然而，财富是有国界的，风险却是无国界的。从当代风险的产生来看，它主要来源于发达国家，这种来源于发达国家的风险却具有全球性的威胁。相反，不发达国家却由于生产力的发展总体水平不高，因而远没有造成这种风险的能力，它们无法享受生产力发展的物质成果，却不得不要它们承担因生产力发展所招致的各种全球性风险。从对风险的规避来看，发达国家由于拥有更高的应对与规避风险的能力，因此，这些风险未必引发这些地区的政治变革，但是，对于那些发展水平不高的地区而言，它们规避风险的能力相当弱，让它们承担如此之大的风险，却有可能引起这些国家的政治变迁。其次，与物质生产和生活中人们往往从社会存在出发来理解和把握意识不同，在风险社会中，人们面对风险现实，当谈及风险意识的时候，他们往往不是从自己生活的实际情况出发，而是着眼于意识形态。由于风险意识的真正根源被掩盖了，无法对风险意识做出科学的理解，同时，也使风险意识遭到了压抑，这样，就使现代风险社会中的人即便是身处风险之中，也难以对这种风险有所觉察，更谈不上会产生现代性的风险意识了。只有当风险实际发生的情况下，人们才可能会提出风险意识的问题。这一方面会使风险意识总是滞后于风险现实；另一方面，风险越是发展，人们越难以形成对风险后果的预先把握。风险观念与风险现实之间的这种不对称关系，使人们在理解和阐释风险现实与政治上层建筑、风险观念等关系的时候，显然需要站在更为宽阔的视野中来理解。

再次，风险社会还彰显了唯物史观在一些基本概念上的突出局限。在当代风险社会，突出了知识经济在社会进步中的重要意义。与这种变化相适应，西方发达国家在完成了由工业文明向后工业文明的转变后，以金融资本为基点构筑起知识资本的新帝国。这就使知识资本在全球取代了工业文明的世界体系而成为主导力量，而那些知识资本的拥有者一跃取代资本家而成为全球化舞台上的新霸主，并与智力劳动者一起构成了当今全球化时代的主要阶级关系。与以前不同的是，当今的全球化已经不是建立在不发达国家对发达国家的过度依附之上，而是建立在多元化格局之上了。从主体的角度来看，这种多元化格局并不仅仅局限于民族国家主体之间，而且也包括各种全球性公司、跨国公司以及各种国际组织等主体，后者在与前者的关系上保持着很大的张力，一体和多元并行不悖。在全球政治和文化层面上，既存在着日益紧密交往、对话与合作，又存在着差异与冲突。从控制方式看，在全球化中，西方发达国家利用全球互联网、话语生产、知识经济及其文化传播等主要手段，通过人才掠夺，或对信息、科技、政治、文化及大众传媒等实施控制等措施，缔造了一个全球性的“新帝国”结构，这也使全球风险越来越从实体层次向信息文化的层次发生转变。从历史观上说，风险社会就是风险的历史产物。推动这种历史的转变的是知识经济生产方式的出现。知识经济作为世界范围内的一次产业结构大调整，是“资本有机构成”提高所带来的社会生产方式进步的产物。它不仅是一个以知识为基础的经济，而且也是一个以智力资源的占有、配置和知识的生产、分配、使用为主要生产要素的经济时代，是一种新型的生产方式。在这种新型的生产方式中，知识资本在全球实现了对物质资本的取代，随之而来的是社会基本矛盾也在悄然改变：它第一次将知识占有问题纳入全球的中心问题圈，用知识生产、应用的社会化、世界化、全球化与私人、集团占有的矛盾，来代之以一般的物质生产的社会化与资本主义私人占有的矛盾。更为重要的是，在全球范围内，一个由知识鸿沟划定的社会分层正在日益取代传统的由工业文明造就的两大阶级的对立。对于工业无产阶级来说，意味着他们将要遭遇更深层次的灾难。因为他们不仅要遇到传统全球资本力量对自己的压榨，而且还有叠加和覆盖着资本全球的力量对他们的操纵，历史在无情地抛弃工业文明时代的同时，也就在无情地抛弃传统工业无产阶级，使他们逐渐走向了边缘化。这些风险问题，依靠已有的理论很难得到有说服力的解释。从人的角度来说，唯物史观的人的一些基本概念面对一些新的情况，也表现出了对其进行新的阐释的必要性。在我们看来，至少在人的个性、人的价值和人的发展等问题上，需要在突破原有理解的基础上获得新的拓展。因此，拓展唯物史观人的概念的内涵，使之与人的自由全面发展的理想在风险社会条件下相契合，就成为风险社会中唯物史观创新的重要内容之一。

总之，风险社会对唯物史观而言是一个新的历史事件，也使唯物史观面临着风险社会带来的巨大挑战。这就要求唯物史观必须全面关注和深刻反思人类社会生活中的这些风险事实，立足于风险社会这一全新的理论视角和领域，透视人的存在及其发展问题。在此基础上，通过理论上的自我调适，推动其在当代的理论创新。

三

对唯物史观在风险社会所面临的问题与挑战做出理论上的回应，一方面是唯物史观理论的自我创新，另一方面也是唯物史观对风险社会所做的理性反思。

首先，唯物史观需要通过对社会风险和风险社会的关注，深化对风险社会形成的存在论基础和本质的理解。风险社会的出现是一种社会历史现象，它不仅需要一定的社会历史条件，而且也有着自己的实践存在论的基础。从人的实践出发去理解和把握人类社会的一切状况，这是马克思实践哲学的出发点。实践之所以构成风险社会的存在论基础，根源在于实践的创造性。进一步说，既然我们现在生活在风险社会时代，那么，我们就不仅要搞清楚风险社会的实践由来问题，而且也要深刻理解和把握风险社会的本质。从唯物史观的视角看，风险社会是一个与人有关的概念，对风险社会的界定就不能仅仅停留在对其现象的简单描述上，而要立足于人的立场，着眼于人的实践创造活动揭示其哲学意蕴，对风险社会的哲学本质和价值给予合理性的解释。一方面，风险社会作为一个反思性的概念，它是通过否定性的形式展示出人类社会历史进步的发展方向。另一方面，风险社会作为当下人类的一种经验性存在，尽管对人的存在和发展起到巨大的消解作用，但是，无法否认其本身所具有的重要的积极价值。风险社会不仅为个体提供自我发展的良好机遇，促进个体进行反思性的选择，也有助于在形成群体主体风险意识的基础上，努力寻求对各种社会风险的积极应对，为当代人类本位的确立和“类意识”的形成提供重要的现实基础。

其次，唯物史观的一些基本理论，也需要在应对风险社会提出的挑战中做出科学的阐释，进而实现对唯物史观的创新性拓展。在风险社会背景下，探讨唯物史观的基本问题，既涉及唯物史观人的存在、人的个性、人的自由、人的价值、人的发展等问题，也涉及如何看待它们与风险社会的关系问题。这既需要弄清楚人的这几个方面是如何成为风险社会的制造者的，同时也需要想明白这些问题在风险社会视阈中所面临的命运。其一，从人的存在角度来看，人在追求自己的存在过程中，总会是通过这个体、群体和类三个不同的维度来形成对传统社会的全面瓦解，而使人类社会步入风险社会。在风险社会下，人的存在也表现为在这三个层面上的困惑，形成了人的生存悖论。解决这一问题，需要扬弃这种生存悖论而使人付出的代价，这既需要实践为其提供现实基础，也需要人的努力为其提供主体条件，其目的是为了通过扬弃风险生存，进而为人的自由全面发展这一人类生存的理想图景的实现提供一种新视阈。其二，唯物史观人的概念也需要在面对风险社会的挑战中拓展其内涵，确立一种体现风险社会对人的自由、个性、价值、发展等要求的崭新的新理念。从人的自由来看，作为人追求的目标，由于主客观条件的限制，人对其的追求活动常常伴随着一定的风险代价。风险代价产生的主要原因是人追求自由能力的提高，这种能力的提高又与责任感的归属或认识没有动态发展相关，主体在盲目自大的实践中忽略了客观规律的制约，造成了潜在的风险及风险代价的存在。风险代价一方面给人类生存发展带来了威胁，成了人的个性自由发展的阻力，限制了主体能动性的发挥；另一方面也使人们能够通过正确合理地分析其给自由的发展带来新的契机和动力，不断提高主体的风险意识，更好地规避风险，最大限度地实现自由。为此，需要在自由、选择和责任的关系中确立一种规避自由风险的新的风险自由观。从人的个性来看，人的个性也是风险社会产生的重要原因之一。个性的能动性、创造性、个性发展的不平衡性等特征都对风险社会的形成起到了重要作用，尤其是作为个性创造性的集中体现的现代科学技术的发展构成风险社会的最直接的原因。但这只是问题的一个方面。事实上，人的能动性、创造性虽然可能带来风险但并不意味着会导致风险社会，更不能理解为它是风险社会产生的唯一原因。风险社会不过是一种“虚拟的现实”，它本身具有潜在性。正是由于这种潜在性，才使人类有了对其应对和规避的可能与空间。历史地看，人类虽然会处于风险社会之中，呈现出由于个性扭曲而导致的个性异化现象，但是，这种个性异化并不能作绝对意义上的历史倒退理解，相反，人类恰恰会在不断地追求个性自由的过程中，寻求对个性异化的不断超越。这种超越的关键是，我们必须守持对人的真正本质的关怀，理性地审视现代性人个性矛盾的多重维度，并将这种关怀深入到历史性进程之中。从人的价值来看，人只有在不断的价值追求中才能实现自己的价值目标。人的价值随着人的实践活动出现了裂变，带来了负价值。人的价值裂变在全球化的背景下导致风险社会的产生，风险社会又反过来影响人的价值，出现了人与世界关系的物化、人的价值的异化、人的自我异化等新问题，形成风险社会中的价值冲突。这就会使生活在风险社会中的每一个主体在面对新的、陌生的、不确定的价值与价值观的时候做出积极地反应，重新思考并定位自己，否定原来的落后的价值观，积极主动的理解和接受新的与时代特征相适应的、并能满足主体需要的价值观，形成对作为风险社会价值观之风险价值观的新理解和新构建。从人的发展来看，风险社会起源于人追求自身发展的过程之中，并成为人类生存和发展的当下环境，使人的发展面临多重困境。反思风险社会中人的发展的困境，要求我们将人的风险发展自觉地纳入人的发展追求之中，处理好人的风险发展与全面发展的关系。总之，对风险社会进行唯物史观的深刻反思，要求我们树立起体现唯物史观积极应对风险社会的个性观、自由观、价值观、发展观等，实现对唯物史观关于人的基本概念的新拓展。

再次，唯物史观也需要自觉地将风险发展纳入人类发展规律的高度来把握，处理好风险发展与人的全面发展的关系。一方面，风险发展是实现人的全面发展的必经阶段。马克思主义人学将人的发展视为人类社会发展的最高价值目标和价值理想，并将这种价值目标和价值理想的实现看作是一个在不断超越资本主义人的发展的片面性的过程中实现的历史过程。马克思的这一思想，同样可以用来理解风险社会的人的发展问题。风险社会的出现就是对人的发展的一种否定，但是，人在风险社会中的发展不是停滞的，而是不断的变化和发展的。既然风险发展是人类实现全面发展的必经阶段，那么风险发展也就会通过推进人的劳动能力、社会关系和人的个性等方面的不断发展，逐步走向全面发展的价值目标和价值理想。最终，风险发展就是要实现人对风险的发展和超越。这种超越，既是对人的发展困境的突破，又是人的新的发展形式。作为对人的发展困境的突破，风险发展包括生存和价值两个层面。在生存层面上，要努力改善人与自然、人与人以及人与自身的关系，调整、理顺人的各种生存维度以及它们之间的各种关系。在价值层面上，要实现人的价值回归即向人的本质的复归，即追求人的自由和解放，唤醒人的批判理性，消除人的异化，破除抑制人的价值实现的各种因素，最大限度地满足人（个人、群体、人类社会）的发展需要。从这个意义上说，人的风险发展具有反思性。人生活在风险社会中，可以说这个社会“在三层意义上变成反思性的，第一，社会成为自身的问题：全球危机促使了全球的相互依存，并且一个（潜在的）世界公共领域的轮廓实际上开始形成。第二，对文明社会的自我危害的认识，引发了一股对国际机构合作发展的推动力。第三，政治边界被逐渐去除：全球以一种亚政治的面目出现的格局出现”①。因此，人的风险发展意识是对这种风险社会的反思性结果，是在风险社会下所给予人的发展的最新诠释。

最后，唯物史观也需要在对风险问题的解释中实现研究范式上的根本转换，并在寻求跨越风险的过程中走向唯物史观风险人学的崭新形态。与对风险发展的理解相适应，风险也一跃成为唯物史观阐释当代的新视阈，使之成为一种崭新的研究范式，即风险范式。风险范式作为基于风险所做的总体性人学的研究方式，构成了分析、反思和批判世界的一种崭新视角。它的提出，表达了人类思维方式的一种转换与创新。正是这种新范式，为我们理解和思考唯物史观的当代性提供了新的张力和解释力。将风险提升为一种唯物史观的高度来理解，一方面表明风险作为一种新的研究

① ［德］乌尔里希·贝克：《世界风险社会》，吴英姿、孙淑敏译，南京大学出版社2004年版，第25页。

视角的提出，并没有远离唯物史观已有的基本原理，相反却是唯物史观在风险框架中的进一步拓展；另一方面也暗示着现有的唯物史观的研究自身存在的局限性。这既表现在唯物史观的实践观遇到诘难，也表现在唯物史观已有的理论分析框架的某些理念遭遇到挑战，还表现在唯物史观原有的概念的狭隘性和解释力的匮乏等方面。所有这些都表明，唯物史观原有的分析问题的视角方面存在着局限性。风险范式的视角，能够使唯物史观在当代重新获得巨大的解释力。因此，从风险范式入手重新审视唯物史观，不仅大大拓展了唯物史观的理论空间，而且也使唯物史观在关注当代风险中，实现自身研究的范式转换，在新的理论生长点上展现唯物史观在当代的理论活力。就此而言，寻求跨越风险发展的唯物史观，也必将是一种走向“风险范式”的唯物史观的当代创新形态。

人们的公共存在与公共意识

郭　湛*

（1）存在与意识是哲学关注的基本问题，包括存在是什么，意识是什么，以及意识与存在，即思维与存在的关系。存在与意识，固然包含自然存在和对自然的意识，但作为历史唯物主义者，马克思更多地是从本质上将其理解为社会存在与社会意识。他说："不是人们的意识决定人们的存在，相反，是人们的社会存在决定人们的意识。"① 在这里，马克思只提"意识"而不说"社会意识"，是因为意识是人的意识，人是社会存在物，因此人的意识不可能是自然的，而只能是社会的。对自然的意识也是人的意识，是社会意识。

（2）每个人都是一个个体性的存在物，可以同自然界其他生命个体一样独处与独行。但人类作为一个生物物种依赖群体才能生存和延续。人类的存在方式来自于并超越了动物的群体生存方式，进而又超越了其他所谓"社会动物"的生存方式，进化为人类社会的存在方式。人类社会与蜜蜂、蚂蚁、猿猴等"动物社会"不同。"动物社会"是在生物本能支配下运行的，本质上是一种自然的生存状态，其变化属于自然物种进化的过程。人类社会不排除人的生物本能的作用，但更重要的是人的社会属性和自觉意识的作用。人通过社会生活、实践和对于所处的自然、社会条件和自身的活动规律的自觉意识，成为一种社会的、文化的存在物。支配人类社会的不仅有自然的、生物的规律，更有社会的、文化的规律。

（3）对于个人来说，其存在是一种个人存在或个体存在，其意识则

---

* 郭湛，中国人民大学教授。

① 《马克思恩格斯选集》第2卷，人民出版社1995年版，第32页。

是一种个人意识或个体意识。个人生活在群体、社会之中，其个人或个体存在是群体、社会存在中的个人或个体存在，其个人或个体意识是群体、社会意识中的个人或个体意识。个人、群体、社会在存在上的一体性，决定了个人、群体、社会在意识上的一体性。就主客体关系而言，个人、群体、社会乃至人类，都可以视为不同层面和范围的主体，相应地就有不同的主体存在与主体意识，这样的存在与意识因而也是主体性的。当然，相对于意识而言，任何存在都是客体性的；对于主体而言的客体的存在，是被主体意识到了的存在。

（4）个人是最基本的、“不可再分”的主体存在，被许多人看作是人类世界中的“原子”。实际上，这个比喻并不十分恰当。自然界中有些原子可以单个存在，而人的单个存在事实上是不能延续的。除非个人能够自我“克隆”，连物种的延续都不需要与他人合作。人的生存和发展的需求要在群体、社会的关系中才能得到满足。“市民社会的成员决不是原子”，“利益把市民社会的成员联合起来”[①]。人类总是以群体的、社会的形式存在，组成各种形式的人群共同体。这时，人的存在就不是个人的存在，而是人们的存在，是一种群体存在、社会存在，是如马克思所说的“类存在”。

（5）在群体、社会中，人们之中的个人之间是一种人与人的关系，即个人主体与个人主体的关系。两个以上的个人构成主体际或主体间的联系，处于某种共同体之中。这个人与那个人既然共存、共处于某种统一体或共同体之中，在他们之间就具有某种公共性，形成某种公共存在。所谓“公共”是相对于彼此区别的个人而言的，是一些个人公有、共有或共同的东西。人类的群体、社会存在，对于彼此区别的个人而言，是一种公共性的存在即公共存在，是个人存在赖以实现的现实条件。现实中的“这些个人是从事活动的，进行物质生产的，因而是在一定的物质的、不受他们任意支配的界限、前提和条件下活动着的”[②]。社会生活的物质的、现实的基础，是人们的公共存在的客观的界限、前提和条件。

（6）自然界对于生活于其中的人们来说，无疑是一种公共存在。天空、海洋、大地和生物是我们公共的环境。各个国家或地区之间可以划定

① 《马克思恩格斯文集》第1卷，人民出版社2009年版，第321—322页。

② 同上书，第524页。

疆界，但空气、海水、沙尘和生物的流动不受这种界线的限制，它们是人类公共性的存在。人们之间的联系、交往越多，就越是意识到它们生活在某种共同体中，他们共同依赖的生态环境是自己生存和发展的公共条件。人类作为一个生物物种的生存，是整个自然生态系统的一部分。自然生态不仅是对于人类而言的公共存在，而且就是人类自身的公共存在。人类的活动深刻地影响着自然界。对于自然界这种公共存在的破坏，其实就是对于人类自身公共存在的损害，进而也就是对于每个人的生存的威胁。

（7）社会本身就是一种公共性存在。当我们说某事物的社会性时，相对于社会成员而言，实质就是说它的公共性。组成社会的人们不仅是一个“群”，而且是一个“类”。群是个体的集合，众多个体组成群体，形成群体意识。而只有在对群体的某种共有的、共同的、本质的属性加以抽象时，才能产生“类意识”，才能意识到人是类存在物。人们对于自己作为类存在物的意识，也就是对于人作为类存在的公共性的意识，是对于人类群体、社会自身的公共存在的意识。这种意识是相对于公共存在的公共意识。因此，当我们说人们的社会存在决定人们的社会意识的时候，其实也就是说人们的公共存在决定人们的公共意识。没有公共存在就没有社会存在，同样，没有公共意识也就没有社会意识。

（8）对公共和公共性问题的意识由来已久。自从有人类群体、共同体、社会，事实上就有了相应的公共存在，因而也就逐步有了对这种公共存在的意识，以至有了一定程度的公共意识。中国古人所谓“天下为公”的“天下”，既指自然界的公共存在，又指人类社会包括国家的公共存在。社会的公共环境、公共财产、公共活动、公共事务、公共权力、公共管理、公共规则、公共理性乃至公共信仰等等，构成了从公共存在到公共意识的链条。随着群体和社会生活范围的扩大与复杂性的增强，人们对于公共和公共性问题的意识也逐步深入和细化，形成了日常生活中的公共观念、科学思维中的公共理论和哲学思想中的公共理念。

（9）青年马克思在思考和阐述社会和人的问题时，常常用与“特殊”相区别的“普遍”来指称公共，因而相应的“普遍性”事实上也就是我们今天所说的公共性。在论及德国的犹太人问题时，马克思分析了犹太人的解放与德国人的解放的关系，认为其实质是特殊的民族解放与普遍的政治解放的关系。在德国，犹太人的民族解放对于犹太人来说是公共性的问题，但犹太人是德国人中的特殊部分，德国人（包括犹太人）的政治解放是更具普遍性即公共性的问题。这种政治解放的任务，是使封建制下的臣民转化为现代社会的公民，“公民”问题是“当代的普遍问题”[①]即公共问题。无论哪一个民族的人们，首先必须争得“公民”这种公共存在，即获得政治解放，才有进一步的发展或解放可言。

(10）在当时的历史条件下，所谓政治解放实质上是资产阶级市民社会的解放。市民社会是资产阶级的公共领域，是发展商品经济和推动社会进步的重要前提。普遍利益和私人利益、政治国家和市民社会之间的分裂依然存在。在经济公共性初步实现的基础上，资产阶级进而追求政治公共性的保障，通过社会变革建立现代意义上的国家。这时的资产阶级是以社会普遍利益的代表的姿态出现的，在争取普遍人权的旗帜下维护自身的特殊利益。这种努力的积极意义在于提出了“政治解放对人的解放的关系”[②]，而“人通过国家这个中介得到解放”[③]。

(11）国家作为公共权力机构包含着许多具有特殊性的要素，但它在本质上不是代表这些特殊要素，而是只有超越这些特殊要素，才成为普遍性即公共性的存在。政治国家是与市民社会相关而又不同的公共存在，它提供和维系政治公共性。国家权力如果丧失必须具备的普遍性即公共性，成为特殊性即私人利益的代表，就会异化为虚幻的共同体，丧失其存在的理由。在阶级社会中，国家实际上是阶级统治的工具，这种公共领域成为代表普遍的特殊领域。现代市民社会和政治国家的公共性，是作为私有者的资产阶级的公共性。他们所说的“人”就是市民社会的成员，相应的“人权”“无非是市民社会的成员的权利，就是说，无非是利己的人的权利、同其他人并同共同体分离开来的人的权利”[④]。与这种意义上的抽象的“人权”不同，马克思更主张具体的“公民权”。由政治上平等的公民组成的公民社会，包括了比市民社会成员更广泛的社会成员，特别是占人口大多数的无产阶级和其他劳动者，因而更具有普遍性即公共性。

(12）人是特殊性与普遍性的统一体。马克思说：“人——虽然是以有限的方式，以特殊的形式，在特殊的领域内——是作为类存在物和他人

① 《马克思恩格斯文集》第1卷，人民出版社2009年版，第25页。

② 同上。

③ 同上书，第28页。

④ 同上书，第40页。

共同行动的。”[①] 在这个意义上，人不仅是一种私人性的存在，而且是一种公共性的存在。作为社会的人是一种类存在，类生活对于个人生活来说是公共性的。“这种人权的一部分是政治权利，只是与别人共同行使的权利。这种权利的内容就是参加共同体，确切地说，就是参加政治共同体，参加国家。这些权利属于政治自由的范畴，属于公民权利的范畴。”[②] 人们对于人权、政治权利、共同体、国家和社会的意识，是对于这种公共存在的公共意识。

（13）在阶级社会里，人是有阶级性的。但阶级性并不完全排斥公共性，而是与一定的公共性密切关联。资产阶级的阶级性是一种特殊性，同时也具有某种意义上的普遍性即公共性。一个资本家在生产中不仅占有一种个人的地位，而且占有一种社会的地位。“资本是集体的产物，它只有通过社会许多成员的共同活动，而且归根到底只有通过社会全体成员的共同活动，才能运动起来。因此，资本不是一种个人力量，而是一种社会力量。因此，把资本变为公共的、属于社会全体成员的财产，这并不是把个人财产变为社会财产。这里所改变的只是财产的社会性质。它将失掉它的阶级性质。”[③] 在资本的私人性与公共性之间，没有不可逾越的鸿沟。

（14）无产阶级的阶级性使其具有最大的公共性，这也是由资本主义的世界化、全球化即某种意义上的公共化造成的。“工人没有祖国。”“随着资产阶级的发展，随着贸易自由的实现和世界市场的建立，随着工业生产以及与之相适应的生活条件的趋于一致，各国人民之间的民族分隔和对立日益消失。”[④] 马克思和恩格斯认为，无产阶级的统治将使这种分隔和对立更快地消失。人对人的剥削逐渐消灭，民族对民族的剥削就会随之消灭。民族内部的阶级对立消失了，民族之间的敌对关系就会随之消失。在各个国家和民族的普遍的世界性交往中，“各民族的精神产品成了公共的财产”[⑤]，世界意识、全球意识、人类意识随之发展起来。

（15）马克思和恩格斯说：“共产主义革命就是同传统的所有制关系实行最彻底的决裂；毫不奇怪，它在自己的发展进程中要同传统的观念实

① 《马克思恩格斯文集》第 1 卷，人民出版社 2009 年版，第 32 页。

② 同上书，第 39 页。

③ 同上书，第 287 页。

④ 同上书，第 291 页。

⑤ 同上书，第 276 页。

行最彻底的决裂。”① 同传统的所有制关系相关联的传统的观念，是私有观念，即奴隶主、封建主、资产阶级的私有观念。与传统的私有观念不同的新观念是公有观念，实际上就是公共性观念。“公共”比“公有”意义更广泛、更全面，公有性是公共性的内涵之一。“代替那存在着阶级和阶级对立的资产阶级旧社会的，将是这样一个联合体，在那里，每个人的自由发展是一切人的自由发展的条件。”② 这是为每个人的自由发展提供充分的公共条件的社会，是真正的而非虚幻的人类共同体，因而也是具有理想的公共性的社会。

（16）共产主义革命实质上是人类由阶级性的社会向公共性的社会的转变。在共产主义社会中，生产资料是公共的，社会权力是公共的，社会服务是公共的，生态环境也是公共的。人们生活在一个公共的社会中，以公共精神和公共意识参与公共事务和公共活动，维护全体社会成员的公共利益。社会的公共性是个人的主体性的保障，每个人的自由发展也就是一切人的自由发展。这种理想的公共性的社会虽然距现在还很遥远，但它必然是未来社会发展的方向。《共产党宣言》预见了这种历史发展的必然趋势，从根本上说是正确的。我们现在所做的一切，事实上都是在创造条件，不断增强社会的公共性，因而也是在不断趋近马克思和恩格斯所指向的目标。

① 《马克思恩格斯选集》第1卷，人民出版社1995年版，第291页。

② 同上书，第294页。

“传统间”性与公共理性

——论历史事实·历史现象·历史规律

贺　来*

随着对现代性越来越深入和自觉的反省，人们不再盲目迷信进步主义、理性主义等现代性的意识形态，而是对“传统”这一被现代性意识形态所抛弃和贬斥的对象抱以越来越同情和欣赏的眼光。在当代中国，“复兴传统”已成为当前一个十分引人注目的文化现象。从“国学院”在大学的设立，到清明祭孔的“移风易俗”，到授予学位应穿着汉服的呼声，等等，“传统”得到了越来越多人的重视和追捧。对传统的尊重，就是对人的历史性存在的尊重，因而“传统的复兴”具有其重要的积极的意义。但我们认为，在现代社会条件下讨论“传统的复兴”，我们需要认真对待的另一个重大课题是“传统间”关系，即如何处理各不相同的、异质性的传统之间的关系问题。这一问题关系到现代社会的稳定和健康发展，也关系到每一个传统的存亡兴衰，因而是比“传统复兴”更为优先的前提性问题。

一　“普遍性价值诉求”与“历史有限性”：传统悖论性的双重品格

“传统间”关系问题之所以具有这种前提性的意义，一个重要的原因在于传统悖论性的双重品格。一方面是任何传统都具有的“普遍性价值

* 贺来，吉林大学教授。

诉求”；另一方面是任何传统所固有的“历史有限性”。这一悖论的合理解决，需要超越传统本身而进入“传统间”关系。

任何一种传统都存在着把其核心价值普遍化的诉求和倾向。众所周知，传统包含多方面的、十分丰富的内容。希尔斯在《论传统》中说道：“传统意味着许多事物。就其最明显、最基本的意义来看，它的含义仅只是世代相传的东西，即任何从过去延传至今或相传至今的东西”，它“包括实体，包括人们对各种事物的信仰，关于人和事件的形象，也包括惯例和制度……它涵盖一个特定时期内某个社会所拥有的一切事物”[①]。但在所有这些内容中，传统中的价值规范与价值观具有核心的意义，对此，西尔斯论述到：“传统远不止是相继的几代人之间相似的信仰、惯例、制度和作品在统计学上频繁的重现。重现是规范性效果——有时则是规范性意图——的后果，是人们表现和接受规范性传统的后果。正是这种规范性的延传，将逝去的一代与活着的一代联结在社会的根本结构之中。”[②] 这即是说，作为传统核心的价值规范和价值观，维持着一个传统的内在凝聚力，把生活在这一传统中的内在地团结在一起，约束和支配着生活在传统中的人们的行为，保证着传统在时间历程中得以代代相传。由于这种特殊的功能，每一种传统总是把自己所理解的价值视为普遍的、理想的和最好的，都不可避免地从自己的价值立场出发去看待和评价“他者”，罗蒂把传统所具有的这种倾向和特点称为“种族中心主义”，认为生活在这种文化传统中，人们“检验由其他个人或文化提出的信念的办法是，看其是否能与我们已有的信念交织在一起。我们能够这样检验它们，因为任何我们可以看作是一个人或一个文化的东西，都将是与我们共享大量信念的东西”[③]。在此意义上，任何一种文化传统都存在着一种把自身长期以来所遵循和信奉的价值视为“普遍价值”、以自身文化传统为根据理解“普遍价值”的倾向。从西方的犹太教传统、基督教传统、伊斯兰教传统以及近代以来的西方理性主义传统等身上，我们都不难看到这种倾向。

与传统上述“普遍性诉求”相对的是传统固有的历史有限本性。对

---

① ［美］爱德华·希尔斯：《论传统》，傅铿、吕乐译，上海人民出版社2009年版，第12页。

② 同上书，第25页。

③ ［美］罗蒂：《后哲学文化》，黄勇编译，上海译文出版社1992年版，第82页。

此所进行的自觉揭示，是现当代哲学所取得的重要成果。它告诉我们：传统意味着人的历史性存在方式。人不是生活在水晶宫般纯净透明的理性世界中，而是生活在各种不同的“传统”之中。在人“占有”传统之前，人首先已被传统所占有。“传统”作为人生存的“先有”和“先握”，规定了人生存和认识的基本条件和视野。因此，人不是无“前见”的“我思”，不是绝对的“先验主体”，而存在于历史中，作为历史性传统的结果而存在。“历史性”是人区别于其他一切存在者的根本特征。因此，启蒙运动以来人们以“理性”对抗“传统”、以“主体性”对抗“历史性”，这是对传统的遗忘，因而也是对人的历史性存在的遗忘。

众所周知，上述认识是以海德格尔和伽达默尔等为代表的现代西方哲学所取得的重要成果。它标志着人的自我理解的一次重大深化。按照哈贝马斯等人的概括，“主体性”的自觉是现代性的根本标志，它取代了中世纪的上帝，成为现代性的规范性基础。作为现代性的基本原则，“主体性”核心内容就是把主观意识的“自我”实体化为“主体”，强调自我意识的同一性是保证其他一切存在者存在的最终根据，认为只要确立“作为突出的基底的我思自我，绝对基础就被达到了，那么这就是说，主体乃是被转移到意识中的根据，即真实的在场者，就是在传统语言中十分含糊地被叫到‘实体’的那个东西”①。这意味着，“主体性”是超越时间和历史的“永恒在场”的存在者，它的独特性在于它能够克服历史性，成为通体透明的、能规定一切却超越一切规定的绝对实体。在这种“主体性”观念的支配之下，“传统”被视为非理性的权威、盲从的迷信而遭到贬斥。与此不同，现代西方哲学的反思成果深刻揭露了上述“主体性”观念的虚幻性与抽象性，揭示了比这种“主体性”存在更为本源、更为基础的人的存在论根据。“历史”和“传统”便是这种更为本源、更为基础的人的存在论根据的重要内容。因此，对传统与人的存在之间关系的揭示，使被“主体性”观念所遮蔽的人的历史性得以彰显，因而是人的自我理解的一次重大启蒙。

承认传统对于人的存在的构成性意义，深层包含着这样的内涵：由于人的存在的历史性，所以人是有限性的存在。它表明人不是“天上地下、唯我独尊”的绝对“主体”，而是生活在传统的手心并依赖于其历史环境

① ［德］海德格尔：《面向思的事情》，陈小文、孙周兴译，商务印书馆1999年版，第75页。

和条件，用伽达默尔的表述，它意味着：“历史并不隶属于我们，而是我们隶属于历史。早在我们通过自我反思理解我们自己之前，我们就以某种明显的方式在我们所生活的家庭、社会和国家中理解了我们自己。主体性的焦点是哈哈镜。个人的自我思考只是历史生命封闭电路中的一次闪光。因此个人的前见比起个人的判断来说，更是个人存在的历史实在。”① 从人不可摆脱的“历史性”并由此承认人的难以克服的“有限性”，这是自近代以来对人的狂妄和自大的一次意义深远的“解毒”和“治疗”。它启示人们：第一，人们总是生活在不同的传统中，传统是给予人们生活意义和价值的重要源泉，因此，人不可能超越历史，正像人不可超越自己的皮肤。第二，承认人的这种历史性，并不否定人的创造性，相反，它构成了人的创造性的前提，正是在传统的土壤中，在历史性所展开的视阈中，人面向未来和生成才获得了坚实的根基。第三，由于传统和历史对人的这种规定性，因此，它内在地要求对“他者”的开放和尊重，不同的人生活在不同的传统中，这决定了生活在不同传统中人的历史视阈总是有限的，其深入的自我理解和不断的自我丰富有赖于向其他传统保持开放。这三层意义实质上从不同角度揭示了现当代哲学的这一洞见：传统和生活在传统中的人是一种历史性的、有限性的存在，这种历史性的、有限性的存在是一种向其他同样历史性的、有限性的传统和生活在传统的人开放的存在。

从上述分析我们看到，一方面是传统所具有的把自身价值普遍化并因此产生的自我中心主义倾向；另一方面是当代哲学所揭示的任何一种传统所具有的历史有限本性。前者是传统不自觉的“本能性”的冲动和欲求，后者是现当代哲学对传统自觉的反思性成果。“普遍性诉求”与“历史有限性”，这无疑是一个尖锐的矛盾。本来是有限性的传统，却要争取无限的普遍性的话语权，这正是导致历史和现实中各种传统之间激烈冲突的深层根源。如何克服这一矛盾并避免由此所导致的冲突，已成为现代社会的一个重大课题。

二　“传统间性”的公共理性意蕴

传统的“普遍性价值诉求”与传统的“历史有限性”之间的内在冲

---

① ［德］伽达默尔：《真理与方法》（上），洪汉鼎译，上海译文出版社1992年版，355页。

突，在现代社会具体体现为不同传统之间的冲突。

现代社会区别于传统社会的根本特点在于其异质性与分化性。多种传统的同时并存与竞争即是其突出的体现。按照罗尔斯的看法，现代社会具有首要意义的“第一个事实”是：“在现代民主社会里发现的合乎理性的完备性宗教学说、哲学学说和道德学说的多样性，不是一种可以很快消失的纯历史状态，它是民主社会公共文化的一个永久特征。在得到自由制度的基本权利和自由之保障的政治条件和社会条件下，如果还没有获得这种多样性的话，也将会产生各种相互冲突、互不和谐的——而更多的又是合乎理性的——完备性学说的多样性，并将长期存在”①，罗尔斯把这叫做“理性多元论”的事实。在这一“理性多元论”的事实中，“传统的多元性”构成了其重要内容。这既包括像儒家、佛教、基督教、伊斯兰教等经过漫长历史过程流传下来的“老传统”，也包括近代以来所形成的，如自由主义、马克思主义、功利主义、社群主义等“新传统”，所有这些传统在现代社会空间中同时存在，各有其追随者和信奉者，它们所代表的道德、哲学和宗教学说及后面所蕴含的价值诉求以不同的方式影响和规范着人们的思维方式、价值信念和行为方式。就此而言，这些传统代表着不同的“完备性学说”。按照罗尔斯的观点，这里所谓“完备性学说”，也就是把自身立场和观点予以普遍化的学说，就是一种把自身宣称为“终极真理”并从它出发来要求和规定一切的学说。这即是说，每一种传统都有着把自己的价值立场普遍化的冲动，而由于异质化的传统共存于现代社会生活这同一场域之中，这种普遍化的冲动就可能生发各种传统之间内在的紧张关系，甚至产生互不相容的争斗与冲突。

因此，对于现代社会来说，所面临的一个重大挑战便是：如何在既容纳各种传统，保证它们在现代社会都能获得其生存发展空间，同时又避免各传统之间的不和与争斗？毫无疑问，各种传统在其历史发展过程中，都证明了其存在的合理性和价值，因而不应把传统视为理性主义和进步主义的对立面而对之采取贬损和排斥态度。事实上，理性主义和进步主义本身所代表的就是诸传统中的一种。启蒙现代性从自身的价值观念出发，把传统与迷信和无知等同起来并因而对之采取怀疑与拒斥态度，所体现的正是把理性主义和进步主义这一传统绝对化和普遍化的偏执态度，正如伽达默

① ［美］约翰·罗尔斯：《政治自由主义》，石俊人译，译林出版社2000年版，第37页。

尔所指出的："消除一切前见这一启蒙运动的总要求本身被证明是一种前见，这一前见不仅统治了我们人类本性，而且同样支配了我们的历史意识，而扫除这一前见就必然为某种正当理解有限性开辟了道路。"[①] 正确的做法就是让种种历史传统与现代性所代表的新传统都获得平等存在的机会，使现代社会的人们能够在多元传统中、在多样性的生活方式与价值观念中获得丰富的选择空间。只有这样，社会生活才能保持其充分的活力，避免在单一传统的控制中陷入贫瘠和死寂。但另一方面，在认真对待和尊重这样"多样性权利"的同时，又必须处理好各种历史传统之间、新旧传统之间的关系，形成它们之间真正"和而不同"的健康格局，从实现"各美其美"与"美美与共"的内在统一，从而保证现代社会生活的和谐与稳定。

要形成这种格局并实现这种内在统一，我们不能求助于任何单一的传统。正如我们前面所述，每种传统都有一种把自身价值普遍化的诉求，但同时又是"有限"的，倘若从某种单一的传统为中心出发寻求这种内在统一，所形成的将是"非此即彼"、"主客对立"的不平等的等级关系，并因此导致对其他传统的压制和排斥。这在历史和现实中可以找到无数的例证。因此，我们必须超出某种单一的传统，从传统间关系出发，寻求建立这种格局并实现这种内在统一的途径。在此方面，一个最为根本的前提就是公共理性的确立。

众所周知，"公共理性"这一概念是由罗尔斯在《政治自由主义》中明确提出并得到系统阐发的。它所要回应和解答的问题是："一个由自由而平等的公民——他们由各种合乎理性的宗教学说、哲学学说和道德学说而产生了深刻的分化——所组成的稳定而公正的社会之长安治安如何可能?"[②] 从本文的角度来说，罗尔斯的这一问题意味着：在各种异质性的传统共存的现代社会，如何保证传统之间的和谐共处并保证社会的长治久安？在罗尔斯看来，要实现这一点，必须形成既超越这种异质性但同时又能包容这种异质性的以"社会正义"理念为核心的"重叠共识"。只有这种"重叠共识"，才能保证现代社会的统一性与稳定性。而要形成这种重

---

① ［德］伽达默尔：《真理与方法》（上），洪汉鼎译，上海译文出版社 1992 年版，第 354 页。

② ［美］约翰·罗尔斯：《政治自由主义》，石俊人译，译林出版社 2000 年版，第 13 页。

叠共识，前提性的条件就是公民所具有的公共理性。在罗尔斯看来，“公共理性是一个民主国家的基本特征。它是公民的理性，是那些共享平等公民身分的人的理性。他们的理性目标是公共善，此乃政治正义观念对社会之基本制度结构的要求所在”[①]，它在三个方面是“公共”的，第一，作为自身的理性，它是公共的理性；第二，它的目标是公共的善和根本性的正义；第三，它的本性和内容是公共的，这一点由社会之政治正义观念表达的理想和原则所给定[②]。具体而言，公共理性的内涵包括三个主要特征：第一，它具体规定着一系列特定的基本权利、自由和机会（即宪政民主所规定的那些权利、自由和机会）；第二，对于这些权利、自由和机会方面特别优先权的一种分配方案，尤其是涉及普遍的善与至善价值方面的权利说明；第三，各种确保所有公民有充分通达的手段，去有效行使他们自由权利的措施[③]。

“公共理性”观念给我们的启示是：要处理好传统间的关系，避免彼此间的激烈冲突并由此导致社会的分裂和冲突，每一传统和信奉这一传统的人们在主张和弘扬自身传统的价值和善之先，必然充分尊重和遵守公共理性的限制和规范。它应该自觉地意识到：在现代社会，所有的传统都共存于一个“公共性”领域中，每一种传统的存在、延续和丰富，都依赖于这一公共领域公共的“善”和“正义”，这一公共的善和正义拥有着优先于各种传统所代表的善和价值的地位。同时，它内在地要求不同的传统在处理其他传统的关系时，应该具备一种“他者”的视野并尽可能避免“自我中心主义”的倾向，它在肯定自身价值的同时，应该承认其他传统的存在权利，在维护自身存在合法性的同时，应该承认“他者”的存在发展的空间。通过这种相互的承认与宽容，采取理性的对话、妥协与沟通态度，共同进入并维系一个公平合作的公共世界。在此意义上，公共理性优先于各个不同传统所代表的特殊理性。正是它，保证了不同传统以及信奉不同传统的人们能生活在一个共同的世界里，形成人们公平合作的基本框架，维持着社会的稳定与长治久安。

---

① ［美］约翰·罗尔斯：《政治自由主义》，石俊人译，译林出版社2000年版，第225页。

② 同上书，第226页。

③ ［美］约翰·罗尔斯：《公共理性观念再探》，载哈佛燕京学社等编《公共理性与现代学术》，上海三联书店2000年版，第10—11页。

不难看到，从本文讨论主题来看，公共理性实际上就是“传统间”的理性。它向我们表明，在多元异质的历史传统和新传统共存的“理性多元论”成为现代社会不可逆转的事实的情况下，这种“传统间”的公共理性具有比单一传统的存在和发展更为前提的意义：它为诸传统真正能够实现“各美其美”和“各美它美”的内在统一、建立“美美与共”的格局，从而提供了保证稳定而公正的社会之长安治安最为基本的条件。

三 “传统间”价值理念与传统的健康发展

上述讨论告诉我们，在现代社会，由于多元异质传统的同时并存，我们讨论任何一个传统的存在和发展，都离不开传统间的关系。只有在“公共理性”范导下，在“传统间”形成相互兼容关系的前提下，任何一种传统在现代社会才能得到健康的发展。诸传统间的“合作”、“共在”和“共存”，在现代社会已成为比单一传统的存在和发展更具挑战性和更为迫切的课题。

进一步深入探讨，“公共理性”实质上所体现的是一种处理“传统间”关系问题上价值理念的自觉。具体而言，这一价值理念包括三个最为重要的内容。

首先无疑是“正义”的价值理念。与单一的传统所代表的种种善相比，正义是更优先的价值。按照罗尔斯等人的观点，正义不是某种个人的价值，也不是某种完备性学说所代表的价值，而是“社会基本结构”的价值。社会的基本结构所指的是“社会的主要政治制度和社会制度融合成为一种社会合作体系的方式，以及它们分派基本权利和义务，调节由持续的社会合作产生出来的利益分配方式”①。因此，“正义”作为一种社会基本结构的价值，其目的是为了保证社会的公平合作，并建立一个秩序良好的社会。它所起的是一种“和解”或“调节”的作用。如前所述，现代社会区别于传统社会的根本特征在于其分化与异质性，现代社会“不是而且也不可能是一个共同体，所谓共同体我是指由个人组成的统一整体。这些人们认可同一种综合性学说或部分统合性学说。然而，理性多元论事实是实行自由制度的社会的一个典型特征，而这一事实使人们无法认

① ［美］约翰·罗尔斯：《作为公平的正义》，姚大志译，上海三联书店2002年版，第10页。

可相同的统合性学说"[①]，在此条件下，社会正义原则的重要功能就在于调整现代社会分化与异质化的各种完备性学说及其利益诉求，以使一种公平的、有效的社会合作体系得以持续维持和世代相继。一个缺少正义的社会，将是一个无法进行社会合作也无法维持良好的秩序的社会，因而是一个真正"四分五裂"的社会。在此情况之下，任何传统及其所代表的价值都将不复有安身之所，当然更谈不上传统的丰富与创新了。在此意义上，社会正义这一价值理念构成了一切传统安身立命的前提性和基础性条件。

其次是"宽容"的价值。"宽容"不是单一"主体"的价值，而是"主体间"的美德，它涉及不同价值承载者和信奉者之间如何彼此相待的基本态度与原则。对于不同传统来说，它意味着传统间的彼此容忍、承认与尊重。在现代社会，要弱化与避免不同传统之间的冲突，除了上述社会正义原则从社会政治的层面进行调节之外，还需要传统之间的相互宽容态度来进行缓冲和合作。这意味着，首先，每一种传统都必须自觉地意识到：传统的多样性和异质性是现代社会的常态，每一种传统都不可能"唯我独尊"而抹杀这种多样性，因此它必须学会与其他传统共存和兼容。其次，每一种传统在肯定"自身之美"的时候，应该自觉地意识到它所代表的价值都具有历史性，这种历史性既是每一传统的财富，也是其有限性之所在，因此它应该以一种开放的态度，承认"他者"的独立地位，真正在"各美其美"的同时，做到"各美他美"。最后，每一种传统还必须自觉认识到，传统作为人们世代生活经验的延续和积累，反映的是其特定的生活样式与文化习性，不同传统之间并没有价值等级上的高低贵贱之分，对其他传统的蔑视、排斥和压制只能意味着其无知、狂妄和专断，在此意义上，对其他传统的宽容同时也是对自身传统的尊重。

最后是"合作"与"学习"的价值。与上述"正义"与"宽容"价值相比，合作与学习是更为主动和积极的价值。它们意味着，各个传统只有通过相互合作和学习才能实现彼此的互补与互惠，才能实现自身的不断丰富和创新。一种缺乏合作精神和学习能力的传统将不可避免地陷入衰落甚至走向消亡。这是因为，其一，一种传统只有在传统间的相互合作和学

---

① ［美］约翰·罗尔斯：《作为公平的正义》，姚大志译，上海三联书店 2002 年版，第 6—7 页。

习中才能真正实现自我理解，当代哲学的反思成果已经告诉我们：理解“他者”的过程，同时就是自我理解的过程，而且只有在向“他者”的开放中，以其他传统为参照并与其他传统积极的互动中，一种传统才能真正理解自身。历史已经证明，一种自我封闭的、拒绝与其他传统合作和向其他传统学习的传统，必然在自我理解上陷入各种偏差和扭曲。法国的历史学家佩雷菲特在其著作《停滞的帝国——两个世界的撞击》中通过对借口维护神圣体制而轻蔑地对待其他传统的清朝帝国及其历史命运所进行的描述与分析，对此提供了一个很具说明力的范例。其二，只有在传统间的相互合作和学习中，传统才能丰富与创新自身。当代哲学的反思成果告诉我们，传统不是静止、停滞的实体，而是一个自我创造和丰富的历史生成过程。一种传统只有在创新和丰富中才能更好地保持自身，而要实现自我创新和丰富，根本的途径在与传统间的相互学习，在与其他传统的融合中，传统的内涵才能不断地实现自我超越，其生命力才能得以挺立并丰盈。这一道理在哲学解释学那里早已令人信服地得到了充分阐发。

上述简要讨论说明了“正义”、“宽容”与“合作”和“学习”这些“传统间”的价值理念，对于任何一种传统在现代社会健康存在和成长所具有的前提性和基础性意义。从而启示我们：我们今天在探讨、维护和阐发某一传统及其价值的时候，应该充分意识到这些“传统间”价值理念对于“传统”价值所具有的规范和调节性功能。自觉地服从于这种规范与调节，无论对于传统自身的存续，还是对于社会的稳定与和谐，都具有根本的重要性。

公民权利和贫富分化与当代中国政治文明的基本理念

阎孟伟*

一　成就和问题：当代中国政治文明建设的基本理念

从1978年年底算起，中国改革开放的伟大实践已经经历了30余年的发展历程。在这个历程中，我国已经成功地解决了原有的计划经济体制留给我们的诸多困难问题。其中，最主要的成就就是从根本上改变了中国总体经济水平十分落后的状况，基本上解决了“贫困”问题或国民的“温饱”问题。时至今日，中国的经济总量已经在世界范围内名列前茅，成为继美国之后的世界第二大经济体。经济总量的迅速增长带来了国民生活水平的普遍改善。虽然还存在着一定数量的贫困人口和低收入人口，但人民生活总体上已经达到小康水平。正如胡锦涛同志所说的那样：“我们依靠自己力量稳定解决了13亿人口吃饭问题。”① 这是了不起的成就，甚至可以说是一个奇迹。随着国家总体经济实力的增强，其他各项社会事业也都相应地得到了快速发展。中国公民的生活条件、生活方式、消费能力和水平正在迅速地缩小与发达国家之间的差距。这些都是有目共睹的事实。任何亲历这个变革过程并且不带任何偏见的人都不会否认这些令人欢欣鼓舞的成就。这些成就证明，中国建立和完善社会主义市场经济体制的总体战略是成功的。这个成功不仅是实践上的，也是理论上的。它向世界表明，市场经济并不是资本主义

* 阎孟伟，南开大学教授。

① 胡锦涛：《在纪念党的十一届三中全会召开30周年大会上的讲话》，《人民日报》2008年12月19日。

的专营品，在社会主义基本制度的前提下同样可以建立其完善的市场经济体系，甚至有可能借助社会主义基本制度的优势解决在资本主义条件下难以克服的市场矛盾和问题。因此，中国社会主义市场经济体制的建立和发展，本身就是一个意义充分的世界历史事件。它的确代表着一种不同于资本主义的新的社会发展模式。尽管我国的社会主义市场经济体制还不够成熟，还需要不断完善，但中国已经十分稳定地进入到市场经济的发展轨道，并且成功地融入世界经济体系。毫无疑问，中国市场取向的改革已经走上了不归之路，具有充满希望的发展前景。任何扭转这个发展趋势的企图，只能导致灾难性的倒退，断送我们已经取得的成就和未来的发展前景。

然而，社会发展有着自身的辩证本性，即它总是行进于各种复杂的矛盾和问题之中。30 余年市场取向的改革在成功地解决原有的各种困难问题的同时，也衍生出一系列新的甚至更为棘手的社会矛盾和社会问题，如公民基本权利问题、贫富分化问题、政治腐败问题、法治建设问题、民主政治建设问题，以及环境和资源保护问题等。而且，从现实情况上看，这些矛盾和问题具有相互交织、综合发生的特征，致使我国社会进入高度不稳定状态。这种情况说明，市场经济本身并不是一个自足的体系，它包含着自身不能克服的矛盾，它的健康运行需要与其相适应的社会环境，而来自国家的政治努力在解决或缓和市场内在矛盾的过程中起着决定性的作用。为此，2002 年 11 月，中共第十六次全国代表大会明确提出了建设社会主义“政治文明”这个极富有启发性和想象力的政治主张。我认为，“政治文明”是一个涵盖民主与法制、权利与义务、自由与平等、公正与和谐、和平与发展等一系列政治关系或政治环节的重要概念。然而就政治文明建设的总体过程而言，最为迫切的需要是确立能够驾驭现实矛盾和问题的最基本的政治理念。这种政治理念既要体现市场经济发展的内在逻辑和客观要求，又要体现社会主义社会的基本性质和终极价值，从而为我国的体制改革和社会主义民主政治的建设提供合法性或合理性论证。关于这一点，我在过去的几年中多次发文①，极力主张以马克思的解放理论依据

① 参见笔者下述文章：《马克思的解放理论及其对我们的启示——兼论当代中国政治文明建设》，《教学与研究》2006 年第 12 期；《政治解放与中国市场取向的改革——再论当代中国政治文明建设》，《教学与研究》2008 年第 1 期；《旨在人类解放的政治解放——三论当代中国政治文明建设》，《教学与研究》2009 年第 1 期；《马克思与欧洲自由主义运动》，《哲学研究》2010 年第 6 期。

来确立这样一种政治理念，即把当代中国政治文明建设的基本内涵界定为，在社会主义基本制度的前提下，完成马克思所说的“政治解放”，并在理论上和实践上把这种政治解放同人类解放自觉地联结起来，使之成为一种“旨在人类解放的政治解放”。我始终确信，这个政治理念是我国社会主义政治文明建设唯一可行的理论方案。在我发表过的文章中，对之做出了比较细致的论证，不再赘述。

在这篇文章中，笔者要阐明的是，这样一种政治理念不仅仅是一种理论上的设定，更是现实社会生活发展的要求，它反映了我国市场取向的改革在新的历史阶段上所面临的各种矛盾和问题的普遍性质和深层根源，并能够为解决这些矛盾和问题确定出正确的政治原则和实际策略。显然，这需要我们把研究的目光从理论的层面转向生活的经验层面，转向现实问题。而就具体问题的研究而言，我们亦不能满足于罗列经验事实，而应当着力研究这些经验事实的基本性质以及它们之间的内在相关性，由此为确立符合中国实际的政治理念提供必要的经验根据。因而，为了能够更好地阐明政治文明建设的基本理念与我国现实生活中出现的各种矛盾和问题之间的关系，我们有必要引用“问题域”这个概念。所谓“问题域”不是指各种问题的杂和拼凑、胡乱堆砌，而是指一系列彼此相关的各种问题构成的有着内在逻辑结构的问题体系。这个问题体系所包含的问题涉及事物或过程的基本性质、因素或环节，谋求对这些问题的理论解答，实际上也就是对事物或过程的理论把握。因此，问题域可以说是主体与客体、主观与客观、理论与实际相互结合、相互统一的中介。依据问题域而形成的理论与衍生问题的过程必然具有一种同构性，而问题的解决也必然决定了发展过程的基本趋向。

与当代中国政治文明建设密切相关的问题域涵盖了众多社会现实问题。由于篇幅所限，笔者在本文中主要分析两个方面的问题，即公民基本权利问题和贫富分化问题。我认为，这两个问题涉及上述政治理念最为核心的内容。

二 公民基本权利问题与社会主义市场经济体制

我们知道，市场经济以及以市场经济为基础的现代社会是以承认和维护公民的基本权利为前提的。马克思曾在“政治解放”的范畴内对公民的基本权利进行了分析，指出公民的基本权利包括公民在国家政治生活中所享有的平等的政治权利和公民在其市民生活中作为市民社会的成员所享有的自由权利。这种自由权利，从物质因素上说，主要是指私人财产权利，从精神因素上说，主要是信仰自由的权利。这些基本权利要求得到法律的明白承认并得到法律的维护①。事实上，这些基本权利，特别是其中的私人财产权利，不过是市场经济这种高效率的经济形态本身的内在要素。市场经济归根到底是以市场主体独立地、自主地运用自己的财产追求自身的特殊利益或私利为内在驱动力的。由于这种内在驱动力，才有可能形成所谓的市场机制，如竞争机制、价格机制、供求机制乃至资源配置机制等等。而市场主体的这种独立性和自主性根源于私人财产权利以及其他一切自由权利的不可侵犯性。从这个意义上说，维护公民的这些基本权利，特别是维护公民“任意地、和别人无关地、不受社会束缚地使用和处理自己财产的权利”，就是从根本上维护市场经济体制的完整性和完善性。中国既以选择了社会主义市场经济的发展道路，政府和法律的最基本职能就是要确认和维护公民的基本权利，这也正是社会主义基本制度前提下的政治解放所具有的核心内容。

（一）依法维护公民的基本权利是政治文明建设的首要任务

由于公民的基本权利是市场经济体制的内在要素，因而随着市场经济的发展，我国公民的权利意识必然会日益觉醒。在我国近一时期发生的大量涉及公民基本权利的矛盾和冲突中，我们都可以看到，公民在申诉中所坚守的基本的观念就是“维权”。应当说，这种权利意识正是当代中国政治文明建设的基础性观念。在以市场经济为基础的现代社会中，公民权利是对公共权力的一种制约。公共权力的基本职能就是要依法维护公民的基本权利，使之不受任何力量的非法侵犯，这同时也就意味着，能否有效地维护公民的基本权利是政府合法性与法律和理性的基本标准。为此，随着我国社会主义市场经济的深入发展，我国政府也在基本制度上明确肯定了公民基本权利的法律地位。如 2004 年 3 月颁布的《中华人民共和国宪法修正案》第一次将“公民的合法的私有财产不受侵犯”这一条款郑重地写入宪法，并重申了公民所享有的信仰自由的权利，强调公民的人身自

① 《马克思恩格斯全集》第 3 卷，人民出版社 2002 年版，第 163—198 页。

由、人格尊严和住宅不受侵犯。于2007年10月1日起正式施行的我国第一部“物权法”——《中华人民共和国物权法》——对公民的私人财产权利以及对这种私人财产权利的法律保护作出了更为详尽的法律规定。这些法规的出台对于完善我国的社会主义市场经济体制具有根本的重要性。

但是，尽管如此，在我国现时期，侵犯公民基本权利的现象，依然十分严重。其中最值得注意的就是某些地方政府滥用公共权力对公民基本权利——特别是私人财产权利——的侵犯。例如，2009年9月发生在江西抚州宜黄的“拆迁自焚”事件就是一个非常典型的案例。当地政府放弃在商业拆迁中所应持有的中立地位，无视当事人的正当利益要求，也不为当事人提供公平合理的利益诉求通道，而是对当事人的住宅进行暴力拆迁，导致当事人以自焚的方式进行抵抗的恶性事件。事件发生后，当地政府依然没有丝毫的检讨之意，而是百般狡辩，并对试图上诉的家属进行围追堵截。事实上，这类案件并不是偶然的个别现象，此前，其他一些地方已经多次发生这种恶性的拆迁事件，其中最具代表性的是2004年湖南郴州嘉禾县的商业拆迁事件。这个拆迁项目涉及拆迁居民7000余人，拆迁户1100多户。由于嘉禾县委、县政府强制实行所谓“四包”政策，要求全县党政机关和企事业单位的工作人员做拆迁对象中自己亲属的工作，并打出口号：“谁不顾嘉禾的面子，谁就被摘帽子，谁工作通不开面子，谁就要换位子。”整个拆迁成了“株连九族”野蛮过程，致使126名公职人员受到无理的调离、开除的处分，部分居民因抵制拆迁还遭到了警方的非法拘押。在宜黄“拆迁自焚”事件发生后不久，又在山东鄄城出现了不签字就停薪停职的“株连式拆迁”。而在2010年7月，黑龙江绥化市绥棱县再次发生强制拆迁导致的当事人“自焚”事件。我们不否认，大多数地方政府在城市或乡镇的发展中，能够较好地处理征地、拆迁中所面临的公民权利问题。但此类恶性事件至今屡禁不止，不能不引起我们的高度警惕。事实上，早在2009年5月，也就是在宜黄“拆迁自焚”事件发生的前4个月，国务院发布《关于进一步严格征地拆迁管理工作切实维护群众合法权益的紧急通知》，要求严格征地拆迁管理工作，切实维护群众合法权益，并规定因工作不力引发征地拆迁恶性事件，有关领导和直接责任人将被追究责任。国土资源部更是一再发文，严禁各地方政府直接插手土地开发、拆迁。但是，来自政府的三令五申竟然没有挡住某些地方政府的“推土机”。在某些地方政府官员的头脑中，只有当官的“权力”意识，丝毫没有公民的“权利”意识，甚至毫不隐晦地把用“权力”来侵犯“权利”作为施政的手段。例如，在嘉禾拆迁案中，地方政府公然打出的横幅就是：“谁影响嘉禾发展一阵子，我就影响他一辈子”，而在《物权法》颁行之后，黑龙江绥化市绥棱县的拆迁官员竟然蛮横地声称：“我只懂拆迁法，不知道什么物权法。”这样的话语表现出来的，并不是一般的法治观念薄弱，而是公然践踏法律的尊严；不是一般的无视公民权利，而是以一种专制暴君的姿态同公民的权利进行对抗。

在征地拆迁问题上爆发出来的恶性事件比较集中、比较典型地反映出公共权力的滥用所造成的对公民基本权利的侵犯。事实上，这种侵权行为也表现在其他一些方面，如某些地方政府对私营或民营企业进行所谓的强制性的“国进民退”，某些地方官员在基层民主选举中变相剥夺公民选举权的行为等。侵权事件总是个别发生的，但无视公民基本权利的意识在我国的干部队伍中却是相当普遍的。这种意识的存在并不仅仅是领导干部的道德素质和工作作风问题，而是有深厚的历史根源。中国漫长的封建专制统治不断强化的是封建王权意识而极度缺乏个人权利意识，并且由于历史上没有经历过完备的市场经济发展阶段，因而也就没有彻底摧毁封建专制制度赖以存在的社会基础和文化根源。改革开放 30 多年，我们虽然选择了市场经济的发展道路，但由于这种自上而下的市场取向改革主要是通过强有力的政府来推动的，因而在追求经济增长的强势之下，严重忽视了从维护公民基本权利的角度来理解公共权力的合法性这一对于完善市场经济体制来说至关重要的问题。这使得封建王权的意识在干部队伍中成了挥之不去的阴影，而缺乏对市场经济体制的完整理解。一些官员对“权力”的理解，本质上既不属于资本主义的民主政治，更不属于社会主义的民主政治，而总是不自觉地同封建专制主义王权意识勾连在一起。这不仅使某些官员在侵权行为上胆大妄为，而且也本能地抵制任何维护公民基本权利的要求。例如，在因征地、拆迁所引发的矛盾中，人们已经注意到，2001 年颁布的《城市房屋拆迁管理条例》多项内容与 2004 年《宪法修正案》和 2007 年的《物权法》相抵触，因而建议修改，目的是最大限度地维护公民的财产权利，并为公民提供必要的法律救济。2007 年 12 月，国务院第 200 次常务会议上讨论了《国有土地上房屋征收与拆迁补偿条例》，并计划在 2008 年完成《城市房屋拆迁管理条例》的修改。然而，时至今日，新的《拆迁条例》迟迟没有出台，由此带来了该条例是否胎死腹中的热议。这项事关政府与公民关系的法规政策，当然会面临许多难以确定的法律规定问题，如怎样界定“公共利益”问题以及如何区分“公益拆迁”与“商业拆迁”的问题等，但来自地方政府的普遍抵制，却不能不说是一个主要原因。由此可见，在我国现时期，如何使各级政府依照宪法和法律来维护公民的基本权利，防止侵权事件的发生，依然是一个十分棘手的问题。

用权力侵犯权利，可能会使某些地方政府“一时得利”或获得表面上的“发展”，但从根本上说，这种做法无疑是饮鸩止渴，最终会毁掉市场经济体制赖以存在的根基，并导致公民对政府合法性的强烈质疑。因此，政府侵权的直接政治后果就是使公民丧失对政府和法律的信任，由此引发政府和公民之间的矛盾。且不论这种侵权行为的背后是否有官员的私人利益作祟，仅就这种侵权行为本身而言，由于“权利意识”的缺位，即便出于最善良的动机，它所危及的正是社会主义市场经济体制本身。如果公民的基本权利得不到政府和法律的有效保护，公民如何能够作为自主的、独立的市场主体而发挥作用呢？从这个意义上说，如何使公民的基本权利得到可靠的立法保护，乃是完善社会主义市场经济体制的头等大事。

（二）培育理性的公民意识

当然，问题的另一个方面也是很重要的，即公民的权利意识虽然已经觉醒，但却不够成熟，尚未达到现代社会理性公民的要求。从历史上看，中国长期的封建专制制度没有给我国传统的政治文化留下任何有关个人权利的遗产。改革开放前30年的计划经济体制也是以个人无条件地服从集体利益和国家利益为特征的，从而也没有建立起“个人权利”的基本观念。由于这种历史的原因，在我国公民的思想观念和心理结构中普遍缺乏健全的“权利”意识。

就个人利益与国家利益或私人利益与公共利益之间的关系而言，权利意识的核心内容是权利和义务的关系问题。在现代社会的国家生活中，权利和义务是对等的，个人享有多少权利，就应当履行多少义务，由此实现个人的特殊利益与国家的普遍利益的统一。义务涉及公民生活的各个方面，其中最根本的义务就是服从法律的义务，这就包括了依法纳税的义务、遵守公共规则和公共秩序的义务、维护公共财物的义务等。在我国，公民权利意识的不成熟、不健全突出地表现为义务观念和法治观念普遍薄弱。这表现在很多方面，如在企业和个人的经济行为中大量存在的偷税漏税现象，各种类型的非法经营活动和走街串巷的无照经营活动，随处可见的、大大小小的违反公共秩序、损害公共环境和公共财物的行为，也包括在征地、拆迁之类的问题上，来自公民的非理性行为等。缺乏健全的权利义务观念和道德法律自律，必然会加深社会管理的难度，加大社会管理的成本，也不可避免地扩大强制性手段的运用，而这又易于激化社会矛盾，从而增加社会管理的风险。例如，近一些年来，在城市管理工作中，出现了大量由综合执法所引发的恶性事件。不能否认，在一些城市中，执法队伍素质不高、纪律不严、法制观念薄弱，由此导致了“野蛮执法”行为的发生，对此理应得到舆论的谴责乃至法律的追究。但问题的另一方面是，综合执法所针对的毕竟主要是非法经营行为和各种违反公共规则和公共秩序的行为，这些行为的普遍存在以及行为人对公共管理的蛮横抵制，是造成这些恶性事件的基本根源。

市场经济体制本身就是一个权利义务关系体系，要建立和维护正常的市场秩序，一方面要求国家从法律上明确规定和有效地保护公民的基本权利和义务，另一方面也要求公民能够理性地行使自己的权利、履行自己的义务。也就是说，健康的市场体制不仅要求理性的国家，而且要求理性的公民。公民的理性自律是现代市场机制正常运行的基本保证。如果说，市场经济实现个人自由权利的经济形态，这种个人自由也是与个人的理性自律成正比的，缺乏理性自律只能强化国家的强制力，因为市场总是需要秩序的。历史上，没有任何一种自由理论是鼓励个人不讲法度的自由。

总之，当代中国政治文明建设的首要任务就是要求政府通过法律来明确地承认并有效地维护公民的基本权利，坚决杜绝侵犯公民权利的现象，同时通过权利义务教育和法治教育培育社会成员的理性公民意识，引导公民合理地运用自己的权利，并忠实地履行自己应尽的义务。这当然不是说，只要维护了公民的基本权利就达到了社会主义社会对其终极价值的追求，但社会主义国家的任何发展要求，都必须以维护公民的基本权利为前提。从更为根本的意义上说，公民的基本权利也就是人民群众的最基本的利益，社会主义国家即以人民群众的基本利益为出发点，首先应当做到的就是维护公民的基本权利。尤其是在社会主义市场经济发展阶段，国家公民的基本权利就是人民群众的最基本的利益。任何以牺牲公民基本权利为代价所实现的所谓“发展”，既不符合市场经济体制的客观本性，也不符合社会主义国家的基本性质。如果连公民的基本权利都不能保护，抑或任意侵犯，又怎么谈得上代表最广大人民群众的根本利益？

三 贫富分化问题与社会主义社会的基本性质

贫富分化问题是我国现时期社会生活中最引人注目、最令人担忧的问题。有足够的数据资料可以证明，目前我国贫富分化的情况呈现出两个特点：一是分化速度快；二是分化程度高。自2000年以来，我国居民收入分配差距基尼系数迅速攀升，在2006年就达到了0.47，此后数年居高不下，并有继续扩大的趋势。仅此而论，我国现时期贫富分化的程度远远高于绝大多数发达国家。据世界银行的测算，我国2009年的基尼系数是0.47，在所有公布的135个国家中名列第36位，而且在世界前十大经济体中，中国贫富差距拉大的速度是最快的。贫富分化问题的产生显然与市场机制的运作密切相关，而这个问题在我国的解决则与社会主义社会的基本性质和终极价值密切相关，因而同样是涉及我国当代政治文明建设基本理念的重大现实问题和理论问题。

（一）如何看待我国现时期的贫富分化问题

面对贫富分化问题，我们首先必须明确的是，在以市场经济为基础的现代社会中，财富分配上的不平等是与市场经济的本性和运作机制密切相关的。如前所述，市场经济是以市场主体独立地、自主地追求自身的特殊利益或私利为内在驱动力的，因而在市场行为中，市场主体只承认竞争的权威而不承认其他任何权威。在这种情况下，市场主体在个体上的差异就必然会导致财富分配上的差异。如黑格尔所说：分享普遍财富的可能性，“一方面受到自己的直接基础（资本）的制约，另一方面受到技能的制约，而技能本身又转而受到资本，而且也受到偶然情况的制约；后者的多样性产生了原来不平等的禀赋和体质在发展上的差异。这种差异在特殊性的领域中表现在一切方面和一切阶段，并且连同其他偶然性和任性，产生了各个人的财富和技能的不平等为其必然结果”①。这就是说，市场经济本身的自发倾向必然是产生财富分配上的不平等，也就是产生贫富差别，

① ［德］黑格尔：《法哲学原理》，范扬、张企泰译，商务印书馆1961年版，第211页。

而且正是这种贫富分化所带来的市场差别客观上鼓励市场主体在竞争中尽其才智和资本来使个人的特殊利益最大化，从而也就使整个市场体系充满活力并产生效率。所以，我们不能用一种抽象的平等观来看待贫富分化问题，把任何差别都看成是不公平的或不合理的，这种观点，用黑格尔的话说，不过是“空洞的理智的勾当”。[①] 中国既然选择了市场经济的发展道路，就应当认识到市场体系产生贫富差别的客观性，并承认这种差别的合理性。没有任何差别，就意味着一种平均主义。这种平均主义只能导致社会经济的低水平循环和人民群众的共同贫穷。

但同时我们又必须看到，这种差别的极端化即贫富两极分化是引起社会矛盾、造成社会摩擦乃至导致社会动荡的基本原因。我在一篇文章中曾指出，财富分配的不平等本身具有累积性和延伸性[②]。所谓财富不平等的累积性是指市场主体的个体差异必然导致财富分配上的差异，使财富更多地积聚到少数私有者手中，因而财富在私有者手中的积累同时也就是不平等的积累。由于市场机遇与个体财富的多寡密切相关，拥有更多资本的人也就拥有更多的机遇。因此，不平等的积累必然使“机遇平等”变成毫无意义的空话，因为更多的机遇对于资本匮乏甚至没有资本的人来说，就根本不是什么机遇。同时，不平等的积累也使“起点公平”变得没有真实性或现实性。出身富有的人和家境贫寒的人，在一开始进入市场时就完全不平等。所谓财富不平等的延伸性是指财富不平等的累积可以使财富不平等向个人的其他权利延伸，导致其他权利的不平等。也就是说，由于市场经济本身的发展自发地具有将社会生活甚或日常生活各个方面市场化的倾向或效应，如果得不到有效的约束，不平等不仅会向权力和声望这样的资源延伸，加剧这些资源分配的不平等、不公正状态，甚至向那些原本是平等的自由权利延伸，如受教育权利、生命健康权利乃至各种政治权利。财富不平等的延伸性在极端的情况下完全有可能对人的基本生存和发展权利构成事实上的威胁或侵犯。

上述分析表明：我们一方面必须肯定市场体系产生贫富差距的合理性；另一方面又必须把这种贫富差距限制在一定范围之内，也就是必须给

① ［德］黑格尔：《法哲学原理》，范扬、张企泰译，商务印书馆 1961 年版，第 211 页。

② 阎孟伟：《如何看待我国目前社会发展中的贫富分化现象》，《理论与现代化》2007 年第 1 期。

贫富差距一个限定尺度。显然市场体系本身是不会给贫富分化提供这样的尺度的，市场的自发倾向只能是导致贫富分化的不断加大。只有国家才能提供这样的尺度，而提供这个尺度或限度，正是国家或政府的社会公正责任。在利益分配方面，如果国家不能发挥必要的、适当的调节作用，那么随着市场经济的发展，贫富分化的程度就会自发地不断增加，使财富越来越多地集中在少数富人阶层，同时使越来越多的人陷入贫困，形成日益庞大的弱势群体。从而一方面是财富的积累，一方面是贫困的积累，经济发展的利益不能普及整个社会，由此形成社会的总体不合理、总体不公正。在这种情况下，财富不平等本身的累积性和延伸性使事实上的不平等自发地延展到个人生活的一切方面，不仅扩大和强化了不平等的程度，使那些原本平等的权利要么受到事实上的侵犯，要么就是变成了无法兑现的空洞的法律承诺，使占人口多数的低收入社会成员普遍产生“相对剥夺感”。从一定意义上说，贫富分化的扩大之所以会导致社会矛盾的深化和激化，主要是因为贫富分化的累积性和延伸性造成的这种“社会不平等”的负面效应。当各种社会力量不能改变弱势群体的生存境遇，反而不断恶化这种境遇时，这些社会力量对于弱势群体来说就成为异己的、不可理解的、与自己相对立的力量，就必然会加剧弱势群体对社会不公正的感受，引发抑或激起穷人阶层对富人阶层的仇恨情绪以及弱势群体对政府的不满。从我国目前的现实情况看，由于贫富分化速度快，程度高，已经是财富分配的不平等延伸为社会不平等，并在一定程度上超出了社会成员的总体承受能力。因而国家有责任加大对利益分配格局的调节力度，在不影响市场效率的前提下，充分利用财政政策、金融政策、价格政策、社会福利政策，实施更为完善的社会保障制度，逐步降低贫富分化的程度，将之限制和保持在合理的范围之内。

（二）从社会主义社会终极价值的意义上理解贫富分化问题的解决

从更根本的意义上说，在社会主义国家中，贫富分化问题的解决不仅仅是为了避免贫富分化所造成的社会矛盾或社会危机，以减少社会进步的成本，而是社会主义社会基本性质的本质要求，从而也体现出社会主义政治文明与资本主义政治文明的基本区别。这主要是因为贫富分化问题本身内在地包含着对人的自由与平等的理解。

我们知道，就人的自由与平等而言，历来存在着法律上的、形式上的自由与平等和事实上的、实质上的自由与平等的区分。所谓法律上的、形式上的自由与平等归根到底就是权利意义上的自由与平等，也就是以法律的形式明白地承认并维护每个人都平等享有的各项自由权利，特别是其中的私有财产权利。就摧毁封建专制制度、特权制度和等级制度而言，确立这种法律上的、形式上的自由与平等无疑具有崇高的历史价值，它就是马克思所言称的“政治解放”所要达到的目的。但是，这种法律上的、形式上的自由与平等并不直接带来事实上的、实质上的自由与平等。以财产权利为例，法律上可以规定每个人都平等地享有私有财产权利，但这并不意味着每个人都平等地拥有私有财产。事实上，一个人在没有任何财产的情况下，也同样享有平等的私有财产权利。然而，使人真正获得事实上的、实质上的自由与平等的不是财产权利，而是私有财产本身。但在以市场经济为基础的现代社会中，市场竞争所带来的贫富分化，不可避免地使越来越多的个人丧失财产而不得不接受他人的奴役，因而尽管他们也平等地享有私有财产权利，却在事实上和实质上失去自由与平等。正因为如此，马克思没有把政治解放看成是人的解放的完成，而是指出这种解放的局限性和不彻底性，并希望通过“人类解放”的革命来解决政治解放不能解决的问题。

在欧洲近代史上，政治解放是通过资产阶级革命完成的，并且由此造就出的资本主义政治文明最终所能达到的也只是这种法律上的、形式上的自由与平等，维护这种意义上的自由与平等是资本主义政治法律制度的不可突破的底线。在这个底线上，资本的逻辑占据绝对的统治地位，它在本性上不是把消灭贫富分化作为目的，反而把贫富分化作为自己赖以生存的基础。这就带来了资本主义社会的总体不公正或总体不合理，即每个人的发展是以牺牲他人为代价的。当然，我们不能否认，当代发达的资本主义国家，无论是为避免贫富分化带来的社会摩擦，还是出于人道主义的考虑，都在限制贫富分化方面做出了很多努力，并且取得了相当成功的经验。但是，这些努力终归是与资本的逻辑相矛盾的，它通常会使资本主义国家处在进退两难的境况中，并且始终遭到自由主义政治主张和经济策略的抵制。极端的自由主义者完全漠视贫富分化的事实，明确反对政府出台有利于限制贫富分化的策略，在他们看来，法律上的、形式上的自由与平等已经是人们所能获得的全部，超越这一点只能损害自由资本主义制度。由此可见，追求人的事实上的、实质上的自由与平等是与资本主义社会的基本性质相对立的。正因为如此，某些西方学者也把限制贫富分化的策略称之为资本主义社会中的“非资本主义因素”。一些对自由主义持批判态度的学者，甚至主张“驯化”传统资本主义，使之更倾向于“社会公平”，更注重人的具有实质意义的“自由能力”，从而把资本主义改造成一种“社会民主主义”或“民主社会主义”。这些主张能否成为现实，或者是否真的代表了现代资本主义的一种可能的发展趋势，我们还很难作出准确的判断。而就目前情况来看，自由主义依然占据压倒性的优势地位，并且在近几年，资本主义国家为了刺激经济增长，又不断采取降低税率和削减社会福利的政策，这就使贫富分化状况又出现了迅速扩大的趋势。这表明，限制贫富分化对于资本主义国家来说，在更大程度上，还只是一种维持社会稳定的策略，不可能成为资本主义制度的根本原则。

与资本主义社会不同，社会主义社会的基本制度恰恰是以追求人的事实上的、实质上的自由与平等为其本质特征和实践原则的，这也正是马克思“人类解放”的政治理念在社会主义革命和建设实践中的体现。然而，我们也很清楚，人类解放是一个更为复杂、更为漫长的历史过程。如马克思所指出的那样，“全面发展的个人——他们的社会关系作为他们自己的共同的关系，也是服从于他们自己的共同的控制的——不是自然的产物，而是历史的产物。要使这种个性成为可能，能力的发展就要达到一定的程度和全面性，这正是以建立在交换价值基础上的生产为前提的，这种生产才在产生出个人同自己和同别人的普遍异化的同时，也产生出个人关系和个人能力的普遍性和全面性”①。马克思在这里所讲的“建立在交换价值基础上的生产”，就是指发达的商品经济或市场经济。亦即市场经济正是经济的社会形态既不能跳过也不能用法令取消的自然发展阶段，与此相应的，我们也必须承认为市场经济的发展创造政治条件的政治解放也是人的解放的既不能跳过也不能用法令取消的发展阶段。正是基于这个理论，笔者认为当代中国政治文明建设的核心内容，就是在社会主义前提下完成马克思所说的“政治解放”的任务，其首要任务就是要使国家通过法律确认并维护公民个人的自由权利，特别是确认和维护公民个人的私有财产权利，使国家公民获得法律上的、形式上的自由与平等。同时，也正是在这个意义上，我们也必须清醒地认识到，即便是社会主义前提下的政治解放

① 《马克思恩格斯全集》第46卷（上），人民出版社1956年版，第108—109页。

也依然是有局限的、不彻底的解放。这意味着我们必须承认在市场机制的运作下一定范围内贫富差别的客观性和合理性，也就是承认人们的自由与平等在事实上和实质上必然会存在着一定的差别。否认这一点，就会把人类解放或人的自由与平等变成脱离实际的、有害于实践的抽象口号和空洞说教。在这个问题上，我们应始终牢记马克思的教导："人类始终只提出自己能够解决的任务，因为只要仔细考察就可以发现，任务本身，只有在解决它的物质条件已经存在或者至少是在生成过程中的时候，才会产生。"①

但是，社会主义前提下的政治解放又在根本原则上不同于资本主义的政治解放。对于资本主义社会来说，政治解放是其政治文明所能达到的极限，而对于社会主义社会来说，政治解放只是人的解放的一个不可逾越的阶段，它必然指向更高的发展阶段即"人类解放"，即一种"旨在人类解放的政治解放"。因此，尽管当代中国政治文明建设的核心内容是政治解放，但这决不意味着我们可以放弃人类解放的目标，甚至不意味着我们把这个目标推向遥远的未来，而应当旗帜鲜明地以人类解放为基本价值尺度，合理解决政治解放的局限性所带来的社会矛盾和社会问题。旨在人类解放的政治解放固然要全面地实现人在形式上的和法律上的自由和平等，尊重和维护个人的自由权利，但它所关注的绝不应仅仅是少数人的自由权利，而是"人民群众"的普遍利益和他们在事实上和实质上的自由和平等。因此，对于贫富分化这样的市场倾向，社会主义国家绝不可能接受自由主义的政治主张，而是应当以追求人的事实上的、实质上的自由与平等为根本原则，更为自觉地采取积极有效的政治策略和经济策略，在维护公民的基本权利的前提下，把贫富分化限制在合理的范围之内。做到这一点，的确是很难的，但并非不可能。大多数发达资本主义国家的市场体系比我国的市场体系要更为完善，但它们却能够成功地把贫富分化的程度限制在较低的范围之内。这表明，市场机制并不绝对地排斥社会公平的价值取向。我们应当积极地借鉴发达国家经验，同时抵制自由主义思潮的干扰，结合中国国情创造性地建立起防止贫富两极分化的社会体制。

胡锦涛同志在纪念党的十一届三中全会召开30周年大会上发表讲话提出："必须把坚持社会主义基本制度同发展市场经济结合起来，发挥社

① 《马克思恩格斯选集》第2卷，人民出版社1972年版，第33页。

会主义制度的优越性和市场配置资源的有效性，使全社会充满改革发展的创造活力。”[①] 我认为，这正是体现“旨在人类解放的政治解放”政治理念的实践精神。如果我们能够真正实现这一完美的结合，能够较之资本主义社会更为合理地解决贫富分化问题，使人不仅获得法律上的、形式上的自由与平等，而且能够不断深化和扩大事实上的、实质上的自由与平等，那么，中国特色的社会主义发展道路在世界民族之林将更具竞争力。

① 胡锦涛：《在纪念党的十一届三中全会召开30周年大会上的讲话》，《人民日报》2008年12月19日。

以历史唯物主义为基础的生态文明理论何以可能

——从生态学马克思主义的视角看

王雨辰*

在西方绿色思潮那里，历史唯物主义被认为是和技术决定论、人类中心主义联系在一起的，并且没有考虑自然资源的枯竭和自然对于生产的限制问题，因此，他们断定以历史唯物主义为基础的生态文明理论是不可能的。西方绿色理论的这一观点也影响了我国学术界，部分论者认为以历史唯物主义为基础的生态文明理论会导致一种否定历史唯物主义的“生产力”这一核心概念的“后马克思主义”理论。兴起于北美和欧洲的生态学马克思主义通过修正、重构和重新阐释历史唯物主义，建立了历史唯物主义同生态学之间的内在联系。本文拟通过考察生态学马克思主义的理论运思过程，并结合国内学术界对生态文明理论研究的现状，探讨生态学马克思主义理论的特点及其当代意义。

一

生态学马克思主义理论家批评了西方绿色思潮把历史唯物主义同生态学对立起来的观点，并对他们的质疑进行了系统的回应，为历史唯物主义进行辩护。在此基础上，他们或者通过对历史唯物主义进行修正和重建，或者通过对历史唯物主义的生态内涵进行系统挖掘和阐发，建立了以历史

* 王雨辰，中南财经政法大学教授。

唯物主义为基础的生态文明理论。我们首先来考察生态学马克思主义理论家是如何回应西方绿色思潮的质疑的。

第一，能否像西方绿色思潮那样把历史唯物主义归结为一种经济决定论，进而把历史唯物主义同生态学对立起来。对于这一问题，奥康纳和福斯特的观点在生态学马克思主义理论家中较具代表性。奥康纳在《自然的理由》一书中认为，历史唯物主义的确“只给自然系统保留了极少的理论空间，而把主要内容放在了人类系统上面”。[①] 在他看来，历史唯物主义是一种关于资本主义历史演进和历史转型的理论，它比较重视资本主义社会系统中生产力和生产关系、经济基础和上层建筑矛盾运动的研究，相对忽视资本主义生产与其生产条件，即自然条件之间关系的研究。在他看来，历史唯物主义主要是从技术关系的维度来规定生产力和生产关系，生产关系主要被看作是现有的生产工具和技术水平所决定的，这致使历史唯物主义具有技术决定论的倾向。但奥康纳也反对西方绿色思潮把历史唯物主义同生态学完全对立起来的观点，因为“马克思在关于社会的观点中包含有人类不再异化于自然界，人类对自然界的利用不再建立在资本积累逻辑的基础上，而是一方面以个人和社会的需要，另一方面以我们今天所谓的生态学的理性生产为直接基础的思想”。[②] 因此，历史唯物主义具有潜在的生态视阈，他认为可以通过对历史唯物主义进行修正来开启其神态视阈。其方式就是在历史唯物主义的核心范畴生产力、生产关系和人类劳动中引入“自然维度”和“文化维度”。在他看来，生产力和生产关系决不能仅仅被归结为技术关系，不仅自然条件内在于生产力和生产关系之中，制约着生产力的发展，而且文化规范也影响着人们在劳动过程中协作关系的形成，而决非技术关系所能单独决定。而作为人类社会和自然界中介的社会劳动，文化因素和自然因素也是同时内在于其中的。这是因为，“社会劳动”不仅是建立在一定的文化价值规范基础上的，而且它在改造自然的活动中必然也要受到自然条件的限制。通过上述修正，奥康纳认为历史唯物主义一方面可以克服经济决定论和技术决定论的倾向，因为即便在相同的技术条件下，由于不同的文化规范和自

① ［美］奥康纳：《自然的理由：生态学马克思主义研究》，唐正东、臧佩洪译，南京大学出版社 2003 年版，第 7 页。

② 同上书，第 3—4 页。

然条件的影响和限制，人们必然会形成不同的劳动协作关系和实践关系。另一方面，既应当考察社会系统各组成要素之间的矛盾，同时也应该考察社会系统和自然系统之间的矛盾运动，而他把理论研究的重点转向了后者，着力分析了资本主义生产与其生产条件（自然条件）之间的矛盾，并得出资本主义生产必然破坏其生产条件，使资本主义社会不可持续的论断，从而把生态批判与资本主义社会批判有机地结合起来，最终形成了以历史唯物主义为基础，以追求环境正义为价值目标的生态文明理论。

福斯特在《马克思的生态学》一书中指出，把历史唯物主义看作是经济决定论，实际上是把历史唯物主义混同于近代机械唯物主义。他通过考察马克思生态唯物主义的形成过程，指出唯物主义存在着德谟克利特和伊壁鸠鲁两种传统，前者坚持严格的决定论，最终形成了近代机械唯物主义哲学，后者始终把反对神学目的论作为唯物主义哲学的核心，在坚持决定论的同时又承认偶然性的存在，因而避免了机械决定论。福斯特通过对马克思《1844 年经济学哲学手稿》《关于费尔巴哈的提纲》《德意志意识形态》《共产党宣言》等著作的系统考察，指出马克思继承的是伊壁鸠鲁的唯物主义传统，他始终坚持了人类社会和自然在实践基础上的物质变换关系和二者的辩证统一关系，强调马克思的唯物主义是历史观与自然观有机统一的唯物主义，把马克思的唯物主义说成是经济决定论是对历史唯物主义的误读。不仅如此，福斯特还强调马克思通过对李比希的农业化学、达尔文进化论和摩尔根的人类学的研究，揭示了人类史和自然史的内在统一及其生态关系，阐发了和生态学所揭示的“万物皆相互联系、万物皆有归宿之地、自然知晓最多、无无以产生有”的生态规律完全一致的有机论思维方式。因此，历史唯物主义不仅和生态学不矛盾，而且比西方绿色思潮在解决生态问题上具有更大的优越性，因为西方绿色思潮仅仅从抽象的价值观的角度探讨生态问题，把“生态问题首先而且最主要地被简化为一个价值问题，而理解人类和自然之间不断进化的物质关系（马克思称为‘新陈代谢关系’）这个更加困难的问题也因此就被完全忽略了”。[①] 福斯特正是在系统阐发马克思生态世界观的内涵的基础上，系统

---

① ［美］福斯特：《马克思的生态学：唯物主义与自然》，刘仁胜、肖峰译，高等教育出版社 2006 年版，第 10—11 页。

分析了资本主义生产方式和价值观是如何造成人类和自然界之间物质变换关系的中断的。

第二，如何理解历史唯物主义关于“支配自然”和人类中心主义的思想的真实内涵，它是否如西方绿色理论所说必然会导致和生态学之间的对立。对于上述问题，北美的生态学马克思主义理论家为历史唯物主义展开了辩护，其中以福斯特和莱斯最具代表性。福斯特和莱斯指出，历史唯物主义的确主张“支配自然”的人类中心主义立场，但是，“支配自然”并不必然导致漠视自然及自然规律的结果，“支配自然”的思想和可持续发展之间也并无根本性的矛盾。而莱斯在《自然的控制》一书中则系统论述“控制自然”的历史文化根源，指出只有到了近代“控制自然”的思想被纳入西方资产阶级现代性价值体系之后，才开始沦为资本支配自然和支配人的工具，从而造成了人和自然关系的紧张。在英国生态学马克思主义内部，本顿与格伦德曼、佩珀围绕上述问题展开了争论。本顿在《马克思主义和自然的极限》一书指出，历史唯物主义的确存在着过分相信人类对自然的控制能力和对科学技术乐观主义的倾向，因为马克思、恩格斯把人的解放看作是摆脱社会关系和自然的双重束缚，从而把人和自然的关系归结为支配和被支配的关系。同时马克思批判资本主义生产关系是基于它不利于解放和发展生产力，进而把共产主义建立在生产力高度发展和社会财富极大丰富的基础上，而没有考虑自然的极限问题。但是，本顿并不认为可以像西方绿色思潮那样，把历史唯物主义同生态学对立起来，因为可以借助马克思、恩格斯关于生态问题的一些论述，通过对历史唯物主义作出修正，从而建立历史唯物主义和生态学的内在联系。具体说，一方面，可以借助马克思的历史唯物主义关于社会和自然辩证统一的思想，考察自然条件对资本主义生产的生态制约，由此形成一种旨在实现自然可持续发展的新的“生产理性”。另一方面，应当改变历史唯物主义只看到技术、劳动对自然改造的功能，而强调自然系统的运动规律对技术和劳动的限制一面，通过把“生态制约”引入历史唯物主义的劳动和生产力概念中，发展和自然运行内在规律相适应的生态技术，从而实现人类社会和自然之间的可持续发展。与本顿相反，格伦德曼和佩珀对历史唯物主义的“支配自然”及人类中心主义的立场进行了辩护。在他们看来，马克思“支配自然”的思想具有独特的内涵，主要体现在马克思是从人类历史发展和理性的视角来看待技术及其支配自然的必要性的。也就是说，人类社会要生存和发展，必须借助技术来支配自然，从而顺利实现“第一自然”向经过人类实践改造过的“第二自然”的转换，并且认为人的自由和解放只有在“第二自然”中才能实现。因此马克思的确是把自然看成是服从人类生存需要这一目的而存在的。但是马克思一方面强调人类并不能把自身的目的强加给自然，进而随心所欲地控制和操纵自然，因为支配自然使之满足人的目的的前提是对自然规律的理解和服从，“马克思主义关于先进社会的‘控制’自然的思想并不蕴涵着一个专横的主仆关系，事实上是给予人类在追求合法需要过程中明智地改变自然力的一种技巧和才智”。[①] 马克思同时也指出技术运用的后果取决于一定的社会制度和生产方式的性质，因此对生态问题应该负责任的并非是“支配自然”的观念及其技术的运用，而在于资本对利润的追求及其对自然的滥用。而马克思也并不单纯只是承认自然的工具价值，他同时也承认自然的科学价值、道德价值和审美价值。

第三，历史唯物主义是否像西方绿色思潮所认为的那样没有考虑资源的枯竭和自然对于生产的限制问题。对此，生态学马克思主义理论家认为这种指责并不符合事实。因为马克思在《资本论》中批判了资本主义生产所导致人类和自然之间物质变换关系的中断这一思想本身就包含了对“生态极限和生态可持续性问题表现出的深切的关注”。[②] 而从马克思对未来共产主义社会的设想看，马克思一方面指出合理协调人类同自然之间物质变换关系是未来社会的必要前提，另一方面马克思并不认为共产主义社会人的自由和解放是绝对的，这不仅体现在共产主义社会也应当承认自然的限制，而且他强调任何一个社会的生产并非是绝对自由选择的结果，强调“人们想做什么和做什么也不是完全开放的，而是受到物质的历史环境的限制。……不是违背物理规律来改造物质世界的自由”。[③]

---

① ［英］佩珀：《生态社会主义：从深生态学到社会正义》，刘颖译，山东大学出版社 2005 年版，第92 页。

② ［美］福斯特：《马克思的生态学：唯物主义与自然》，刘仁胜、肖峰译，高等教育出版社 2006 年版，第 170 页。

③ ［英］佩珀：《生态社会主义：从深生态学到社会正义》，刘颖译，山东大学出版社 2005 年版，第 172 页。

二

在回应和批驳西方绿色思潮把历史唯物主义同生态学对立起来的诸种理由的基础上，生态学马克思主义理论家根据历史唯物主义关于社会和自然之间相互制约、相互作用及其辩证统一的思想，抛弃了西方绿色思潮仅仅从价值观的维度建构生态文明的思路，立足于通过揭示资本主义制度和生产方式的内在矛盾，建立了制度批判、价值批判和技术批判三个维度相统一的生态文明理论。

揭示资本主义制度、生产方式同生态危机的内在联系是生态学马克思主义的生态文明理论的突出特点。奥康纳从分析资本主义社会同其生产条件之间的矛盾入手，认为资本主义社会不仅存在着马克思所说的生产力和生产关系、经济基础和上层建筑之间的矛盾，而且还存在资本主义生产与其生产条件之间的矛盾，他把这一矛盾称为资本主义社会的“第二重矛盾”，并指出正是这一矛盾运动必然会导致生态危机。他主要从如下三个方面展开了论述：第一，资本主义生产的非正义性和资本主义生产积累必然会导致生态危机。由于资本主义生产的目的是为了获取剩余价值和利润，其来源就是对工人超额劳动的剥削和技术革新。这就决定了资本总是倾向于不断地进行自我扩张，由此带来的结果是无论资本主义经济是否增长，总是会带来自然资源的快速耗费。这是因为如果资本主义经济增长，伴随的是资本主义生产体系的扩张，其结果必然是自然资源的快速耗费。如果资本主义经济不增长，自然资源的价格会下降，这会导致资本对自然资源的投资，同样会导致对自然资源的快速耗费和其生产条件的破坏，最终导致生态危机。第二，资本主义的技术革新虽然会使自然资源的使用效率得到提高，但是资本追求利润的本性和生态保护之间存在着矛盾和对立。奥康纳指出，“自然”虽然是资本主义生产的前提，但并非是资本主义生产的目的。因此，技术革新和运用不可能遵循生态原则，只不过是强化和提高了资本获得利润的手段。而由于资本主义社会内部存在着个别资本和总体资本的利益冲突，“生态可持续发展”所倡导的是一种稳态经济条件下的维持性发展，这和资本追求利润和不断扩张的本性是相矛盾的，这就决定了资本难以制定旨在保护生态环境的绿色财政政策。第三，资本主义的不平衡发展和资本的全球扩张会进一步强化生态危机。奥康纳指出，资本主义的不平衡发展会造成资本主义制度内部工业生产和人口的不断集中，以及城市对乡村自然资源的掠夺，最终造成城乡物质和能量交换关系的中断。不仅如此，资本还利用同发展中国家的联合发展，向发展中国家输出污染工业，并利用其先进的技术、管理，掠夺性地使用发展中国家的自然资源，利用低工资和较差的工作环境来剥削工人以获取超额剩余价值，造成发展中国家的环境问题，损害发展中国家工人的身体健康。“联合的发展意味着污染的出口以及危险产品的出口——既有生产资料的因素又有消费资料的因素，而且还有一连串的社会成本和环境成本。”① 通过以上分析，奥康纳强调，生态危机在资本主义社会具有必然性，资本主义生产也必然是不可持续的，只有通过社会变革用生态社会主义代替资本主义，生态问题才有可能得到根本解决。

福斯特根据马克思在《资本论》中所论述的“物质变换关系断裂”理论，具体从三个方面分析了资本主义制度和生产方式是如何造成人类和自然之间物质变换关系的断裂，进而形成生态危机的。第一，资本的本性与生态之间产生矛盾的必然性。福斯特指出，资本对利润无限追求的本性决定了资本主义生产体系必然具有不断扩张的趋势，因为一旦资本扩张停止和利润停滞，资本流通就会中断，资本主义经济危机就会发生。而资本这种不断扩张的本性和趋势必然与地球生态系统的有限性之间产生矛盾冲突。同时，资本从规避风险这一目的出发具有追求短期利益回报的特性，这与环境保护需要长远和总体规划的特点是矛盾冲突的。可以说，资本对利润的无限追求的本性致使生态问题产生具有必然性。第二，资本主义生产方式和生态危机的产生具有内在的联系。福斯特指出，由于资本主义生产方式是服从资本追求利润需要的，因此资本主义企业在竞争和追求利润的驱使下，总是倾向于投入大量原材料和人力，通过技术革新加快生产流程，其运行严重依赖自然资源的投入、能源密集型和资本密集型技术，这意味着自然资源的快速耗费和生产废料的迅速增加，必然强化生态问题，并最终导致生态危机。第三，资本主义生产方式所倡导的价值观与生态之间存在矛盾冲突。福斯特指出，伴随着资本主义制度和生产方式的建立，资本倡导的是一种对自然掠夺性的价值观。这种价值观把“自由视为技

---

① ［美］奥康纳：《自然的理由：生态学马克思主义研究》，刘颖译，山东大学出版社2005年版，第317页。

术支配自然的机械结果，是一种社会安排的结果。在这种社会安排中，鼓励个体追求他/她的个人兴趣却毫不顾及对范围更广的自然与社会的影响……我们现在的社会秩序已陷入人类自由与自然关系的机械论圈套，这与生态规律直接形成冲突"①。这种把人和自然的关系归结为控制和被控制、支配和被支配的工具关系的价值观只能导致资本对自然的滥用。

本·阿格尔、威廉·莱斯和高兹主要从价值批判的维度揭示了消费主义价值观和生存方式同生态危机的内在联系。在他们看来，应当根据当代资本主义社会的新变化对历史唯物主义进行修正，当代资本主义的新变化主要体现在两个方面：一是危机从经济领域转向了消费领域；二是从经济危机转向了生态危机。这就要求修正历史唯物主义的经济危机理论，而代之以生态危机理论。他们由此从分析当代资本主义异化消费入手，进而批判消费主义价值观和生存方式，并揭示它们同生态危机之间的内在联系。他们指认当代资本主义社会的消费是服从资本追求利润和逃避异化劳动的异化消费，是"人们为补偿自己那种单调乏味的、非创造性的且常常是报酬不足而致力于获得商品的一种现象"。② 而这种异化消费是资本出于利润动机所故意制造、控制和鼓励的消费。也就是说，资本基于利润动机要求不断扩张其生产体系，根据生产和消费的辩证法，这就要求改变前资本主义"够了就行"的消费价值观，而转变为"越多越好"的消费价值观。为了使这种消费主义价值观得以流行，由资本所控制的大众媒体把消费同人的幸福、成功和社会地位等同起来，由此鼓吹消费主义生存方式。这就意味着消费已不再是人们出于对商品使用价值需要的物质性消费，而是一种象征人们社会地位高低和成功与否的符号性消费。同时，由于资本主义生产的决策和管理过程日益集中，人们在生产过程中已经感受不到劳动创造的欢欣，于是人们为了逃避异化劳动就把对幸福的追求和体验寄托于消费活动中。由资本所鼓吹的消费主义价值观的基本特点是"通过忽略个人的自我实现的所有其他可能性（例如参与到创造性和令人满足的工作环境中），鼓励它的市民越来越以消费活动为唯一导向获得需要的满

---

① ［美］福斯特：《生态危机与资本主义》，耿建新、宋兴无译，上海译文出版社 2006 年版，第 44 页。

② ［美］本·阿格尔：《西方马克思主义概论》，慎之等译，中国人民大学出版社 1991 年版，第 494 页。

足"①。本·阿格尔等人从三个方面具体分析了消费主义价值观和生态危机的内在联系。第一，消费主义价值观和资本的扩张是相互支撑的，但是和生态系统的有限性却是相互冲突的。资本的利润动机要求资本主义生产体系不断向外扩张，资本由此必然会宣扬和鼓吹消费主义价值观和生存方式，导致异化消费，从而形成了高生产、高消费的生存方式，最终必然导致资本对利润追求的无限性和地球生态系统的有限性之间的矛盾冲突，并体现为生态危机。第二，消费主义价值观进一步强化了以资本为基础的现代性价值体系中的物欲至上的观念，使得人们用一种功利主义的态度看待自然，自然沦为满足人们无尽欲望的工具，而较少考虑自然所能承受的限度，"植根于人类的社会本质之中的不满足的欲望，意味着征服自然也没有一定的目标，也没有内在的终点"②。第三，消费主义价值观没有正确处理需要、消费、劳动和幸福的关系，人们在受资本所控制的"虚假需求"的驱使下，把满足和幸福完全寄托于疯狂的消费活动中，并把这种消费主义的生活方式看作是一种理想的生活方式。而这种消费主义生活方式是同生产和管理的高度集中、技术的大规模使用以及资源的高耗费联系在一起的，不仅造成了作为人的本质的自由自觉的劳动和闲暇对立起来的二元论，而且也必然进一步强化生态危机。基于以上认识，本·阿格尔等人把如何消除异化消费，破除消费主义价值观，理顺需要、消费、劳动和幸福的关系作为他们解决生态危机的根本途径。

戴维·佩珀和威廉·莱斯则为历史唯物主义的人类中心主义的价值立场辩护，并强调科学技术只有在与资本结合在一起时，才会成为生态危机的根源，由此他们对技术的资本主义使用展开了批判。佩珀指出，历史唯物主义的确不赞成生态中心论，但是它比生态中心论在解决生态危机的问题上更具优越性。他首先批评生态中心论的核心命题"自然价值论"和"自然权利论"并不是建立在科学严密论证的基础上，而是诉之于直觉和个人体验，必然导致神秘主义和相对主义。同时，生态中心论具有敌视科学技术和物质生产的倾向，因此生态中心论秉承的是一种后现代主义的价值立场。而历史唯物主义则主张现代主义，它坚持社会和自然之间关系的辩证统一，强调"自然是社会产生的。自然的用处和观念随着生产方式

---

① William Leiss, *The Limits To Satisfaction*, Mcgill—Queen's University Press, 1988, p. 28.

② Ibid., p. 38.

的改变而改变”[①]，因此它不像生态中心论那样把生态问题的产生仅仅归结为人性的贪婪，把生态问题的解决仅仅寄托于人们精神境界的提高。在历史唯物主义看来，生态问题的产生，“应该责备的不仅仅是个性‘贪婪’的垄断者和消费者，而是这种生产方式本身：处在生产力之上的构成资本主义的生产关系”[②]。这种强调社会组织变革对于解决生态问题的重要性，正是历史唯物主义优越于西方绿色思潮的地方。那么，又如何看待人类中心主义的价值观及其与之相联系的科学技术的社会效应呢？对此，佩珀和莱斯并不认为它们本身有何过错，指出其社会效应取决于承载它们的社会制度和生产方式的性质。为了说明这一点，莱斯在《自然的控制》一书中指出，“控制自然”的人类中心主义价值观源于西方基督教文化传统，但是它在资本主义制度和生产方式产生之前并没有带来生态问题。文艺复兴和启蒙运动以后，“控制自然”的观念一方面同近代机械自然观结合，把人和自然的关系归结为控制和被控制、支配和被支配的关系；另一方面“控制自然”的观念同以资本为基础的现代性价值体系及其生产方式相结合，形成了把技术进步等同于社会进步的社会进步观，技术也异化为资本控制自然和控制人的工具，并最终导致了人和自然关系的紧张和生态危机。佩珀则强调历史唯物主义虽然拒绝生态中心论的生物道德和自然神秘化的做法，但它所说的人类中心论不是建立在资本和古典经济学的个人主义基础上的，而是建立在集体主义和社会正义的基础上的，也并不反对经济增长和技术进步，而是强调经济增长应该服从于实现人的物质和精神、人类社会和自然可持续发展。因此，历史唯物主义的人类中心论和生态危机之间没有内在的矛盾。

通过以上分析，生态学马克思主义从三个相互联系的方面论述了解决生态危机的途径。第一，变革资本主义制度和生产方式，代之以生态社会主义社会是解决生态危机的前提。这就要求一方面生态运动应该同社会主义运动实现有机的结合，把以“地球优先”为主旨的生态运动引向以实现环境正义为主旨的激进的政治运动。第二，破除消费主义价值观，通过

---

① ［英］佩珀：《生态社会主义：从深生态学到社会正义》，刘颖译，山东大学出版社 2005 年版，第 156 页。

② 佩珀：《生态社会主义：从深生态学到社会正义》，刘颖译，山东大学出版社 2005 年版，第 133 页。

变革资本主义高度集中的管理体制和生产体制，激发工人劳动创造的积极性，使人们在创造性的生产活动中而不是在异化消费中获得满足。第三，建立一种新的技术伦理和生物多样性伦理，控制使人类疯狂追求物质财富和破坏自然的大规模技术的使用，以开明的人类利益为根据，尊重自然的本性和多样性，使技术真正服务于人类的道德进步和全面发展。

三

生态学马克思主义不仅反对把历史唯物主义同生态学对立起来，而且认为科学的生态文明理论应该以历史唯物主义为基础和指导。从生态学马克思主义的理论运思过程，我们可以归纳出其生态文明理论的基本特点及其对我国生态文明理论研究的启示。

第一，生态学马克思主义的生态文明理论坚持了对资本主义制度批判、价值批判和技术批判三个维度的有机统一，其中对资本主义制度批判是其价值批判和技术批判的基础。要建立科学的生态文明理论，其前提是弄清楚生态危机的真实根源。由于生态学马克思主义坚持从历史唯物主义的阶级分析法和历史分析法、历史观和自然观辩证统一的角度找寻生态危机产生的根源，因此他们反对把生态危机归结为抽象人类生态价值观的危机，强调应当从分析社会制度和生产方式的性质入手，进而指认资本主义制度和生产方式的非正义性，以及资本的利润动机是造成人和自然关系紧张和生态危机的根源，以资本为技术的消费主义价值观和技术的运用必然和生态系统有限性之间发生矛盾冲突，进一步强化了生态危机。从这个角度说，生态学马克思主义的生态文明理论也是一种以生态批判为切入点，关于资本现代性批判的当代资本主义理论。抓住了资本现代性批判，可以说就抓住了解决当代生态危机的根本。因为无论是从消费主义价值观的盛行和技术的非理性运用看，还是从生态问题产生的历史和当代现实看，它们都是和资本现代性的展开以及全球扩张紧密联系在一起的。而对资本现代性的批判，本质上又是对作为其载体的资本主义制度和生产方式的批判，它深刻地揭示了生态危机虽然展现为人和自然关系的危机，但其本质却是人和人关系的危机，其必然逻辑是只有合理协调人和人之间在生态资源占有、分配和使用上的利益关系，才有可能从根本上解决生态危机。

第二，生态学马克思主义的生态文明理论不仅回应和批驳了西方绿色思潮对历史唯物主义的质疑，建立了历史唯物主义同生态学的内在联系，而且没有走向后现代主义和后马克思主义，相反他们对通过批判西方绿色思潮的后现代主义，坚持从现代主义的立场来开启历史唯物主义的生态视阈，揭示了生态保护与经济增长、技术革新和运用不是矛盾关系，避免了生态文明理论研究和生态运动中把保护生态与保护人生存的权利二者对立起来的反人道主义做法。他们之所以能够做到这一点，除了他们坚持历史观和自然观相统一的角度探讨生态问题，系统地阐释了历史唯物主义的“支配自然”的真实内涵之外，还在于他们是以追求环境正义为价值目标的“穷人的生态学”。在他们看来，消费主义价值观的盛行和技术的非理性运用，都是服从资本追求经济增长和利润这一目标的，资本就是通过控制自然资源来实现对人的控制的，由此带来的结局是自然资源的不公正分配和浪费性生产，经济增长和技术革新与运用并没有服从于人和自然的协调发展以及人的全面发展这一目标。因此他们提出以历史唯物主义为基础的生态运动和生态文明理论就是要通过破除资本主义制度和生产方式，坚持生产“以人为本”的人类中心主义，他们所讲的“以人为本”就是通过对环境正义的追求，实现自然资源的合理公平使用和分配，使生产服从于满足穷人基本生活的需要这一目的。“应该以人为本，尤其是穷人，而不是以生产甚至是环境为本，应该强调满足基本需要和长期保障的重要性。”① 因此，生态学马克思主义理论家强调，所谓保护环境和建设生态文明，不能把它理解为建立在拒绝现代文明对自然的原始主义崇拜上，使人们回到穷乡僻壤的生活状态，也不能把生态文明理解为对现代技术的排斥，而应把它理解为“避免浪费性生产和对环境的破坏”② 和以满足人们基本生活需要为目的的生产。

第三，生态学马克思主义的生态文明理论主要存在着两方面的缺陷。第一个缺陷是他们把破除资本主义制度和生产方式，建立生态社会主义社会看作是建设生态文明的前提，他们由此提出了“分散化”和“非官僚化”的变革途径。所谓“分散化”就是强调应当在工业生产中运用小规模技术，所谓“非官僚化”就是要变革资本主义生产决策和管理过程高

① ［美］福斯特：《生态危机与资本主义》，耿建新、宋兴无译，上海译文出版社 2006 年版，第 42 页。

② ［加］威廉·莱斯：《自然的控制》，岳长龄、李建华译，重庆出版社 1993 年版，第 152 页。

度集中的官僚体制并使之民主化，让工人直接参与其中以激发劳动创造的热情，摆脱异化消费的生存方式。他们的这一主张存在着两个问题。第一个问题是他们反复强调生态社会主义社会并不排斥技术进步和技术的运用，认为技术运用的社会后果取决于社会制度和生产方式的性质，但他们又主张应当运用“中间技术”、“小规模技术”以及与生态相和谐的“适应性技术”，这显然又陷入技术悲观主义的结局中，并造成理论的自相矛盾。造成这一缺陷的根本原因在于他们还没有真正理解理解马克思的历史观和自然观的本质内涵。第二个问题是他们并没有解决在资本处于支配地位的条件下，依靠何种力量才能促使资本主义生产体系走向民主化，使人们从异化消费的生存状态中摆脱出来，实现资本主义社会向生态社会主义社会的转化，因而其理论带有浓厚的浪漫主义和乌托邦色彩。第二个缺陷是他们在阐释马克思的生态世界观的过程中，虽然明确了历史唯物主义同近代机械唯物主义的区别，但是却没有重视和挖掘马克思对近代主体形而上学的批判的生态意义，因而没有很好地回答西方绿色思潮把历史唯物主义归结为技术决定论的质疑，也无法科学地阐明历史唯物主义的人本主义立场。近代哲学作为资本主义现代化的指导思想和现代性价值体系的理论基础，其特点是从主体出发建构一种主、客体二分的形而上学体系，由此形成了理性主义、本质主义和基础主义的近代哲学思维方式。这种主体形而上学把主体、理性绝对化，最终陷入一种主、客体绝对对立的人类中心主义、理性万能论和科学万能论的迷雾中。这不仅造成了哲学对人存在意义的遗忘，而且造成了理性的异化、技术对人的价值和意义世界的侵袭，以及人与自然关系的疏远和异化，近代主体形而上学与资本相结合为基础的资本主义工业文明正是当代生态问题产生和不断强化的重要根源。马克思正是通过在哲学上批判地超越近代主体形而上学，创立实践论哲学思维方式，从“实践辩证法”和“历史生存论”相统一的视角来探讨人和自然、人和人的关系，以及人的自由和解放问题，从而实现了历史观和自然观的辩证统一。生态学马克思主义对马克思的上述思想缺乏足够的重视，因此不能很好地阐发历史唯物主义自然观和人类中心主义价值观的真实内涵。

第四，生态学马克思主义的理论探索对于我们生态文明理论研究有何启示意义呢？应该说，我国的生态文明理论研究存在着两条路径。一条路径是援引西方绿色理论从重建人类生态价值观的视角来建构生态文明理论。关于这条研究路径存在的问题，笔者已专门撰文作过分析，本文拟不再论述。① 另一条路径是力图在借鉴生态学马克思主义理论成果的基础上，挖掘历史唯物主义的生态思想资源来建构生态文明理论，虽然这条研究路径取得了一些进展，但是总的来看一些关键性问题还尚待厘清。具体说，其一，对历史唯物主义自然观的阐述的文本依据主要是《1844 年经济学哲学手稿》一书，忽视从历史唯物主义的经典文献《德意志意识形态》和《资本论》出发，科学阐明马克思的历史观和自然观的统一，不明了马克思生态思想资源中所说的“自然”并非是西方绿色理论所讲的“荒野”，而是作为人类实践后果与资本支配和控制下的“第二自然”。因此，部分论者虽然力图建构一种以历史唯物主义为基础的生态文明理论，但是他们或者提出生态文明理论应该以“生态为本位”，② 或者认为马克思的生态文明理论的价值基础应该是“无中心的人类中心主义”③。无法真正解决马克思生态文明理论的价值基础问题，在历史观和自然观相统一的基础上建构生态文明理论。其二，与生态学马克思主义理论家相同，没有看到马克思对近代主体形而上学的批判实际上包含着对近代人类中心主义的批判，因而看不到马克思是从生存论的角度谈论人和自然的关系，也无法真正科学地阐释马克思的人类中心主义价值观和技术观的真实内涵。其三，没有抓住马克思在《德意志意识形态》《共产党宣言》和《资本论》等著作中对资本的空间生产和资本现代性批判的相关论述，使之作为生态文明理论研究的思想资源。生态学马克思主义理论家在这方面作了初步的探索，也启示我们以历史唯物主义为基础的生态文明理论不仅仅是一种生态学理论，它也必然是一种社会批判理论。而如何科学和全面阐发马克思的生态文明理论的内涵及其当代价值，是当前摆在我们理论工作者面前的一项重要课题。对此，笔者将另撰专文予以探讨。

① 王雨辰：《论我国生态文明理论研究范式的转换》，《哲学研究》2009 年第 12 期。

② 刘思华：《生态马克思主义经济学原理》，人民出版社 2006 年版，第 41—72 页。

③ 孙道进：《马克思主义环境哲学研究》，人民出版社 2008 年版，第 307—311 页。

中国道路

历史唯物主义如何面对今天的社会历史现实和思想资源

衣俊卿*

近年来，关于历史唯物主义的争论又一次构成哲学界的重点问题域，而“唯物主义的当代解读”也成为备受关注的理论热点之一。这对于马克思主义哲学的发展是一种十分积极的现象。众所周知，由于马克思学说具有强烈的实践本性，在马克思主义诞生后的一百多年间，在国际国内的各种重要理论争论中，从来都不缺少历史唯物主义或者马克思主义社会历史理论的位置。我在这里想提出来思考的一个问题是：目前围绕历史唯物主义的讨论是属于关于历史唯物主义的文本解读、逻辑阐释、新问题分析等一般性的、经常性的争论的延续，还是一次关系到历史唯物主义理论范式重要变化，关系到如何彰显马克思学说当代价值的特殊争论？我倾向于后者，主要基于这样的判断：今天的社会现实和今天的人类思想资源的新变化要求马克思主义社会历史理论自觉地调整和完善研究范式，以积极有效地面对和应对。

一　准确把握新时期深化历史唯物主义的特殊着力点

目前学术界关于历史唯物主义的讨论，涉及许多方面的问题，我们可以粗略地把这些争论归纳为几类：一是关涉到历史唯物主义理论本身的问题，主要是对马克思主义经典文本的重新解读，包括确定哪些经典著作构

* 衣俊卿，中共中央编译局研究员。

成历史唯物主义的主要文本、如何把握历史唯物主义的本质精神和基本内涵，也包括对传统哲学教科书关于历史唯物主义解读的反思，等等；二是关涉到历史唯物主义的当代视野的问题，主要是历史唯物主义如何解释当代人类社会发展的问题，包括全球化问题、风险社会问题、中国发展经验问题，等等；三是关涉到历史唯物主义在马克思主义理论体系中的地位问题，以及它同马克思主义哲学的其他一些表述或称谓的比较问题；四是历史唯物主义的方法论问题，以及它同当代的解释学、历史学等学科的交融等问题。还可以概括出其他一些重要的争论问题。在这里，不可能对这些讨论和争论逐一进行评论分析，只想通过对其中的三个问题的简要分析，来确定当今时代深化马克思主义社会历史理论研究应当特别注重的着力点。

我们分析的第一个问题涉及历史唯物主义在马克思主义理论中的地位问题，这也就是各种争论中经常涉及的一个问题：历史唯物主义是不是哲学？进而，它是不是马克思主义哲学？或者更确切地说，马克思主义哲学是否就是历史唯物主义？

显而易见，这并非一个新问题，然而，它的确是一个并非已经解决了的问题，同时也是一个十分重要的问题。其重要性就在于它关系到马克思所实现的哲学革命的性质和马克思学说的本性。必须肯定学术界在这一个争论问题上的进步，至少在今天已经没有什么人再把历史唯物主义理解为辩证唯物主义在社会历史领域中的“推广与应用”。然而，至今还存在着对历史唯物主义的哲学属性的怀疑，以及对历史唯物主义的重要地位估计不足的问题。我认为，至少对于马克思本人来说，我们不应当在历史唯物主义之外去思考他的哲学，换言之，马克思本人的哲学，或者他的学说所关注的主要问题，就是历史唯物主义视阈中的基本问题。① 把哲学理性的目光聚焦于人的生存活动，聚焦于人类社会历史的发展与变革，是马克思对传统哲学理解的革命性变革之所在。实际上，马克思在自己的学术生涯伊始，就彻底地颠覆

① 需要限定的是：我在这里并非把马克思的全部哲学等同于“哲学教科书”关于历史唯物主义的概括，而是强调马克思的哲学，甚至他的全部学说，主要是思考人类社会历史发展的问题，至于用“历史唯物主义”来概括马克思的社会历史思想，是否是最恰当的选择，则是一个开放性的问题。

了抽象思辨哲学或者意识哲学的哲学定义，他在1843年的《〈黑格尔法哲学批判〉导言》中就明确了这一点：他所理解的哲学是“人的解放”的哲学，“这个解放的头脑是哲学，它的心脏是无产阶级。哲学不消灭无产阶级，就不能成为现实；无产阶级不把哲学变成现实，就不可能消灭自身”①。我想，科尔施在《马克思主义和哲学》中通过对马克思的“消灭哲学”和“实现哲学”，以及恩格斯的“哲学的终结”等断言的含义的分析，已经基本上解决了这一争论问题。他明确断言，马克思、恩格斯的这些断言，“并不意味着简单地抛弃哲学”，相反，这种具有“实践的和革命的目的”的学说，是“彻头彻尾的哲学”，是“一种革命的哲学”②。质而言之，马克思的哲学就是一种革命的和实践的社会历史理论，其实现的哲学革命的实质，集中表现在马克思的那句名言中：“哲学家们只是用不同的方式解释世界，问题在于改变世界。”③

在把关于历史唯物主义的争论理解为关于马克思主义哲学本身的争论之后，我们要提及的第二个问题涉及马克思主义哲学的基本称谓问题，也就是学界经常争论的一个问题：马克思主义哲学到底应当称之为历史唯物主义，还是应当称之为实践唯物主义、新唯物主义，抑或实践哲学、历史哲学？

我在讨论历史唯物主义的哲学规定性时断言，不应当在历史唯物主义之外去思考马克思的哲学，这里突出强调的是：马克思的学说本质上是一种社会历史理论，是一种变革现存社会的实践性的哲学理论。在这种前提下，我并不否认可以考虑用历史唯物主义之外的其他称谓来命名马克思的哲学，我本人倾向于把马克思的学说界定为实践哲学，并曾经试图在马克思的实践哲学中发掘出以未来为定向的、开放式的、生成论的本体论范式，即实践本体论④，也曾揭示过马克思实践哲学的文化内涵，用作为社会历史理论或者历史解释模式的文化哲学来拓展马克思社会历史理论的当

① 《马克思恩格斯选集》第1卷，人民出版社1995年版，第16页。

② 参见［德］卡尔·柯尔施《马克思主义和哲学》，王南湜、荣新海译，重庆出版社1989年版，第37—38页。

③ 《马克思恩格斯选集》第1卷，人民出版社1995年版，第57页。

④ 参见衣俊卿《重建马克思主义哲学的本体论》，《求是学刊》1988年第4期；《人之存在与哲学本体论范式——兼论马克思哲学的本体论意蕴》，《江海学刊》2002年第4期。

下视野[1]。

现在我想表达的意思是，我们也可以转换一下思路，把关于历史唯物主义和实践唯物主义的称谓之争暂且悬搁起来。我的判断是这样的：从《〈黑格尔法哲学批判〉导言》、《1844年经济学哲学手稿》、《关于费尔巴哈的提纲》、《德意志意识形态》等到《〈政治经济学批判〉序言》、《资本论》等，都是马克思社会历史理论的重要经典文本，其中表述的许多重要思想，概括起来，一方面是关于人的自由自觉的实践活动、人的解放、人的自由和全面发展等主体性思想，另一方面是关于生产力和生产关系、经济基础和上层建筑矛盾运动规律的思想。这些思想毫无疑问都是马克思社会历史理论的核心思想，如果不考虑这一理论所面对的不同的语境，不同的社会现实，我们仅限于文本解读，那么无论把马克思的社会历史理论称为历史唯物主义，还是称为实践唯物主义或者实践哲学，都是有根据的，并且如果停留于单纯的文本解读，我们在这一争论上也不会前进更远。而如果我们把文本解读层面的称谓之争暂且悬搁起来，转向这一理论的不同语境，那么，我们会发现，很多问题还远远没有被我们实质性地穿透。以马克思本人为例，他毕生的关切是人的自由和人的解放，但是，他所面对的社会现实刚好是全球化的世界历史进程、世界性的市场、资本的逻辑、机械化的大生产构成的主宰一切的宏大的经济力量，以致马克思强调“我的观点是把经济的社会形态的发展理解为一种自然史的过程”[2]。由此，马克思更多地关注揭示生产力和生产关系、经济基础和上层建筑矛盾运动规律，并在其中找到变革现存社会的革命逻辑，以实现人的解放，这是完全可以理解的。而且，在这种语境中，无论马克思本人有没有，或者是否主张使用“历史唯物主义”的概念，我们都有充分理由把马克思的哲学称之为历史唯物主义。那么，今天的社会现实是否依旧是那种主宰一切的宏观的“经济的社会形态”？如果理论面对的社会现实和理论的语境已经发生了深刻的变化，而我们并没有依据马克思学说的批判精神找到行之有效的应对方式和深刻的当代解读，那么，无论我们在单纯的文本解

① 参见衣俊卿《现代实践哲学的文化内蕴》，《开放时代》1995年第6期；《论文化哲学的理论定位》，《求是学刊》2006年第4期；《作为社会历史理论的文化哲学》，《哲学研究》2010年第2期。

② 《马克思恩格斯选集》第2卷，人民出版社1995年版，第101—102页。

读和称谓之争上再投入多少激情和智力，我们所获得的理论收获都不会很大。

这样在上述两个问题的讨论中，实际上我们必然来到第三个更为直接的问题：在当前的社会历史条件下，发展历史唯物主义和深化马克思社会历史理论的主要着力点应当如何确定？换言之，目前历史唯物主义所面临的主要问题是文本、概念、逻辑阐释不够清晰，还是应对变化了的社会历史现实不够充分，或者是研究范式和视角的更新和转换不够及时？

我想，上述三个方面的问题都是当前历史唯物主义面临的课题，但是，我们必须揭示这些问题的内在联系，才能真正把握其中的主要着力点。一些学者认为，之所以在新时期要重新阐释历史唯物主义，是因为马克思、恩格斯并没有给我们留下一个概念清晰、逻辑严谨、完整系统的理论体系，后人对历史唯物主义的各种阐释也不能令人满意，因此要通过“当代解读”来完善其理论体系。必须承认，对于经典文本的解读和对于阐释中误读或片面化解读的纠正，始终是历史唯物主义研究的重要任务。但是，马克思学说根本上是人之存在的本质性的文化批判精神，作为关于人的自由和解放社会历史理论，它不可能固守不变的理论体系，如果关于马克思学说的文本解读和当代阐释停留为一种自足的、封闭的理论任务，那一定是有违马克思学说的本质精神的。因此，任何关于历史唯物主义文本、概念和理论体系的阐释，一定是以当代社会历史问题为轴心的。进而，需要说明的是，我这里所说的对于今天的社会现实的有效应答，也并非在一般意义上强调马克思的社会历史理论要随时关注社会历史实践的新发展，并不满足于为历史唯物主义基本原理和理论体系再提供关于中国发展和全球化变化的一些新素材和新例证。而是认为，今天的人类社会历史现实同马克思、恩格斯创立社会历史理论的时代相比，在内在结构、运行方式、发展内涵和问题困境方面都发生了重大的，甚至是根本性的变化，对于这样的社会历史现实，目前的历史唯物主义研究视角、研究方式或者理论范式无法有效应对，必须实现自觉的转换和完善。

显而易见，这里涉及的是历史唯物主义的方法论问题。但是，我要马上加以限定的是：我们在这里不是一般地探讨马克思学说的方法论原则或者具体的方法问题，例如，不是强调进一步揭示诸如具体和抽象的相互转化、历史和逻辑的内在统一之类的，可以在任何历史条件下不加区别地运用的方法，而是关注那些必须同特定时代人类实践方式和社会现实的状态相适应的研究视角或者研究范式。在这种意义上，我认为，这里所强调的研究视角或者范式的转化类似于阿尔都塞在描述“认识论断裂”时所强调的理论的总问题（Problematic）① 的转换。他指出，“确定思想的特征和本质的不是思想的素材，而是思想的方式，是思想同它的对象所保持的真实关系，也就是作为这一真实关系出发点的总问题……一切都取决于总问题的性质，因为总问题是组成成分的前提，只有从总问题出发，组成成分才能在特定的文章里被思考”②。这里强调，理论的总问题决定理论家提出问题的方式和范围，是使一种理论能够以特定方式提出某些问题，而拒斥其他问题产生的整体结构；更重要的是，阿尔都塞还特别强调总问题代表着“思想的方式”，是“思想同它的对象所保持的真实关系”，这即是说，理论的总问题，即理论范式的确立，依据思想同对象的关系。按照这种理解，对于任何一种社会历史理论的把握，首要的是要把握这一理论同它所面对的时代的对象的真实关系。

基于上述分析，可以这样来简要地概括我们的推论：马克思创立社会历史理论时，面对的社会现实是凭借宏大的经济力量而得以展开的，在这种语境中，马克思对人的自由和解放的理论设计更多地关注宏大的经济要素，更多地采用宏观解读和宏大叙事的研究范式，这实际上比较真实地反映了当时思想与对象的真实关系。而今天的社会现实的内在结构和运行方式则发生了重大的变化，不仅经济政治文化等社会要素的界限开始模糊，而且任何一个领域、任何一种社会要素，内在的宏观与微观、中心与边缘的结构也被打破，在这种语境中，如果我们不以多样化的微观解读和微观叙事来突破和补充完善历史唯物主义的理论范式，那么，这一社会理论就无法同今天的社会现实建立起真实的关系。因而，我认为，应当把当下关于历史唯物主义争论的主要聚焦点，或者把深化发展马克思社会历史理论的着力点和突破口，定位于如何通过研究视角和理论范式的转换，行之有效地面对今天的、已经深刻变化的社会历史现实，以及与之相适应的当代社会历史理论或思想资源。

① 对于Problematic，学术界有各种不同的翻译方法，有的学者将之译为“问题框架”，有的学者将之译为“问题式”，而目前关于阿尔都塞的几部主要著作的译者大多将之译为“总问题”。

② ［法］路易·阿尔都塞：《保卫马克思》，顾良译，商务印书馆1984年版，第48页。

二　深刻透视当代社会历史现实和社会历史思想的变化

我在这里所使用的“社会历史现实”① 并非一个严格界定的、业已规范地运用的哲学范畴，我用以大体上指谓给定时代的人类实践和社会状况。按照我的理解，谈论社会历史现实首先关涉到人的实践活动的状况，但是，又并非笼统地讨论各种形式的实践活动，而是侧重于思考在人的丰富的实践活动中结成的社会关系或社会结构，正如马克思、恩格斯所言，“社会结构和国家总是从一定的个人的生活过程中产生的”②。在这种意义上，社会历史现实接近于社会存在这一个概念，但是，其内涵又不局限于“社会物质生活条件的总和”，而是包括了构成人类社会和人类历史活动的多样性的存在。这样一来，我们所讨论的社会历史现实主要是指在人类实践活动和历史活动中所凝聚成的政治、经济、文化等各种社会领域、社会要素、社会关系等所构成的社会整体的内在结构和运行机制，以及它们对于人的自由和人的解放的内在关联。在我们看来，这种意义上的不同时代的社会历史现实应当是作为社会历史理论的实践哲学所关注的主要对象。

基于这样的界定，我们在这里所要把握的当代社会历史现实的变化，就不是一般意义上的科学技术的进步、实践形态的发展、社会领域的变化，而是今天的社会历史现实在基本结构、内在机制、运行方式等方面的重大变化，以及以社会历史现实为研究对象的哲学社会科学不同领域相应发生的范式转变。这是一个很大很复杂的课题。我们首先简要地对比一下当今时代和马克思生活的时代的社会历史现实的几个重大变化。应当说，影响或促成当代社会历史现实深刻变化的因素比较多，其中主要的因素至少包括这样几个：科学技术革命性进步以及知识积累的加剧和向经济政治等领域的渗透、世界历史进程加速和全球化时代的开启、信息化时代人类生存方式和生产方式的革命性变革、文化的自觉与文化整合力的增强，等等。限于篇幅，我们不去具体解析这些因素，而是把它们当作引发当代社

① 我这里使用的“社会历史现实”大体上相当于 socio-historical reality，也可以粗略地称之为“社会实在”。

② 《马克思恩格斯选集》第 1 卷，人民出版社 1995 年版，第 71 页。

会历史现实深刻变化的前提性因素接受下来。我认为，对于社会历史理论具有实质性意义的社会历史现实变化至少有以下两个大的方面。

第一，从社会结构或构成上来看，由于信息化背景下的文化整合，伴随着工业文明而彼此分化的社会诸领域呈现“再一体化”和相互渗透融合的趋势，从而导致各领域之间界限的模糊，并使社会构成呈现内在差异化和多态化，消解了主导型领域的统治地位或控制作用。

人们通常习惯地将社会划分为政治、经济、精神或文化等几个主要领域。由于人类分工状况和社会控制方式的原因，这几个领域在不同历史时代的相互关系和地位是不同的。一般说来，在前工业社会或前市场经济时代，人类社会的各个领域一般呈现为“领域合一”的状况。这种合一或是表现在人类初始自在的血缘文化、宗法氏族体系和自发的日常经济活动的未分化状况，或是表现在自然经济条件下以政治的强制统治为核心将各个领域通过臣属关系而形成一个整体的情形。到了工业文明时代，随着科学技术的发展和人类分工的发展，社会的经济、政治和精神文化领域走向了“领域分离”[①]。各个领域之间的强制性约束关系开始消解或减弱，不再存在着某一支配和统治所有其他领域的中心领域，各个领域开始走向自律。不可否认，这种领域分离对于社会的发展具有比较大的驱动作用，使社会各个领域获得了相对独立的快速发展：分工的合理化和效率的极大提高、依据契约原则的法治和政治民主化，等等。同时也形成了社会结构或社会构成中宏观的经济、宏观的政治等领域占主导地位或统治地位，其余领域处于从属和被支配地位的格局。

然而，在信息化时代，人类社会结构开始发生重大的改变，突出表现在人类社会的经济、政治和精神文化领域之间出现了一种重新一体化的趋向。当然，这种新的一体化趋势不是回到前市场经济时代的“领域合一”状态，不是通过确立某一领域的中心地位或取消各个领域的自律性或相对独立性而把社会各个领域强制性地纳入一种集权的一体化之中。这是一种全新的一体化，是在尊重各个领域的相对独立性自律性、尊重合理的社会分工原则前提下通过自觉的文化整合而形成的社会各个领域的有机的一体化。其中，文化不再是以与政治经济相分离的、外在的、相对独立的、被决定的精神文化，而是真正成为人类生存的自觉方式和社会各个领域内在

---

① 参见王南湜《从领域合一到领域分离》，山西教育出版社 1998 年版。

的机理和图式。这是真正的文化自觉的时代。

促使这一文化整合和文化自觉的根本性因素是人类全方位地进入了信息化时代。信息化时代人类社会的变革是多方面的，从人的生存的角度来看，最深刻的变化是生存方式，即文化的变化。实际上，信息化、数字化、网络化是最能展示文化的整合力量的方式，它使文化的力量体现在社会的各个领域之中，极大地改变了人的生存方式和社会运行机制。例如，在信息化时代，经济与其他一切社会活动的知识含量和理性内涵的急剧增大，价值选择、文化设计已经成为所有领域的重要组成部分；信息化、网络化、数字化生存导致交往的全球化，导致交往主体的空前平等与自主选择，主体间的跨文化交往和商谈伦理的日渐突出，优化的政治文化、经济理念和价值观念在全球化的文化冲撞中取得越来越强大的生命力；信息技术和大众传媒使一切文化领域和文化成果从创作到使用（消费）空前普及和平民化，导致了政治的非神秘化和公开化，导致了哲学等精神活动领域的非神圣化，等等。同时，伴随着大众传媒的日益发达、消费社会的出现和文化产业的发展，传统工业、商业等经济活动也日益超越了纯粹工具加工活动和直接的交换活动的特征。摆脱直接性使用价值束缚的理念、价值、形象、想象、追求、希望、策划、设计、广告等体现人的生存方式的文化要素开始从传统经济活动的外在附属物转变为内在的组成部分，甚至是出发点和主动力。在这种背景下，文化和经济、政治、社会生活的传统的界限或外在性开始消失或模糊，呈现出一体化的特征。波德里亚在对消费社会的物的符号化和仿真现象的批判中，曾用仿真（simulation）、内爆（implosion）、“超真实”（hyperreality）等概念描述在后现代背景中，形象或仿真与真实之间、符号与经验之间、信息与娱乐之间、文化与经济、影像与政治之间的界限的模糊[①]。他用一种特殊的方式阐述了社会诸领域的“再一体化”现象。这样一来，原本彼此分离的、自律的宏观社会领域之间的界限变得模糊，彼此渗透和相互融合，形成了既相互区别又相互交织的多态化的、非中心化的社会领域的复杂星座。

第二，从社会运行和控制机制来看，由于社会诸领域的“再一体化”和相互融合，社会的主导型、中心化的宏观权力逐步分化为非中心化的、

---

① 参见［美］道格拉斯·凯尔纳《后现代理论》，张志斌译，中央编译出版社 2001 年版，第 152—154 页。

弥散的微观权力（例如，微观政治权力、文化权力等），从而使社会的控制机制由几种宏观权力的彼此冲突或相互博弈逐步让位给多态化的微观权力的相互制约和差异化共生。

一般说来，在传统社会中，特别是在工业文明的普遍的理性化进程中，构成社会运行、控制和治理机制的核心要素是宏观力量或宏观权力，其中既包括宏观的生产、交换体系所形成的经济规律和经济力量，也包括由国家机构和社会管理机制形成的宏观政治权力，由此形成的宏观政治一般指国家制度的安排、国家权力的运作等宏观的、中心化的权力结构和控制机制。在这种社会运行机制中，社会的控制和治理主要依靠国家权力和政治管理体制等宏观的公共权力来实施，而在社会转型和社会变革时，一般要通过宏观的革命（多半是暴力性质的变革）和政治运动来实现。

而在信息化时代或者在后现代的背景中，构成社会运行、控制和治理机制的要素，除了宏观的政治权力或者宏观的经济力量外，越来越多地大量涌现出非中心化的、分散的、弥散化的、多元差异的微观权力，例如各种相对自律的公共领域、非政府组织、边缘群体、社会微观结构和层面上的微观权力，以及以符号、形象、符码、仿真等形式表现出来的非经济的经济权力和渗透到所有社会领域和层面的、无所不在的文化权力。这种内在于社会生活和日常生活左右层面的弥散化的、微观化的权力结构和控制机制形成了所谓的微观政治，而社会的运行和控制机制开始表现为这种中心化的宏观权力和多态化的微观权力相互交织相互制约的网络。一般说来，这种政治、经济、文化相互融合，真实与符号（符码）彼此渗透的多态化的微观权力结构或者微观政治结构，既可能为个体的自由和个性发展提供空间，也可能使理性对人的统治渗透到生活的每一个角落。而对这种控制机制的抗拒和改造往往同样需要各种多态化的、边缘化的微观权力的多维反抗，而无法沿用传统的宏观政治变革模式。

上述两个方面的深刻变化，虽然不能涵盖当代社会历史现实的全部变化，但却代表着它的根本性的、方式的、范式的变化。这种变化为我们透视20世纪哲学社会科学中的思想模式和理论范式的转变提供了依据，我们发现，与社会结构和运行机制从自律的宏观领域和宏观权力向多态化的微观领域和微观权力的这一深层次转变相适应，当代哲学社会科学的思想模式也经历了从宏大叙事向微观叙事，从宏观理论范式向微观理论范式的自觉转变。这正是我们所说的必须加以关注的今天的社会思想资源。对此，我们可以以政治学、历史学和哲学为例略加概括分析。

在一定的意义上可以断定，哲学社会科学中传统的[①]主导型的研究范式是以宏观领域和宏观权力为关注对象，以宏大叙事为表现形态，追求普遍性和规律性的，具有决定论色彩的宏观理论范式。我们可以列举不同学科的情况。首先，传统政治学和政治哲学主要以国家权力的运作、政治制度的安排、政权的更迭、重大历史事件的发生，以及与此密切相关的正义、平等、自由、民主、法治、权威、权利、义务等基本政治概念为对象，而很少关注社会生活其他层面的边缘化的权力结构和日常生活领域中的微观控制机制，或者将这些微观权力视作被宏观权力决定的，微不足道的附属物。其次，与政治学和政治哲学密切相关的历史学情形也十分类似，在某种意义上，传统历史学就是历时态的政治学和政治哲学。尤其需要指出的是，传统史学与传统宏观政治学往往有着共同的主题和共同的爱好，都以宏观政治，即宏观权力为核心。前者基本上围绕着君主、伟人、大事件而展开，主要表现为宏观政治史；后者主要围绕着国家制度安排和政治权力的运行而展开，更多地表现为传统史学的积淀。在传统史学的宏观理论范式中，大人物、大事件、大政权、大结构之外的日常生活和细微的社会结构或领域，基本上没有任何地位和史学价值。再次，与传统政治学和历史学相比，理性化进程中深受自然科学普遍化范式影响的意识哲学最集中、最典型地展示了这种宏观理论范式的特征和本性。理性的普遍化要求、自然科学所揭示的因果必然性、线性决定特征、还原性、可计算性、普遍性等范畴对思维模式的深刻影响，使得纯粹意识哲学和思辨理论哲学无论面对自然的对象还是社会的存在，都以普遍的、绝对的、放之四海而皆准的规律和必然性为核心，而生活世界、个体的活动、日常的琐碎存在所体现出的个体性、差异性、特殊性等统统都被抹平。在意识哲学的宏观理论范式中，历史的发展主要是基于宏观权力运动和宏观领域制约的必然的、决定论的进程，其主要表现形态就是作为现代性的重要化身的“宏大叙事”（grand narratives）或“元叙事”（meta-narratives），例如，各种奠基于启蒙理性和契约精神的关于人的自由和人类解放的理性设计、

---

① 这里所说的“传统的”并非在非严格界定的意义上使用的术并非语，我是在相对于当代哲学社会科学中兴起的微观理论范式的意义上把此前的主要类型的宏观理论范式理论范式都称之为“传统的”。

以绝对理性的普遍运动为核心的关于绝对真理的阐发、关于历史的合目的性与合规律性的历史决定论等宏大叙事。这些是意识哲学的宏观理论范式关于现代社会历史运动的强有力的理性设计。

20 世纪，特别是 20 世纪后半叶哲学社会科学中的最大变化或者创新，就在于对上述宏观理论范式和现代性所代表的宏大叙事的批判和解构，从而使一种以微观领域和微观权力为关注对象，拒斥宏大叙事，保护多样性和差异性的微观理论范式开始走向自觉。我们同样可以列举几个学科的情形来说明这种变化。首先，我们欣喜地看到，在史学界出现了自觉的微观理论范式，法国的年鉴学派最先自觉地开启，开始了对传统史学的宏观理论范式和宏大叙事的解构和颠覆，在它的影响下，陆续出现了意大利的微观史学派、德国和奥地利的日常生活史学派、英国的“个案史”学派等，这些流派都反对只写重大历史事件和只关注政治、经济、军事、外交等宏大叙事的历史学，而主张把关注中心转向具体的和微观的日常生活世界的各个领域。年鉴学派代表人物布罗代尔的《15—18 世纪的物质文明与资本主义》共分三卷，其中第一卷就是《日常生活的结构》，主要讨论 15—18 世纪人们的日常生活，包括这一时期人们衣食住行的各个方面和细节，把日常生活作为解读这一时段历史的重点。20 世纪 70 年代之后，更是出现了以“历史的碎片化”为特征的后现代历史叙事。其次，在政治学领域，开始出现多种形式的微观政治学，或者是主张从日常生活的机制去思考制度安排问题，探讨微观权力秩序的重建问题，或者像福柯那样，从监狱、医院、军队、学校等被传统政治学忽略的边缘领域，开展了关于理性权力结构的微观政治学的批判，揭示分散的、不确定的、形态多样的、无主体的、弥散于日常生活和不同社会层面的微观权力，也即知识性的权力或文化权力。微观政治学或政治哲学还确立了微观权力的反抗模式，即各种多元的抵抗，多元的自主斗争。后马克思主义代表人物拉克劳、墨菲、雅索普等人更是基于微观权力样态提出社会主义的新策略，他们关注新兴的女权主义，少数种族、少数民族和性少数的抗议运动，人口边缘阶层发动的反制度化生态斗争等，围绕着领导权而展开微观的政治斗争①。再次，在哲学领域，各种文化批判理论的兴起，从不同侧面反对以

---

① Laclau, E. and Mouffe, Ch., *Hegemony and Socialist Strategy: Towards a Radical Democratic Politics*, London and New York: Verso, 1985. p. 1.

宏大叙事为表现形态的意识哲学，自觉或不自觉地开始形成文化哲学的微观理论范式。例如，20 世纪哲学的重大创新之一是把日常生活世界从背景世界中拉回到理性的地平线上，使理性自觉地向生活世界回归，日常生活批判范式的要点在于，它不再孤立地探讨和强调政治、经济等宏观社会历史因素的决定作用，而是把所有的社会历史因素都放到生活世界的文化意义结构中加以审视和评价。再如，西方马克思主义的文化批判理论把批判的触角延伸到现代社会的各个层面和现代人的生活的各个角落，一直深入到性格结构和心理机制批判、消费社会文化心理分析等。后现代理论思潮更是把解构宏大叙事、彰显微观权力的导向发展到了极端。

尽管哲学社会科学思想模式、研究视角和理论范式的转变还存在许多问题，有的学科或领域还存在着走向极端和片面化的问题，但是，必须看到，这种从宏观理论范式向微观理论范式的自觉转型不是随心所欲或者心血来潮，而是适应当代社会历史现实深刻变化所作出的积极的调整和理论创新。在这种意义上，我们不得不遗憾地承认，目前我们的历史唯物主义研究无论是对于当代社会历史现实的深层变化，还是对当代哲学社会科学的范式转换，都没有给予足够的重视，更没有积极的应答。这是我们的哲学研究鲜有创新的根本原因之一。

三　完善与创新马克思社会历史理论的研究范式

基于上述分析，应当说，我们今天开展关于历史唯物主义的争论或者对历史唯物主义进行当代阐释，必须通过积极地面对今天变化了的社会历史现实和思想资源，完善和创新马克思的社会历史理论，即他的哲学的研究范式，进而必须用这种新的理论范式来面对今天的社会历史现实，特别是面对全球化进程和中国的发展现实。具体说来，适应信息化时代人类实践和社会历史现实要求的社会历史理论范式，应当是宏观视阈和微观视阈有机统一的理论范式。必须指出的是，对宏观权力和微观权力、宏观政治和微观政治、宏观政治哲学和微观政治哲学的区分只是相对的，实际上并不存在着截然不同、彼此分离的微观政治和宏观政治，即使德勒兹和加塔利等力主微观政治学的后现代思想家，也强调微观政治和宏观政治之间不存在着固定不变的区分，强调政治既是宏观政治，也是微观政治。同时，我们在这里强调微观理论范式，并非要彻底否定或者完全取代宏观理论范式，而是改变传统历史唯物主义阐释中过分注重宏观领域和宏观权力，以至于走向抽象的决定论的问题，真正拓宽和丰富我们的理论视野。

为此，我们应当博采优秀的思想资源。首先就要善于吸纳当代哲学社会科学各学科各领域中已经出现的，但没有引起人们足够重视的各种微观理论范式的积极的思想资源，并深入挖掘马克思学说中的微观理论资源，以马克思学说批判的和实践的文化精神为引领，形成植根于当代社会历史现实的独特的理论视角，以及哲学、政治学、经济学、历史学等多学科交融的丰富的理论视野。

关于当代哲学社会科学各学科各领域中的各种微观理论范式方面的思想资源，上文已有涉猎，限于篇幅，这里不再展开。我想在这里讨论一个问题，即马克思的社会历史理论是否包含微观理论思想资源的问题。首先需要确定的是：在马克思的学说中并没有形成自觉的微观政治哲学、微观史学或者微观社会历史理论范式，马克思当时所关注的作为历史发展基础的是宏观的社会领域（经济领域）和宏观的权力（政治权力）及其普遍的规律，例如，生产力和生产关系、经济基础和上层建筑的矛盾运动的规律，人类社会从原始社会到共产主义的宏观的发展模式等。这些也刚好构成人们通常所理解的经典历史唯物主义的宏大叙事和宏观理论范式的基本内涵。我想，造成这种状况的原因并不复杂：每一时代的社会历史现实对于理论研究提出的任务都是不同的，马克思处在人类历史主要由经济、政治等主导领域和宏观权力所左右的时代，在那种语境中，他主要关注的是宏观尺度上人类社会变革和革命的问题。需要指出的是，即使如此，马克思也比他那个时代的传统宏观史学、宏观政治学或者意识哲学高明得多，因为他没有把这种制约人统治人，带有异化特征的宏大的社会结构当作人类历史的永恒状态，而是当作人类发展的特定时期，即“经济的社会形态”①，也就是人完全受制于盲目的经济力量的特定状况。因此，马克思描述这些状况不是为了使之永恒化，而是为了使之革命化。

① 从前面的引文中我们可以看到，马克思强调的是，“我的观点是把经济的社会形态的发展理解为一种自然史的过程”，这里使用的“经济的社会形态”是指人受制于盲目的经济力量和经济必然性的自在自发的或者异化受动的存在状态，因此，这时的社会发展类似于“自然史的过程”，这显然是人类历史发展应当超越和扬弃的状态。但是，苏联教科书把“经济的社会形态”替换为“人类社会”，强调“人类社会的发展是一种自然历史过程”，这就把特定时期的异化的历史状况永恒化了，结果在苏联哲学教科书体系中，很难找到自由自觉的人的实践的位置。

不仅如此，马克思、恩格斯还有一些重要思想可以为我们今天确立合理的微观理论研究范式提供依据和参照。例如马克思特别重视具体化的方法论，他在揭示现代社会运动时，并非抽象地推演生产力和生产关系、经济基础和上层建筑的原理，而是深入到劳动、价值、生产、交换、流通、工资、资本、地租、利润、价格、供给、需求、市场等社会经济运动和社会生活的许多方面。正因为如此，马克思在论述从抽象上升到具体的方法论时强调，"具体之所以具体，因为它是许多规定的综合，因而是多样性的统一"①。马克思和恩格斯在《德意志意识形态》中已经把吃喝住穿等日常生活视作"一切历史的第一个前提"，把人自身的生产、繁衍、家庭关系等视作"历史发展过程的第三种关系"②。在具体阐述如何建构历史时，他们明确反对那种脱离了日常生活和世界现实的抽象历史观③。这些思想资源，连同马克思学说的批判精神和实践精神，是我们在新时期发展历史唯物主义的重要指导。把这些思想同当代哲学社会科学中的各种微观理论范式的思想资源结合起来，有助于真正形成符合马克思学说本质的微观视域与宏观视阈相结合或者互补的理论范式，以及多学科交汇融通的综合的理论视野。我认为，这种理论范式的基本内涵至少应当包含以下内容或者维度。

第一，在政治、经济、文化等社会诸领域重新整合和融合的基础上，建立起影响和制约当代社会运行的新的权力谱系。其中特别要梳理清楚那些在传统社会历史结构中被宏观的经济权力和政治权力所遮蔽，而在当今社会结构中越来越显示出重要影响的微观权力。应当看到，不同文明时代的微观权力的形态和作用是不同的。在以自然经济为基础的传统社会中，微观权力主要表现为日常生活世界中的各种控制机制，例如，氏族、家庭、血缘网络、乡里制度，及其与此相适应的习俗习惯、礼俗乡约、道德纲常等自发的规范体系。这些控制机制既表现为政治权力，也表现为文化权力。随着人类社会的理性化进程的不断深化，在现代社会中，除了不同程度地保留着日常生活权力之外，又产生了其他各种类型的微观权力结构：一是宏观的、中心化的理性权力机制向社会生活和个人生活所有层面

① 《马克思恩格斯选集》第2卷，人民出版社1995年版，第18页。

② 《马克思恩格斯选集》第1卷，人民出版社1995年版，第78、80页。

③ 同上书，第93页。

的渗透所形成的微观控制机制；二是随着公共领域的扩大、非政府组织的增加、新社会运动的兴起而产生的各种边缘化的微观权力结构。进而，我们还要看到，微观权力是一个包含政治权力、文化权力、经济权力等在内的，价值取向多元差异的网络，不同的微观权力对于个体发展和社会进步的作用是不同的，例如，传统的日常生活领域的微观文化权力、福柯等人所揭示的现代社会深层的微观知识权力等，表现为强化宏观权力，与宏观权力同构的微观权力；一些传统经验的、人情的微观文化权力在宏观权力走向民主化、法制化、理性化的进程中会表现为阻碍宏观权力机制更新的微观权力；而现代社会的各种公共领域、自治组织、新社会运动中的微观权力在一定的限度内会成为保护自由、公正、平等，反抗宏观政治霸权的微观权力①。显而易见，对于当代社会丰富多彩的微观权力的类型和性质的深入研究，对于建立宏观视阈和微观视阈相结合的理论范式至关重要。

第二，以丰富的微观权力的网络体系或者复杂星丛为中介或者活动平台，建立起经济基础与上层建筑的宏观结构与个体的微观活动结构之间的有机联系和交互关系，走出关于二者关系的外在对立和决定论的宏观理解模式。我们知道，唯物史观的确立对于人类的历史认识的确具有重大的意义，它一方面把历史奠定在人所特有的实践活动的基础上，另一方面强调人类历史服从于内在的规律。这两方面的思想构成历史唯物主义的核心，然而，在抽象的宏观理论范式中，二者之间的关系常常呈现为外在的二元对立的状态，人们或者强调经济基础和上层建筑的宏观社会结构决定个体的活动，或者强调个体的自由自觉的和对象化的实践活动决定社会结构的变化和发展。显而易见，关于历史唯物主义的许多根本争论都与此有关。在这里，必须引入微观理论视阈，才能内在地解决二者的统一问题，已经有学者尝试着这样去做②。然而，只有用自觉的微观理论范式去完善和补充传统唯物史观的宏观理论范式，并以自觉地建构起来的微观权力网络体系为中介和活动平台，才能真正建立起自由自觉的实践活动和宏观的社会结构及其规律之间的内在统一。在这方面，萨特在建构存在主义马克思主义时所做的方法论探讨，对于我们建构微观理论范式具有重要的启示意

① 参见衣俊卿《论微观政治哲学的研究范式》，《中国社会科学》2006 年第 6 期。

② 参见王晓升《社会历史观研究中的微观分析与宏观描述》，《教学与研究》2009 年第 2 期。

义。萨特认为，马克思主义的总体化（整体化）方法具有重要的历史感，但是，其过分普遍化容易导致对个体和特殊性的压抑，即“人学的空场”。因此，萨特提出要用中介方法和前进—回溯方法来补充和完善马克思主义的总体化方法。具体说来，中介方法的主要特征是，在对人的行为的分析中，不是简单断言社会构成因素对人的直接决定，而是充分重视精神分析学、微观社会学等辅助学科的作用，寻找人和历史条件之间相互作用的中间环节和因素，如与人的活动直接相关的家庭、童年的经历、周围的直接环境、个体心理、情感因素、两性关系等，从而使人成为历史运动中的丰富的个体。他进而强调，要运用前进—回溯方法具体分析社会整体和个人实践之间的复杂关系，无论是社会整体通过各种中介因素对个体行为的影响和决定，还是个体实践在各种中介因素的制约下对社会环境的自主选择，都不是单向的和一次性完成的运动，而是双向往复的运动①。

第三，充分把握政治、经济、文化等社会诸领域通过信息化背景下的文化整合而重新一体化的趋势，对社会结构和运行机制进行宏观的、微观的、多维的、多层面的、多视角的透视，解构单纯宏观权力霸权的宏大叙事，破除外在的决定论历史模式。具体说来，一方面，鉴于在当代社会结构中，不再存在界限分明的政治领域或经济领域，因此对于经济、政治等社会领域的不再做单纯的经济学或政治学的封闭的分析，而是开展经济学、政治学、历史学、文化学、哲学等多学科的综合把握；另一方面，无论对于经济、政治，还是别的领域的分析，都不能停留于一般的抽象的宏观把握，而是要深入到文化哲学的微观分析层面，例如，对于政治治理的分析，要综合国家权力、宏观政治管理、公共领域、社会自治领域等多层面，以及政治文化理念、宏观经济调控、微观市场运行、个体政治参与等多视角的微观分析，从而真正深入到社会历史现实的丰富内涵，回到人类实践活动的历史丰富性和文化丰富性，形成宏观视阈与微观视阈结合、社会诸领域内在融合的社会历史分析。在这样的理论视阈中，不再有经济决定论、政治决定论或者文化决定论的空间，无论是宏观的历史规律还是具体的实践活动，都不再是一种受制于人的活动之外的铁的必然性的自然进化论和线性决定论进程，而是充满文化创造力的人的历史进程。在这种意

① 参见［法］让-保罗·萨特《辩证理性批判》上卷，林骧华译，安徽文艺出版社 1998 年版，第 34—50 页。

义上，我们所理解的作为历史解释模式的文化哲学正是这样一种新的社会历史理解范式，文化哲学反对意识哲学用自然科学的普遍化的方法去剪裁人的实践活动的丰富的文化内涵的做法，反对把历史的内涵简单化地归结为生产方式、经济、技术等几个决定性的因素，更反对运用几个决定性因素把历史描绘成一种类似自然的线性决定过程。它坚信，任何一种因素，无论如何重要，都不可能独自决定历史的全部内涵和命运，它肯定人类历史发展的多样化、个别性、差异性及其价值内涵，强调历史是人的实践活动的各个维度的全面展开的过程。

“结构理论”与“中国问题”

韩庆祥*

正确提出问题、解释问题是合理解决问题的前提。哲学研究最难的或许就是提出具有根本意义的问题。任何问题都是一种寻求，而任何寻求都有从其所寻求的对象方面而来的事先引导。哲学源于问题，哲学家正是对其所处的时代提出问题并探寻答案而展开其思想创造历程的。正如马克思所言，“一个时代的迫切问题，有着和任何在内容上有根据的因而也是合理的问题的共同的命运：主要的困难不是答案，而是问题。因此，真正的批判要分析的不是答案，而是问题”①。基于此，我认为，在中国改革开放32年之后，很有必要站在哲学高度来反思“中国问题”，且以此为当代中国马克思主义哲学研究找寻一个可靠的基点，并在这一基点上建构面向当代“中国问题”的马克思主义哲学。那么，如何从哲学意义上揭示“中国问题”？如何直面“中国问题”来建构马克思主义哲学？如何摆脱当前中国学术界过于依附“西方问题”和“西方理论”的研究现状？如何将哲学理论创新落实到实践层面，告别学界空谈哲学理论创新的现象？

一 “中国问题”的哲学追问和诠释

任何国家都有自己的问题，中国也不例外。关注中国，本质上就要关注“中国问题”，研究中国，本质上就是研究“中国问题”。

---

* 韩庆祥，中共中央党校教授。

① 《马克思恩格斯全集》第1卷，人民出版社1995年版，第203页。

既然当代马克思主义哲学要注重研究“中国问题”，那么，哪些才是哲学视阈中的“中国问题”？准确捕捉、探寻“中国问题”，在哲学方法论上，既需要对中国的历史与现状有一个比较准确的把握，也需要借鉴外域的经验与教训，更需要弄清当代中国的历史方位。只有弄清当代中国的历史方位，才可能弄清“中国问题”。关于当代中国的历史方位，我的基本判断是：当代中国社会发展依然处在社会主义初级阶段，正处在由前现代走向现代的征途中。在这一征途中，封建主义、资本主义和社会主义并存；人的依赖、物的依赖和人的独立个性并存；前现代、现代和后现代并存；官本位、金钱本位和能力本位并存。我们应在这种并存现象中提炼出属于我们中国自己特有的“中国问题”。依据这些认识，我认为，只有符合下述条件的问题，才能成为哲学视阈中的“中国问题”：时间上长期存在的历史性问题；空间上存在于各个方面的普遍性问题；影响上存在于中国社会深层、影响中国发展命运且属于中国特有的根本性问题。具体来说有以下几个方面。

第一，中国特有，这是“中国问题”的地域特征。中国问题具有本土性特征，蕴含着中国特有的价值观念。比如说重视家庭的观念、重视伦理的观念、重视道德的观念、重视权力的观念等。其实，任何一个国家都会存在这样或那样的问题，但我们必须弄清属于中国特有的问题。西方学者在研究“中国问题”时，往往也能提出一些不无启发意义的研究模式，如英国哲学家罗素来华讲学之后写了一本书，叫做《中国问题》。他说：中国的问题很复杂，而“中国问题”应主要归结为经济、政治和文化相互关联的三个方面，其中文化问题最为重要，但当政者往往视金钱与权力为自身与国家的根本，而置文化于不顾。① 我们可以借鉴西方学者的思路，但不能替代中国学者对“中国问题”的上下求索，西方人是中国问题的“他者”。正如耿云志先生所言，“西方学者毕竟是生存于不同的社会与文化环境中，他们在观察和研究中国问题时，在材料的占有、对材料的认知、对各种材料之间的内在联系的理解等等方面，都不免有些‘隔’。这是丝毫不奇怪的。我们中国学者研究外国问题时，恐怕会‘隔’得更厉害”②。其实，中国的大多数问题，归根结底往往能够从国家政治

① 罗素：《中国问题》，学林出版社 1996 年版，第 1—2 页。

② 耿云志：《蓼草续集》。黑龙江教育出版社 2009 年版，第 264 页。

权力领域找到答案。这是分析和解决"中国问题"的一把"钥匙"，这把钥匙带有"中国问题"的独特性。

第二，历史形成，这是"中国问题"的本源性特征。中国问题浸润着中国历史和传统文化的元素。实际上，中国问题不是现代才有的，现代的中国问题往往具有中国历史的根苗。正是在漫长的历史发展过程中，历史地形成了中国问题。在此意义上中国问题具有历时态性。每一代中国人都对中国问题的破解作出了自己的历史性贡献，当代中国人只有以此为起点，才能够开启自己的理论探索和实践征程。

第三，普遍存在，这是"中国问题"的时空特征。就时间而言，中国问题无时不在；就空间而论，中国问题无处不有，表现在中国社会现实的各个方面。就广度而言，中国问题具有统摄性和辐射性，统摄中国人的思想观念，辐射到中国的每一个角落；就深度而论，中国问题具有遗传性和隐蔽性，通过文化基因已经熔铸到中国人的血脉之中，成为集体无意识。在此意义上中国问题又具有共时态性。

第四，根深蒂固，这是"中国问题"的生存性特征。中国问题不是浅表性的问题，是存在于中国人社会意识深层的根本问题，而潜藏在人的社会意识的深层，因此很难发觉，但却根深蒂固、无时无刻地影响和左右着个人的思想和行动。以"权力统治"为例，上尊下卑、官贵民贱，这些思维模式和行为方式成为有些中国人生存的基本特征。因此，对中国问题的哲学诊断须深入到政治权力结构之中。如果不从政治这一层面来破解中国问题，中国就不能真正成为"中国"，中国人也不可能真正成为"人"。

第五，根本影响，这是"中国问题"的作用性特征。中国问题已经深深影响了中国的过去，正深深影响着中国的现在，必将深刻影响中国长远发展和中国人的未来命运。正是在中国特有问题的作用下，模铸成一代一代的中国人。可见，中国问题具有长期制约性和深远影响性，对此，我们应该给予高度重视，寻求破解中国问题的不同路径。

总之，中国问题时刻缠绕国人、必须经常面对、常常令人疑惑。中国问题，我们中国人经常面对着。中国问题仿佛是一个看不见、摸不着，但确实左右人们思想和行动的幽灵，缠绕着中国人。一个幽灵，中国问题的幽灵，在中国游荡。这也使很多中国人自觉或不自觉地成为中国问题的牺牲者。中国问题令人疑惑，这些疑惑又非常之多：一些按照现代理性精神凭个人能力就可以解决的问题往往要靠托人情、找关系才能解决；一些在西方实行比较好的做法一旦移植到中国往往会走样变形。

二 马克思的唯物史观、“总问题”及其启示

马克思善于运用“结构分析方法”来解释、分析社会历史问题。在马克思那里，社会在本质上是社会关系的总和，而社会关系总是一种结构性关系，因而社会在本质上首先是一种社会结构。基于这样的理解，马克思为了解释、分析人类社会历史和资本主义社会历史，创立了唯物史观。唯物史观的核心理论，从“静态”来讲，主要是社会结构理论，从“动态”来讲，主要是历史发展过程（规律）理论，社会结构理论和历史过程理论是一种理论的两种不同角度的表达。马克思的社会结构理论具有四个核心点：生产力、生产关系、经济基础（经济因素）、上层建筑（政治因素、文化因素）构成合力推动社会历史发展；经济因素、政治因素和文化因素之间构成不同的社会结构，社会结构是什么样的，社会历史发展状况往往就是什么样的；归根结底，经济因素起最终决定作用；生产力和生产关系的矛盾、经济基础和上层建筑的矛盾是人类社会历史发展的基本矛盾，而它们的矛盾运动是人类社会历史发展的一般规律。这里，马克思特别注重运用社会结构来解释、分析社会历史。换句话说，“结构分析”是马克思唯物史观解释、分析社会历史的一种基本方法。这样来看，马克思的唯物史观本质上是一种解释世界的理论与方法，而不是一种改变世界的理论。

马克思是从近代欧洲的社会结构中揭示出他所要分析的“总问题”。既然经济因素起最终决定作用，那么，资本主义社会中的总问题应当在经济领域来寻找。这一问题马克思找到了，这就是资本控制社会的逻辑。马克思在《〈黑格尔法哲学批判〉导言》中指出：“彼岸世界的真理消逝以后，历史的任务就是确立此岸世界的真理。人的自我异化的神圣形象被揭穿以后，揭露非神圣形象中的自我异化，就成了为历史服务的哲学的迫切任务。于是对天国的批判，对宗教的批判就变成对法的批判，对神学的批判就变成对政治的批判。”① 为深入研究资本主义社会中的异化劳动，马

① 《马克思恩格斯全集》第3卷，人民出版社2002年版，第200页。

克思着重去研究市民社会；为集中研究市民社会，马克思便去研究国民经济学中的三个最基本范畴：资本、劳动、地租；同时，结合当时资本主义社会的状况，马克思发现资本主义社会的一个基本事实，就是异化劳动，而产生异化劳动的根源，在马克思看来，主要是资本占有劳动。因此，他主张通过积极的共产主义实践扬弃异化劳动，为人的解放和自由全面发展创造条件。马克思尖锐指出，在资本主义社会，"物的世界的增值同人的世界的贬值成正比"①。由此，"社会从私有财产等等解放出来、从奴役制解放出来，是通过工人解放这种政治形式来表现的，这并不是因为这里涉及的仅仅是工人的解放，而是因为工人的解放还包含普遍的人的解放；其所以如此，是因为整个的人类奴役制就包含在工人对生产的关系中，而一切奴役关系只不过是这种关系的变形和后果罢了"②。从马克思的论述可以看出，工人阶级的劳动受资本的奴役最沉重、最典型，它是人类奴役的最集中的表现，工人阶级的解放实质上就是劳动从资本的奴役中解放出来。1845 年之后，马克思清醒地认识到：要实现工人阶级的解放，就必须分析揭示人类社会历史的发展规律和资本主义社会的发展规律，创立一种关于工人阶级解放条件的理论。于是，1846 年，马克思便着手寻求揭示这些规律的方法，这就是历史唯物主义。历史唯物主义说到底是解释世界的一种方法与理论。之后，马克思便运用这一方法与理论，深入研究他当时所处的资本主义社会的资本统治，即资本对劳动的占有关系，揭示工人阶级被剥削的根源，寻求工人阶级解放的途径、手段和条件，建立他的政治经济学和科学社会主义。《资本论》便是马克思研究资本统治或资本占有劳动问题的代表性著作。在《资本论》中，马克思进一步揭示了资本奴役劳动的本性："资本是死劳动，它像吸血鬼一样，只有吮吸活劳动才有生命，吮吸的活劳动越多，它的生命就越旺盛。"③ 这里，资本仿佛具有独立的生命，控制和左右着人的思想与行为，于是，整个社会被资本控制着。可见，马克思正是运用哲学方法研究他所面临的总问题而创立他的理论的，没有问题就没有理论。

如何破解这一"总问题"？马克思从政治上寻求出路，即经济问题用

① 马克思：《1844 年经济学哲学手稿》，人民出版社 2000 年版，第 51 页。

② 同上书，第 62—63 页。

③ 马克思：《资本论》第 1 卷，人民出版社 2004 年版，第 269 页。

政治途径解决。这就是强调通过无产阶级暴力革命消灭资本主义私有制，实现劳动阶级的解放。马克思指出："社会从私有财产等等解放出来、从奴役制解放出来，是通过工人解放这种政治形式来表现的，这并不是因为这里涉及的仅仅是工人的解放，而是因为工人的解放还包含普遍的人的解放；其所以如此，是因为整个的人类奴役制就包含在工人对生产的关系中，而一切奴役关系只不过是这种关系的变形和后果罢了。"[①] 从马克思的论述可以看出，工人阶级的劳动受资本的奴役最沉重、最典型，它是人类奴役的最集中的表现，工人阶级的解放实质上就是劳动从资本的奴役中解放出来，这种解放本质上是一种政治解放，具有政治的形式。

这里，马克思给我们的启示是：要从"结构"来寻求"问题"。

三 "社会层级结构"与"中国问题"

马克思的"结构分析"方法得出的具体结论不一定完全适合中国，但他的"结构分析"方法经过适当转换，可以用来分析"中国问题"、尤其是中国总问题。

影响中国社会历史发展的有三种力量：经济力量、政治力量和社会力量，文化力量渗透于三者其中；这三种力量之间的结构是政治力量相对过大，而经济力量、社会力量相对较小，经济和社会常常依附于政治；政治力量的载体主要是政治权力及行政权力，而政治权力及行政权力是分层级的，由此就构成了以权力层级为核心的"金字塔"式的社会层级结构。所谓社会层级结构，本意是指在传统的政治国家领域中，依据权力大小，自上而下、逐级管制所形成的权力级别阶梯和权力层级结构，后延伸为在经济、社会和文化领域根据人和人之间之权力大小、地位高低、身份有别而建立的层级关系结构。权力大小、地位高低和身份有别是其基本依据。其中，无论是地位层级、身份层级和关系层级，本质上都是一种权力层级结构，即一切层级均源于权力层级，权力层级造成了社会层级的普遍存在。传统社会层级结构具有"金字塔式"的鲜明特征：第一，在权力结构上，以权力为本的政治力量过大且挤压经济力量、社会力量，从而使经济力量、社会力量微弱；第二，在权力运作方式上，政治权力至上、权力

① 马克思：《1844 年经济学哲学手稿》，人民出版社 2000 年版，第 62—63 页。

自上而下运作、逐级管制而对其缺乏有效制约。在传统社会，各领域不同程度上存在的这种社会层级结构对控制和稳定社会秩序具有一定积极作用，然而其消极影响更为深远。它使权力至上有余而能力建设不足，自上而下有余自下而上不足，权力管制有余公共服务不足，人治有余而法治不足，于是人们在潜移默化中形成以权力、唯上、等级、身份、服从为核心的价值取向、思想观念、文化心理和思维方式，进而导致人们的权利意识、规则意识、自立意识的缺失，从而使人的行为呈现非理性特征。

这种社会层级结构必然形成中国的"总问题"，传统社会形成并作为残余遗留下来的"传统社会层级结构及权力运作体制"就是产生"中国问题"的世俗基础。正如卢梭在《忏悔录》第9卷所正确指出的："我已看出一切都归源于政治，而且，无论我们作什么样的解释，一个民族的面貌完全是由它的政府的性质决定的。"① 加藤节也指出："在现代社会，由于政治权力不断扩大其支配的对象，加深对人们的生活的渗透程度……因而大概可以算是人类历史上'政治化'程度最高的时代"，而政治又是"一种全面决定着人的生存方式或者说人的命运的力量"②。这对政治力量仍起支配作用的中国来说，尤其如此。中国的总问题蕴含在传统的权力结构、权力运作方式和领域合一之中。具体来说，为什么在经济领域，我国许多地方实行的是粗放的经济增长方式？归根结底是由于缺乏自主创新能力。进一步追问，为什么缺乏自主创新能力？显然与这种社会层级结构使我们中国呈现为以政治（权力）为主导的经济模式有关，这种模式导致权力至上有余而能力建设不足。为什么还会出现权力的市场化？因为在现存的社会层级结构中，政府的权力具有管制作用，权力仍然是至高无上的，这种权力不仅掌管着许多的资源，许多资源都要靠权力来配置与管制，而且还要占有许多资源；为什么在政治领域，存在着权力过于集中而缺乏有效制约、权力对权利的某种背离、政府行为的越位与缺位以及能力恐慌等现象？是因为这种社会层级结构造成的权力至上，自然使有些权力过于集中而缺乏有效制约，使有些权力背离民众的基本权利，这种社会层级结构及其蕴含的权力至上、自上而下、逐级管制、缺乏制约的政府行政权力运作体制和方式，自然也会造成政府某些行为的越位、错位、缺位，

① 转引自王子今《权力的黑光》，中共中央党校出版社1994年版，第1页。

② ［日］加藤节：《政治与人》，唐士其译，北京大学出版社2003年版，第9页。

造成一些人不注重能力建设而导致的能力恐慌；为什么在文化领域，人格依附有余而人格独立不足？因为这种社会层级结构及其传统政府权力运作体制注重的是管制和服从，而不是服务和自主；为什么在社会领域存在着公民社会不成熟、社会不和谐现象？公民社会不成熟，集中表现为中国传统社会是国家包揽、支配社会，民众缺乏平等、独立、自主人格与创造个性。这显然与注重等级、管制、服从和依附的社会层级结构有关。不仅如此，这种社会层级结构在今天容易导致权力与资本相结合进而侵占公共利益，就是说容易造成利益分配不公平进而导致社会不和谐。粗放的经济增长方式（缺乏自主创新能力）、权力的市场化、权力过于集中而缺乏有效制约、权力对权利的某种背离、政府行为的越位与缺位、能力恐慌、人格依附有余而人格独立不足、公民社会不成熟、存在着社会不和谐现象，等等，都是“中国问题”的具体体现，而产生这些“中国问题”的根源是传统的社会层级结构，因而，由社会层级结构形成的权力控制经济、政治、文化和社会的逻辑，是“中国的总问题”。或者说，中国的总问题是结构性问题。

对于这种社会层级结构，我们既要看到它对于今天社会运转的必要，又要清醒地认识到它对于现代社会转型的阻滞。由于传统社会层级结构的危害存在于整个社会主义初级阶段和中国特色社会主义建设的全过程，产生诸多非逻辑、非理性现象，必须坚定不移地对其实施改造；由于这种传统社会层级结构的消极影响根深蒂固，必须循序渐进地逐步加以改造。改革开放以来，我们努力从许多方面来推进这一改造，取得了可喜的成就。然而在今天，在某些领域，虽然有形的社会层级结构被打破了，但无形的社会层级文化、层级观念和层级思维依然存在。在这里，我们既看到了封建文化的某种存留，看到了当今中国问题的世俗基础，更看到了我们中国人改造这种社会层级结构的勇气、能力和智慧。

那么，如何破解“中国总问题”？改革开放初期，我国从解放思想入手进行农村改革；农村改革取得一定成效后我国改革由农村转向城市，重点是国有企业改革，在这种改革中逐渐认识到体制改革的重要性；在各种体制改革进程中，越来越发现体制改革举步维艰；经过分析研究我认为，体制背后有一个结构，决定体制的是结构，社会层级结构从根本上没有变动，体制也就很难变动；因此，必须从改造权力至上的、自上而下的、金字塔式的社会层级结构和官本位的政府权力运作体制入手进行结构性改革。具体说，就是不要“直逼”政治体制改革，而是要从增强经济力量和社会力量入手，进一步增强并发挥经济领域中市场经济（企业家）的作用和社会领域中公民社会（公民）的作用，拓宽市场经济和公民社会的发展空间，形成政治体制改革（包括政府行政管理体制改革）的“倒逼”或“包围”机制，进而形成市场经济、公民社会和公共服务型政府三者相互制约、相辅相成的新型社会结构。或者说，就是把“金字塔式”的传统社会层级结构，转变为由社会主义市场经济、公共服务型政府和公民社会所构成的“三维制约”的新型社会结构，把注重上下纵向政治权力控制、对政治权力缺乏制约的“集权型”权力结构，转变成注重经济力量（资本）、政治力量（公共权力）和社会力量（民主）横向沟通且相互制约、相辅相成的新型权力结构。这里，当代中国既有一个体制改革问题，更有一个从传统社会层级结构到现代社会结构的转型问题。

根据以上分析，我认为：一个社会的基本力量的结构状况决定着一个社会的发展状况，唯物史观应把“社会基本力量的结构”当作分析社会历史的一种基本理论和方法。

《共产党宣言》的唯物史观在当今中国的意义

陈学明*

中国改革开放的总设计师在其著名的南方谈话中曾经深情地说道："我的入门老师是《共产党宣言》。"① 邓小平是如此，中国的老一代无产阶级革命家均是这样，他们都是在《共产党宣言》（以下简称《宣言》），特别是《宣言》的唯物史观的指引下走上了革命的道路。我们完全可以说，没有《宣言》的照耀就没有中国革命的胜利，也就没有社会主义祖国的今天。但不知从什么时候起，在我们国内吹起了一股否定《宣言》的风，一些人或明或暗地宣扬贯穿于《宣言》的是一种革命理论，而我们处于社会主义建设时期，所以不能用《宣言》的思想来指导当代中国；还有人甚至提出即使作为一种无产阶级获取政权的理论，《宣言》也没有普遍意义，因为实际上《宣言》所推崇的是"布朗基主义"式的暴力革命，而当今真正现实的道路是改良主义。这样就给我们带来了一个极其重要的问题亟待回答：曾经被列宁说成是对马克思的学说"作了完整的、系统的、至今仍然是最好的阐述"② 的《宣言》，是否在当今中国还有现实意义？正在从事建设中国特色社会主义的伟大事业的中国人民是否可以对《宣言》不屑一顾，弃之如敝屣？中国共产党是否连作为共产党的最原始也是最重要的纲领性文件的《宣言》也不需要了？在我看来，中国的社会主义革命离不开《宣言》的照耀，中国的社会主义建设同样离不

---

* 陈学明，复旦大学教授。

① 《邓小平文选》第3卷，人民出版社1993年版，第382页。

② 《列宁全集》第18卷，人民出版社1988年版，第581页。

开《宣言》的指引。我国正处于社会主义现代化建设的关键时刻，之所以出现这样那样的问题，其中一个重要原因就是背离了《宣言》的基本原则。为了推进建设中国特色社会主义的伟大事业，为了真正实现振兴中华民族的宏伟目标，当今急需要做的就是进行《宣言》的启蒙教育。当今的中国人，特别是先进的中国人只有像当年毛泽东、邓小平等那样如饥似渴地从《宣言》的唯物史观中接受真理的熏陶，用《宣言》的唯物史观武装自己，才能真正担当起自己的历史使命。

一

我们正处于社会主义初级阶段，我们现在所做的一切应当与“社会主义初级阶段”这一历史背景相符合。显然在“社会主义初级阶段”所做的许多事情，特别是在经济领域所做的一切，用马克思所说的社会主义、共产主义的标准相对照，是那么地格格不入，而与资本主义一对比，又是如此地相似乃尔。在这样一种历史背景下，特别需要学习与把握《宣言》的基本理论。《宣言》之所以让无产阶级深受鼓舞而使无产阶级的敌人感到恐惧，就是因为它庄严地向全人类宣告：“资产阶级的灭亡和无产阶级的胜利是同样不可避免的。”①《宣言》鞭辟入里地揭示出：资本主义一定要灭亡，共产主义一定要胜利，这是人类社会发展的客观规律，是任何力量也阻挡不住的。处于“社会主义初级阶段”的中国人民务必要牢记马克思为人类所揭示的资本主义一定要灭亡、共产主义一定要胜利这一历史发展的客观规律，或者说，一定不能放弃马克思为人类所指引的实现共产主义这一崇高理想。只有这样，才能把目前所做的与“社会主义初级阶段”相符合的事，不是与资本主义联系在一起，而是引向社会主义、共产主义的大方向。只要我们胸中有了《宣言》，我们就会自觉地领悟我们所说的“初级阶段”是“社会主义”的“初级阶段”而不是其他什么社会的“初级阶段”。我们一方面不能超越这一“初级阶段”，把将来要干的事放到现在来做；另一方面我们也不能永远停留在这一“初级阶段”，要把现在所做的一切视为进入“高一阶级”的必要准备。尽管共产主义离我们当前是那么遥远，尽管共产主义的实现不是一朝一夕之

① 《马克思恩格斯选集》第1卷，人民出版社1995年版，第284页。

功，但共产主义决不是什么虚无缥缈的、可望而不可即的东西，我们当下所做的一切正在一步一步地走向这一目标。我们不应当因为共产主义的真正实现离当今还很遥远从而就否定这一目标的存在，更不应当把眼前所做的与实现这一目标完全割裂开来。现实非常清楚地告诉我们，那些一心想把中国引向资本主义方向，从而使中国重新成为西方资本主义附庸的人，千方百计地抹杀“初级阶段”的社会主义指向，他们总是把作为社会主义社会的自我完善的“改革”纳入资本主义的轨道，他们总是百般地嘲笑历史发展的客观规律和共产主义的信仰。在这种情况下，要使这些人的这种意图不能得逞，唯一的途径就是在坚持共产主义信仰的前提下来做与“社会主义初级阶段”相符合的事情。实际上，做与“社会主义初级阶段”相符合的事情，有没有社会主义、共产主义这一指向，头脑中有没有历史发展客观规律这一信念，其结果是大相径庭的。如果我们确实是想用马克思主义来指导我们当下的实际活动，那么我们所要做的最重要的事情是揭示我们目前所做的一切与共产主义目标之间的真实关系。显然，在当今的历史阶段，坚信马克思为人类所揭示的历史发展客观规律，坚持共产主义的崇高信仰，实际上比以往任何时候都显得重要和迫切。

二

毛泽东曾经在其著名的《新民主主义论》中论证了中国的民主革命何以必须要由作为无产阶级政党的中国共产党来领导。毛泽东并没有因为认定当时中国共产党所从事的是民主革命而要求对中国共产党的性质做出改变。我们总是把中国实施改革开放以来的 30 多年视为“社会大转型”的时期。纵观在这一时期我们所做的一切，毫无疑问包含着一系列属于“补资本主义课”的内容，也就是说，我们在中国共产党领导下做了许多“补资本主义课”的事情。正因为如此，一些人又力图改变中国共产党的性质，认为中国共产党不再是无产阶级政党，而是代表包括资产阶级在内的整个国民利益的党，有人甚至公开提出将中国共产党改名为“中国人民党”。在他们看来，只有这样才能与中国共产党目前所做的事情相符合。看来当今非常有必要像当年毛泽东那样在理论上说清楚为什么“补资本主义的课”必须在中国共产党的领导下进行，为什么即使中国共产党在领导中国人民“补资本主义的课”也并不意味着其性质已根本上改变了。关键在于，如果“补资本主义的课”就意味着走资本主义道路，就意味着中国重新选择了资本主义，那么中国共产党的确应当从其名称到实质都来个改变，不能挂羊头卖狗肉，但倘若我们的“补资本主义的课”是为了更好地走社会主义道路，那么中国共产党从名称到实质都不能改，当今非但不能削弱而且还要强化中国共产党的领导。由于某些别有用心的人的蛊惑，当今在一些人中间竟然对中国共产党的性质也产生了怀疑。在这种情况下，多么有必要让人们重新温习一下《宣言》。《宣言》的一个重要内容就是阐述了共产党的性质，即阐述了共产党的性质是无产阶级政党。按照马克思的论述，共产党与共产主义是同生死共命运、永远不能分离的同一体。作为一名共产党党员就是要为共产主义事业奋斗终生。我们必须牢记《宣言》中阐述共产党的性质的这样两段话：“共产党人为工人阶级的最近的目的和利益而斗争，但是在当前的运动中同时代表运动的未来。”[①] 通过这段话我们可以知道，中国共产党人在当下领导中国人民“补资本主义的课”，在一定意义上是“为工人阶级的最近的目的和利益而斗争”，但与此同时不能忘掉中国共产党同时还肩负着为工人阶级的根本利益和未来利益，即实现共产主义而奋斗的使命。“共产党人同其他无产阶级政党不同的地方只是：一方面，在无产者不同的民族的斗争中，共产党人强调和坚持整个无产阶级共同的不分民族的利益；另一方面，在无产阶级和资产阶级的斗争的所经历的各个发展阶段上，共产党人始终代表整个运动的利益。”[②] 通过这段话我们更可以知道，如果说“补资本主义的课”是中国的共产主义运动所必须经历的一个阶段的话，那么处于这一阶段上的中国共产党不仅代表着这一阶段的诉求，而且代表着整个共产主义运动的诉求。

三

在一定意义上，我们所说的“改革”就是给予资本在中国存在的合法性，而所说的“开放”实际上就是允许国际资本流入中国。资本在当今中国像在世界上的其他地方一样，正在用其无坚不摧的力量，布置、安

① 《马克思恩格斯选集》第1卷，人民出版社1995年版，第306页。

② 同上书，第285页。

排、摆弄我们周围的一切，与此同时清洗异己、他者。毫无疑问，资本给当今中国带来了经济增长、物质财富增加等有目共睹的正面效应。当今中国的资本的拥有者深得资本之利不消说，就是作为资本的拥有者的对立面的雇佣劳动者也以这样那样的方式从资本那里得到好处。中国正在经历着深刻的文明化的过程，这一过程的推动力是资本。当今的中国人都在享受文明化的成果，在一定意义上也就是享受资本的成果。人们都把 30 多年中国取得翻天覆地的变化归结于实施改革开放的结果，在一定意义上也就是把功劳记在资本的账上。不可否认，正因为我们都深受资本的“恩泽”，从而在当今中国出现了严重的“资本崇拜”的倾向。许多中国人从曾经的对资本的盲目批判者一下子又成了对资本的盲目崇拜者。一些人尽其所能为资本大唱赞歌，只允许人们说资本之“是”而不允许道资本之“非”。在这种情况下，如何正确对待资本已成了当今摆在中国人面前刻不容缓的问题。中国人必须在资本面前保持清醒的头脑，而阅读《宣言》则能使我们的头脑清醒起来。当然，我们必须记住《宣言》对资产阶级的高度肯定：“资产阶级在它的不到一百年的阶级统治中所创造的生产力，比过去一切世代创造的全部生产力还要多，还要大。”① “资产阶级，由于一切生产工具的迅速改进，由于交通的极其便利，把一切民族甚至最野蛮的民族都卷到文明中来了。”② 马克思和恩格斯在这里对资产阶级的肯定，实际上也是对资本的肯定。但与此同时我们更要记住，《宣言》对资本的肯定实际上只是作为对资本的批判的一个“铺垫”，《宣言》在对资本做出这种历史的肯定的基础上马上对资本的本质加以深刻的揭露。一部《宣言》就是讨伐资本的檄文。请看《宣言》是如何论述资本的本质的：“资产阶级生存和统治的根本条件，是财富在私人手里的积累，是资本的形成和增殖；资本的条件是雇佣劳动。雇佣劳动完全是建立在工人的自相竞争之上的。”③ “在资产阶级社会里，资本具有独立性和个性，而活动着的个人却没有独立性和个性。”④ 马克思后来在《资本论》中对资本的本质则做出了更加深刻、形象的揭露：它来到这个世界上其每一个毛孔

---

① 《马克思恩格斯选集》第 1 卷，人民出版社 1995 年版，第 277 页。
② 同上书，第 276 页。
③ 同上书，第 284 页。
④ 同上书，第 287 页。

都沾满了肮脏的血。应当说，《宣言》和《资本论》中所揭露的资本的这种本性是不会随着时代的改变而改变的，只要资本存在一天，它的本性就是这个样子。我们尽管可以对资本的种种负面作用采取种种措施加以限制，但无论如何改变不了资本的本性。我们清楚地知道，在当今中国要消灭资本是不可能的，资本还有着不可替代的历史作用，但与此同时我们千万不能忘记资本的本性是什么。只有这样，我们才能在资本面前掌握主动权，在利用它的同时驾驭它，并创造条件最后超越和消灭它。

四

党中央、国务院非常明确地规定我国目前是“以公有制为主体，多种所有制经济共同发展”。这里的意思十分明确：我国目前的所有制仍然是以公有制为主体，与此同时，我国允许包括私有制在内的其他形式的所有制的存在。公有制与其他形式的所有制构成一个有机的整体。公有制的核心地位不能动摇，包括私有制在内的其他形式的所有制形式的存在也不能忽视。在实施改革开放之前，我国所推行的是单一的公有制形式，由于这不符合“社会主义初级阶段”的国情，从而阻碍了经济的发展。我国从单一的公有制转变为“以公有制为主体多种所有制经济共同发展”，这是顺应客观现实的举措。问题在于，有些人把这一转变简单地理解为是公有制向私有制的转变。他们对党中央、国务院关于所有制所做出的规定中的“以公有制为主体”百般不顺眼，朝思暮想要把它拿掉。一时无法去掉，他们就自我安慰说：现在只是出于策略上的考虑还强调这一点，实际上中国正大步走向私有化，“以公有制为主体”的字眼是早晚要去掉的。这样，当今中国实际上又面临一系列大是大非的问题亟待回答：当今中国在强调各种所有制形式共存的同时要不要坚持“以公有制为主体”？中国的所有制的发展是否最后以单纯的公有制为归宿？当今中国承认私有制的存在有其某种意义上的全法性与合理性是不是意味着共产党就认可了私有制？公有制与私有制从终极价值取向的意义上究竟孰优孰劣？在对这些问题做出回答时，应当认真地请教《宣言》。《宣言》中有这样两段耳熟能详的话：“共产党人可以把自己的理论概括成一句话：消灭私有制。”①

① 《马克思恩格斯选集》第1卷，人民出版社1995年版，第286页。

“共产主义革命就是同传统的所有制关系实行最彻底的决裂；毫不奇怪，它在自己的发展进程中要同传统的观念实行最彻底的决裂。”① 任何人也无法否定，《宣言》在所有制问题上的态度是坚定不移、毫不含糊的，这就是共产党人必须最彻底地与私有制决裂，共产党人必须把消灭私有制作为最基本的使命。马克思和恩格斯明确地提出：“《共产党宣言》的任务，是宣告资产阶级所有制必然灭亡。”② 当然，《宣言》不仅仅宣告必须消灭私有制，而且还对何以如此做出了富有说服力的论证。对马克思和恩格斯在《宣言》中以唯物史观为武器对人类社会必然要用公有制来取代私有制的论证，至今读起来还是那么地令人心悦诚服。消灭私有制这一历史使命共产党人是无论如何不能放弃的，如果不以消灭私有制为己任，还要共产党人干什么，或者说共产党人不以消灭私有制为己任，还称得上是共产党人吗？必须明确，我们今天允许私有制在当今中国的存在，允许它在一定的范围内的发展，在一定意义上是为了将来更好地消灭它。在改革开放之前，我们坚持公有制这本身并没有过错，错就错在没有认识到用公有制取代私有制是一个漫长的历史过程，而不能一蹴而就，错就错在不能离开具体国情和生产力的发展状况来谈论消灭私有制。

五

恩格斯曾经把贯穿于《宣言》的基本思想概括为：“每一历史时代的经济生产以及必然由此产生的社会结构，是该时代政治和精神的历史的基础；因此（从原始土地公有制解体以来）全部历史都是阶级斗争的历史，即社会发展各个阶段上被剥削阶级和剥削阶级之间、被统治阶级和统治阶级之间斗争的历史；而这个斗争现在已经达到这样一个阶段，即被剥削被压迫的阶级（无产阶级），如果不同时使整个社会永远摆脱剥削、压迫和阶级斗争，就不再能使自己从剥削它压迫它的那个阶级（资产阶级）下解放出来。”③《宣言》开宗明义第一章第一句话是：“至今一切社会的历

---

① 《马克思恩格斯选集》第 1 卷，人民出版社 1995 年版，第 293 页。

② 同上书，第 251 页。

③ 同上书，第 252 页。

史都是阶级斗争的历史。”[①] 对这句话恩格斯在《宣言》的1888年英文版上加了一个注：“这是指有文字记载的全部历史。”毫无疑问，阶级斗争的观点和阶级分析的方法是《宣言》的一个最核心的内容。今天研究《宣言》在当今中国究竟还有没有现实意义，不能回避《宣言》的阶级斗争的观点和阶级分析的方法在当今中国究竟还是否有现实性。事实上，倘若我们像一些人那样断然否定《宣言》的阶级斗争的观点和阶级分析的方法在当今中国还有实际意义，那么我们即使承认《宣言》的其他的理论观点在当今中国有着现实性，还必然会导致对《宣言》的总体否定，因为《宣言》的阶级斗争观点和阶级分析的方法与《宣言》的其他理论观点是紧紧地联系在一起的，它们共同构成了一个不可分割的整体。现在的实际情况是，一些人对《宣言》的这方面的理论观点的否定比其他任何方面都来得激烈与坚决，对《宣言》的整体否定也正是从否定这方面的理论观点入手的。我们要大声地问一下：《宣言》的阶级斗争的观点与阶级分析的方法在当今中国真的已完全没有用处了吗？我们已真的不需要学习和领会《宣言》的阶级斗争的观点和阶级分析的方法了吗？这些人之所以否定《宣言》的阶级斗争的观点和阶级分析的方法在当今中国还有现实意义，一个最基本的理由是当今中国阶级已消灭了，阶级对立已不存在了。到目前为止，我们似乎还没有看到一个正式的中央文件，还没有听到一个领导人的正式讲话，宣布在当今中国，阶级已消灭了，阶级对立已不存在了。我们只是知道，在当今中国已不存在像资产阶级社会里的那种阶级的对立，从而在当今中国急风暴雨式的阶级斗争已结束了。但是，在当今中国像资产阶级社会里的那种阶级对立不存在了，不等于说阶级之间的差异也完全没有了，更不等于说在当今中国所有群体与个人之间的利益也完全一致了；在当今中国急风暴雨式的阶级斗争已结束了，不等于说所有的其他的斗争形式也销声匿迹了。当下一个最迫切的问题是如何处理劳资关系的问题，这说明在当代中国资本与雇佣劳动的对立还存在着，而资本与雇佣劳动的关系实际上就是阶级关系，我们当然不能夸大当今中国资本与雇佣劳动的对立，但也总不能抹杀这种对立。我们国内一些人热衷于阶层分析，而实际上阶层分析是马克思主义的阶级分析的一个组成部分，这种阶层分析实际上就是阶级分析，阶级分析内在地包含着阶层分

① 《马克思恩格斯选集》第1卷，人民出版社1995年版，第272页。

析。如此说来，摆在我们面前的不是还需要不需要《宣言》的阶级斗争的观点和阶级分析的方法的问题，而是如何结合当今中国实际创造性地运用《宣言》的阶级斗争的观点和阶级分析的方法的问题。

毛泽东社会主义建设道路几个问题再探讨

徐俊忠*

本文主要是对毛泽东关于中国社会主义建设道路几个重要思想及其历史际遇的讨论。目的在于力求呈现一些基本的历史事实。这些年来，谈及建设有中国特色的社会主义时，存在着一种偏颇的倾向，即把毛泽东与建设有中国特色的社会主义的实践对立起来。似乎中国的改革开放就是"去毛泽东化"。尤其在民间的社会心理层面，弥漫着一种把毛泽东等同于教条主义、极"左"思潮和僵化体制等的思维定式。形成这种倾向的原因，除去以"非毛化"为其毕生政治诉求的极少数人外，对于绝大多数人来说，主要是由于对毛泽东的认知性研究不足而导致的认识偏差。其实，教条主义、极"左"思潮和僵化体制等，都不是毛泽东政治形象的应有表达。相反地，消除它们对于中国社会主义建设的影响，恰恰是毛泽东在社会主义建设时期最为重要的政治思考与实践。

一　道路选择：创造新路线还是照抄国外经验

时下人们几乎有一个共识，认为中国的改革开放，尤其是经济体制改革能够取得成功，关键性的环节在于有效地突破苏联经济体制模式的束缚，走出一条具有中国特色的社会主义道路。然而，实事求是地对待历史，在中国的政治领袖群体中，率先发起对于苏联经济体制模式的反思与冲击的就是毛泽东，率先提出为中国创造社会主义建设新路线的也是毛泽东。

* 徐俊忠，中山大学教授。

作为中国共产党杰出的政治领袖，毛泽东深知中国革命成功的基本经验，在于马克思主义的普遍原理与中国革命实际的结合。然而，进入新中国以后，中国在政治、经济与文化建设等诸多方面，却几乎表现出一种接受苏联模式的过度辐射，甚至呈现出某种照搬苏联做法的态势。究其原因，大致有两：一是新中国对于如何进行社会治理和建设社会主义，缺乏应有的经验积累。尽管中国共产党有过根据地和解放区的治理和建设经历，但毕竟不是国家规模上的治理，也不是社会主义意义上的建设。大规模的社会主义建设对于中国共产党而言，是一个陌生而又巨大的考验，借鉴苏联做法在所难免。二是新中国在外交上选择向苏联“一边倒”的政策。对于这一选择，毛泽东认为是当时国家利益之所在。它既有抵御以美国为首的西方国家扼杀新中国的威胁的考量，也有获取苏联对中国社会主义建设更多经济技术援助的期待。后来随着 1000 多名苏联专家出任中国众多行业和部门的顾问，仿效、移植乃至复制苏联的做法，就成为更加自然而然的现象。

然而，这种状况的出现毕竟有悖中国革命的基本经验。毛泽东对此十分不满。后来他在谈到这个问题时指出，“建国之初，没有办法，搬苏联的，这有一部分真理，但也不是全部真理，不能认为非搬不可，没有其他办法”。根本的原因“就是不独立思考，忘记了历史上教条主义的教训”。因此，随着 1956 年苏共“二十大”对于斯大林错误的批评，打破了对斯大林和苏联经验的“神化主义”，毛泽东也开始公开检讨新中国对于苏联经验的教条主义倾向，重新强调坚持马克思列宁主义与中国革命实际相结合的基本经验。他指出，学习马克思列宁主义不能机械照搬，“我们要学的是属于普遍真理的东西，并且学习一定要与中国实际相结合。如果每句话，包括马克思的话，都要照搬，那就不得了。我们的理论，是马克思列宁主义的普遍真理同中国革命的具体实践相结合”①。他告诫外国友人，不要迷信社会主义一切都是好的，中国不能照搬苏联经验，只能学习苏联的先进经验。外国也不能照抄中国的经验。“各国应根据自己国家的特点决定方针、政策，把马克思主义同本国特点结合起来。”②

进入 1958 年，毛泽东对于这种教条主义的态度从一般性的批评转为

① 《毛泽东文集》第 7 卷，人民出版社 1999 年版，第 42 页。
② 同上书，第 64 页。

对具体工作领域的批评。尤其在1958年3月的“成都会议”上，他尖锐地批评许多领域教条主义。他说，“少奇同志在南宁会议上谈了规章制度问题。规章制度从苏联搬来了一大批，如警卫制度，害死人，限制了负责同志的活动，前呼后拥，不许参观，不许上馆子，不许上街买鞋。陈云同志让他亲戚煮饭，警卫部门认为不得了，这是讲公安部。其他各部都有规章制度问题，搬苏联的很多，害人不浅”。① 又说，“工业和教育两个部门搬得厉害。农业部门搬的也有，但是中央抓得紧，几个章程和细则都经过了中央，还批发一些地方的经验，从实际出发，搬得少一些。农业上见物也见人。商业好像搬得少一点，计划、统计、财政、基建程序、管理制度搬得不少。基本思想是用制度管人”。② 在成都会议上的第二次讲话中，他再次抨击经济工作和文教工作中的教条主义：“全国解放后，1950年至1957年，在经济工作和文教工作中产生了教条主义，军事工作中搬了一部分教条，但基本原则坚持了，还不能说是教条主义。经济工作中的教条主义，主要表现在重工业工作、计划工作、银行工作和统计工作方面，特别是重工业和计划方面，因为我们不懂，完全没有经验，横竖自己不晓得，只好搬。统计几乎全是抄苏联的。教育方面也搬得相当厉害，例如五分制，小学五年一贯制等，甚至不考虑解放区的教育经验。卫生工作也搬，害得我三年不能吃鸡蛋，不能喝鸡汤，因为苏联有一篇文章说不能吃鸡蛋喝鸡汤，后来又说能吃了。不管人家的文章正确不正确，中国人都听，都奉行，总是苏联第一。”③ 从这里引用的毛泽东的言论看，他对于当时中央政府的许多工作评价是不高的，甚至对于经济口的许多部门照搬苏联的做法，是颇为不满的。用他在1959年的说法是“总觉得不满意，心情不舒畅”。④ 1962年他再次谈到这一问题时又说，“那时候有这样一种情况，因为我们没有经验，在经济建设方面，我们只得照抄苏联，特别在重工业方面，几乎一切都抄苏联，自己的创造性很少。这在当时是完全必要的，同时又有一个缺点，缺乏创造性，缺乏独立自主的能力。这不应当是长久之计”。⑤

① 《毛泽东文集》第7卷，人民出版社1999年版，第365页。

② 同上书，第365—366页。

③ 同上书，第368页。

④ 《毛泽东文集》第8卷，人民出版社1999年版，第117页。

⑤ 同上书，第305页。

“心情不舒畅”我们可以理解为一种个体心理感受，而认为照抄苏联的做法“不应是长久之计”，却具有某种战略性考量，也是中国社会主义建设必须走自己的发展道路的一种消极性表达。这意味着历经中国革命时期的独特性创造后，毛泽东为中国共产党提出实现马克思列宁主义与中国建设实践相结合的新的历史性课题。这就是毛泽东这一时期反复提到的进行新的“路线创造”的问题。

进行新的路线创造是毛泽东这一时期的一种自觉行为。他始终认为，这种创造本质上无非是“反映了群众斗争的创造”，而这种自觉创造的标志，就是1956年的《论十大关系》。他指出，“1956年4月的《论十大关系》，开始提出我们自己的建设路线，原则和苏联相同，但方法有所不同，有我们自己的一套。在十大关系中，工业和农业，沿海与内地，中央和地方，国家、集体和个人，国防建设和经济建设，这五条是主要的”。[①] 1958年6月，毛泽东在一个批示中，进一步指出：“自力更生为主，争取外援为辅，破除迷信、独立自主地干工业、干农业、干技术革命和文化革命，打倒奴隶思想，埋葬教条主义，认真学习外国的好经验，也一定要研究外国的坏经验——引以为戒，这就是我们的路线”。[②] 显然，这条路线的核心在于“独立自主地干工业、干农业、干技术革命和文化革命”。这实际上就是中国共产党人立足于开创符合中国国情的社会主义建设道路的宣示。

当然，毛泽东也清醒地认识到，进行新的路线创造不可能一蹴而就。他反复强调，这种新的路线虽然“已经开始形成，但是尚待完备，尚待证实，不可以说已经最后完成”。而对于党内和国内对这种新路线的认同，他也很不乐观：“全国六亿人，全党一千二百万人，只有少数人，恐怕只有几百万人，感觉这条路线是正确，可能有很多人将信将疑，或者是不自觉的……再有一部分人根本不信，可能有几千万人（地、富、资产阶级、知识分子、民主人士以及劳动人民内部和我们干部中的一部分）。”[③] 他还预言，这种创造将会是一个曲折的过程，还会犯错误，甚至出乱子。但他自信，即使发生这种错误，也是发生于积极探索新道路的过

① 《毛泽东文集》第7卷，人民出版社1999年版，第369—370页。

② 同上书，第380页。

③ 《毛泽东思想万岁》（1958—1960），第37页。

程中的，与固守苏联模式的教条主义错误性质不同。因此，这种“犯错误正是形成正确路线的必要条件”。[①] 在某种意义上说，他是把这种路线创造的过程当作不断探索和试错的过程。他希望的是错误“犯得少一点，犯得小一点”[②]。但不论如何，他始终确信，照搬苏联的做法一定是没有出路的。因此，在成都会议后不久，他近乎于以斩钉截铁的口气说：“反对这条路线的人们，如果不能说服我们，他们就应当接受这条路线，‘既不能令，也不受命，是绝物也’，走进死胡同，请问有什么出路呢?”[③] 这种言论的发出，使人实实在在地感受到毛泽东正在进行的“新的路线创造”所面临着的巨大阻力。

当然，历史的发展表明，毛泽东虽然自信并殚精竭虑地致力于新的路线创造，但是，其实际效果并不尽如人意。尤其作为这种创造产物的“三面红旗”，在某些地区发生了十分消极的甚至是灾难性的后果。尽管从毛泽东的相关言论看，这种后果的出现似乎也在他的预言之中，但这毕竟使人民和国家面临着极大的困难。然而，站在历史发展的高度，尤其是在建设中国特色社会主义已成共识的今天，毛泽东当年反对在社会主义建设中照搬苏联模式的“教条主义”和自觉探索适合中国国情的社会主义建设新道路的实践，意义尤为深远。后来中国的改革开放的实际进程，正是在消除苏联模式影响和探索有中国特色的社会主义的旗帜下，不断展开与深入的。毛泽东的探索实际上成为改革开放的响亮先声和重要的思想资源。

二　纵向权力配置:“虚君共和”还是中央高度集中统一

苏联体制模式的最大弊病之一，就是在纵向权力配置上，采用自上而下的中央高度集权式体制。这种体制扼杀地方的积极性，也导致严重的长官意志和官僚主义。对此，毛泽东几乎是恨之入骨。新中国成立以来，特别是借助对于苏联模式的反思，毛泽东就不断地检讨这种管理体制的弊

① 《建国以来毛泽东文稿》第 7 卷，中央文献出版社 1992 年版，第 114—115 页。

② 《毛泽东文集》第 7 卷，人民出版社 1999 年版，第 375 页。

③ 同上书，第 380 页。

端，并不断向其发起冲击。

1956年4月25日，毛泽东在中央政治局扩大会议上作《论十大关系》的报告中，就以专门的篇幅讨论中央与地方的关系问题。首先，他认为，从中国的国情出发，必须在平衡中央与地方的关系中，注重向地方放权扩权。他说，“中央和地方的关系也是一个矛盾。解决这个矛盾，目前要注意的是，应当在巩固中央统一领导的前提下，扩大一点地方的权力，给地方更多的独立性，让地方办更多的事情。这对我们建设强大的社会主义国家比较有利。我们的国家这样大，人口这样多，情况这样复杂，有中央和地方两个积极性，比只有一个积极性好得多。我们不能像苏联那样，把什么都集中到中央，把地方卡得死死的，一点机动权也没有。”[①]这实际上奠定了他处理中央与地方权力关系的基本政治倾向。其次，他力图赋予地方抵制来自中央部委的各种官僚主义和命令主义的权利。他认为，中央对地方工作干预过多过于直接，已经造成了地方的很大压力。“现在几十只手插到地方，使地方的事情不好办。立了一个部就要革命，要革命就要下命令。各部不好向省委、省人民委员会下命令，就同省、市的厅局连成一线，天天给厅局下命令。这些命令虽然党中央不知道，国务院不知道，但都说是中央来的，给地方压力很大。报表之多，闹得泛滥成灾。这种情况必须纠正。”[②] 他反对中央部门高高在上的官僚主义作风，强调“同地方商量办事的作风”。他说，“党中央办事，总是同地方商量，不同地方商量从来不冒下命令。在这方面，希望中央各部好好注意，凡是同地方有关的事情，都要先同地方商量，商量好了再下命令”[③]。为了遏制命令主义泛滥，毛泽东甚至主张赋予地方尤其各省级政府制止来自中央的不合实际命令的权力。他多次强调，“地方有权制止中央部门发出的行不通的一切命令和指示”，“你们有权制止一切行不通的、不合实际的、主观主义的命令、训令、指示、表格”。[④] 官僚主义和命令主义横行，实际上是体制上的原因所导致的，毛泽东的这种强调，充分反映出他对于当时中央与地方权力配置的体制格局的不满和决意推行改革的意向。再次，

① 《毛泽东文集》第7卷，人民出版社1999年版，第31页。

② 同上。

③ 同上书，第32页。

④ 同上书，第54页。

他提出研究资本主义国家处理中央与地方关系经验的重大任务。鉴于中国中央政府集权过多的体制主要来自于苏联的影响，毛泽东认为，解决这个问题，应该大胆借鉴西方资本主义国家的经验。他说，“处理好中央与地方的关系，这对于我们这样的大国大党是一个十分重要的问题。这个问题，有些资本主义国家也是很注意的，他们的制度和我们的制度根本不同，但是他们的发展经验，还是值得我们研究”①。这实际上提出了中国共产党人在进行社会主义制度建构上，借鉴资本主义国家经验的重要思想。这在当时全党整体思想仍然没有摆脱教条主义束缚的条件下，应该是非常难能可贵的。

1956年4月28日，也就是发表《论十大关系》讲话后几天，毛泽东在中央政治局扩大会议的总结讲话中，再次突出关于中央与地方的关系问题，并进一步深化了关于解决权力过于集中的见解。他认为，必须总结中国共产党在分权与集权问题上“历史的经验教训”。他回顾党的历史指出，在第三次“左”倾路线时期，非常强调集中统一，不许讲不同的话。比如“失败”这两个字就是讲不得。事实上失败了，可是不能讲失败。如果讲了，你就是机会主义。在抗日战争时期，因应形势需要，给了各根据地很大的独立性。但是，后来又发展到了有些根据地闹独立性，不应当由根据地自己发表的意见也发表了，应当听中央指挥的也不听。于是中央通过作出关于增强党性、加强党的领导一元化的决定等来纠正。到了解放战争时期，中央又发出关于建立请示报告制度的指示，逐步把过于分散的状态纠正过来。“但是，最近这几年又有一种偏向产生了，这就是集中过多了。有些问题，比如工业的集中问题，工厂要有多大的自主权，农业生产合作社要有多大的自主权，地方要有多大的自主权，都还没有研究好。”② 他特别强调，“现在我们讲，过分集中是不利的，不利于调动一切力量来达到建设强大国家的目的”。当然，如果由强调克服过分集中而走向另一个极端，也不符合毛泽东的本意。他说，“我们在讲地方的独立性，讲地方独立自主的时候，要注意不要走向极端，偏到另一方面去了。当然，在现在地方缺少独立性的时候，强调一下地方的独立自主，是很有

① 《毛泽东文集》第7卷，人民出版社1999年版，第32页。

② 同上书，第52页。

必要的”①。

我们还注意到，在这篇讲话中，毛泽东对于解决中央与地方的权力配置问题，并非停留于一般性的讨论上，而是要求中央“跟地方的同志一道”，用几个月的时间，搞出一个方案来。根据这个要求，于同年的5月至8月，由周恩来主持召开体制工作会议，并形成《国务院关于改进国家行政体制的决议草案》。当然，这个草案是否完全体现和符合毛泽东的意愿，可能还是需要研究的。因为，按照毛泽东的要求，方案必须解决“中央要设多少部门，他们有多大的权力，地方有哪些部门，管哪些事，有多大的权力”等问题。根据这个看法，方案不应该仅仅局限于对既有框架进行微观调整，而应该具有更多的设计性色彩。同时，毛泽东对于问题的论述，不仅涉及政府系统的权力下放问题，还涉及“社会主义经济体制问题”，尤其涉及企业和农村合作社的自主权问题。他说，“关于企业的独立自主，列宁所说的独立自主，应搞到什么程度，请大家注意研究。我想，企业无非是这样两类：一类是生产过程的企业，工业是厂矿，农业是生产合作社；一类是流通过程的企业，就是运输业和商业。这些企业应当有怎么样一种独立性呢？我这里是随便这么讲，表述不是很准确，叫做要有点‘独立王国’”②。然而，这一思想在形成的草案中基本没有得到很好的体现。即使后来由陈云同志主持制定的《国务院关于改进工业管理体制的规定》也没能很好地回应这一点。从这里可以看到毛泽东作为战略家与其他中央领导人在思想认识上的巨大差异。正是这种差异，使毛泽东这一本来可以作为中国共产党进行经济体制改革的重要资源的思想，在长时间内被忽视和遮蔽了。

后来，毛泽东把问题的思考引申到欧洲与中国的发展对比上。他提出的问题是：为什么近代以来欧洲发展得比较快，而中国自秦朝以来，发展很慢？他认为，“欧洲的好处之一，是各国林立，各搞一套，使欧洲经济发展得快。我国自秦以来形成大帝国，那时以后，少数时间是分裂、割据，多数时间保持统一局面。缺点之一是官僚主义，统治很严，控制太死，地方没有独立性，不能独立发展，大家拖拖沓沓，懒懒散散，过一天

① 《毛泽东文集》第7卷，人民出版社1999年版，第56页。

② 同上书，第53页。

算一天，经济发展很慢”[①]。这一思想，在1960年3月的天津会议上，再次得到重申，他说，“我们中国自秦始皇统一以来，好处就是统一，坏处就是统死。欧洲坏处就是不统一，好处就是各搞各的，无数国家林立发展”[②]。显然，毛泽东希望探求的是如何在统一的国家体制内，最大限度地调动地方的积极性，以促进国家社会主义事业的快速发展。

这种逻辑的直接体现就是他所积极推动的1958年的大规模“放权”行动。根据薄一波的回忆，在1958年春节中央举行的团拜会上，毛泽东指出，“中央集权太多了，是束缚生产力的，这就是上层建筑和经济基础的关系问题。我是历来主张‘虚君共和’的，中央要办一些事情，但是不要办多了，大批的事放在省、市去办，他们比我们办得好，要相信他们”。“一个工业，一个农业，一个财，一个商，一个文教，都往下放。”[③]

与放权思想相联系，毛泽东还强调有条件的协作区和省份要建立相对独立的工业体系。他说，“地方应该想办法建立独立的工业体系。首先是协作区，然后是许多省，只要有条件，都应该建立比较独立的，但是情况不同的工业体系”。[④] 他认为，中国幅员辽阔，各地差异性很大，发展工业都听命于中央，不仅会滋长官僚主义，还会制约发展。从战争的角度看，他说，打起仗来，中央不可能为各地提供很多武器装备，各地有其相对独立的工业体系，就能立于不败之地。他要求充分发挥中央和地方的两个积极性，在不违背国家重点计划和确保原材料与市场的前提下，积极发展包括由省、地、县、乡、社等兴办的地方工业，切实实行中央工业和地方工业同时并举、大型企业和中小型企业同时并举，推动国家工业化的快速发展。

正是在毛泽东的这些思想的推动下，中央开始了向地方大规模放权的行动。从后来中央为此专门下发的文件中可以看到，在这次向地方放权中，中央企业下放给地方的，轻工部达96.2%，纺织工业部达100%，化工部达91%，其他诸如冶金部、一机部中的民用企业、煤炭部、水利电

---

① 《毛泽东读社会主义政治经济学批注和谈话》，中华人民共和国国史学会，1998年1月编印，第755页。

② 顾龙生编：《毛泽东经济年谱》，中共中央党校出版社1993年版，第517页。

③ 薄一波：《若干重大决策与事件的回顾》（下），中共中央党校出版社2008年版，第796页。

④ 《毛泽东思想万岁》（1958—1960），第100页。

力部、石油工业部、建工部等等，下放企业均超过60%以上。可以说，这是对中国当时既有的经济管理体制一次釜底抽薪式的变革。

然而，由于放权过猛，相关措施不配套，放权导致了经济秩序的混乱，因此，从1959年开始，又陆续出现把下放给地方的部分企业收归中央的回复现象。后来又出现了"三年经济困难时期"，这一变革基本遭到了否定。刘少奇在1962年的"七千人大会"上，公开批评这次变革，指出："不适当地要在全国范围内建立许多完整的工业体系，权力下放过多，分散主义的倾向有了严重的滋长，中央下放权力已经过多，各部门、各地方又逐级下放，放得过多过散，发生了许多违反中央政策和国家计划的现象，这样，就使得经济生活中的集中统一的领导受到了破坏，全民所有制受到了损害。"① 随着"七千人大会"和紧随其后的"西楼会议"的结束，中央经济工作的主调是"加强集中统一的领导"。所谓"有了统一的思想、统一的政策、统一的计划以后，还必须有统一的指挥、统一的行动，才能保证中央集中统一的领导"②，正是在"加强中央的集中统一领导"的思想的指导下，全国经济工作进入了大调整时期，许多在前一个阶段被改革掉的东西纷纷恢复，许多下放的工厂重新收回中央，中央某些机构因放权而削减了的编制重新扩充，职能重新得到强化等等。

客观地看，经济调整确有必要，它确实使中国的经济状况和秩序得到有效的改善，但也重新强化了中央集权式的经济管理模式，是体制上向苏联经济模式的回归。

可以说，毛泽东对于这种状况是颇为不满的。但是在经济出现危机的时期，他除了否定过刘少奇主持下发的中央财经小组关于讨论1962年调整计划的报告外③，只好无奈地将就现状。然而，我们也看到，毛泽东并没有放弃他的理想。

进入1964年以后，随着全国经济形势有所好转，他又再次密集地批评这种中央集权式管理体制。1964年1月他在谈到工业问题时说，"目前这种按行政方法管理经济的方法不好，要改。比如说，企业里用了那么多人，干什么！人是要吃饭的，要消耗的，不像孙猴子吃铁砂，拉铁屎。用

① 《建国以来重要文献选编》第15册，中央文献出版社1997年版，第16页。

② 同上书，第29页。

③ 参见张素华《变局——七千人大会始末》，中国青年出版社2009年版，第315页。

那么多人，就是不按经济法则办事”。“商业为什么不能按经济渠道经营管理，为什么只能按行政设置机构？打破省、专、县界嘛！就是要经济渠道办事。”① 他批评政府对于经济工作，“过去放得太多，什么都放，现在又管得太死”②。针对上一阶段中央收回下放的工厂，他说，“中央收上来的厂收多了，凡是收的叫他们出中央，到地方上去，连人带马都出去”③。1966 年 3 月，毛泽东在致信刘少奇谈农业机械化时也尖锐地批评中央集权过多的问题，他指出：“为了农业机械化，要为地方争一部分机械制造权，原材料（钢铁），工作母机，农业机械，凡是国家管理、地方制造，超出国家计划甚远者，在超过额内，准予留下三成至五成，让地方使用。一切统一于中央，卡得死死的，不是好办法。”④ 在稍后的中央政治局扩大会议上，他再次强调，“中央计划要同地方计划结合，中央不能管死，省也不能完全统死，计划也不要统死，总而言之，不能太死，要卡，不能卡死，不论农业扩大再生产也好，工业扩大再生产也好，都要注意中央和地方的分权，不能竭泽而渔”⑤。他还说，“上边管得死死的，妨碍生产力的发展，是反动的。中央还是虚君共和好，只管大政、方针、政策、计划，这些也先由地方鸣放出来，然后中央开个制造计划方针的会……中央只管虚，不管实”⑥。又说，我们国家，秦以来统一了，秦始皇中央集权，停滞了，长期不发展。我们也许走了错误道路，统一，也有好处，发展了，但要长期下去，也不能发展”⑦。这实际上再次提出了对国家的管理制度的改革问题。尤其关于不能以行政方法管理经济的告诫和“我们也许走了错误道路”的警示，现在看来更是振聋发聩。

为了推动体制的变革，他要求中央认真总结经济工作的经验，对经济工作实行“彻底的革命”。1964 年 9 月，他在与王任重谈话时指出，“十五年了，我们的经济工作还没有总结经验，希望总结经验，在这个基础上

① 《毛泽东思想万岁》（1961—1968），第 86 页。
② 顾龙生编：《毛泽东经济年谱》，中央党校出版社 1993 年版，第 610 页。
③ 《毛泽东思想万岁》（1961—1968），第 257 页。
④ 顾龙生编：《毛泽东经济年谱》，第 637 页。
⑤ 同上书，第 638 页。
⑥ 同上。
⑦ 同上。

对经济工作实行彻底的革命”。[①] 为了推动问题的解决，他甚至带有煽动性地提出，“希望地方攻一下中央”[②]。

当然，我们从毛泽东这一时期的言论中，也看到了他对于经济工作话语权缺失的诸多不满。例如，他抱怨：“计划工作不同我商量”，“计划工作抄苏联那一套，基本建设搞1700多项目，后来收缩，砍掉了，只剩下700项。我问，是不是700项都在搞，他们说有一些也下马了。这样大的事情，就是不让我们知道”。“经济建设，这15年来我没有参加，那个‘委’，那个‘口’怎么活动，我不知道，各地的我也不知道，过去打仗，情况、经过我知道。”他还谈道，“1959年元月会议，是我提议召开的。我感到2000万吨钢完不成，希望修改一下，可是开了几天会也不跟我商量”。[③] 他甚至批评有些中央部门搞独立王国。他说，“中央有事总是同各省、市和各部商量，可是有些部就是不同中央商量。中央有些部做得好，像军事、外交，有些部门像计委、经委，还有财贸办、农业办等口子，问题总是不能解决。中央大权独揽，情况不清楚，怎么独揽”。“外国的事我们晓得，甚至肯尼迪要干什么也晓得，但是北京各个部，谁晓得他们在干些什么？几个主要经济部门的情况，我就不知道，怎么出主意？”[④] 直到1970年他与斯诺的谈话中，还谈到在中央与地方的权力配置上，“要学习你们美国的办法，分到50个州去。中央一个积极性，地方一个积极性，已经讲了十几年了，就是不听，现在听了”。[⑤]

透过上述言论，除去其中情感的无奈与不满，至少提出了两个对于国家进入社会主义建设以后，带有战略性意义的重大课题。一是经济工作进入集体化道路后，如何避免权力过于集中，尤其经济组织权力的集中，以至于出现个人专权的问题。早在1958年，毛泽东在对徐水县出现一县一个人民公社的体制时，就担忧过，“一县一社容易出秦始皇”[⑥]。时下，许多集体经济搞得十分成功的典型，如华西村、南街村以及刘庄等，人们仍然疑虑重重，重要的原因之一就是人们对于这一问题确实有着凝重的历史

---

① 顾龙生编：《毛泽东经济年谱》，第609页。

② 同上。

③ 同上书，第608页。

④ 《毛泽东思想万岁》（1961—1968），第33页。

⑤ 顾龙生编：《毛泽东经济年谱》，第649页。

⑥ 《毛泽东与河北》（上），河北人民出版社2006年版，第269页。

记忆和现实担忧。二是面对中国这样巨型的国家，中央与地方乃至与企业的权力究竟应该如何配置与划分，才能既保证国家具有推进建设和统筹、协调各方的强大能力，又能调动各方积极性，使国家持续快速发展。应该承认，即使历经30多年的改革开放，毛泽东所提出的这两大问题，仍然是需要面对的问题。当然，从毛泽东的言论中，我们也可以隐约地感受到后来中国发生一些重大政治事件的些许信息。

三　经济运行模式：商品生产还是产品调拨

中国的经济体制改革起步于对商品生产的认识。当人们的思想被禁锢于商品生产和商品交换会产生资本主义的认识中时，寻找消解这种僵化认识的方式，就是经济体制改革的实际的突破。作为突破的过程性标志，中国曾经有过“社会主义商品经济”的表述。后来，正如众所周知，采用的是“社会主义市场经济”这一提法。这些表述的共同构词特点都是把社会主义与一个曾被认为“还有积极意义的资本主义范畴”相结合。但是要使这种表述能够为人们所接受，一个虽属技巧性但却十分重要的工作，就是想办法把这个“还有积极意义的资本主义范畴”转化为中性化范畴。人们普遍认为，邓小平的突出贡献之一就是他很好地实现了这种转化。他说：计划多一点还是市场多一点，不是社会主义与资本主义的本质区别。计划经济不等于社会主义，资本主义也有计划，市场经济不等于资本主义，社会主义也有市场。计划和市场都是经济手段。然而，当带着对邓小平的这种高超政治智慧的惊叹去阅读毛泽东的有关文献时，我们几乎看到了完全相同的问题与逻辑。

早在1958年，毛泽东也面临着消除“急于取消商品生产”的极“左”观点的威胁。他说，大跃进把有些人搞得糊里糊涂，有些人大有消灭商品生产之势。“他们向往共产主义，一提商品生产就发愁，觉得这是资本主义的东西，没有分清社会主义商品生产和资本主义商品生产的区别，不懂得在社会主义条件下利用商品生产的作用的重要性。”显然，他要求人们在思维上，分清所谓“社会主义商品生产”和“资本主义商品生产”的区别，并且弄清楚“社会主义商品生产”对于中国的社会主义建设的意义。

毛泽东认为，解决社会主义商品生产与资本主义商品生产的区别，关键的问题在于不能把商品生产与资本主义混为一谈。他说，有人一提商品生产就发愁，觉得这是资本主义的东西。事实上，“商品生产从古就有，商朝的‘商’字，就是表示当时已经有了商品生产的意思”[①]。商品生产也替封建制度服务过。目前，中国“是国家和人民公社做生意，早已排除资本主义”[②]。这说明，商品生产从来都不是孤立地存在的，不能把商品生产看作某种不依赖于周围经济条件而独立自在的东西。判断商品生产的性质，“要看它是同什么经济制度相联系，同资本主义制度相联系就是资本主义的商品生产，同社会主义制度相联系就是社会主义的商品生产”[③]。这实际上就是把“商品生产”当作一种可以与经济制度相对分离的经济活动方式与方法。

根据这种思路，所谓“社会主义的商品生产”这一概念有着两大基本要素，其中“社会主义”指的是基本经济制度。自从对私有制的改造完成后，中国的基本经济制度表现在所有制方面，存在的主要形式是全民所有制与集体所有制两种。它们都是公有制的不同表现形式，因而都是社会主义的。而“商品生产”指的是这些社会主义性质的经济实体开展经济活动的基本方式。尽管都是社会主义性质的经济实体，但毕竟分属于不同的所有制和不同的组织，它们之间就存在着如何进行经济核算和处理产品关系的问题。毛泽东强调这个关系应该是商品交换性质的关系。这意味着它们的生产都必须遵循商品生产的规律，进行等价交换。他说，“只要存在两种所有制，商品生产和商品交换就是极其必要、极其有用的”[④]。从这种论述看，所谓“社会主义商品生产”就是社会主义性质的经济实体遵循商品生产和交换规则而进行的生产。这里最为重要的是实现了对向来被认为“还有积极意义的资本主义范畴——商品生产”[⑤]的中性化，或非意识形态化处理，从而消除了商品生产与社会主义的排斥关系，并使两者具有可以结合起来的内在亲缘关系。后来中国的社会主义经济体制改革，基本上就是在承接这一逻辑而展开的。当然，我们也必须指出，消除商品生产与社会主义的排斥关系，并非首创于毛泽东。斯大林在《苏联社会主义经济问题》一书中就作出了论证。但是，在全国一片“消灭商

---

① 《毛泽东文集》第7卷，人民出版社1999年版，第439页。

② 同上。

③ 同上。

④ 同上书，第440页。

⑤ 同上书，第437页。

品生产”的极“左”声浪条件下，毛泽东突出强调这一思想，在遏制极“左”思潮对于中国社会主义建设的冲击和开启人们思考社会主义建设的应有路径等方面，其意义是不能低估的。

为进一步消解人们对于发展“社会主义商品生产”的疑虑，毛泽东还具体地论述社会主义商品生产对于中国社会主义建设的积极意义。

首先，社会主义商品生产对于中国的突出意义，在于中国需要极大地增加生产总量和提高生产的商品率。他说，“我国是商品生产很不发达的国家，比印度、巴西还落后”。他以农业为例，认为中国有一个极不合理的生产方法，就是五亿人口只搞饭吃。“去年我们生产粮食三千七百亿斤，其中三百亿斤作为公粮，五百亿斤作为商品粮卖给国家，两项合起来商品粮还不到粮食总产量的四分之一。粮食以外的经济作物也很不发达，例如茶、丝、麻、烟都没有恢复到历史最高产量。”因此，“需要有一个发展商品生产的阶段”①，去引导人民增加生产总量和提高生产的商品率。

其次，积极发展社会主义商品生产，有利于巩固和发展新生的人民公社。他明确拒绝那种认为“人民公社经济主要是自然经济”而不能发展商品经济的主张。认为“人民公社是工农商学兵相结合的组织，有条件实行以粮为纲，发展多种经营，因地制宜地发展农业和发展工业同时并举。人民公社应该按照满足社会需要的原则，有计划地从两个方面发展生产，既要大大发展直接满足本公社需要的自给性生产，又要尽可能广泛地发展为国家、为其他公社所需要的商品性生产。通过商品交换，既可以满足社会日益增长的需要，又可以换回等价物资，满足公社生产上和社员生活上日益增长的需要。如果公社只搞自给性生产，不搞商品生产，农民不把粮食等农产品和工人的工业品交换，那么工人怎么能有饭吃，农民怎么能有衣穿，怎么能够得到拖拉机等农业生产资料？如果农民不把自己多余的产品卖给国家，卖给其他公社，怎么能够得到货币收入，哪里有钱分给社员？”他还说，“京、津、沪郊区农村之所以比较富裕，是因为这些地方商品生产比较发达。社会的需求是多种多样的，社员的需求也是多种多样的。因此，公社的生产不可太单调，不能只生产自己需要的东西。在发展自给性生产的同时，要多搞商品生产，要尽可能多地生产能够交换的东

① 《毛泽东文集》第7卷，人民出版社1999年版，第435—436页。

西，向全省、全国、全世界交换”①。

再次，积极发展社会主义商品生产，有利于团结农民和巩固工农联盟。毛泽东指出，大跃进把有些人搞得糊里糊涂，他们总想在三五年内搞成共产主义，并把农民的觉悟想象得比工人阶级还高，可以不要商品交换而对农民实行产品调拨，这是违背客观法则的，无异于对农民的剥夺。他说，“现在农民的劳动、同土地和其他生产资料（种子、工具、水利工程、林木、肥料等）一样是他们自己所有的，因此有产品所有权”；如果“国家不给他东西，不进行等价交换，他的产品也不会给你”②。“他们只愿意用他们生产的产品交换他们需要的商品，用商品交换以外的办法拿走公社的产品，他们都不接受。”他说，1954 年我们犯过征购粮食太多的错误，“这还是征购，只是过头了一点，农民就反对”③，如果搞无偿调拨，把陕西农民的核桃无偿地拿来吃，把七里营的棉花无代价地调出，会马上打破脑袋。他告诫全党，不与农民搞商品交换，就是剥夺农民，“只会使台湾高兴”，为了五亿农民，应当充分利用商品生产和商品交换这个工具发展社会主义生产。“在建国初期，我们利用商品生产，团结了几亿农民。在社会主义建设时期，我们有了人民公社，商品生产、商品交换更要发展，要有计划地大大发展社会主义的商品生产”④。

此外，他还认为，社会主义商品生产的原则可以作为国家计划工作的工具，有利于企业进行经济核算，促进企业提高经济效益等，因此，商品生产是一所大学校。

当然，毛泽东对于社会主义商品生产概念的承认是有限度的。在他看来，社会主义经济的基本特征是有计划按比例，“价值法则是一个工具，只起计算作用，但不起调节生产的作用”。⑤“价值规律作为计划工作的工具，这是好的，但是，不能把价值规律作为计划工作的主要依据。”因此，“我们是计划第一，价格第二”⑥，这就是说，毛泽东对于商品生产的肯定，是以坚持社会主义计划经济为前提的。忽视了这一点，就会抹杀毛

① 《毛泽东读社会主义政治经济学批注与谈话》，第 38—39 页。

② 《毛泽东文集》第 7 卷，人民出版社 1999 年版，第 437 页。

③ 同上书，第 438 页。

④ 同上书，第 437 页。

⑤ 《毛泽东思想万岁》（1958—1960），第 145 页。

⑥ 《毛泽东读社会主义政治经济学批注与谈话》，第 492、494 页。

泽东主张的基本特质，也会模糊对于改革开放以来经济体制改革的基本走向的把握。

余论：在伟大的战略构想与浓重的历史悲剧之间

从上述对于毛泽东探索中国社会主义建设新道路的几个重要思想的考察看来，其思想内容即使以今天的视界来看，意义也是不容低估的。他借势苏共二十大，旗帜鲜明地提出反对和克服社会主义建设中的教条主义，带领全党反思苏联模式和中国既往的经验，创造性地探索中国社会主义新的建设路线；他融会中外古今的政治经验，致力于改革由中国传统和苏联模式影响而成的中央集权过多的政治格局，提出了思考中央与地方的纵向权力配置及其改革方略；他力排国内极“左”思潮干扰，阐发社会主义商品生产的概念，反复提出中国应该大力发展社会主义商品生产；他立足中国基本国情，反对把农村集体经济组织变成中国版的苏联集体农庄，主张通过社队企业的发展，壮大集体经济力量，增加农民收入，并就地转移农村富余劳动力，促进社会主义新农村的建设，为综合性解决中国农业、农村和农民问题，乃至整个国家的现代化，提供了一个富有创见的方案等等。

然而，毛泽东的时代毕竟是有过需要我们认真对待的悲剧性历史的，而且这种历史还与上述思想息息相关。这就提出了一个需要进一步认真对待的问题：这些具有重要战略意义的构想，何以在实践中导致出具有浓重悲剧色彩的社会后果？

我相信这是一个十分沉重而又复杂的问题。需要学界长期深入的研究才能解决。然而，根据对于资料的阅读，以下几个方面的因素应该是思考这一问题所不可忽视的：第一，毛泽东当年在推进其构想的实践中，实际上并不拥有从容宽松的政治与社会环境。这主要是由于在党内，尤其在党内的高层决策群体中，他的构想并没有真正得到理解和支持，相反，一直面临着党内不同意见的巨大压力；第二，战略性构想的实施缺乏强有力的战术性支持；第三，党内滋生了严重的“浮夸风”和“共产风”。

知识经济与生产关系的变革

孙伟平*

以美国为代表的知识经济（或新经济）是在既有的资本主义生产关系的基础上发展起来的，它并没有消除资本主义社会固有的矛盾。但是，从信息时代及其发展趋势看，从信息、知识的性质和信息生产力的发展看，信息技术和知识创新不仅极大地提升了生产力水平，而且对既有的生产关系造成了巨大的冲击，导致社会生产关系不断变革、重组。这正如德鲁克所说的："知识已经变成了关键的资源，而不是一般意义的一个资源，这一改变使我们的社会成为'后资本主义社会'。它从根本上改变了社会的结构。它创造了新的社会动力。它创造了新的经济动力。它创造了新的政治学。"①

一　知识经济的社会效应

随着信息网络技术在经济中的应用，生产力正在发生质的变化和飞跃，一个知识经济时代正在来临。它们所导致的经济和社会后果也具有新的内涵。

（一）资本观的重大变化

传统的资本观认为，只有物质资本、货币资本等有形资本才是资本，

---

* 孙伟平，中国社会科学院研究员。

① ［美］彼德·F. 德鲁克：《从资本主义到知识社会》，载达尔·尼夫主编《知识经济》，珠海出版社1998年版，第59页。

信息时代的新资本观则认为，资本既包括有形资本，也包括无形资本；而且，由于知识经济突出了信息、知识的作用，信息资本、知识资本等无形资本更为重要。

信息资本是由信息的资本化而形成的，如知识成为信息时代最重要的经济资源，投入生产过程，构成知识资本。稍后我们将会论述，这种资本是一种以组织和员工的知识和技能为基础、以知识形式存在、可以在生产中增值的无形资本。“信息资本是一个集合性概念，如它既是生产力（如科技知识等信息作为公共品上升为生产要素），也是生产关系（其增值或贬值中的实质是人和人之间关系的改变）。信息资本的价值以人为中心，受主观状态的影响，如品牌的信誉、公司的信用、追星的信念、投资（如炒股）的信心等都能影响相关对象的价值。”①

在知识经济中，知识的生产成为主要的生产形式，知识成了创造财富的主要资源。这种资源可以共享，可以倍增，可以“无限制地”创造。目前，人类的知识正以指数级增长；增长的速度超过以往任何时候，以致没有任何人可以跟上一个领域的所有变化，更不用说全部领域了。因此，只能不断地对学科、专业进行细分、再细分，从而产生各类“专家”。而且，除了知识的增长之外，知识的应用、或者说向生产力的转化也日益加速，以至有“科学技术是第一生产力”之说。与这一时代潮流相适应，越来越多的企业和个人投入到这一领域，或加大科技产品研发的力度，或直接创建生产知识产品、提供知识服务的信息企业。

当然，知识成为重要资本也可能会导致许多社会后果，导致社会生产关系发生改变。对此，德鲁克追问道：“当知识取代金钱的主导地位时，‘资本主义’的意义何在呢？当知识工作者成为真正的资产时，当其他人不‘占有’知识时，‘自由市场’又有什么意义呢？”②

（二）资源观的新变化

知识经济时代的来临，无形、可分享、可创造的知识之价值的凸显，导致社会的资源观发生了重大变化。

① 肖锋：《信息资本与当代社会形态》，《哲学动态》2004 年第 5 期。

② ［美］彼得 · F. 德鲁克：《21 世纪的管理挑战》，朱雁斌译，机械工业出版社 2006 年版，第 142 页。

囿于生产力发展水平，传统的资源观主要将土地、矿产、水、森林等自然资源视为资源，而现代社会特别是知识经济大大拓展了资源观，它认为，不仅自然资源是资源，而且文化资源（科技、知识、信息）、人力资源（劳动力、人才）、社会资源（关系网络）、体制资源（制度、机制）等也是资源，而且是越来越重要的资源。

根源传统的资源观，农业社会、工业社会主要依靠大量消耗自然资源（物质资源和能量资源）进行生产。特别是在工业化初期，以拼资源、拼劳力、拼设备，高资金投入、高资源消耗、高环境污染、低效益产出等为代价换取经济的高速发展，走的是一条粗放型的经济增长道路。这种生产方式与经济增长方式不仅造成了资源枯竭和能源危机，并且严重污染了环境，破坏了生态平衡，导致人与自然关系的紧张与冲突。由于自然资源大多不可再生，生态破坏很难恢复，因而这种经济和社会发展模式是不可持续的。今天这已基本形成共识。

知识经济时代的资源观令人耳目一新，它主要倚重的是具有“无形性、可创造性、可共享性、无限性”的信息和知识资源，这为生产力的可持续发展提供了可靠的基础。约翰·奈斯比特指出：“在以信息为基础的生物经济里，随着新技术的发展，传统形式的自然资源的重要性将会消减。我们将能够所费更少而所获更多，如果必要的话，也可以再循环和再利用。”① 随着信息社会的到来，人类的经济发展有史以来第一次可以建立在一种不仅可以再生、而且能够自生的重要资源之上，再也不会发生核心资源枯竭之类的问题了，生态环境问题的压力也大大减轻。同时，依靠信息技术，通过大力发展“高效益、低消耗、环保型”的新型信息产业，可以促进产业布局、行业结构、产品结构和就业结构的重大调整，甚至促进整个经济和社会结构的调整、转型，导致经济和社会发展方式发生根本性变革，走向一种新型的生态文明。

（三）劳动观与人才观的变化

劳动是人的体力与脑力共同作用的活动。由于信息生产力是一种科学技术密集型的、高技术含量的生产力，由于信息、知识成为最重要的社会

---

① ［美］约翰·奈斯比特：《大挑战——21世纪的指南针》，朱生坚等译，上海远东出版社1999年版，第91页。

资源，成为生产力中重要的构成要素，由于产业结构正在调整，传统企业也日益信息化（如制造业中智能机器和自动化生产线的大规模使用），因而在知识经济时代，现代社会劳动的形式正在发生深刻的变化：生产第一线挥汗如雨的产业工人人数减少，知识创新和经营管理人员大幅增加；体力劳动者日益减少，脑力劳动者大幅增加。也就是说，劳动支出从以体力消耗为主变成了以脑力消耗为主。

历史发展到今天，从事脑力劳动的知识劳动者在经济活动中不再可有可无，不再只是附属人员，而是日益成为生产主体，发挥着关键性作用。现代生产是高度社会化的大生产。在信息化、全球化条件下，产品往往不是个别生产者单打独斗的产物，而是基于全球分工，由许多国家和地区、许多不同行业、不同企业、不同车间、不同工序的生产者共同生产出来的。生产过程中的劳动者不仅包括生产第一线的操作工人，而且包括参与产品研究、创意、设计、制造的所有生产人员，如研究人员、设计人员、管理人员、技术工程师、教育工作者（负责培训等），等等。他们都是劳动者队伍的有机组成部分，共同创意、设计、制造、销售各种产品。在知识经济时代，这些脑力劳动者、“白领工人”日益成为生产过程的主体，掌控着生产的目的、方向、进程和效率。由于现代化大生产是智能化、信息化生产，对于这些“白领岗位”的素质和技术要求较高，“白领工人”不像操作工人一样可以替代，或经过简单培训就可以替代，因而这些脑力劳动者在生产中发挥着关键性作用。

在全球化的信息时代，信息和资本的流动越来越快，市场更加变幻莫测，竞争日趋激烈残酷，知识劳动者创造性的脑力劳动已经成为创造商品价值的主要源泉。在现代化的生产条件下，生产信息化、智能化、自动化迅猛发展，智能机器人广泛应用，工人人数大量减少，劳动时间大大缩短，体力劳动的强度大大下降。但是，白领岗位、脑力劳动者的脑力耗费却成倍地增加了。且不说科学研究、产品设计、销售创意，即使是现代化生产条件下的生产操作，也比以前复杂得多，在同样的劳动时间内，劳动者必须付出更多，当然也比以前创造出更大的价值。

由于信息生产力的核心是科技知识的生产（研究与开发），由于脑力劳动在生产中的重要作用，因而人力资源比货币资本、机器厂房等更为重要。人——或者更准确地说，知识工作者——成为生产力中最活跃、最革命的因素。当然，人才观念也正在发生显著的转变。只有掌握了一定知识和技能，特别是具有知识创新能力的人才，才能创造超额的价值，才会成为市场争夺的对象。舒尔茨指出："人力——包括人的知识和人的技能的形成是投资的结果，并非一切人力资源都是最重要的资源，只有通过一定方式的投资，掌握了知识和技能的人力资源才是一切生产资源中最重要的资源。因此，人力，人的知识和技能，是资本的一种形态。我们把它称之为人力资本。"① 至于所需要的这类人才的培养，则有赖于科技、教育水平的提高，有赖于人力资源的开发与培训。

（四）知识创新是生存发展的要诀

在知识经济社会，知识的创新和传播应用是最具代表性的生产形式。众所周知，世界各国各地区的广大信息企业在不长的时间里，已经创造了许多令人目瞪口呆的经济奇迹。美国 20 世纪 90 年代的新经济神话，即可证明。环顾今天的世界，如果不创新、不进取，还守着那些老掉牙的陈旧观念，守着那些快成古董的旧机器，守着那些早被淘汰的生产工艺，守着已经证明是落后的生产方式，能有什么光明的前途呢？

需要提醒人们的是，无形的信息、知识的创新是没有限度、永无止境的。如果回顾历史，我们不难发现，有些信息企业也曾经领导过潮流、甚至很是风光过一阵子的，可是，或者夜郎自大，缺乏忧患意识，或者"小富即安"，不思进取，很快就被创新的时代列车抛下了，其结果也就可想而知。人们现在大多都想不起它们了。我们可以预见，今后类似的企业淡出人们视线的速度还会加快。因此，创新是企业特别是高新技术产业的灵魂。参与全球市场竞争，在竞争中创新，在创新中取胜，是企业生存的要诀。

当然，在这个全新的时代，创新绝不仅仅只是企业的事。个人能否以创新的态度学习和应用先进信息技术，紧紧跟上信息时代的步伐调整和转化自己，也决定了其前途和命运。时代的发展异常迅速，生产能力的过剩日益突出，任何个人如果不学习、不创新，很快就会加入庞大的"富余人员"、"剩余劳动力"的大军。毕竟，由于人口爆炸，由于先进的智能机器的广泛使用，没有创新能力、没有特长（机器所代替不了的特长）

---

① ［美］西奥多·W. 舒尔茨：《人力资本投资——教育和研究的作用》，蒋斌、张蘅译，北京经济学院出版社 1990 年版，第 18 页。

的劳动者，相对企业的产值和利润而言，几乎是可有可无的。因之产生的信息穷人、“剩余人口”、边缘群体，将越来越多，越来越不可救药，这已经成为信息时代令政治家们头痛的世界性难题。

甚至对于一个民族、一个国家、一个组织、一个政党来说，创新也是其生命之所系，也必须视创新为生存、发展的要诀。“落后就要挨打”，对于中国这样一个多灾多难、经历过屈辱历程的国家，是有深刻体会的。如果在科技创新方面落伍，沦落为信息边远地区，沦落为信息时代的“穷乡僻壤”，挨打的前车之鉴并非不可能重演，只是可能以新的“不可思议”的方式上演。目前，许多发展中国家的“科教兴国”战略，以及“国家创新体系”（包括制度等各方面的创新）的研究与探索，也正是在全球竞争压力下寻求自救、自强之路使然。

（五）经济发展更加人性化

工业文明在很大程度上是一种机械文明，生产流水线、标准化批量化生产是其特征。受制于资本逐利的逻辑，按照泰勒的管理模式，工人被固定在生产流水线上，经年累月地从事同一种熟练的工作或工序，人越来越受制于机器的运转，沦为“机器的奴隶”。工人的自主性、创造性和丰富的情感，在相当程度上被忽视、被扼杀了。对此，许多思想家曾经深刻地分析和批判过。而且，根据马克思的研究，工人如此辛勤、单调地劳作，换来的却是被异化的命运。在资本主义生产关系下，工人劳动得越多，属于他的就越少，他的需要就越得不到满足，他的地位就越卑贱。

与工业时代的社会生产相比，信息时代虽然没有彻底改变这种状况，但是，信息生产力具有更优的技术基础，生产过程相对而言更加人性化，更加合乎“人是目的”的要求。

例如，通过信息技术的发展和应用，世界各地已经紧密地联结在一起，理论上完全可能分享或共享信息科技革命的成果。信息科技具有向包括偏远地区的全世界辐射的强大力量，使那些“世外桃源”、边缘群体也能受惠于现代科技所带来的好处；它有助于提高企业的生产能力，消费者可以享受到更多质优价廉的产品和周到的服务，人们自由全面发展所需要的各种消费需求可以得到更好的满足；劳动生产率将不断提高，人们将不断地从繁重的体力劳动和脑力劳动中解放出来，劳动时间不断缩短，人们自由全面发展所需要的自由时间持续增加；工作、劳动和就业方式发生变化，工作逐渐弹性化，管理日益扁平和松散，劳动者的自主权更加突出，在工作中享有更多的自由；等等。

特别是，信息时代经济生活的人性化，日益倾向于落实到“个人”或劳动者身上。一方面，由于信息、知识价值的凸显，物质性的财富在人们心目中的地位下降，至少已经不是发展的唯一目的或最高目的。人们关注的重心逐渐重新回归“人”本身。毕竟，人（特别是创新型人才）或人掌握的知识、人的创造性潜能及其发挥，才是真正的“第一生产力”。另一方面，信息生产力能更好地满足人的多层次、个性化的利益和需求。由于信息技术、特别是电脑和网络在产品设计、生产管理、市场营销等方面的作用，多样化产品的设计、生产与销售将会是一件非常容易的事。利用信息网络，企业可以搜集到消费者五彩缤纷、充满个性的需求信息，可以制作丰富的“菜单”让顾客点“菜”，也可以根据用户的独特需求，生产形形色色的“订制型产品”。因此，生产活动将向小规模、个性化方向发展，将为人们提供尽可能丰富多彩的选择机会，满足人们日益丰富、不断增长的个性化需求。消费者在经济活动中的主导权相对突出出来。虽然企业可能是迫于市场压力不得已而为之，但落实“顾客就是上帝”，间接提升广大消费者的地位，保障广大消费者的权利，毕竟也是一种进步。

二　数字鸿沟与新的社会平等

所谓数字鸿沟，是指在社会信息化过程中，人们在拥有信息基础设施和信息通信设备、掌握和利用信息技术以及知识创新等方面的差别，以及由此导致的人们在经济、政治、文化和社会等领域的不同机遇、不同地位和不同状况。在信息时代，数字鸿沟、信息贫富分化、信息贫富差距问题的存在是一个不容否认的事实，这造成了新的社会不平等和不公正，反过来又阻碍了建立更广泛的全球联系，迟滞了全球的信息化进程。

毋庸置疑，在全球化的信息时代，以市场为导向的经济活动仍然遵循着逐利原则进行。这似乎无可非议。但是，适应信息时代特点的、旨在公平获取信息资源和权力的调节性的政治目标、政策和措施并没有适时提出，至少没有在各个国家、地区、行业、企业、人群中真正得到普遍的落实。这导致在信息时代，无论是在发达国家和地区内部，还是在发展中国家和地区，特别是在这些国家和地区之间，数字鸿沟、两极分化不但没有缩小，而且仍然在不断加剧，有时甚至完全不是一个数量级了。毕竟，经济的逻辑只愿意主动将全球那些“有价值”的区域和人民拉进来，互利互惠地开展合作，共享新经济的好处，共同提升竞争力，共同描绘美好的未来。这正如曼纽尔·卡斯特指出的：“利用电信与信息处理力量的增加，全球经济将进一步扩展。它将穿透所有国家、所有领域、所有文化、所有传播流动以及所有金融网络，为了追逐利益无情地扫描捕捉全球各种新的可能和机会。但是它会十分有选择性地做，联系有价值的区段，抛弃耗尽了的，或无关的地域与人民。”①

众所周知，信息社会是以电话、电脑、网络等高新技术为基本技术支撑的，是以创新性知识的研发和生产能力为竞争机制的社会。由于电话、电脑、互联网只是在一些发达国家比较普及，并且联结的主要是一些大城市、大公司、政府机构、科教单位，在线的仅仅只是一些有相当经济和技术基础（例如，至少必须有钱购置电话、电脑、具有一定知识和上网技能）的“文化人”，因而，不同主体（国家、地区、企业、群体或个人）占有和利用信息的条件和能力是极不平等的。这造成不同国家、地区的电脑普及率、特别是上网人数及比率存在巨大落差。

迈入21世纪，世界各国的信息化发展倒是很快，但仍然极不平衡，差距反而拉大了。据中国互联网络信息中心（CNNIC）2010年1月15日发布的《第25次中国互联网络发展状况统计报告》，截至2009年12月，美国、日本和韩国互联网普及率分别达到74.1%、75.5%和77.3%。“金砖四国”中，中国、巴西、俄罗斯分别为28.9%、34.0%和32.3%，印度仅为7.0%。至于许多南亚国家、阿拉伯和非洲地区，其差距则更大。

更令人忧虑的是，新经济的财富效应或造富能力与制造贫富差距的能力是内在关联、成正比例的。借助信息技术，通过发展以知识为基础的新经济，美国等发达国家在20世纪90年代以来实现了高速发展，取得了巨大的经济上的成功；同时，一批幸运的信息弄潮儿成功创立信息企业，财富暴涨，风光无限地跨入了富翁的门槛，成为众人仰慕的“数字英雄”；但与此同时，十分不幸的是，富国、富人积累财富的速度与穷国、穷人收入在经济中的比重下降的速度成正比。据联合国《2000年人类发展报

① ［美］曼纽尔·卡斯特：《千年终结》，夏铸九、黄慧琦译，社会科学文献出版社2003年版，第423页。

告》，1965 年世界上 7 个最发达国家的人均收入是 7 个最贫穷国家的 19 倍，而 1995 年扩大为 38 倍。就是在信息化强国美国，其国内的贫富差距也明显拉大了："在 1980 年至 1996 年间，占美国家庭 5% 的最富有家庭实际收入增长了 58%，但占美国家庭 60% 的最低收入家庭实际收入增长低于 4%。"① 因而，随着社会的信息化和经济的全球化，在国与国之间、地区与地区之间、行业与行业之间、企业与企业之间、不同的群体或个人之间，信息贫富差距或数字鸿沟不仅显著地存在，并且仍然在不断扩大。"信息穷国"和"信息富国"、"信息穷人"和"信息富人"日益分化成壁垒森严的两个阵营。这正如唐·泰普斯科特所说："当网络成为商业、财富创造、工作、学习、医疗保健及社会发展的基石时，这些本来就贫穷的国家势必面临更严酷的生存挑战，成为资讯贫乏的一员；另外，正因为他们是无科技资讯的阶级，他们将更进一步沦落为一无所有的无产阶级。这整个过程就好像是一个漩涡，当富有及通讯发达的国家不断跃进的同时，世界发展将趋向于两极分化，且区隔成富有及贫穷国家。"②

并且，由于发展的基础差距过大，以知识为核心的竞争力差距日渐突出，在可见的未来都不可能实质性缩小；即使投入一定的国际援助或政府扶持，也难以实质性地改变信息观念、文化水平、基本素质、创造力等方面的差距；因而未来的发展趋势很可能是"贫者愈贫，富者愈富"。此外，在考察数字鸿沟、信息贫富分化、信息贫富差距问题的时候，我们还需要注意或警惕如下几方面的问题。

首先，不仅要注意是否拥有电话、电脑，是否上网等基本差别，而且要深入考察人们利用信息技术和资源的"质"的差别。表面上看，诸如有无电话、电脑，是否使用宽带，通过何种方式上网等，都可能影响通信质量和信息处理能力。但更深层次的，利用电脑、网络做什么，往往更说明问题。例如，有人认为，虽然中国有近 4 亿网民，但绝大多数只是收发电子邮件，看看新闻，玩玩游戏，或者上社交网站聊天，因而有人断言，中国网民数量虽然庞大，却没有什么生产性的商业价值。这种说法虽很刺

① ［美］罗伯特·D. 阿特金森、拉诺夫·H. 科尔特：《美国新经济——联邦与州》，焦瑞进、刘新利译，人民出版社 2000 年版，第 94 页。

② ［美］唐·泰普斯科特：《数字化成长：网络世代的崛起》，陈晓开、袁世佩译，东北财经大学出版社 1999 年版，第 18 页。

耳，但也不是全无道理。毕竟，绝大多数中国网民的确很少运用信息技术设备开展科研和生产（例如设计、编程、制图、写作），很少投入电子商务活动，而只是将联网的电脑当成了电子报刊，当成了高级电视机、收音机、电话和高级游戏机。对比中美两国 2009 年的互联网应用指数可以发现：在综合应用指数上，美国只比中国高出 3.5 个点；但美国互联网在网络消费指数上得分远高于中国，几乎是中国的三倍，而在网络娱乐指数上要远低于中国，由此可见美国互联网的商业价值，以及中国网络游戏的市场价值。因此，在发展中国家、地区，如何切实提升网民的素质和能力，提升网民利用信息技术的“质量”，或者说，网民们如何充分利用信息技术和信息资源增加自身的竞争能力，参与各类创造性的信息活动，改变自己的生存境遇，提升自己的生活质量，是当代世界面临的一个复杂难题。

其次，值得警惕的是，在残酷的市场竞争、国际生存竞争中，一些发达国家、跨国企业基于自身的利益，例如垄断市场、赚取高额利润的需要，对高新信息技术进行封锁，对重要信息资源进行垄断，对创新成果进行过度保护，这导致其向发展中国家、中小企业、弱势群体公开信息资源、转让技术、协助建设信息基础设施的动作总是不太情愿，或缺乏基本的原动力。例如，早在 1983 年，中国就计划介入互联网，但很长时间都未能如愿，直到 1994 年才通过美国 Sprint 公司连入互联网的 64K 国际专线。既得利益者长期存在的这种贪婪和自私，可能导致本就贫困的后者付出高昂的代价（如支付专利费、技术转让费等）之后，仍然只能处于“发展”与追赶之中，“数字鸿沟”被越掘越宽，越掘越深。这种做法既浪费了宝贵的社会资源，又导致了新的社会不公正。可是，目前以美国为首的西方发达国家，以及许许多多信息巨头，虽然享受了信息时代、新经济带来的空前好处，却基于自身的利益考量，基于无比贪婪的本性，无意放弃任何技术垄断和竞争优势。不但如此，从趋势上看，他们还在利用自己制定规则、标准的机会，利用已经取得的技术和市场优势，肆无忌惮，变本加厉。

再次，还值得注意的是，我们不能孤立地思考数字鸿沟问题。在经济全球化、劳动个体化的冲击下，特别是由于信息网络的超地域性等导致的国家的去合法化情况下，过去以国家为主体的社会福利制度受到了巨大冲击，失业者、无法自食其力的弱势群体，以及其他低保人群的安全网被动摇了。例如，在2008年全球金融危机之后，西方国家的社会福利体系大多都已不堪重负，医保、养老保险改革的呼声日益高涨。如果在改革中，不能及时建立健全新的社会福利体系，那么信息穷人的命运可能会更加悲惨、无助。

在令人充满无限遐想的信息时代，如果不能做到信息网络的平民化、全民化、普及化，普遍地提高经济发展水平和大众的教育水平，如果信息占有和利用的能力被垄断或主导，甚至将信息高速公路变成昂贵的、专有的“信息高速私路”，那么对“信息穷国”、“信息边远地区”、“信息穷人”将是极不公正的，经济发展和社会发展方面的差距可能越拉越大。“数字鸿沟”、信息贫富差距，以及新的社会阶层的出现，将可能成为新的难解的社会问题，甚至可能成为新的社会不稳定因素，成为颠覆现存社会秩序的破坏性、革命性因素。

三 新的社会矛盾与社会分裂

迈入信息时代，劳资关系、不同劳动者之间的社会关系，都已经或正在发生深刻的变化。信息社会除了既有的社会矛盾之外，还面临着一些新的社会矛盾和社会分裂。“这个新时代充满残酷的替代选择。对于那些拥有新知识的人来说，新时代意味着一个充满机遇的世界；对于那些没有新知识的人来说，新时代则意味着，当旧工作消失、旧体制崩溃时，他们将面临失业、贫穷、绝望的前景。”①

（一）资本的全球化与工作的流动性、雇佣的机动性之间的深刻矛盾

现代信息技术使资本流动的速度加快、范围拓展。借助全球资本市场，通过线上交易、电子交易等方式，资本的交易成本大幅降低，但交易者和交易范围却拓展到全球。这导致工作机会全球流动，而与普通劳工的地域性发生冲突。卡斯特指出：“就其核心而论，资本是全球性的。依照常规，劳工则是地方性的。信息主义的历史现实正是精确地利用网络的分散化力量，导致了资本的集中与全球化。劳工在操作的层面瓦解，在组织

① ［美］珍妮特·沃斯、［新西兰］戈登·德莱顿：《学习的革命：通向21世纪的个人护照》，顾瑞荣、阿标、许静译，上海三联书店1998年版，第1页。

上片断化，在存在上多样化，在集体行动上则被区隔。”[①]“在网络社会的情境下，资本在全球层次上协调统合，劳工却个体化了。”[②] 资本和劳工存在于不同的时空之中，资本存在于所谓“流动空间”之中，它们通过网络而聚集，遵循逐利原则而在全球范围进行投资、投机；但全球资本的活力则越来越少地依赖特定劳动，它可以借助网络的分散化，在全球任何地方寻找物美价廉的劳工，组织生产。特别是，它常常将工作分解，通过全球网络外包、分包、转包给技术能力和价格最适合的企业或个人。根据邓白氏《1998 年全球业务外包研究报告》，1998 年全球业务外包总开支近 2350 亿美元，北美所占份额最多，达到 1410 亿美元；而且外包业务仍在快速增长。印度、中国等发展中国家都承接了大量外包业务，如印度每年的外包业务达到数百亿美元。这造成了工作的流动性和雇佣关系的机动性。

资本的全球化、工作的流动性和雇佣关系的机动性，导致了长期或终身雇佣制[③]的破产，令雇佣关系更加脆弱、更加不可预测。随着资本全球流动，到处寻找商机，劳工们越来越“个体化”了，他们不得不想方设法追求各种各样的“新工作”，如自由职业、兼职工作、临时性工作；如独立承包、分包、转包；如被频繁外派、出差、跳槽；等等。表面上看起来热闹非凡，但劳工们的就业和工作变得日益不稳定，前景变得十分不明朗、没有把握。不知不觉间，雇主们的权力日益强化，更可能逃避责任，而劳工们由于个体化、分散化，处于更加弱势、无助的地位。例如，工作的不稳定甚至不固定，过于分散化、个体化的劳工，导致曾经强势的工会及其组织性出现了困难，令资本家们胆寒的“大联合”或集体罢工等更容易避免，劳工们正变得更加孤立无援。

（二）结构性失业日益严重

信息时代，随着农业机械化、工业自动化的普及，特别是雇佣了大量工人的制造业日益信息化、智能化、自动化，许多农民、工人失去了赖以

---

① ［美］曼纽尔·卡斯特：《网络社会的崛起》，夏铸九等译，社会科学文献出版社 2003 年版，第 575 页。

② 同上书，第 576 页。

③ 终身雇佣制是日本“儒家资本主义”模式的一个重要特点。它有利于企业组织的稳定和秩序，有利于提高员工的忠诚度。

生存的饭碗。虽然服务业、信息产业、文化产业快速发展，创造了一些就业机会，包括雇佣了一部分从农业、工业制造业转岗的农民和工人，但是，创造的岗位远远没有损失的多，失业率仍然居高不下。

新经济——知识经济——虽然节约了活劳动的消耗，使资本的有机构成进一步提高，提高了劳动生产率，促进了经济的快速发展，但是，它绝不是以劳动力数量的投入为特点的，它所创造的就业机会仍然有限，这也在相当程度上增加了就业的压力。而且，知识经济所要求的劳动力，必须具备相当高的文化知识水平，具有一定的知识创新和应用能力，即基本上应该是“知识型工人”，或者干脆就是科学家、工程师。以美国为例，“具有较高技术水平或至少要求拥有相关学位的信息技术人员从1992年的225万增至1998年的320万，其中增长最快的是需要高超技术的信息技术核心职业，它们所提供的就业率占整个信息技术职业总就业率的比重，从28%增至41%”。“1994—1998年，具有较高技能的信息技术人员的总就业率提高了35%，是全美国平均就业率的三倍。信息技术核心职业比其他职业的就业率增长快出五倍多。”① 但是，大部分从农业、制造业转岗的农民、工人都不具备这样的文化水平、素质和能力。这正如德鲁克发现的：“新出现的工作在绝大多数情况下要求从事这些工作的人具有蓝领工人所不具有的条件，而蓝领工人也缺乏具备这些条件的能力。新出现的工作要求从事这些工作的人接受大量正规教育并具备获取和应用理论知识和分析知识的能力。他们需要采取不同的方式工作并具有不同的观念。最重要的是，他们需要养成不断学习的习惯。”② 于是，大量素质和技能有限的农民、工人失去了工作机会。这即是所谓结构性失业。

众所周知，美国的农业人口只占总人口的2%—3%。工业制造业虽然总产量在增长，但就业人数却持续下降。根据兰德公司科学和技术政策研究所的研究，1947年，美国制造业占GDP总值的27%，到2001年该比率下降为14%。与此同时，同期制造业就业总人数在全职工作中所占的比重从30%下降到不足15%。1995年至2003年，制造业就业总人数从

---

① 美国商务部经济与统计行政事务部政策发展办公室：《数字经济——美国商务部2000年电子商务报告》，中国人民大学出版社2001年版，第68—69页。

② ［美］彼得·德鲁克：《巨变时代的管理》，朱雁斌译，机械工业出版社2008年版，第173页。

1740 万下降到了 1470 万，下降了 15.5%。① 随着全球信息化不断深入，流失的农业和制造业岗位还将持续增加。虽然信息产业将吸纳一些具备一定知识、技能的劳动力，但结构性失业将愈演愈烈。

特别应该注意的是，今天的结构性失业出现了这样一些新特点：首先，失业时间越来越长，部分失业者可能永远也不可能获得工作机会了；其次，失业人数越来越多，在每一个经济周期都会扩大；再次，随着社会的信息化进程不断深入，失业的不仅有蓝领工人，而且白领工人也开始加入其中。由于白领工人的工资待遇较高，一旦遭遇经济危机，可能首先遭解雇的就是白领工人。失地农民、下岗工人等面对头晕目眩的信息社会、知识经济，茫然无措，难以实现再就业，这群庞大的结构性失业者将成为社会矛盾和冲突的重要根源。

（三）在信息社会出现了新的社会分裂，即具有创新能力的知识劳动者与“可替代的普通劳工”之间的分裂

社会分裂的直接表现，除了就业与失业“二重天”之外，就要算普遍存在的获取劳动报酬之间的差异了。实际上，“可替代的普通劳工”即使幸运地就业，由于缺乏知识创新能力和竞争力，其收入与具有创新能力的知识劳动者往往差距甚远。即使是在信息化程度最高、严格执行最低工资标准的美国，“信息技术业人员根据他们各自技能水平和受教育程度的不同，收入也有很大差别。据美国劳工统计局统计，1998 年，那些至少拥有学士学位的计算机工程师的平均收入为 5.99 万美元。相比较而言，那些不需要大学文凭的岗位从业人员，如开票、记账和计算器操作员等的平均收入仅为 2.13 万美元”②。

需要特别注意的是，由于工作的流动性，雇佣的机动性，或者说缺乏长期、稳定的雇佣关系，大多数雇主都会逃避信息时代非常关键的教育和培训职责，甚至逃避应付的劳动保险、医疗保险等费用。这对“可替代的普通劳工”更加不利，他们本来就缺乏相关知识和技能，这导致他们

① 赵中建选编：《创新引领世界——美国创新和竞争力战略》，华东师范大学出版社 2007 年版，第 82 页。

② 美国商务部经济与统计行政事务部政策发展办公室：《数字经济——美国商务部 2000 年电子商务报告》，中国人民大学出版社 2001 年版，第 70 页。

更难获得培训、提升技能的机会。因为以信息技术为先导的社会发展很快，且劳动力市场是全球性的，教育、培训方面的缺失，导致劳工们在市场需求发生重大变化、要求更高和更新的工作技能时，可能面临技术和能力方面的不足；而在全球劳动力市场中，当更廉价的劳动力被全球流动的资本纳入进来、而原有雇员又不愿降低工资待遇时，这些雇员便可能在劳动力市场被边缘化，甚至被无情地淘汰、加入失业大军。

此外，雇主和雇员们签订短期合约，常常需要各类中介公司牵线搭桥，劳工们除了经常需要支付一笔不菲的中介费之外，更关键的是丧失了就业的主动权。如果雇主与雇员之间发生了纠纷，往往也需要求助于中介或第三方进行调解。当然，在这个时候，越是“可替代的普通劳工”，越可能处于劣势地位。这类劳工人数众多，只能做低附加值的普通工作，没有什么讨价还价的资本。当面临纠纷的时候，需要的调解或诉讼费用就可能让部分弱势劳工望而却步，放弃维权。

因此，信息时代真正的社会分裂，卡斯特认为，“存在于信息化生产者与可替代的无标签一般劳工之间，也就是劳动者本身内部的片断化”①。“无标签一般劳工”所关心的，主要是如何避免被社会所忽视。在一个社会中，如何协调、处理“信息化生产者（知识劳动者）”与可替代的普通劳工的关系，也许将成为未来社会的一大难题。这里的关键在于，必须调动政策资源，加大对可替代的普通劳工的教育与培训，通过其知识水平和技能的提高，保证其不至为飞速发展的信息时代所彻底抛弃。

（四）出现新的“社会排斥”

信息鸿沟、结构性失业和新的社会分裂所导致的最严重的后果是新的社会排斥。迈入全球化的信息时代，一方面，世界被日益紧密地联系在一起，整合成一个“地球村”，全球市场已经形成，经济的全球化已经渗透进世界的各个角落，各主体之间的相互依存、相互作用日益加深；另一方面，许多地区、许多人仍然处在信息化浪潮之外，或者说无力分享信息化带来的机会和成果。“信息化的确在价值与无价值的人与地方间造成鲜明的区分。全球化选择性的前进产生了信息、财富与权力的网络，将不同的

① ［美］曼纽尔·卡斯特：《千年终结》，夏铸九、黄慧琦译，社会科学文献出版社2003年版，第415页。

经济与社会区段接纳于内或排除在外，造就了新的支配系统。”①

由于不同民族国家、地区、个人的信息化程度不同，在全球经济网络中的地位和作用不同，“数字鸿沟”、信息贫富差距已经出现并不断加深。许多思想家、政治家都意识到了这一点。但这并不是最可怕的，也不是最悲惨的。毕竟，通过经济的普遍发展，通过政策的不断调整，通过改革福利制度，通过强化教育和培训，包括通过个人的努力，鸿沟可以填平，差距可以缩小。

真正可怕而且悲惨的是，一些信息穷困地区、信息穷人在社会信息化过程中落伍了，他们可能已经被我们时代的经济网络、乃至社会网络边缘化，甚至完全排除在外了，从而造成了卡斯特所谓“新的社会排斥”。所谓“社会排斥”（Social exclusion），卡斯特指的是“在全球尺度的信息资本主义动态过程中，‘人作为人’（people-as-people）和‘人作为工作者/消费者’（people-as-workers/consumers）间的断裂”。②

毋庸置疑，信息、资本、技术、劳动、商品与市场的网络，正将世界上不同的国家、地区、企业和个人等紧密联系在一起，构成新型的信息社会、网络社会。但同时，在这个令人充满期待的世界上，社会也正基于信息技术和网络结构飞速地重组，组织正在被分化成已经联网的或尚未联网的，普通大众正在被分化成网民和非网民。泰普斯科特指出：“我们若将一切交给市场力量决定，数字经济将促成两极分化的社会，并在‘有资讯阶级’及‘无资讯阶级’间产生一条鸿沟，前者可以与世界沟通，后者则不能。当资讯科技在经济成功及社会福利上所占的分量越来越重要时，资讯隔离就会逐渐成真。”③ 联合国发展计划署（UNDP）出版的《1999 年人文发展报告》也提醒人们，“地理障碍可能已为传播与沟通所减低，但是新的障碍已经浮现，像普及全球的信息网，允诺连接，却寂静地、几乎难以察觉地排除了其余的人”。④ 例如，信息时代的功能性文

① ［美］曼纽尔·卡斯特：《千年终结》，夏铸九、黄慧琦译，社会科学文献出版社 2003 年版，第 185 页。

② 同上书，第 412 页。

③ ［美］唐·泰普斯科特：《数字化成长：网络世代的崛起》，陈晓开、袁世佩译，东北财经大学出版社 1999 年版，第 16 页。

④ 转引自曼［美］纽尔·卡斯特《网络社会的崛起》，夏铸九等译，社会科学文献出版社 2003 年版，第 2 页。

盲——读写困难者、电脑盲等——在任何劳动力市场都很难找到工作，他们运气好的话，也只能接受低薪工作，如果低薪工作也找不到，将进入失业大军，然后则是极度的贫困，最后则是被社会排斥。

社会排斥当然有程度差异，表现也不尽相同。例如，那些身处信息网络之外的地域、组织和个人，或者在联网的内容和质量上较差（如经济上价值不大）的地域、组织和个人，例如，仅仅只是消费性地使用电脑网络浏览新闻、玩玩游戏、聊天解闷、甚至写写博客，而与信息生产、创造活动不相干的人，可以说在不同程度上被高科技、高智能的信息社会抛弃了。那些消费性使用的人是“被互动”的人，而生产性、创造性使用的人则可称为“互动”的人；前者被动地接受和消费信息，后者则主动参与了信息的创新。后者才是信息社会的弄潮儿，受到命运的垂青和眷顾。前者则与这个已经剧烈变化了的信息社会“没有关系”，或者关系不大，后者不可能再在平等的基础上与之合作。由于在全球性网络中，生产已经高度智能化、自动化，生产能力已经出现严重过剩，体力劳动者的职位迅速减少，销售物流体系已经完整建立，前者甚至已经不为这样的高科技社会所需要。虽然社会排斥与失业不完全是一回事，不能简单画等号，但在全球庞大的失业人口中，经常可以看到失业者们艰难挪动、面对色彩斑斓的信息社会茫然无助的身影。毕竟，失业人口大多比较弱势，更容易被抛弃，被这个社会排除在外。

如果说，在马克思曾经无情揭露和批判过的资本主义社会，工人或无产者的悲惨命运在于，他们一无所有，只能出卖自己的劳动力，接受资本所有者的剥削和压迫；他们虽然取得了工资和福利待遇，但被资本所有者榨取了剩余价值，掠夺了自由时间；他们与资本家处于对立的阵营，他们之间是一种压迫与被压迫的阶级对抗的关系；为了反抗剥削和压迫，他们发动了旨在改变自己命运的波澜壮阔的工人运动……那么，在这个高科技、智能化的信息社会，事情正在发生新的质的变化。即是说，“通过高科技网络，全球化把世界上有价值的东西联在一起，而摒弃毫无价值的。所以富有创造性的世界精英们都联合在一起，可同时大片地区、大批人民被边缘化，世界上一半的人每天生活费还不到两美金”①。“社会排斥在社

① ［美］曼纽尔·卡斯特：《千年终结》，夏铸九、黄慧琦译，社会科学文献出版社2003年版，第433页。

会内造成明显区段，这些区段由被社会抛弃的个体所构成，他们作为工作者/消费者的价值被耗尽，作为人的相关性被忽视。"① 这是富于信息时代特色的社会分裂，是真正的、根本性的社会分裂。现代社会中已经出现了这样的情形，那些信息边远地区、信息穷人等，命运相较以前的工人或无产者更为悲惨——他们正在变得与这个飞速发展、日新月异的社会毫不相干。

随着社会的信息化、全球化的发展，社会排斥将日益普遍，越来越多的弱势群体将加入进来，形成卡斯特所谓的"信息化资本主义黑洞"。这些人无论用什么方式，都无法摆脱痛苦、无助的命运。这种被忽视、被抛弃，这种生活意义的丧失，这种存在的荒谬化，除了让人生存环境恶化、生活质量下降，总有一天还会让人在精神上、心理上无法忍受。工作是人神圣的权利。人们必须做点什么，人们必须证明自己的存在，人们必须重新寻找生活的意义！尽管这种意义的寻求，可能是一种没有目标的方式。否则，必将导致人们忍无可忍、铤而走险，必将导致全面的社会危机。

总之，放眼知识经济时代，由于经济活动的信息化、智能化，由于资源、资金、技术和人才的全球配置，由于产能严重过剩、全球劳动力过剩，因而资本的全球化与劳工的个体化之间的矛盾、知识劳动者与"可替代的普通劳工"之间的矛盾日益尖锐，就业机会增长困难、雇佣关系不稳定和结构性失业已经成为残酷的现实社会问题。

四　知识、权力与新阶层

信息和信息技术是信息社会最重要的资源。信息技术的发展、应用以及知识创新，已经成为经济、社会发展的主要动力。但同时，它也是新的权力之源。研究表明，社会信息化必将引起社会关系和权力结构的变化，产生新的权力阶层，并导致这一时代阶级、阶层关系发生微妙而复杂的变化。

（一）知识与财富、权力

信息技术的快速发展和广泛应用，知识经济的崛起，开辟了人们致富

① ［美］曼纽尔·卡斯特：《千年终结》，夏铸九、黄慧琦译，社会科学文献出版社2003年版，第415页。

的新途径和财富占有的新形式。随着信息时代的发展，信息技术逐渐从少数专业人员手中解放出来，变成了大众使用的工具；散布在社会各处的信息资源通过网络前所未有地汇集起来，供大众分享或共享；特别是，在新经济中，知识创新对经济增长的贡献率正在超过资本的作用，知识的统治地位日益增强；这一切将会导致财富的再定义和权力的再分配，从而对信息社会各个方面产生巨大而深远的影响。

众所周知，经济活动的要义在于合理地配置各种资源。一般来说，在农业文明时代，人们把土地视为最重要的资源，谁占有了土地，谁就得到了财富、地位、权力和荣誉。在工业资本主义时代，人们把资本（物质资本和货币资本）视为最有价值的资源，经济活动典型地体现为资本的运作与不断扩张。在上述情况下，占有土地、或投入资本于生产的人，也就是组织生产活动的人——地主或资本家，在经济和社会生活中拥有巨大的支配性权力，社会也因之建立起相应的维护其基本利益的上层建筑。

在农业或工业时代，那些拥有有形资源，如土地、资本、股票的人，尽管他们拥有的数量可能是巨大的，但毕竟是有限的，并且这种物质财富是可能失去的，例如经营不善或被暴力剥夺，都可能令其失去所有权；而20世纪中叶以来，随着科学技术的突飞猛进，特别是信息技术的发展和广泛应用，科学、技术、知识、信息等成为重要的社会资源，革命性的变化开始发生。

随着信息科技的发展和广泛应用，信息社会或网络社会的到来，社会正在发生的变迁，越来越透过财富、权力之类核心要素加以显现。在信息化浪潮中，日益引人关注的是，权力或财富的本质正在悄然发生某种改变：科学、技术、知识、信息等无形资本在生产中的地位和作用日益突出，越来越成为最重要的经济资源，成为竞争能力的标志。社会财富不再仅仅表现为土地、厂房、机器、资本等实物形式，更表现为无形的知识、信息、技术、工艺、品牌、商誉，等等。经济活动对有形资本的依赖相对减弱，而对知识等无形资本的对称性配置、实质性创新的依赖却日益增大。

在信息时代，知识、信息不仅是财富，它还意味着权力。斯各特·拉什指出："在制造业的年代里，权力系属于机械生产工具之类的财产，而在信息的年代里，则系属于知识财产。"① 在信息社会中，谁掌握了科学、

① ［英］斯各特·拉什：《信息批判》，杨德睿译，北京大学出版社 2009 年版，第 17 页。

技术、知识、信息等无形资本，谁具有知识创新能力或创造性地运用知识于生产的能力，谁就可能拥有权力与财富，在社会中成为掌握权力的强者，在一定程度上占据着统治地位。

此外，各种政权组织形式和政治权力的运作也日益依赖于知识和电子网络，造成政治权力的重新组织和分配。随着办公自动化、政府上网和电子政务的广泛开展，特别是新型电子政府的建立，政府权力的日常运作将高度自动化、智能化、信息化。由于这一复杂系统的操作需要具备基本的文化知识和技术能力，因而许多文盲、科盲、电脑盲、网络盲将自动"靠边站"，权力运作将在相当程度上、有时甚至不可避免地掌握在各类技术白领、政治精英手中，掌握在组织和传播信息的各种媒体手中。当然，借助各种新媒介，特别是在虚拟的电子时空，广大网民等"草根力量"在崛起，快速、直接地表达着自己的关注和利益诉求，形成强大的网络民意。他们通过网络化的组织动员方式，形成了新的压力集团。而且，他们还以空前的热情和不屈的意志，参与、干预或监督着权力的运作。今天，任何政府、企业，任何政客、企业家，都不可能肆无忌惮、为所欲为地行使权力了，一切都变得更加公开和透明，一切都需要接受公众的监督与评判。既有的权力受到了更多的约束和限制，甚至可以说，已经为更多组织和个人所分享。只是同时，也仍然必须承认，经济势力雄厚的各种政治势力，包括"无限制资本家"、"数字英雄"、"技术精英"们，更方便、也更有可能抢占电子时空的制高点和话语权。他们可能以隐蔽的、伪装的，或者颇具创意的方式，根据自己的利益巧妙地发出自己的声音，在相当程度上左右社会舆论，影响政策法规的制定和走向，影响和左右权力的运作过程。

（二）新的社会阶层

知识经济的发展，在一定程度上导致了财富和权力的再分配，也影响了社会阶层的重组和"再结构"。

1. 社会阶层结构由过去的金字塔型向橄榄型转变

自私有财产出现以来，在阶级社会中，富裕程度不同的各阶层的人数比例一直是金字塔结构，即最上层的富裕人数较少，中产阶层稍多一些，贫穷的下层劳动者人数最多。

迈入信息时代，随着信息技术日益扩散、成为大众的工具，信息资源日益通过网络汇集而为大众共享，特别是社会生产力水平的普遍提升，政治权力更多地为大众分享，社会阶层结构正在发生两个方面的显著变化：一方面，社会阶层结构由过去的金字塔型向橄榄型转变，即中产阶级的比例大幅提升，贫困阶层的人数明显减少。在率先实现信息化的西方国家，中产阶层的人数大量增加，一般已占总人口的50%—60%，而富裕的上层阶层约占15%—25%，生活在贫困线之下的贫困阶层占15%—30%。另一方面，由于信息技术、知识生产开辟了致富的新渠道，打通了以往社会中存在的森严的贫富壁垒，各阶层之间流动、变迁的可能性大大增加了。如果富裕阶层不注意知识学习和创新，经营管理不善，也可能为信息时代所抛弃，跌落到贫困阶层；反之，大量曾经一无所有的劳动者，仅仅因为善于学习，善于知识创新，就可以通过知识创新、技术提升而跃升到中产阶层，有时甚至直接跨入富裕阶层的门槛。后者一般属于新崛起的所谓“知识阶层”或“知识分子阶层”。

社会阶层结构的这种新变化，特别是新的社会阶层的出现，是否导致了原有的阶级结构的变化、新的阶级的产生，学者们之间存在不同的意见。多数人的意见倾向保守，不认为社会阶级结构已经或正在发生实质性变化。但卡斯特认为，由于信息时代产业结构、劳动和工作方式的变化；由于雇员也可能投资股票、债券等，或通过养老基金和其他储蓄进入全球金融市场，在一定意义上成为“所有者”；工业社会的阶级结构正在逐渐消失。他指出：“劳动的区段化，工作的个体化，与全球金融回路中资本的散布性，已经联合起来造成工业社会的阶级结构逐渐消失。”① 他还认为，在信息时代，虽然存在强大的社会冲突，但却不是阶级斗争的表现，而是利益团体的需求，以及对于社会不公平的反感和对抗。我认为，这种分析确实有一定的论据支撑，但断言阶级和阶级斗争已经“消失”，恐怕为时过早。更稳妥的说法，可能是：阶级的内部结构更为丰富，更为复杂，阶级斗争将呈现新的表现形式。

2. 知识分子阶层的崛起

随着信息时代的到来，产业结构正在进行调整，传统产业的信息化日益加强，高科技的信息产业正在强势崛起。与之相适应，劳动力结构也正

---

① ［美］曼纽尔·卡斯特：《千年终结》，夏铸九、黄慧琦译，社会科学文献出版社2003年版，第414页。

在发生重大变化，以体力为基础的经济正转向以脑力为基础的经济。生产第一线就业人数减少，知识创新和经营管理人员大幅增加；劳动密集型的制造业人数减少，服务业特别是高端服务业人数大量增加；体力劳动者日益减少，脑力劳动者大幅增加。

这轮新的产业革命将导致一种更有效的生产制度的形成。在工业经济时代，工人阶层是社会的主体，而进入信息时代或知识经济时代，知识分子阶层成为社会主体。阿尔文·托夫勒指出："脑力劳动者一贯被马克思主义经济学家（还有许多经典经济学家）贬为'非生产者'。然而，从50年代中期以来，正是这些所谓不事生产的劳动者给西方各国经济注射了一剂强大的肾上腺素，所起的作用也许超过其他许多人。"[①] 知识分子或知识劳动者占据主体地位，这在人类历史上还是开天辟地第一次。

当然，究竟如何界定"知识分子"，这个问题历来存在各种不同的说法。实际上，理解知识分子的本质，关键不在于脑力劳动，而在于"知识"。知识分子是与人类知识的生产、传播和应用联系在一起的。如果离开了对知识的理解，如果缺少对知识，包括知识的存在方式、知识产生和发展的特殊规律、知识的社会功能等的理解，那么，就不可能真正理解以之为业的知识分子。

从对知识生产、传播和应用的理解出发，可以说，"知识分子是掌握并运用人类已有的精神文化成果从事精神生产的人"。[②] 一般而言，知识分子都是脑力劳动者，但是，仅仅"用脑"并不是知识分子的特殊标志，而致力于知识的创造、积累、传播和应用，即从事精神生产活动，才是其本质——当然，在这里，我们还要注意知识分子内部的复杂性，例如注意技术知识分子与人文知识分子的关系。如贝尔指出，后工业社会的意义之一，在于"产生和发展了技术知识分子，从而提出了技术知识分子与文科知识分子的关系这样一个重大问题"。[③] 显然，技术知识分子与知识经济的联系更为直接。

将知识分子与精神生产联系起来，这种理解具有特别重要的意义。过

① ［美］阿尔文·托夫勒：《力量转移——临近21世纪时的知识、财富和暴力》，刘炳章译，新华出版社1996年版，第448页。

② 李德顺、高岩：《"知识分子"新概念》，《人文杂志》1997年第1期。

③ ［美］丹尼尔·贝尔：《后工业社会的来临——对社会预策的一项探索》，高铦等译，新华出版社1997年版，第48页。

去，我们一直说知识分子是工人阶级的一部分。这是从阶级和阶层的视角而论的。但是，从信息时代的视角来看，用“产业”划分代替阶级和阶层划分，也许更为确切，也更符合技术社会形态——信息社会的特色。毕竟，“精神生产”本身就是一个现实的社会产业领域，知识经济、信息产业已经成为信息时代的主旋律，“精神生产”的重要意义正日益突出出来。在这里，用“人”而不用“阶层”标示知识分子，如同“工人”、“农民”一样，正在于标明其产业身份，而并不排斥在其他情况下根据其他标准使用阶级、阶层概念（如“工人阶级”等），同时却更符合知识“分子”一词的语言规范。

当然，知识工作者在社会中的地位和关系的变化，是否形成了一个独立的阶级，是存在严肃的学术争议的。多数人认为，知识分子的地位和关系，是随着信息技术的发展和应用而变化的，他们并没有形成一个经济利益集团，也没有形成一股独立的政治力量。他们似乎更喜欢单打独斗，自己掌握自己的命运。基于技术社会形态的理论考量，用阶层——知识分子阶层——进行刻画，是比较贴切的，也是实事求是的。连丹尼尔·贝尔也说：“就地位（社会尊重与承认，可能还有收入）而论，知识阶级可能是新社会中的最高阶级，但是，根据那个结构的性质，这个阶级以其内聚力或共同一致性的基础而言，并没有成为一个新的经济利益阶级或者争夺权力的一个新的政治阶级的内在理由。”①

此外，我们还应该看到，信息时代对全体劳动者普遍性地提出了越来越高的要求，其中，有知识、有文化、有专业技能越来越成为必要条件。从知识分子作为知识经济、精神文化生产的主要承担者而论，从知识经济成为信息时代的主导经济形态而论，所有劳动者都将普遍提高科学文化素质、科学知识水平和劳动技术能力，在一定意义上成为知识分子。就此而论，农民、工人也将在一定意义上成为知识分子的一部分。就如同马克思所预见的那样，体力劳动和脑力劳动的差别将会逐步消失。到那时，知识分子将真正与农民、工人融为一体，大家一起成为社会的合格劳动者、责任权利相统一的公民。

---

① ［美］丹尼尔·贝尔：《后工业社会的来临——对社会预策的一项探索》，高铦等译，新华出版社 1997 年版，第 406 页。

3. 知识分子阶层与先进生产力

自20世纪70年代以来，世界主要发达国家先后由工业社会转向信息社会，信息技术成为主导性技术，并以其无与伦比的先进性、渗透性赋予传统产业新的生命和活力；信息产业快速崛起，成为全球范围内的朝阳产业和新的经济增长点；信息、知识等无形资本在生产中的地位和作用日益突出，越来越成为最重要的经济资源，成为竞争能力的标志。生产力的发展主要取决于信息的收集、存储、处理、传播和运用，特别是新知识、新信息的创造。在这一背景下，生产、制造、创造、掌握、运用新知识、新信息的知识分子阶层，已经或正在成为社会价值的最主要创造者。曼纽尔·卡斯特指出："假如创新是主要的生产力来源，知识与信息是新生产过程的基本原料，以及教育是劳动的关键品质，信息化资本主义的新生产者是这些知识生产者与信息制造者，他们对公司、区域与国家经济做出了最有价值的贡献。"① 应该说，这类知识生产者和创造者才是信息时代先进生产力的真正代表。

一方面，由于信息、知识的可习得、可分享、可创造等特性，这为热爱学习、善于思考的劳苦大众——无论他是普通农民，还是普通工人——提供了前所未有的机会。他们可能凭借自己掌握的知识，凭借自己的知识创新能力，凭借自己的创意、发明和专利，凭借自己的技术能力和管理能力，进入知识经济的核心领域，成为全球市场青睐、追逐的对象。也就是说，这为他们成为先进生产力的代表，打开了大门，提供了可能性。

另一方面，工业时代曾经代表先进生产力的产业阶级（工人阶级），如果故步自封，不思进取，拒绝与时俱进，有可能沦为弱势群体、"信息穷人"。那些缺乏文化知识，缺乏知识创新能力，掌握不了高新技术的人，难免为这个高科技时代所抛弃，成为"社会排斥"的对象，或成为新福利社会"照顾"的对象。

因此，在知识经济快速发展的背景下，由现代科技知识武装起来的知识工作者，已经成为经济发展的推动力量，成为社会价值的创造者，他们代表着先进生产力的发展要求。谁代表先进生产力的发展要求，也就代表着历史发展潮流。可以预见，未来世界各国、各地区发展的竞争，将是文

① ［美］曼纽尔·卡斯特：《千年终结》，夏铸九、黄慧琦译，社会科学文献出版社2003年版，第413页。

化的竞争、知识的竞争、人才（知识工作者）的竞争。谁能够在这些方面未雨绸缪，占得先机，谁能够在这些方面突飞猛进，占据市场，谁就可能在竞争中脱颖而出，笑傲世界。对知识分子性质、地位和责任的把握，如何激发知识分子的创造才能，必将成为社会发展的关键环节、突出问题。每一个国家、地区、企业都应该解放思想，更新观念，调整政策，切实尊重知识工作者，充分发挥知识工作者的作用，实施自主创新战略，推动经济和社会的信息化进程。只有这样，才能在全球市场竞争中，在民族国家的竞争中，不至于落后挨打，并有望塑造辉煌。

“中国精神”的文化—实践自觉与新历史理性生成之思想语法

袁祖社*

那条绝对命令的含义：认识你自己——无论我们是就其自身，还是就其被首次提出时的历史背景来考察——并不只是增进关于个体自我的特定能力、性格、偏好和弱点的自我知识。它所要求的知识是关于人的真正实在——本质上以及最终是真实的和实在的——的知识，惯于把精神当作真实的、本质的存在的知识。

——黑格尔：《哲学科学全书纲要》，1817

这一目标，即绝对知识或知道自己为精神的精神，必须通过对各个精神形态加以回忆的道路来达到，即回忆它们自身是怎样的以及怎样完成它们的王国的组织的。

——黑格尔：《精神现象学》，1807

精神贵族与社会贵族迥然相异，精神贵族是从各阶层中产生的，其本质特征是品德高尚、个体精神的永不衰竭和才华横溢。

——雅斯贝尔斯：《大学的观念》

百年世界历史变迁、百年中国思想嬗演，我们目睹并经历了足以令人

* 袁祖社，陕西师范大学教授。

眼花缭乱的一个个学术思想和观念的万花筒，其话语之“新鲜”、切入视角之诡异，其叙事与表达方式之别出心裁，其剖物析理之“深刻”、“有致”等，一次次地不断吸引、刺激、震撼、改变着一代又一代中国学人的视听、神经和心灵，足以扰乱我们原有的学术自信和思想阵脚，足以使我们的文化“失魂落魄”。

从现代性历史进程中当代中国人的精神生活现状来看，现实中的大多数中国人很少能静心领悟呼之欲出的新历史理性场景中“精神灵性”、“自由信仰”以及“心智健康”、“精神品质”等这样的概念。由于一味将思想专注于动物本能和物欲层次，因此，我们思想尚无法达到生命存在的一个更高层次。

回眸一个多世纪的思想较量和学术博弈历程，在“学术乃天下公器”的意义上，上述情境，不能不使我们对中国的人文学术研究的境况展开慎思明辨的追问：我们找到了自己的学术立场了吗？我们学会了个性化的学术表达方式了——原创性的学术话语或学术典范了吗？我们发现、创制和形成了有自己特色、追求和叙事风格且与我们民族的精神生活、精神气质和风格相匹配，且对我们民族精神生境足有高度涵括力和足够解释力的人文学术话语了吗？

痛感中国学术话语体系之缺失，是一代中国学人学术理性觉醒和自觉的标志和集中体现。近年来，思想与话语的贫瘠和对现实解释和约制的乏力，使得愈来愈多的人文社会科学学者认识到，必须集中国全体人文学者之智慧，致力于中国既有学术传统的反思和新学术规范的创制和建构，这一努力所指，旨在吸纳现代先进学术之精髓，从根本上革新我们之积弊。

那么，从何种立场和角度切入来重构我们民族的人文学术话语和规范，却是我们不得不面对的一个难题。我们认为，一时代之人文学术话语的危机，其背后，实质上是该时代之精神追求遭遇严重困顿的表征。因此对人文学术话语的追问，必然同时伴随着对某种类型的“精神”的反思、追问，也可以说，此两者本质上就是一回事。同样道理，一国、一民族之学术话语，往往是（承载着）该国、该民族所应有的独特精神追求的理性表达和渐次呈现。

一

社会变革、繁荣和文化进步的实质，本质上应该是具有独立、高尚精神追求、意志品质和自由高贵人格的一个个“大写”的人的被锻造。如果一种富裕是以一代人精神的“荒芜”和人性至为高贵的部分——美好信仰等的丧失为代价的，那么，其所生成的历史理性和意义一定是负面的。

精神的进步、自我的拓展是一个艰难痛苦又充满反复的过程，这是一种被称为“文化”的精神事业。按照黑格尔的理解，文化就是字面意义上的训练，文化中的自我充满了痛苦的体验，唯有通过承受文化的痛苦，卑贱的自我才能变得高贵，并且事实上已经高贵了。在《精神现象学》中，黑格尔认为，历史的进程乃是精神的自我实现的过程，它通过个体与外部的社会权力（国家的政治权力和财富的权力）之间不断变化的关系来实现。个体的意识最初是和外部社会权力完全和谐的，个体意识对外部权力是黑格尔所谓的顺从的服务，它有一种“内在的尊敬”感；黑格尔将个体意识对外部社会权力的这种顺从一致称为“高贵意识”。但在黑格尔看来，精神的本质是寻求“自为存在”，也就是说，精神要从限制性条件中解放自身，争取自主自为。

在我们这个时代，关注人文学术话语的建构，这是“面向思想本身”的事情。其实际关切所指，则是后文化时代的纯良型思想姿态与优雅性生存境界之深彻之思。近一个世纪以来，受制于历史、文化和社会传统所造成的发展理念和发展模式的后发劣势，我们在寻求本民族繁荣、富强、文明等复兴之路的选择上，自觉不自觉地变成了西方现代化实践的追随者，变成了“现代性文化”的崇拜者。

反思百年来中国学术话语的形成和展现史，我们发现其中充满了因强烈的外域话语以及思想范式的冲击带来的局促、困顿和不确定感。远的不说，单就改革开放以来的观念现实而言，随着各种外来学术思潮、观念和思想的涌入，随着大量学术著作被译介，中国的人文社会科学呈现出一排前所未有的“繁荣”景观。我们曾经或者一直以来沉浸于由“他者”的话语所营造的思想氛围和学术场域之中，津津乐道于不遗余力地传播、解释（实为贩卖）我们自认为的一部部学术“真经”，有些甚至被我们奉之为“经典”或“典范”。我们同样乐于（其实是思想缺乏深度或者因文化惰性所导致的学术懒庸）要么对外域学术主张之“生吞活剥”，要么直接吃“现成饭”。如此，原本就不成型的“中国精神”，反而遭遇极大的解构。

这样一种学术作为的结果是，“中国精神”严重的不在场和逐渐消失。透过繁荣万象的经济生活、政治生活和文化生活，我们能感受到所谓“希腊精神”、“印度精神”、“美国精神”、“法国精神”等等，唯独不见“中国精神”的影子。当代西方思想界以批判的实在论为理论标识的著名哲学家尼古拉·哈特曼在其关于“精神哲学”的研究中，明确提出了以三种存在形态呈现于我们面前的精神：人格精神、客观精神和客观化了的精神。所谓人格精神，在哈特曼看来是最直接地出现于我们淳朴目光面前的。在这里，精神的单位是个人人格。这种精神的主要特征是偏离性，即从兽类受冲动和环境支配中解脱出来。所谓客观精神，哈特曼指出，客观精神（超个人的共同精神）也是活生生的历史实在，它特别是对于历史的考察方式最直接地显露出来。因为从历史观点看，个体人格就要后退，而历史观点却更多地是指向个人所处的状况；事件和变化大规模地进入考察者的视野。当人们谈到希腊精神、文艺复兴精神，一般地谈到某一民族的精神的时候，指的就是这种客观精神。而“客观化了的精神”“作为第三个形态包含由精神从自身中‘展现出来的’各种客观化：变成法典的法律，用语言和著作记载下来的学识，艺术作品等等。人格精神和客观精神是活生生的精神，而客观化了的精神却不是活的东西”[①]。依据哈特曼，我们生存于其中的现实，本质上是由种种“精神”主动参与而历史地构建起来的，精神是文化母体的血脉，却常常遭致遗忘或忽视。百年中国学术演进历程中，一个值得注意的现象是，我们似乎不屑于或者因沉醉于“看起来很美”的由异域文化所造成“非我的境遇”中，丧失了应有的文化立场和判断力，无力去观照我们自己生于斯、长于斯的“现实”，似乎不愿意从当下的“日常生活”现实，提炼、总结、升华我们的“学术”、思想，而甘愿充当“学术洋奴”或者“学术买办”的角色。《南方周末》曾经围绕“中国需要一场文艺复兴吗”的主题展开过激烈争论，其中崔

① 参见［德］施太格缪勒《当代哲学主流》上卷，王炳文、燕宏远、张金等译，商务印书馆2000年版，第297—301页。

卫平先生的一篇《我们的尊严在于拥有价值理想》的短文，提出了"清点我们的人性财富"的话题，引起学者广泛共鸣。崔卫平指出，在我们今天"社会现代化"已经初具规模之后，在我们已经解除了极度的物质匮乏之后，还能做什么？还需要什么？他认为关键是"人性的锻造与刷新"，其含义，他做了如下解释："问题是否可以这样提出：在我们进行了一番如此浩瀚的改造世界活动的同时，我们作为人，是否也有可能重新被创造出来？在我们重新安排世界之际，是否也有可能产生一番不同的人性面貌？或者在我们人性小小的范围之内，是否也有一片需要打造的天空？"① 以笔者浅见，"人性的锻造与刷新"，直指"中国精神"，直指中国精神思考框架下的中国学术话语的重建。

一个时期以来，囿于"实用理性"的文化特质制导下中国人特有的总结经验的知性思维模式，我们总是乐于从西方理论的角度奢谈所谓"中国经验"、"中国特色"、"中国模式"，……这样坚持的结果，已经被证明并将继续证明最终只能掉入西方人的逻辑陷阱里，陷入文化与人学价值论意义上"模式"抑或"制度"等的孰优孰劣之争。

从中国人文学术话语自觉意义上，我们迫切需要并且能够充分挖掘和充分展示的，恰恰是"中国精神"。中国精神是中国文化的"主心骨"，是中国所进行的前无古人的伟大变革实践赖以顺利前行的重要的"定位罗盘"。从对"中国精神"之生成路径、生成方式和既有形态进行全面反思的角度有效切入，意味着我们开始可以理智地绕开不同价值观念之间的争论，既可以抛开曾经的"冷战思维"带给我们的困惑，也能使我们摆脱以往受文化普遍主义与特殊主义之争所形成的凡事都分"东方"与"西方"的简单分类的约束，从而能够是使一代中国学人站在一个更加宏大的历史高度，从横向来观察中国，观察中国在近几十年来的风云际会中深刻的历史与文化变革。

如此，"中国精神"出场的结果，亦能够启发不同的国家、不同的文化和人民从中悟出对自己民族发展有启迪意义的东西，能够让世界更加充分地理解中国历史与思想文化的精髓，理解中国人民，理解中国的发展。

经过改革开放三十多年的历程，中国初步实现了民族崛起的愿望。实际上，一国人民不可能在什么都没有依托的情况下，会创造出世界级的奇

① 崔卫平：《我们的尊严在于拥有价值理想》，《南方周末》2007 年 1 月 22 日。

迹。正如美国是在美国精神的引领下实现大国崛起一样，中国崛起的背后一定也有我们正在寻找着的“中国精神”的引领。

“中国精神”应是中国学术话语体系建立的逻辑起点和切入点。中国学术话语体系之建构，理应与中华民族之现代精神信仰——中国精神特质之形成和确立相同步。中国人文学术领域已经有许多学者提出要研究梳理改革开放30年中国发展的精神因素，探究一代中国人精神生活发展和精神世界的成长，梳理时代精神、民族心理、生活态度、道德情操、审美趣味、价值取向的发展变化等问题。①

中国精神反映和体现的，是中国的国家形象的根本，它折射的，是一个民族的大写的整体性人格境界。在这个意义上，作为中国人文学术话语建构立足点的“中国精神”，就不仅只是中国学人集体努力进行纯粹智性建构的产物，它同样是一场实践性的伟业。

二

英国前首相撒切尔夫人生前曾经说过这样一句话：“不必担心中国的崛起，因为她不向世界输出思想。”且不论撒切尔夫人出于何种目的做出这种独断，但至少，她做这番论断时，是以欧洲文化优越者的姿态和心态，以普遍的西方对东方思想的绝对话语霸权为立场和自信支撑的。

“精神”被西方主流学术思想一致认定为是文化和价值的唯一实在的本体。人类文化的历史从根本上讲是人类精神的历史，精神造就了人类的文化。早期希腊文化尽管有各式各样的纷争和冲突，但其内在的精神还是和谐的与宁静的，希腊精神被史家称之为“美的精神”，美的精神还停留在感性，所以还是一种自在的、尚未展开的人类孩提时代的精神。希腊被强大的蛮族灭亡以后，一种新的精神取代了古代的希腊精神，那就是基督精神，基督精神是人类历史上一次伟大的转折，它把人类精神中的内在神性展呈出来了。但是，由于其重心放在彼岸王国，对现实世界采取排斥的态度，因此，最终导致了基督精神的二元分裂。在基督教的裂缝处，近代人文主义潮水般地涌现出来，最终近代的“市民精神”取代了基督精神，创造出一个近代的资本主义文明。但是，由于近代人文主义没能张扬人的

① 童世骏、何锡蓉：《中国发展的精神因素》第1版，上海人民出版社2008年版。

内在神性，还是一个有限的人类精神，而这种精神的有限性是与资产阶级上升时期的本性相矛盾的，有限的自我不能肩负起创造世界和创造历史的重任。因此，在近代人文主义的落潮中，一轮新的精神登场了，它就是德国19世纪的文化精神。“德国的精神”是人类精神的最乐观、最豪迈、最危险、最富有戏剧性的写照，作为统一的精神力量，它贯穿于18世纪末德国启蒙运动之后的整个19世纪的文化。这里不能不提到尼采，尼采基于对“权力意志”的规定和对自由的独特理解，认为精神有三种变形：“我告诉你们精神的三种变形：精神如何变成骆驼，骆驼如何变成狮子，最后狮子如何变成小孩。”首先，精神是骆驼，“因为许多重负是给精神，给强壮忍耐而中心崇敬的精神担载的：精神之大力要求重的和最最重的担负”。这意味着自由的第一个历程正是生命本能的健康强壮。其次，精神是狮子，因为“他想征服自由而主宰他自己的沙漠”。为了获得自由，精神总是否定从前的价值，从而创建新的价值。因此，“他要与巨龙争胜”，要将从前的一切价值所规定的“你应”的义务，变成“我要”的自由。所以，为着自由、为着创造，精神仅仅是骆驼已不能胜任。于是“创造自由和一个神圣的否定以对抗义务……这是狮子的工作”。而“创造新价值……为着新的创造而取得自由，——这正需要狮子的力量”。再次，狮子是小孩，因为“小孩天真与遗忘，一个新的开始，一个游戏，一个自由的轮，一个原始的动作，一个神圣的肯定”。精神的自由就是在破坏现有价值的同时，又是在创造出新的价值中实现的。正是在这样的创造中，精神将自己的意志体现了出来。所以，尼采说：“为着创造之戏，兄弟们，一个神圣的肯定是必要的：精神现在有了他自己的意志。”① 尼采是借小孩比喻集破坏者与创造者于一身的理想新人。

简短的学术史考察清晰昭示，人文思想的语法（逻辑），其实就是学术话语自己构成自己的逻辑，它在深层意义上构成民族文化学术之独特的叙事和表达方式、独特的精神追求。探究中华民族以及中国人的“精神性存在”的历史脉络、谱系图语、内在逻辑及其现实合理性，以观念的方式演绎中国人精神心性、人格境界等的成长和不断攀升的历程，是当代中国的人文学术话语建构的核心使命和中心议题。

---

① ［德］尼采：《查拉斯图如是说》，严溟译，北京文化艺术出版社1987年版，第21—23页。

因此，中国学术话语的重建，首先是与对历史发展过程中所生成的中国社会和中国人的精神寻索的历程相一致的，这种寻索伴随着“中国精神”——中国学术思想的出场和展现方式。这是一个持续地挖掘中国精神的本有元素，整合其他文化的合理成分，从而自觉地创生新的“中国精神”的过程。诚如有学者所言，一个能够广泛地影响世界的大国，一定是一个思想家辈出，在参与世界知识体系建构的知识生产中，不断推出新的整体性思想体系的国度。“更直接地说，就是不再拼凑他国的思想文化百衲衣，而是以中国经验和中国元素建构社会生活理念和生命价值观，成就自己文化形象的整体高度和阔度……”①

从理念型意义上审视，自20世纪初以来，实际主宰中国人文学术的思想话语单元及其相应的叙事方式，充满了矛盾、紧张、冲突甚至深刻的“悖论”。如果说自20世纪初叶以来，中国学术话语的核心是东西两种文化的“体用之争”问题的话，那么这场争论延续至20世纪90年代，问题又以中国学术话语建构中的“全球化”与“本土化”的关系再一次呈现。按道理，既为“中国学术话语”，那么必然就必须立足中华文化的本根，以与西方话语进行平等对话和交流。但问题是，从文化精神的角度来看，中国文化和西方文化，原本所代表和体现的分别是两种不同的主体精神。依照学界通用的说法，一种我们通常把它叫做“协调的现实精神”，另一种我们则把它叫做“超越的浪漫精神”（一名之曰“伦理文化”，一名之曰“宗教文化”）。前者注重于内在的道德修为，后者则注重于人和上帝之间的一种超越的信仰。这两种文化首先存在着致思路向和学理旨趣等方面的深刻差异，要实现真正意义上的相互为用，相互助益，必得做许多扎实的话语转换工作。

对中国精神的把握，的确不能脱离中国社会历史、文化以及在这种历史文化情境中生活着的中国人的存在现实。现代许多学者尝试着为“中国精神”的内在特质、形态等进行把脉、诊断和界定。一是张岱年先生所谓中国几千年来文化传统的基本精神其主要内涵：天人合一、以人为本、刚健自强、以和为贵。实质是“创生论”——以“生”为中国精神的本根。先生以《周易》中的“天行建，君子以自强不息”为基础，将

① 参见王岳川《从去“中国化”到“再中国化”的文化战略》，《贵州社会科学》2008年第10期。

中国文化的精神理解为生生不息的文化。二是李泽厚先生的“实用理性”论。认为此乃中国文化、中华民族从而“中国精神”的根本——以“用”为中国精神的本根。所谓“实用理性”，不同于康德的“实践理性”，它其实就是对伦常日用、对百姓寻常生活、生存问题的关心而已。三是张立文先生所谓“和合文化”及其所体现除的和合精神认定，以“和合”为中国精神的本根；而钱穆、林毓生、唐君毅等先生则倾向于认为，中国精神的核心是人文精神，中国人文精神的核心是“对人的尊重的精神”，除此以外，还有所谓“注重和平的精神”、基于现世又超越现世的“超越性精神”等等。当代著名文化学者许纪霖先生从思想史的角度，着重对19世纪中叶之前的古代中国到20世纪90年代这一历史时段，中国精神的逻辑演进历程，做出了精到有致的理论梳理。依照他的看法，简单地说，从古代的神圣社会，走到当代的世俗化时代，期间经历了四个阶段的演变。第一阶段是19世纪中叶之前的古代中国，那是一个中国式的神圣社会。古代中国人的精神世界是丰富和完整的，人的生活世界属于一个更高的、有意义的宇宙。无论是儒家的德性论，还是道家的自然观，抑或各种民间宗教，人的精神世界都与超越的天道、天理或天命紧密相连。第二阶段是从19世纪中叶到20世纪中叶，中国面临“三千年未有之变局”，开始步入世俗化的现代社会。不过，1949年新民主主义革命的胜利，使得中国又重新回到了一个神圣时代，一个红色的神圣时代。第三阶段是从1949年到1978年，这是一个激进的理想主义时代，是一个非常极端的理想主义时代。无论是革命的理想主义，还是小资产阶级的理想主义，都具有极端的理想精神和浪漫气质。这些理想主义的时代英雄塑造了两代中国人的精神特征。第四阶段是20世纪70年代末到20世纪90年代中期，世俗化重新起步，后理想主义成为20世纪80年代的精神特征。现代化取代过去虚幻的革命乌托邦理想，获得了某种神圣性价值。在这个时期里面，最具有精神象征意义的事件，莫过于“信仰的失落”了。①

此种对中国精神的勘定、此等对中国精神的个性化探索，在精神生成的历史性、纵深性展示意义上，是难能可贵的，它至少为我们寻思中国精神，提供了必要的、有益的界域。但令人遗憾的是，后世学者在这个问题上的贡献，几乎是微不足道的。

---

① 参见许纪霖《世俗化社会中国人的精神生活》，《天涯》2008年第5期。

原因很明显，中国人文学术话语主题的寻找和话语空间的建构，由于缺少自己的元话语，只能是西方多个观念、思想主张的简单平移，而从根本上忽视了对中国人文学术之基本致思对象的“中国精神”的关注，没有从中国精神生活中发现、提炼和概括中国学术的元素和成分。中国人文学术研究者不是用中国精神观照和审视其他精神，相反，却习惯于用欧洲精神、美国精神——现代性文化精神批判、构筑中国现实。长期以来，大多数中国人就生活在这种高度异己化了的现实中，逐渐忘记了自己的来路出处，被动无奈地处于严重的“精神游牧”状态。

我们不能不承认，中国学人、中国民众关于“中国精神”的体知，无法令人乐观。知识界的思想不作为、作为不到位、作为不当或缺乏有效思想作为的结果，使得不仅中国社会，而且中国人普遍的“精神矮化”和侏儒化现象，正在成为显在现实。在今天这样一个时代，物质很容易堆满我们的四周，也很容易堆满我们的梦境，人们不再关心自己灵魂的贫穷和肮脏，金钱已成为这个时代唯一的图腾，金钱支撑起一个个高昂的头颅；善良被看成是怯懦，正直被当成无能，诚信被视为迂腐……伟人毛泽东生前曾经坚信：“人人可以成尧舜”，他生前曾说过一句意味深长的话：人是要有一点精神的。这句话其实包含其作为领袖人物，对于一个新生的民族之精神的无限美好期望在里面。“井冈山精神”、“延安精神”、“白求恩精神”、“雷锋精神”……凡此种种，都是我们在革命和建设的不同时代所塑造、倡导的，但是，其实际结果呢？

在《精神现象学》中，黑格尔考察了他生存于其中的那个时代的精神气质，以哲人所特有的睿智，为他那个时代的精神本相和走势进行理智把脉：“……我们这个时代是一个新时期的降生和过渡的时代。人的精神已经跟他旧日的生活与观念世界决裂，正使旧日的一切葬入过去而着手进行他的自我改造。事实上，精神从来没有停止不动，它永远是在前进运动着……”成长着的精神“慢慢地、静悄悄地向着它新的形态发展，一块一块地拆除了它旧有的世界结构”①。无疑，黑格尔对精神的逻辑和力量充满了自信的。以此观照，中国人文学术话语之思的使命之一，正在于用文明时代人类的优秀智慧，来为本国、本民族的精神图式和图谱进行重新编码、重构进而引领和提升。因为，正如别尔嘉耶夫所言：“人身上存有

① 参见［德］黑格尔《精神现象学》，贺麟译，商务印书馆1997年版，第2页。

精神的元素，它不依附于世界，也不由世界所决定。人的获救并非如人们常说的那样，是自然、理性或社会的需求，而是精神的需求。"① 一个民族、一个时代的学术话语建构和创新，如果脱离了这民族和时代的精神生活现状，必将是缺乏生命力和难以持久的。

三

20世纪80年代初，从香港歌星张明敏唱响《我的中国心》、《龙的传人》等开始，中国人的民族自豪感和自尊心就已然开始油然升起。以至于有当代中国学者断然指认："此乃中国人现代性文化体验的开始。"② 而到后来，当内地歌星和民众一致唱响《大中国》——"我们都有一个家，名字叫中国……"时，中国人对于有关"中国精神"的影像的感知似乎变得越来越清晰了。

但事实并非如此，20世纪80年代后期中国社会经济、政治以及思想文化领域所发生的一系列深刻的变化，首先在一部分中国学者和民众中树立起了民族自豪感，体会到做为一个中国人的骄傲。于是出现了许多以"中国"和"中国人"为名目的盲目的自我夸饰、自大为噱头的行为，并最终以使许多中国学者感到不可思议的一本《中国不高兴》的畅销书而告结束。其结果，非但没有在一代中国人心目中确立一个明晰的"中国形象"，反而却出现了"中国是谁?"、"中国在哪里?"等的认同危机。而学者们辛苦建立起来的几乎成为学术质性的一个个学术规范，无一例外，竟都面临着准"合法性"根基的危机。超越学科之间的壁垒，从学术共同体所要求的基本的规范约定意义上，可以毫不夸张地说，整个中国的学术思想，正面临一种可怕的话语的"无政府"状态。

随着"后文化时代"的到来，包括中国学术界在内的整个全球人文学术话语的建构，更是处在一个非常严峻、非常艰难的学术环境中。一方面，一向被视为神圣的"精神"话语本身，无一例外都开始经历全面、持续的系统解构，以往所发现、认同和坚持的"价值"，正遭遇种种形态的深度质疑。有学者对这种现象做出了如下的概括，指出，"……典型意

① 汪建钊编选：《别尔嘉耶夫集》，上海远东出版社2004年版，第249页。

② 王一川：《中国现代性体验的发生》，北京师范大学出版社1990年版。

义上的现代人，凡事也都要问一个为什么。人们以前一般不问‘为什么要有道德?’因为即使问这个问题，答案也是近在眼前的：因为上帝或上天要我们有道德的。但对于‘凡事都要问一个为什么’的现代人来说，这个答案并不令人满意，因为他还会进一步问：‘为什么上帝或上天让我们有道德?’甚至，‘为什么你会相信有上帝或上天?’”① 另一方面，不仅普通民众，就是大多数人文学者，面对浮艳、繁华的世相物态，也难以固持“柴门清话”般的学术本心，对人文学术本身的神圣性心存质疑。

读过《浮士德》的读者都不会忘记歌德笔下的浮士德说过的一句话：“我要用我的精神抓住最高最深的东西。”此语或许能给正在彷徨中国的中国人文学术和学者以应有的反思性启发。歌德笔下的浮士德，本是个深居学术象牙塔中，终至垂垂老矣的人物。面对即将朽坏的身躯，浮士德懊丧异常，他觉得他的人生仿佛还没有开始就要结束了，他花了一生的时间研究学问，却对人生体验品尝太浅，却对知识有说不出的厌倦。烦恼之余，魔鬼适时出现，引逗他出卖灵魂，交换条件就是让他的人生重新开始，给他机会去品尝所有过去为了知性而放弃的体验。在魔鬼的带领和帮助下，老眼昏花的博士返老还童，在大千世界中沉浮游荡，先后经历了五个重要的人生阶段：爱情、政治、美的活动、科学试验以及劳动创造世界。他的行动不仅改变了世界，造成了某些看得见的业绩，同时另外一个结果也随之产生出来，这就是他本人、他的人性、他的眼光、他的感受。在经历过政治活动之后与之前，他的眼光和处事能力是不一样的；在经历过移山填海之前与之后，他的力量和人性收获也大不相同。浮士德在那时，其实是胸怀大志的，他说：“我要投入时间的急流里，我要投入事件的进展中……快乐对我而言并不重要，因此我若在某瞬间说：我满足了，请时间停下！我就输了……我要用我的精神抓住最高和最深的东西，我要遍尝全人类的悲哀与幸福。”歌德透过浮士德说：知识追求到后来，竟然只剩下零碎。虽然歌德所描述的情境与当今中国学术场景存在时空上的巨大跨越，似乎不可同日而语，但其所表达出来的内在心绪，竟是何其相似!

中国学术话语，其努力所指，当是“中国精神”的现代图像和图语，这是现代观念史和思想史意义上，一代中国人文学术整体性地向世界展示

① 童世骏：《当今中国的精神挑战》，《文汇报》2009年5月30日。

自己的追求、境界、气质、风范等的一个核心坐标原点。中国人文学术从业者正是依据此获得学术自信、学术立场，取得应有的学术话语权。没有中国精神的确立，中国学术话语的建构和生成就缺乏一不要的出发点和根基。

中国学术话语构建，关键是要反映生成中的中国精神。中国精神其实并非一个新问题，但究竟什么是中国精神，它有哪些核心元素，一直以来都是一个问题。破解此难题的一个最便捷的方法，就是对中国精神的生成，做一必要的历史考察。

中国社会和历史的精神境况，中国人的精神生活、精神世界之真实，长期以来是一个没有引起学者足够关注的话题。面对全球化背景下多元文化和价值并在冲突的现实，中国学者陷入了严重的失语之中，完全不知道应向世界展示什么，不知道应以何种方式向世界展示自己。有中国大陆学者结合国外学者对中国社会和文化的观察和研究成果，对此现象做了认真的考察和分析。[①] 根据刘擎先生提供的文献资料，近年来，在西方中国研究中，"晚期社会主义"（late-socialism）以及"后社会主义"（post-socialism）的概念被频繁使用。既试图以此把握中国社会转型的阶段特征，同时也试图以此展开对中国当代知识分子与思想文化的研究论述。白杰明在 1999 年发表的《赤字：论中国当代文化》[②] 一书中，以很大的篇幅论及当代中国知识分子。他使用"晚期社会主义"的概念来把握 20 世纪 90 年代中国知识分子的历史语境，提供的参照比较是 20 世纪 80 年代东欧知识分子的处境，以此将"晚期社会主义"与匈牙利作家哈拉兹梯（Miklos Haraszti）提出的"天鹅绒牢笼"[③] 概念相联系，对中国知识分子的独立与批判性做了相当悲观的评价。在他看来，"晚期社会主义"处境所形成的"天鹅绒式的统治"使得中国知识分子丧失了批判力。虽然在 20 世纪 90 年代，知识分子的思想争论热烈展开——从人文精神讨论、国学热、大众文化理论到后现代理论等，但这些讨论都没有形成真正的批判性的"异见文化"，而只是机会主义式和妥协性"无害的另类文化"。这表现在

① 参见刘擎《西方学术视野中的当代中国精神生活》，《浙江学刊》2007 年第 5 期。

② Geremie R. Barme, *In the Red*: *On Contemporary Chinese Culture*, New York: Columbia University Press, 1999.

③ 参见 Miklos Haraszti, *The Velvet Prison*: *Artists Under State Socialism*, New York: Basic Books, 1987。

大众文化中的充满妥协和逃避的“玩世主义”，而大众文化表面上的多样性形成了一种宽松多元的文化幻觉，实际上压制异见文化的合法性。这是作者使用“赤字”作为主标题的含义之一：20世纪90年代的中国文化界虽然话语过剩，文本超产，却缺乏真正的思想与社会力量。

简单地主观断定中华民族、中国人缺乏自己的“精神追求”——“中华精神”，显然是不合历史事实的民族文化虚无主义。认定中国历史的发展并没有生成与“希腊精神”、“美国精神”等相应的“中国精神”，更是站不住脚的。问题是，中国精神的性质、形态、内容等，在当代都发生了哪些新的变化？与当代中国社会历史现实相适应的“中国精神”究竟是什么样的？简言之，究竟什么是“中国精神”？我们究竟需要什么样的“中国精神”？在这个问题上，我们充满了迷茫，存在着很多待破译的“密码”。至少在当下，还没有那一个学者能够清晰地向我们勾勒出“中国精神”的大致轮廓。

被毛泽东生前称赞为“民族魂”的大文豪、大文化思想家鲁迅先生，有感于“中国人失掉自信了吗”问题的思考，早在数十年前就深刻地断言并告诫当时的中国思想界：“想在现今的世界上，协同生长，挣一地位，即须有相当的进步智识，道德，品格，思想，才能站得住脚。”鲁迅先生显然意识到了一个民族的真正强大，在于以伟岸的精神的力量，自豪地挺立于世界民族之林中的重要性。看来，关于中国学术话语的建构，我们的确到了关注“中国精神”的实践理性认知和文化价值自觉的时候了。而所谓“中国精神”的实践的理性认知，其真意是指，我们必须秉持民族文化本位和开放、包容的学术胸襟，在自觉的实践论、生存、生活论的哲学意义上，对中国精神的反思和观照。

首先，“中国精神”并不是一纯粹抽象的话语符号及其空洞表达，这是一个我们曾经拥有又不幸失去的正在形成中的东西。

“中国精神”这一指称，表达和包含了太多、太重要的东西在其中。

在知识论意义上，中国精神堪称中国文化的本体和母体。中国精神是指中国社会、历史在长期的文明进化历程中所形成的对宇宙、文化和人生等存在本质的实践性体知基础上，一代代中国人对真、善、美的不懈追求，以及所体现出来的相对稳定的独特的精神气质、心理特质和意志品质和人道情怀等，它是中华民族积极的生存态度与生活情感的综合彰显，并实际构成中国文化合法性存在、演化和发展的终极根据与理念依据，它引导并同时制约着中国文化的演进方向和路径选择。

在价值论意义上，中国精神是代表着中国文化的价值发现方式和实现方式。它是中华民族在合规律和合目的性相统一的意义上，对合理性社会结构和制度组织、对优良的生活秩序的向往，对优雅生活方式的追求。

在信仰论意义上，中国精神是中华文化之独特的价值理性信念的体现。中国精神所表达的，是中华民族和全体中国人在对科学信仰的主体性认同、坚持和不懈地践履基础上，对整个宇宙和人类未来命运的一种终极观照，等等。

中国精神实际地体现在中国人的科学观念、伦理文化、宗教信念以及哲学、艺术等理论之中，反映着中国人对于天人关系、人和（社群）共同体的关系、人与人关系的智慧结晶。反过来，中国的各种观念形态的东西，也必然都是以不同的方式，在探究着中国精神的精髓。

中国人文学术要真正取得对中国以至外域现实的影响力，关键是要致力于对一种“真的现实”、“真的生活”的理性建构和坚持意识。所谓“真的现实”、“真的生活”，是指我们需要明确“中国精神”的原色，但这又不能脱离对中国文化之基本精神的认知。

中国精神的文化价值自觉，其基本旨趣基于对“中国问题”本身的文化与价值哲学理解。现代中国的问题，如果按照“世俗社会与超越精神”的话语方式来看的话，一般认为是“超越精神“的缺失，导致许多本土和非本土的学者习惯性地指责中国文化政治上不能为民主政治提供约法精神和守约习惯，经济上不能为现代健康、完型和成熟意义上的市场经济提供诚信和个人独立自由等。

这种说法认为，中国传统的儒教和道教，比较欠缺这方面的精神资源。而在经受现代“世俗化”冲击之后，更是荡然无存。所以，为了在现代中国发展民主政治和市场经济，就必须引入超越精神。而所谓超越精神，无非就是以本文前已述及的所谓基督教或基督教化的希腊思想、或者以基督教为历史背景的现代主体、人权、人格概念为基础的所谓“普世价值”。这种超越精神的诉求，在当前的中国遇到来自两个极端的挫折，一方面是在高调的理想主义意识形态失去其普遍的感召力以后普遍蔓延的犬儒主义、相对主义情绪，什么高尚的说法都不再相信；另一方面则是日益发达的市场经济大潮带来的一切向钱看、物质享乐主义的腐蚀。现在从理性上认识到要提倡超越精神的人，感情上却是厌恶超越精神、拥抱世俗社会的虚无主义一代。这便是当前知识精英群体的虚弱无力状况。

其次，我们需要以面向后文化时代的纯良型思想姿态，努力追求中华民族之高贵精神和优雅性生存境界。这一努力，关乎民族之“心性本体”，关乎一种生命质感——深度、阔度和高度，关乎民族气节，关乎人格理想，关乎高远的人生境界，关乎民族之“生存意义的体验”获得方式的可能性，同时更指向一种新的人文秩序的重建。

但所有这些，似乎还不足以将“中国精神”的实质真正地、真实地呈现出来。从20世纪中后期以来，许多人文社会科学学者有感于全球化时代、市场经济背景下“中国精神”在“过度世俗化”过程中日益呈现的“侏儒化”、“相对主义化”、“功利实用化”以及某种程度的“虚无化”现象，开始探讨所谓“贵族精神”问题。虽然学界对此褒贬不一，但我们认为，至少从“中国精神”生成的意义上、从我们思考构成新“中国精神”有效元素的意义上，从引导未来“中国精神”的演进方向的意义上讲，这种探讨不无重要的启示意义。正如学者们所指出的那样，财富的增加并不必然带来精神的富有。改革开放三十年多来，尽管一些人达到了“先富起来”的目标，物质生活极大丰富，丰富得让他们失去了选择的标准。可是安逸的生活非但没有让他们快乐，反而让一些人忧心忡忡，觉得生活的路子越走越窄，致使“心理贫穷”的人群日渐增多，个别人心理上的“穷困”甚至到了偏执的地步，以致产生极端行为。这恰恰反映了人们物质生活和精神生活的两个层面：“富者，物质之丰也；贵者，精神之悦也。”①

所谓贵族精神是相对于平民精神而言的，它是在贵族社会形成的一种人文传统。贵族世袭制度，使贵族摆脱了衣食之忧、名位之求，而且积累了高雅的趣味，造成了超越的、自由的、高雅的贵族精神。“五四”新文化的倡导者陈独秀曾指出：所谓的贵族精神，指的是一种高尚的人格理想，高贵的精神气质，既无关乎门第、血统，更与消费水平无关。事实上，我们这个民族生活中的诸多文明礼仪，包括最简单的礼貌用语，大多是出自他们。

中国现代性的片面性体现在单纯的经济领域的变革，缺乏文化思想领域变革的配合，尤其缺乏反思、超越的现代性的建设，于是，消费主义成

---

① 王本道：《“富”、“贵”之别》，《海燕》2008年第12期。

为新的意识形态，大众文化畸形膨胀。出现了这种现象：物质的富裕掩盖了精神的贫乏，感官的享乐取代了思想的追求，低俗的时尚排挤了高雅的趣味。这造成了文化生态的失衡，精神世界的倾斜。分析当代中国社会的精神境遇，我们会发现，中国目前的精神境遇是结构复杂、意涵厚重的，是多种因素“叠加”的结果。改革开放后，我国精神领域巨大的变化就在于社会文化由单一转向多元，现代文化与传统文化，先进文化与落后文化，中国文化与西方文化，主文化与亚文化，高雅文化与大众文化等各类文化并存。主调明朗的社会主义主流文化同各种亚文化呈现出共同发展的局面。有人曾经用“实用性、直接性、短期性、刺激性”来概括社会上流行的“文化快餐”现象。因此，针对过度世俗化社会的精神病态现实，作为一种理性之反弹，当今社会所提倡时代所谓贵族精神，从根本上说，就是肯定人的高贵性、神性、自由性，抵制鄙俗性、世俗性、消费性。

“中国精神”所追求和着力展现的，应该是历史进程中获得和造成的我们这个民族丰满、健康、高雅的人性品质，而中国的人文学术话语，就是要以人文理性所特有的方式和视野，对我们民族在这一曲折复杂的历程中的个性修为和“人性所能达到的境界”，做出富有说服力和引导性的理论创造。苏联著名的宗教思想家、哲学家别尔嘉耶夫在《俄罗斯灵魂》一文中这样说道：“世界大战尖锐地提出了俄罗斯的民族自觉问题。俄罗斯民族的思想界感到有必要、有责任揭开俄罗斯之谜，理解俄罗斯的理念，确定它在世界上的任务和地位。”① 将别尔嘉耶夫这段话用来透视和审视正在生成中的“中国精神”，可谓意味深长。的确，中国人文学术话语的建构，需要整个民族的精神自觉，它是一场中国人的精神自救和自我更新的过程，同样关系到整个中华民族在世界中的文化新形象。

最后，中国学术话语的建构，我们尤其需要基于“辅旧邦以阐新命”的意识，在“话语”理论自身的创新上做足功夫。依别尔嘉耶夫之见，“语词对我们的生活拥有巨大的权威，神奇的权威。我们受到词语的迷惑，在相当程度上生活于它们的王国之中。词语如同一股独立是力量活动着，而且并不凭借它们的内容”②。

缺乏自足的学术话语权，可能是今日中国知识界和所有中国学人备感

① 汪建钊选编：《别尔嘉耶夫集》，上海远东出版社 2004 年版，第 3 页。

② 同上书，第 83 页。

尴尬的事情，一个总是说着别人话语、按照别种文化、思想思考的民族，沦落于附庸地位就是必然的事情。有感于近世以来我们和西方文化交流上的不平等现实，近几年随着经济的强大，我们极力鼓吹复兴“国学”，并向全世界输出中国文化，学者们称之为提高和增强我们的“文化软实力”。这样一种以经济事功的方式求得文化竞争上的成功方式，正在全球范围内展开。在文化是民族心性养成的意义上，我们有充分的理由怀疑这种做法的有效性。

中国学者对“分析哲学”、“现代性”、“后现代主义”、“现象学”、“解释学”等等并不陌生，如数家珍，运用起来亦游刃有余。但唯独缺乏的是话语的新创能力和学术习惯，缺乏以自己独创和话语来把握、透视和分析包括中国在内的全人类的生存生活处境、精神文化追求，我们没有创制学术新话语典范的气度。有学者敏锐地发现了这一问题之严重性，从而提出了首先要有“中国”意识，然后再从事学术规范的创立问题。这就要求我们，必须明确在世界人文学术话语格局中中国的地位和基本处境。依邓正来先生之见，世界结构中的“中国”的实质，不在于个性或与西方国家的不同，而在于主体性，在于中国本身于思想上的主体性：“其核心在于形成一种根据中国的中国观和世界观（亦即一种二者不分的世界结构下的中国观），并根据这种中国观以一种主动的姿态参与世界结构的重构进程。”①

这一识见的方法论启示意义是显而易见的。中国人文学术在这方面，有着沉痛的历史和文化记忆。一代中国学人不会忘记，现代中国思想史上，当中国人还没有真正弄清楚所谓“社会主义”的本质的时候，自由主义、个人主义、消费主义、后现代主义、民族主义等俨然已经次第登台，并试图按照分别代表的文化理念，粗暴地开始渗透进中国社会日常生活各领域，甚至中国文化的血脉之中，并试图从根本上重新改铸中国人的深层心理和精神气质。我们面临着话语的喧嚣，就是听不到中国思想自己的声音。知识分子是人文学术话语重构的重要主体，话语革命的实现，这一群体责无旁贷。知识社会学理论的重要奠基人之一曼海姆曾使用“相对不受束缚的知识阶层”，来描述知识分子。② 其本意是想表明，知识分

① 邓正来：《一种以中国为根据的“全球化观”的论纲》，《河北法学》2008 年第 1 期。

② 参见［德］曼海姆《文化社会学论集》，艾彦等译，辽宁教育出版社 2003 年版。

子不是天马行空、超越一切的高贵阶层，它没有“参与上天的启示”。知识分子的怀疑精神、批判意识和他们彻底的觉醒是“面包中的酵母”，不过他们“并不提供面团”。知识分子一贯反映着社会的趋向，在政治和商业的双重压力下，中国知识分子既不能满足于用别人的声音说话，也不能满足于虚假的自我发言，更不能只在意自己一个阶层的声音。

精神的本质是自由，它在艰难的自我实现过程中不断追求自足、自主和自洽。中国精神要对当下以及未来中华民族的历史、文化和生存、生活等发挥其引领性、感召力、影响力，就必须找到按其本性成为自己的恰当方式，这种方式形成的标志，就是话语资质和话语权。如同中国社会在经历“千年之未有的大变局”中不断寻找自己的坐标方位一样，中国精神势必要在复杂的观念场景中积蓄理论和势能，改变自己一直被要么单向主宰、要么同化的命运。著名文化学者甘阳一直强调接续晚清以来中国知识界的基本问题意识，提出“作为一个中国人应该有什么样的文明抱负的问题”。他认为，如果中国只是一个缺乏历史的小文明体，如果中国仅仅满足于做西方的文化附庸，不必费力想那些根本性的问题。但是中国是个有着悠久历史的大文明体，就必须承担起自己的文明责任，必须确立中国文明的自主性。①

① 转引自杨瑜《30 年人文社科话语：中国的文明责任》，《21 世纪经济报道》2008 年 7 月 21 日。

中国当代建设实践的主体性自觉

——兼谈历史唯物主义功能及其内涵的当代转化

罗 骞*

黑格尔在《历史哲学》中说历史要从中华帝国说起，这不仅因为中国是最古老的国家，最主要的原因在于他认为，中国历史代表的是“客观性”的“幼年时期”，客观存在和主观运动之间还没有发展成对峙，所以无从发生任何变化，还没有真正历史的东西，只能说是“非历史的历史”①。在黑格尔看来，中国和印度都还处于世界历史的局外，只有期待若干因素的结合才能取得活泼生动的进步。② 他的意思是说，中国历史的进展还是源于纯客观的自发性。如今，经历了100多年的内忧外患和各种艰苦卓绝的努力，中国是否已经从沉睡的客观性中觉醒，形成了创造历史的主体性自觉呢？中国当下蓬勃的建设实践是否已经达到了高度的理性自觉，并且具备了参与世界历史的思想准备，而不是停留于纯粹客观的自发性，这实在是一个至关重要的问题。因为无论如何，在以西方为标志和主导的现代文明体系中，这个占有全球1/4人口的国家以

---

* 罗骞，中国人民大学教授。

① 相关论述见黑格尔《历史哲学》，上海世纪出版集团2006年版，第97、110页等处。

② 马克思1853关于印度殖民地的评论，也谈到了印度主观精神的缺失，谈到了印度社会根本没有历史（见《马克思恩格斯选集》第1卷，人民出版社1995年版，第765—766、767页）。中国和印度历史的“非历史性”在黑格尔和马克思那里并无二致，略微不同的是，黑格尔从原则上把印度的历史看得比中国进步一些。

何种方式走进世界历史，是重复现代西方国家的道路，还是搬出古老的传统来应对现代文明的困境，抑或是进行创造性的实践，为人类文明探索一种新的存在形态，不仅对于中国自身，而且对于整个人类社会的发展来说都是极其重大的历史事件。当代中国建设实践面临复杂的多种可能性，原因在于当代中国是一个前现代、现代和后现代多重因素并置的复合体系，各种因素的优势和限度相互交织，相互作用，思想原则的分裂也是显而易见、并且理所当然的。当代中国实践成功的关键就在于，它是否能够在这种分裂提供的机遇和挑战中，熔铸一种内在巩固的原则和理念，形成意志，开创未来，而不是简单的复古或对现代的模仿。海纳百川，有容乃大，中国当下百花齐放的思想局面只要不局限于抽象的对立甚至“怨恨”，而是真正站在历史的、时代的、人类的高度思考中国现实，就完全有可能在对话与沟通中实现超越，形成独具中国风格、中国特色和中国气派的时代精神，引领实践，并使此一实践获得世界历史性的意义，成为参与世界历史进程的建设性因素。在此，我们将从历史唯物主义与中国当代建设实践之相互关系的角度，探讨历史唯物主义对于形成当代中国建设实践之主体性精神的基本意义，同时考察历史唯物主义内涵和功能的当代转化。在我看来，中国建设实践的主体性精神不仅应该自觉地建立在历史唯物主义的理论基础之上，而且必然包含对待历史唯物主义思想体系的多重关系，诸如继承、重申、改写和转换等等。一方面，只有站在历史唯物主义反思现代、开创未来的历史高度上，中国以文明复兴为基本主题的当代建设实践才可能获得世界历史性的意义；另一方面，历史唯物主义只有结合当今时代变化，结合民族国家的具体实践才可能实现自我转化，获得鲜活的生命，而不至于在顾影自怜的哀怨中命运般地消逝于历史的深处。

一

马尔库塞曾经指出，黑格尔是最后一位将世界解释为理性的哲学家，他认为现实要受到理性的主宰，历史是思维与存在、主体与客体统一的理性实现过程。黑格尔以理性哲学的方式表达了启蒙的主体性精神。不过在黑格尔看来，将观念做成实在的法国大革命还只是处于“想象理性”的阶段[①]，而日耳曼王国才代表和展现了真正的理性，负有调和客观真理和自由的历史使命[②]。所以，《历史哲学》从处于“幼稚时期”的中华帝国开始，而以日耳曼民族结束。20世纪三四十年代纳粹德国横扫欧洲的时候，欧美理论界有人认为，黑格尔理性主义哲学对日耳曼国家的赞美和颂扬在纳粹国家中变成了现实，法西斯主义的国家意识形态是黑格尔哲学的历史后果[③]。有趣的是，作为犹太人的马尔库塞却批判了这种观点，重新肯定黑格尔的理性精神，指出马克思主义才是黑格尔批判理性的真正继承人，实现了理性哲学向社会批判理论的转变。马克思的革命范畴实际上是“否定理性”在社会历史领域内的转化。没有黑格尔“否定”的理性精神，就不会有马克思批判的革命理论。马尔库塞在《理性和革命》中建立起来的这种思想关联，是在西方马克思主义的思想路线上试图拯救历史唯物主义历史主体性精神的一次重要努力，构成了对历史自发论和机械决定论的反驳。在马尔库塞看来，马克思的理论是与命定论的决定论完全不相容的。[④]

历史唯物主义显然具有启蒙主体性的根源，马克思将这样一种理性的主体性精神转化为创造历史和改变现实的实践主体性。在这条思想路线上，革命被提升为政治哲学和历史哲学的核心范畴。这一转化，既克服了理性主义哲学观念主体内部的自我旋转，同时也克服了面对现实的非批判的实证主义，将被唯心主义抽象地、观念地发展了的能动性引进现实，现实不再是纯粹客观的外在性和消极存在，而是实践中主客体的交互作用[⑤]。所谓交互作用就是双向制约和相互构成。这种实践意识消解了命定论和（包括上帝决定和自然决定的历史观念）和唯意志论的历史概念。抓不住这种实践意识的批判意义和内在精神，就可能从被其扬弃了的两个极端理解历史唯物主义。我们知道，机械决定论与乌托邦构想、实体主义与主体主义解释原则之间的对立和纷争在马克思主义阐释史中构成主线。在这种抽象对立中，真正丢掉了的恰好是本质重要的实践意识和历史意

① 黑格尔：《法哲学原理》，商务印书馆1996年版，第255页。

② 同上书，第359页。

③ 罗伯特·戈尔曼：《“新马克思主义”传记辞典》，重庆出版社1990年版，第567页。

④ 马尔库塞：《理性和革命》，重庆出版社1993年版，第288页。

⑤ 这一可以说是《关于费尔巴哈的提纲》第一条所揭示出来的存在论视阈，它超越了任何一种脱离实践关系的“本体论”，意味着后形而上学思想视阈的开启。

识，将对历史的理解导向了神秘的主观主义或客观主义。其实，历史并不按照抽象的原则进行，而是现实的生成，是多种因素交织的实践领域。历史中各种因素作用的大小并不是一个恒定的常数，而是以时间、地点和条件为转移的，因此不能将某一抽象的极端作为解释原则，陷入非实践的神秘主义。

历史唯物主义的历史概念建立在现代主体性原则的基础之上，“历史不过是追求着自己的目的的人的活动而已”[①]。立足于这样的思想视阈，《关于费尔巴哈的提纲》才能指出：“哲学家们只是用不同的方式解释世界，而问题在于改变世界。”[②] 真正来说，发现和确认历史进程不以人的意志为转移的客观经济规律并不是历史唯物主义的根本任务和目的所在。历史唯物主义作为一种革命的发生学，它关注的是思想与现实之间辩证的实践关联，以期通过主体性的实践促成现实的改变。那种无人的“历史概念”与自然唯物主义的“物质”一样，只是纯粹抽象，它对历史客观性的强调只构成与宗教历史观和唯心主义历史观的对立，而没有包含对其主体能动性因素的吸收。对历史唯物主义的机械决定论理解可以说是这种客观主义历史概念的典型。在这种理解中，人类社会被看成是由不同板块机械地构成并且沿着不同阶段机械地运动，在空间和时间上受因果规律支配的自在系统，历史中的人不过是形式上自由而实质上盲目的棋子。事情好像是，历史发展存在着一种自然的必然性，并且唯有这样的必然性才能为人的信仰和行动提供基础。这种解释框架从根本上排除了精神，排除了意志，历史的属人的主体性掩埋在冰冷的客观性进程之中。依据这种理解框架，历史唯物主义常常被阐释为一种直观现实的实证科学，它所揭示的规律就是绝对必然的客观规律。

由于这种绝对必然性担保了未来，具体的历史事件不是被看成必然性过程的有利例证，就是被看成展示这一必然过程的偶然偏离和例外。因此，对于俄国十月革命这样重大的历史事件，有人把它看成是科学社会主义必然胜利的铁证，使科学社会主义由理论变成实践，而有人又把它看成历史的畸形，背离了经济基础决定上层建筑的历史唯物主义原理，是一种违背历史客观进程的“主观冲动”，它注定了后来苏东剧变中的失败。这

① 《马克思恩格斯全集》第2卷，人民出版社1957年版，第118—119页。

② 《马克思恩格斯选集》第1卷，人民出版社1995年版，第61、86页。

种“必然失败”和所谓的“必然胜利”都排除了历史的可能性，没有将历史看成是建构性的、因而也是充满不确定因素的开放过程，历史中人类实践的主体能动性从根本上被掩盖了。人类历史立足于自然存在的基础上，像自然一样存在着规律性，但并不存在像自然一样的规律性，因为历史不过是有意志的人类主体活动的过程和结果而已。历史作为人类对象化的客观过程，虽然不可能有纯粹的自由意志，却也绝对不是意志之外的自在进展。

不过，虽然历史始终是人类活动的过程，只有到了近代，人类才达到了创造历史的主体性自觉。随着人类实践力量的增强，创造历史的主体性和历史发展的不确定性已经成了一个基本事实。历史实践更加需要思想指导，以摆脱盲目必然性的支配和主观随意带来的灾难。在这个充满了各种不确定性因素的时代，人类社会面临巨大的困境和挑战，它需要一种坚强的实践意志和主体性精神，才可能维系人类的生存并导向一种更加美好的文明状态。对历史自发性的崇拜，不论是以历史发展绝对必然性的名义，还是以纯粹偶然性的名义，都容易倒退到蒙昧主义。历史唯物主义推进了启蒙主义的主体性精神，要求以革命改造现实，创造历史，实现人的自由解放，是现代自由、民主、平等原则积极的推进者和贯彻者，体现了一种昂扬的开创历史的主体性精神。正是在这一精神指导下的历史实践，塑造了20世纪人类社会的基本面貌，我们至今仍然生活在其历史后果之中。

然而，随着20世纪末社会主义运动的变形和衰退，这种改造历史的主体性精神遭遇了致命打击，改造现实、构想未来被指责为无知者无畏的主体性僭越。在这样的氛围中，曾经被看成是变革现实之先导的理论，自嘲地成为话语游戏和思想体操，成为闹哄哄的文本和醉醺醺的学术。于是，话语的激进主义与实践的保守主义联手言欢，对现实的肯定主义认同和犬儒主义反讽相安无事、自得其乐。思想从实践中撤退，变革现实的激情转化为话语中的激进。思想与现实，学术与政治边界的自觉再一次颠倒了马克思曾经实现的倒转。马克思曾经批判青年黑格尔派整天喊着“震撼世界的词句”，今天的新青年黑格尔派也许会回答说：“不错，我们要的就是词句的震撼!”马克思说，改变现实的是革命实践，而不是词句批判；今天的新青年黑格尔派也许会说，革命的实践改变不了现实，我们要的是批判的词句和文本的愉悦，政治家只是以不同的方式改变世界，而问题在于解释世界。

在这种实践主体性衰退的思想氛围中，人们以各种方式“告别马克思”，将他悬置为一个不在场的“上帝”供奉，或者作为“教人造反”的教主进行批判，他俨然成了和平时期建设实践的敌对者。在当代中国的建设实践中，如何对待历史唯物主义革命理论及其蕴含的主体性精神成了关键问题，思想与现实之间辩证的历史连接还有待进一步形成和巩固。黑格尔指出，中国历史要走出客观主义阶段，期待多种因素的结合才能取得生动活泼的进步。我们认为，正是历史唯物主义为中国历史的发展带来了这种主体性的积极因素，使中国当代建设实践可能通过民族文化复兴的方式开创世界历史的未来。为此必须守护创造历史的主体性精神。问题只在于，历史唯物主义改造现实的主体性精神必须从革命形式转化为建构性实践的精神动力，并使此一实践指向对现代的反思和超越，从而保持与马克思主义的内在联系。唯有如此，才能加重当代中国建设实践的分量，使其具有世界性的历史意义，而不是简单地成为一个现代国家，甚至在民族灾难的痛楚记忆中期待按照现代霸权主义的原则，挑战甚至接管美国的霸权等等。

二

中国历史与马克思主义的创造性相遇，使当代中国建设实践具备以建构性的方式克服现代困境的可能性。然而，认为中国革命和建设背离了现代文明道路，如今的建设实践就是要回归现代文明大家庭的观念和行径正在无声地摧毁这种可能性，它把成为“现代”、成为“美国”作为发展的根本目标。在这种对现代文明非批判的盲目崇拜中，不仅历史唯物主义超越资本的立场，而且西方资本主义近百年来自我调整的经验都显得无足轻重了，我们看到的是市场原教旨主义主导下的各种拜物教的盛行。难道中国改革开放的建设实践就是放弃超越现代的意志，重新肯定现代资本主义文明的必然性和永恒性吗？如果实质上是这样一种非批判立场，中国的建设实践必将失去它可能具有的超越现代的开创性意义，并且无论如何，实际上离自己宣称的话语体系都会渐行渐远。因此，革命后的中国如何确立后革命的建设实践理念事关大体，而其核心在于对革命逻辑和建设逻辑差异与联系的体认。

恩格斯在给查苏理奇的一封信中提出了“革命的第二天”问题，指出那些自夸制造出革命的人，在“革命的第二天”总是看到，制造出的革命根本不像他们原来打算的那个样子。[①] 其实，“革命第二天”面临的问题与革命本不一样。从狭义的角度来看，革命运动主要涉及政权归属，夺取政权并没有真正解决如何治理，如何利用革命政权实现革命的目的问题[②]。在这个意义上，革命取得政权只是万里长征走完了第一步，它只是手段、前提。治天下与打天下原则不同并且更难，用革命战争的原则和方式来治理国家和进行建设，即便取得暂时胜利，甚至是巨大成功，但常常是难以持久的。因此，革命政权如何把革命激情有效地转化为建设中的持久理性，将渐进的实践稳步地指向革命目标，非常时期的革命手段不能被推崇为绝对方式，而常规的建设方式必须被提升为实现革命目的的手段，这是问题的关键。革命飞跃只是历史瞬间，渐进发展才是历史的常态。任何革命政权都必须将革命理念转化为建设的内在原则，在渐进的实践中消灭革命爆发的条件，以避免革命的政权最后复又成为另一次革命的对象。在这个意义上，任何革命的动机都是“反革命的”。历史唯物主义认为，以往的革命都是一个阶级取代另一个阶级的统治，因而不可能真正消除革命产生的前提，只是重新积累革命发生的可能性罢了；而共产主义革命要消灭剥削和压迫本身，最终实现人类彻底的总体性解放。因此从本质上讲，历史唯物主义更加重视革命后的政权通过建设实践消灭导致革命的历史前提本身，而不是唯革命论。这就是马克思突出强调“无产阶级专政”的意义所在。在任何意义上，无产阶级专政都不是以剥削和压迫为前提的部分人的专政和独裁，而是消除此一前提的建设实践过程。

有一种观点认为，历史唯物主义只是一种暴力革命理论，建设实践需要与这种鼓动造反的理论进行彻底切割。的确，马克思主义的经典作家较多地突出以革命方式推翻资本主义，也就是说，一方面，即便马克思主义经典作家并不否定和平发展和改良道路的可能性，但这条道路并没有成为他们关注的重点；另一方面，由于缺乏建设实践的经验，他们也不可能建

---

① 《马克思恩格斯选集》第4卷，人民出版社1995年版，第670—671页。

② 对此，我们可以看到阿尔都塞对国家政权和国家机器的区分是有意义的。打碎一个旧世界只是意味着夺取了政权，而不是说全面砸烂实现政权职能的国家机器。（参见《哲学与政治：阿尔都塞读本》，吉林人民出版社2003年版，第332页及以下）

立关于社会主义建设的系统理论，只能提出一些大致的原则。这使历史唯物主义留给人们“暴力革命论”的理论形象。这一形象产生了两个教条，并导致了两种对立：历史唯物主义主张暴力，因此与和平发展道路相对立；历史唯物主义只是一种革命理论，因此与建设需要相矛盾。前者严重地影响了马克思主义与国际工人运动的关系，将大量的社会变革运动排斥在社会主义之外，甚至推到了自己的敌对面，本质上是一种关门主义；后者势必导致将马克思主义与当代建设中的改革道路、构建和谐社会的实践对立起来。这一双重教条和双重对立，最终结果是直接或间接地去马克思化，背离超越现代资本主义的实践方向；对于中国而言，就是堵死中华民族通过文明复兴开创人类未来的可能性。

将历史唯物主义仅仅看成是革命理论来坚持的教条主义者，与某些把历史唯物主义看成是危险的造反理论的既得利益者一样，没有看到——后者更可能是不愿看到，对于历史唯物主义来说，革命后的建设需要并且可能保证其正确方向，它像夺取政权一样重要，但更加艰难，需要长期的坚持，而不仅是瞬间的激情。人总是容易在长途的跋涉中模糊最初的方向、失去持久的毅力，因此常常是善始者众，善终者寡。建设实践需要牢记革命理想，将革命理念有效地转化为建设实践的内在原则，潜移默化地影响具体的日常行动。从激进的革命向建构性实践的转化，不仅是任何革命政权的需要，尤其是中国建设实践的需要，因为中国革命和建设实践都是在特殊的历史条件下发生和进行的，它根本就不具备超越现代的现实条件，因此在漫长的实践中更加需要主体性的建构精神。按照邓小平的说法就是：“巩固和发展社会主义制度，还需要一个很长的历史阶段，需要我们几代人、十几代人，甚至几十代人坚持不懈地努力奋斗，决不能掉以轻心。”①

在历史唯物主义的创始人那里，共产主义革命理论有两个基本假定，一个是同时革命说，它认为共产主义革命是一种全球性的革命，是各民族同时发生的行动，单独的革命会被普遍的交往所消灭；一个是先进革命说，即社会主义革命将发生在资本主义高度发达的基础上，应该在先进的发达国家率先发生，至少在英国、美国、法国、德国同时发生。② 马克思

① 《邓小平文选》第3卷，人民出版社1993年版，第379—380页。

② 《马克思恩格斯选集》第1卷，人民出版社1995年版，第86、246页。

晚年虽然有关于东方国家跨越卡夫丁峡谷的讨论，但带有明显的限制性条件[①]，而不是更改和放弃了早年的基本观点。列宁主义被认为打破了这两个假定，将科学社会主义从理论变成了现实，当然因此也有人认为列宁领导的十月革命背离了历史唯物主义的革命理论，而后来的苏东剧变再次印证了这两个观点的正确性。其实，历史唯物主义革命理论的两个观点显然不是单纯指夺取政权，而是指成功地建立共产主义社会。就夺取政权来说，作为具体的历史事件是部分的、偶然的，它并不必然要满足这两个条件。但就实现人类解放的共产主义社会建成来说，它必须具备这两个条件。所以单纯取得统治、夺取政权既不证实也没有证伪这个理论，这是两个层面的问题。

在不具备实现共产主义社会的条件下，完全可以产生指向于实现共产主义的革命，诸如十月革命或中国革命等等并不不存在所谓的早产问题，这一问题的提出源于一种决定论的历史观念。问题的关键只在于取得的政权是否秉承革命创造历史的主体性精神，在渐进的建设实践中遵循革命理念，将理想熔铸到日常的建设之中，不断地开创超越现实的历史条件。对于社会历史条件相对落后但取得革命政权的国家来说，这种开创历史的主体性精神就显得至关重要，它是避免坠落的动力源泉。以自觉的主体性精神克服机械决定论的历史意识，才能将建设实践导向理论洞穿的历史方向。十月革命开始的社会主义实践，包括中国的革命实践，虽然吸取并极大地得益于马克思主义的革命理论，但其面临的条件、任务都不具有马克思、恩格斯所言的实现共产主义的原则高度，唯一出路是在实践中渐进地实现理论与现实之间辩证的关联。光是思想力求成为现实是不够的，现实本身应当力求趋向思想[②]。具备了这种辩证的实践姿态，才不至于陷入抽象现实主义或者抽象理想主义对真实历史的割裂，以现实拒绝理想，或简单以理想剪裁现实。

邓小平曾经指出："在革命成功后，各国必须根据自己的条件建设

---

① 如在马克思和恩格斯共同署名的《资本论》第1卷《1882年俄文版序言》中说，关于俄国公社是否能够直接过渡到共产主义公共占有形式，唯一可能的答复是："假如俄国革命将成为西方无产阶级革命的信号而双方相互补充的话，那么现今的俄国土地公有制便能成为共产主义发展的起点。"（参见《马克思恩格斯选集》第1卷，人民出版社1995年版，第251页）这一思想同马克思给查苏里奇的信中看法是一致的。

② 《马克思恩格斯选集》第1卷，人民出版社1995年版，第11页。

社会主义。固定的模式是没有的，也不可能有。墨守成规的观点只能导致落后，甚至失败。"[①] 今天中国的社会主义建设实践面临着既"苦于资本主义之不发展"也"苦于资本主义之发展"的双重处境，它不可能依据任何一种纯而又纯的理论模式进行。一方面，面对资本主义之不发展这一实情，它必须接纳商品资本原则，并通过政治强有力的组织尽快推动社会全面发展；但另一方面，这种接纳必须是有限度的、有原则的，不仅革命的历史渊源，现实状况也不再容许盲目崇拜资本，而必须是凭"远见卓识"将超越资本现代性作为内在的目标，否则，在任何其他意义上都不可能是社会主义性质的。在这样复杂的历史处境中，只有辩证的历史智慧才能成为连接理想和现实的本质力量，既不是以所谓历史理性的名誉粗暴地否定革命的历史，忽视社会的结构性矛盾和对抗始终是革命的基础和原因，从而麻木地陷入虚幻的"和谐"；也不以夸张的激情重复革命高调，对实践中出现的问题缺乏渐进解决的耐心和宽容，陷入抽象批判而缺乏积极的意见。否定当代建设实践同革命的历史联系，就可能失去开创未来的方向；而忽视历史发展渐进的过程性，用属于未来的理想剪裁现实，盲目崇尚革命的暴力，同样会带来现实的灾难。

以决定论为前提的历史目的论，在唤醒主体激情高涨的同时也会导致这种激情的迅速崩溃。在那种最初由必然性提供动力的革命意志的衰退中，中国实践智慧应该而且能够成为传承和执行革命遗志的积极因素，在不声不响的大度和超然中悄然推动历史进程。只有理性的精神才可能洞穿历史并且引领历史，类似于本能反应的试错法不是历史实践的基本原则。模仿列宁关于革命的说法[②]，我们也可以说没有建设的理论，就不会有建设的实践。牢固地树立过程性的历史意识，就是要从历史目的论的决定论框架中解放出来，突出主体实践建构的可能性。同时，不是从终点和预设的目的出发，以宏大的目标否定微观进步，而是在过程的进展中理解建构

① 《邓小平文选》第3卷，人民出版社1993年版，第291—292页。

② 列宁在《怎么办?》中深刻地揭示了理论与实践之间的辩证关系，突出理论对于实践的指导作用，提出了一个著名的论断："没有革命的理论，就不会有革命的运动。在醉心于最狭隘的实际活动的偏向同时髦的机会主义说教结合在一起的情况下，必须始终坚持这中思想。"（《列宁选集》第1卷，人民出版社1995年版，第311页。）

实践的意义，将每一次进步都看成是构成历史实践总体的积极构成要素。① 建构性观念基于这种过程性历史意识，继承了革命理论改造现实的主体性精神，培育连接理想与现实的真正的历史理性，积极地介入社会的全面建设，努力在复杂的处境中以坚定的意志将现实导向预期的未来，而不是自缚手脚，放弃实践建构的主体性力量，全面认可社会发展的自发性，甚至重新肯定现代资本原则的永恒性。凭借这样一种建构性的主体性精神，中国历史就有可能走出幼稚的自发性阶段，中国实践就有可能成为引领时代的积极因素，我们就有理由期待此一实践引领人类社会告别自发性发展和暴力驱动的恶性轮回，由必然王国走进自由王国，告别“人类社会的史前时期”。

三

建构性实践对历史理性的诉求，绝对不是抽象地否定革命，简单将革命看成带来灾难的非理性的历史抽搐。但是，随着现代社会历史状况的改变，历史主体性的实现方式也发生了根本性变化，暴力革命作为历史主体性的实现方式之一，日益显示出了历史的限度。中国当代建设理论必须理解这种变化，推动历史唯物主义内涵和功能的必要转型，以形成适应历史进程和民族国家需要的独特形态。由于中国当代建构性实践不仅具有革命取得政权的历史提前，而且遗传着历史唯物主义内在的历史主体性精神，它更有能力和机会担当这一促进历史唯物主义当代转化的重任，成为马克思主义在当代的传承者和改进者。

由于受到资本主义生产方式这一存在论基础的规定，历史唯物主义认为，现代解放只是形式的、抽象的解放。资本主义生产中的剥削关系意味着资本统治体系是不公正的，而不断爆发的危机意味着资本统治是不科学，不合理的。为了打破这种不正当性和不科学性，历史为唯物主义主张通过暴力革命推翻了资本主义，实现人的真正解放，使人从现代异化状态

① 马克思和恩格斯曾经说过，共产主义不是应当确立的状况，不是现实应当与之相适应的理想，而是消灭现存状况的现实的运动。后期历史并不是前期历史的目的，决定并推动前期历史向自己进展。在历史唯物主义看来，前期历史具有的所谓目的、使命等等不过是从它对后期历史的影响中得出的抽象。（参见《马克思恩格斯选集》第 1 卷，人民出版社 1995 年版，第 87、88 页等处的相关论述）

进入全面自由的发展。以资本为核心的批判理论深刻地揭示了现代解放的历史局限，抵达了当时的历史条件和思想条件所许可的理论高度。然而，相对于马克思所处的时代，如今资本原则的全面实现达到了登峰造极的程度，由资本原则主导的社会发展已经触及了人类存在的自然底线和社会底线①，问题不再只是存在的异化，而且是人类是否能够继续存在。这是迄今为止最为根本的存在论事件，说它是存在论或生存论的事件，乃是因为它不是自然生成的，而是由人类存在引发并危及人类存在的事件。在这一重大的存在论事件中，一种人类毁灭意义上的"死亡"观念成为基本的历史意识，重构着人们对于历史和人类存在的理解。历史唯物主义的经典作家们没有面临人类自我毁灭的现实可能性，因为当时资本主义的发展还没有达到摧毁人类存在的程度。如今，人类自我毁灭的现实可能性不仅通过战争能力表现出来，而且日益显现在环境资源的不断破坏和消耗中了。历史唯物主义只有结合这一当代处境实现理论和实践上的自我转化，才可能成为时代精神的精华，成为切中当今时代主题的思想。

在这种人类可能自我毁灭的历史境况中，面临常规暴力的泛滥和超常暴力（核武器、化学武器等）的威慑，暴力革命不再具有普遍的号召力，人们更多考虑以非暴力的和平方式推动历史的可能性。教条的暴力革命论者没有重视这一历史变化，无法有效整合各种反资本主义的力量，反而将他们拒绝在自己的阵营之外，结果不是自怨自艾革命的衰退，就是闭眼夸张革命的高调。当然，这种时代的变迁并不意味着暴力革命的可能性永久地消失了，更不意味着革命要解决的问题被历史地解决了。只要社会的对立和冲突继续存在并且有极端化的可能，革命仍然一如既往地是"现实"的。同样，只要存在渐进性改良的可能，暴力革命就不会成为首要的选项。问题只在于，渐进方式在多大程度上能够解决本来期待由革命解决的问题，从而消除了革命的现实可能和必要。20世纪上半叶西方资本主义的自我调整在一定程度上的确缓解了资本主义矛盾，革命被一再地延宕了。不过，这一调整并没有突破资本的限度，而是有效地维持在资本的限度之内。即便近两年，应对经济危机的基本方案仍然在资本的框架之内，

① 关于这一双重底线的阐释，见罗骞《"死亡"应成为现代性批判的必要意识》，《社会科学报》2009年1月1日。

虽然各种游行罢工此起彼伏，但并无暴力革命的迹象。是否可能通过非暴力的方式实现对现代资本主义文明的超越，是一个巨大的历史难题。面对人类社会进程的这一难题，历史待中国不薄，中国当代建设实践的革命前提及其与历史唯物主义的关联，在得到有效发挥的情况下，就有可能使我们不再面临西方改良还是革命的痛苦，通过保持政权的革命性，以强有力的意志将建设实践建立在反思资本和扬弃资本的历史方向上。虽然我们仍要面临发挥资本历史作用的现实压力，但在这种实践理念的指导下，资本原则就降格为一个必要的“工具”了。

随着资本文明导致的人类毁灭的现实可能性，将人类从现实的束缚中解放出来，过一种更好的生活不再是人类面临的唯一主题，甚至不是基本主题，亦即是说，单纯的革命叙事已经不能全面回应历史的呼唤。今天人类当然要继续追求自由、获得解放，但更要维系人类存在，进行一种人类的救亡。面对资源危机、生态危机、能源危机、战争摧毁等现实危机，人不唯是创造历史的革命者，更应该是历史存在的守护者，将维系人类的生存作为基本的存在论任务。人类自身必须担当挽救危亡的责任，根本不存在能够拯救人类的超验的力量。因此，历史唯物主义必须在人类解放外补充这种人类救亡的主题，创造历史的主体性与守护存在的主体性并重，才能适应历史变迁。中国当代建设实践必须抓住和贯彻这一主题，才能占领时代精神的制高点，提升自身对于人类文明的世界历史性意义，并在经验的层面回应时下流行的各种“中国威胁论”，将和平运动、环保运动等纳入自己的叙事逻辑。

历史唯物主义在资本的发端和上升阶段就洞见了人类存在的异化，但这一理论的创始人并没有面临资本的全面实现导致人类自我毁灭这一存在困境，因此共产主义理论建立在以阶级革命寻求人类解放的目标上。马克思甚至期待资本主义自发产生的经济危机成为革命的基本前提。然而，仅凭资本自身的扩张逻辑，而没有主体性的介入和干预，到来的可能不是理想社会，而是人作为类的毁灭。人类如今面临的自我毁灭的现实可能性不过是资本本质力量极端化的结果罢了。在历史唯物主义的理论叙事中补充救亡视角，是对资本可能带来的人类历史后果的深入理解，更直接地抓住了当代人类存在的主题。通过这一补充，超越资本主义文明的理论叙事就具备了双重基础，历史唯物主义就可以回应各种阶级还原论的指责，它不再只是以阶级革命的方式实现人类解放的理论，也是一种唤醒人类超越资本主义文明形态以维系人类存在的救亡理论，阶级革命内涵的人类取向以一种人类的立场直接地凸显出来。不管是解放还是救亡，未来理想社会的出现都不能建立在自发的客观必然性之上，被看成机械的自然必然性。未来是一种充满危险的可能性，不仅为了自由，而且为了存在，人类必须以坚强的实践意志指向应然的可能性，促成理想的实现。可能性意识作为对机械必然性的取代，不仅不会消解实践意志，而且能够激起历史担当的激情。

中国当代的建设实践需要这种激情，需要形成一种创造历史、守护人类的主体性精神。在这种精神指引下，中华文明的伟大复兴才不只是一个民族自己的事业，而是借助传统的积极因素构成对传统和现代的双重超越。实践具备了这样一种超越的视角和理念，站在历史的、人类道义的高度，才能获得世界历史性的意义，展示出一个泱泱大国理应具备的超凡气度和风范。这不是随便任何一个民族都可能具有的。在我看来，过去的德国不曾具有，日本这样的国家也不可能具有。至于当代美国，不过是赶了潮流崛起的暴发户而已。中国有独特而悠久的灿烂文化为底蕴，有自己相当的体量为后盾，而且有历史唯物主义这一具有世界历史影响的思想资源为引导，开创历史的机遇已经逐渐呈现在我们面前了。试想一下，高扬实践之主体性精神的历史唯物主义与中华悠久文明的相遇，可能产生何种世界历史性的后果呢？这是无论如何也不可低估的重大历史事件，它提供了中国走向世界历史独特的，或许也是唯一具有世界历史意义的方式。

如今这一事件被初步地称为中国特色社会主义建设实践。此一实践面临的挑战和机遇已经蕴含在这个特殊的命名中了。面临这种挑战和机遇并存的复杂处境，我们强调树立主体性意识和内在理念，力图将这一实践规定并巩固在开创人类未来的生存方式、维系人类生存这样一条道路上，以加重其分量。在这里，历史唯物主义的革命动员功能必须转化为超越现代的建构性意识，并在对资本历史后果的最新领会中，突出救亡和守护的历史重任。这种转变为中华文明的当代复兴指明了前进的方向。对现代资本原则的批判与反思同优秀的中国传统精神的相遇，有利于克服传统文化的消极因素，将中华文明的伟大复兴与超越现代资本之限度这一重任历史性地结合起来，避免传统原则对现代的反思变成简单的保守主义。反过来说，中国传统文化在实现历史唯物主义功能的当代转化中，具备难得的丰富思想资源，有利于克服历史唯物主义在西方现代文明内部批判现代文明可能携带的限度和盲点。

四

救亡主题把超越阶级的人类视角纳入历史唯物主义范畴，民族文化复兴又将一种与国际主义不同的民族因素纳入历史唯物主义。这一改变是否放弃甚至背叛了历史唯物主义的阶级主体性立场，本身只是抽象人类主义和狭隘民族主义的结合呢？如果不是这样，那么，这一转变将赋予历史唯物主义主体性理论哪些当代内涵，这些新的内涵如何与当代人类历史状况，尤其是与中国当代建设实践的内在需要相一致，从而成为马克思主义当代化和中国化的内在需求，就成了必须探索的理论问题。理论理性乃是建构实践主体性的内在要求。

事实上，马克思的无产阶级革命理论并不是抽象的唯阶级论，它所阐释的阶级斗争也不是源于主观厌恨的人群之间的肉搏，而是一种以经济关系为基础的社会历史状态。阶级革命绝对不是把统治阶级打翻在地，取而代之，实现统治与被统治身份的倒转，而是根本消除形成统治关系的社会历史条件，瓦解产生统治的历史前提。因此，无产阶级解放，不是解放无产阶级成为资产阶级，而是消除产生无产阶级和资产阶级的资本主义生产方式。无产阶级不解放全人类，就不能解放它自己。历史唯物主义的这种人类解放理论，继承了现代西方人本主义的解放学说，将新的解放奠定在批判资本主义的基础之上。历史唯物主义认为现代的解放只是人类社会的部分的解放，一方面，它只是人类生活中的部分领域的解放，主要是思想言论和政治领域的解放，而在现实的物质生活领域还存在资本的剥削和压迫；因此，另一方面，这种部分的解放就表现为只是社会中部分阶级获得解放，只是代表市民社会主导地位的资产阶级取得统治地位，获得解放。当然，由于现代社会是以资本主义生产方式为基础，不仅无产阶级没有获得自由，即使在资本关系中居于主导的、似乎是被满足和被巩固的有产者其实也只获得了一种人的生存的外观，① 同样受到资本原则的支配和束缚。共产主义革命不是解放无产阶级，而是打破资本主义生产方式，改变

① 参见《马克思恩格斯全集》第2卷，人民出版社1957年版，第44页。

以此为基础的人类文明形态，因此是人类总体的解放，是以阶级解放的形式实现的全人类的解放。历史唯物主义的阶级立场并不是狭隘的部分的立场，本身就包含了人类取向。

将历史唯物主义的阶级视角转化为一种狭义的人与人之间的争斗理论，甚至一种肉体上的消灭关系，是一种极其庸俗的理解。似乎只有无情打击，只有六亲不认才叫阶级觉悟，好像一谈到全人类，谈到人道精神就是资产阶级抽象的人道主义，就是背离历史唯物主义。其实，历史唯物主义批判的不是现代人类整体解放的立场，而是揭示现代解放没有实现人类整体解放的历史局限性，它只是将部分的阶级解放当成了人类总体的解放。今天，资本统治全面推进所带的生存挑战要求将救亡主题纳入历史唯物主义范畴，非但没有背离历史唯物主义，而是将内涵于历史唯物主义的人类立场鲜明地突出出来了。在人类解放的诉求中补充人类救亡，强化人类对自身存在的历史性担当，是历史唯物主义适应当代历史变迁的必然要求。从资本统治导致存在的普遍异化，到资本带来人类整体的生存危机，救亡视角将历史唯物主义的资本批判彻底化了，不是远离或转移，而是推进和深化。

罗素在《西方哲学史》中说，马克思的历史哲学不过是将黑格尔的民族主体换成了阶级[①]。在中国当代建设实践中，将中华民族伟大复兴的主题与历史唯物主义结合起来，是不是将阶级的主体叙事复又转化成了民族叙事，从而远离了无产阶级的国际主义原则呢？恩格斯在《共产党宣言》的意大利文版序言中曾经指出，没有民族国家的独立和统一，就既不可能有无产阶级的国际联合，也不可能有各民族为达到共同目的必须实行的和睦和自觉合作[②]。民族立场与人类的整体立场并不是对立的，只有狭隘的民族主义才同开放的人类立场相矛盾。在力挺中华文明伟大复兴的当代思潮中，的确存在一种狭隘民族主义与文化保守主义结合的趋势，非反思地迷恋中国的传统文化，试图以此作为现代文明的批判者和超越者。由于狭隘的排外立场，甚至将同样批判现代资本主义的马克思主义当作外来者排斥。这种立场与人类历史发展的总体化趋势背道而驰。我们认为，中华传统文化中潜藏着某些可以克服现代资本主义局限的因素，但这些因素不可能从自身

---

① ［英］罗素：《西方哲学史》（下），何兆武、李约瑟译，商务印书馆2008年版，第343页。

② 《马克思恩格斯选集》第1卷，人民出版社1995年版，第269页。

的内部被有效地转化出来，它需要外在因素的激活，需要一种走向未来、超越现代的历史视角。对此，历史唯物主义具有难以超越的理论优势。把民族文明的伟大复兴同超越现代的历史唯物主义有机地熔铸在一起，以民族文明复兴的形式承续阶级理论承担的人类使命，就可能获得一种世界历史性的开创意义，而不是简单地成就一个现代世界的强者，甚至只是对历史上的辉煌抱残守缺。

五

建构性实践以强烈的历史担当意识指向未来，同时又明确立足于现实的客观条件，与现实达成一种有原则的妥协。这样一种内在于历史的理性精神，如果不是“无身体的理性”，它在哪里可以获得实体性的支撑并发挥作用呢？革命年代可以期待群众瞬间的热情，因为结果是可以直观的政权转移，是立马翻身的解放。当革命的激情退潮之后，人们重新回到了日常生活，那种需要几代甚至几十代人才可能实现的“遥远未来”不可能成为日常理想，创造历史和守护存在的担当意识更不可能成为普通大众的理念。个人总是生活在历史之中，但历史并不总是生活在个人之中，普通个人不会总是自觉地以历史性的原则安排生活，将生命指向宏观的历史叙事，诸如历史方向、历史责任、伟大理想等等，果真如此的话，所有这一切也就变成廉价的口号了。因此，在革命后的建设实践中，要发挥主体性的建构力量，掌控政权的先进社会集团必须将自己树立为社会的标杆和尺度，培育深邃的历史意识、强烈的历史责任感和坚强的实践意志，而不是降低到市民社会成员的一般水平上，甚至因为权力的腐蚀坠落到社会一般水平之下。它必须具备道义高度，而且要能代表历史的前进方向，能够凝聚社会力量，不再以革命的方式，而是以日常政治的方式改造现实，建构历史。也就是说，革命政治实现飞跃之后，必须转变成建构性政治，以促进常态的进展。革命继承者掌握的国家政权应该成为推动社会政治、经济、文化各方面全面进步的杠杆，而不是围绕它形成一个瓜分革命红利的特权阶层，将部分利益提升为普遍利益。

这种建构性政治是对现代自由主义消极政治的扬弃，对历史唯物主义革命政治的继承和发展，从根本上改变了传统的政治理念和政治职能，充分体现了革命后的建设实践必须具备的历史主体性精神。[①] 实现了现代解放的西方自由主义政治将政治活动看成是对资本主义市场的补充，只是起到维护性的作用。

中国建构性政治立足于当代人类存在状况，通过建设实践渐进地超越和克服现代存在困境，将超越现代资本主义看成是一个长期的并且是通过建设实践可以不断推进的过程。推进这一过程的是能够代表历史方向的坚强有力的先进政治团体，它代表了“社会的普遍良心”，凝聚而不是分散社会意志。这一过程打破自发性的社会历史观，政治被赋予了沉重的使命，而不是游戏般的轮流坐庄，对政治权力进行消极的限制和防范。然而，由于市场经济的引入带来了某些对资本原则的抽象崇拜，政治不仅有被实证主义化为一种中性技术的可能，也有被依据现代消极政治理念进行改革的可能，更存在同资本结合成为一种极端败坏力量的危险。最后，这种极端的可能性，不仅远离了历史唯物主义的历史担当和道义正当，甚至还远远坠落到现代消极政治所达到的水平之下，因此成为前两种可能性变成现实的理论依据。不论是哪一种可能变成真正的实践，都将使政治从存在论的高度跌落。

从当代中国建设实践的主体性自觉这样一个原则性的高度出发，需将建构性政治作为重要环节加以突出，形成一种全新的政治理念，使之成为历史唯物主义在当代中国语境中发展出来的政治哲学，并进而获得普遍性的意义。“建构性政治”在辩证的实践概念中将社会历史理解为主客体交互作用的存在论领域，政治被把握为贯彻实践主体性的根本可能性条件，不仅是人类自我解放、自我完善，而且是人类维系自身存在的必要依赖，因此政治实践必须具有历史的担当意识。对政治的这一理解不仅继承了古典政治至高的德性，而且赋予政治庄严的存在论使命，它不再被消极地看成是无法根除、应严加管治的领域。建构性政治立足于对现代资本主义文明反思，要求它发挥改造社会存在论基础的作用。在冲突和动荡的当今世界，建构性政治承担的不仅是解除人类的自我束缚，而且是挽救人类自

① 对此笔者在几篇文章中有过前期探讨，以下的阐释都以这些探讨为基础的。参见《马克思的政治概念》，《马克思主义与现实》2009 年第 2 期；《中国实践需要什么样的政治理念》，《中国社会科学院院报》2009 年 6 月 9 日；《政治功能的当代演化——兼评尚塔尔·墨菲的〈政治的回归〉》，《中国人民大学学报》2009 年第 5 期。

我毁灭的重大使命。限制而不是强化这一使命，人类不但难以寻找到应对当代存在危机的可能力量，而且将因为它在历史存在中的不作为而为恶。事实上，自从经济自由主义的自发性概念被理论和实践击破以后，即便在发达资本主义国家，政治一定程度上也已经被迫承担了调节社会存在基础的职能，只不过还没有从人类存在论的高度将这种承担升华为自觉意识，并进抵理论的层面罢了。当代中国建设实践为形成这种建构性的政治提供了经验基础，也将在这种政治理念的指引下获得理论的自觉。初步来说，表现和承载了建构性实践之主体性的建构性政治具有一些基本的特征。

首先，建构性政治突破将政治限定为规范性范畴，政治实践不再只是以参与为特征、以话语和商谈为基本形式的民主，而是被理解为浸透到审美意识、道德实践、日常生活，尤其是物质生产等各个存在领域的构成性维度。作为存在论范畴，政治不是存在的一个方面，而是存在诸方面的一个构成条件。因此，这一概念反对独立于道德和经济等等理解政治的本性，将政治限制在话语层面，而是从人类存在论的高度领会政治的性质及其功能，为政治的历史担当和介入提供依据。

其次，建构性政治突破现代解放政治和革命政治的目标，在非反思的进步主义之后引进人类毁灭的“死亡”意识，将人类救亡突出为政治的存在论使命，因为更好地存在必须建立在能够存在的基础之上。人类的死亡不再由自然的界限规定，而是逐渐展现为“人为”的可能性。人类不是自我更新就是走向自我毁灭，解放与救赎乃是同一条路。如果今天中国的政治改革仅仅将政治粗陋地理解为“服务政治”、“公共政治”，并在这样的理念下削弱政治积极的担当意识、创造意识，逐渐忘却历史唯物主义创造历史的主体性精神和未来意识，它不但不可能承担人类解放与救亡的历史重任，甚至也难以完成中华文明的伟大复兴。

再次，建构性政治突破了教条主义的革命政治概念，虽然它不否定革命的可能性，并且认为只要现代社会的存在论基础不被触动，这种可能性就一如既往地存在。但它认为，对社会存在论基础的改造并不必然以革命的方式实现，尤其是在中国特殊的后革命背景中，继承革命遗产的政治力量有机会和可能通过政治权力的介入改造社会存在基础，将社会历史导向和谐发展的方向，当然不是静止的永恒和谐。建构性政治不只是强调历史的断裂，尤其强调跳跃之后的常态进展。因此，建构性政治概念并不抽象地否定任何规范权力的要求，将权力假定得绝对纯洁，相反，它把权力的规范运行看成是政治完成其存在论使命的必要环节，从而强化其重要性。

最后，建构性政治蕴含历史的过程性意识，在后形而上学的思想视阈中，这种过程性并不预设历史的透明终点，当然也不寻找绝对根基，而是以可能性概念为实践的主体性提供依据。在对历史的理解中，自发性和决定论没有给创造留下空间，总是从根本上限制政治或排斥政治。而可能性向着时间敞开，展现建构性的空间，由此才有人为的存在世界，才有主体性的创造实践，才有生成，才有存在的政治！①

① 关于建构性政治这些特征的阐释参见罗骞《政治功能的当代演化》，《中国人民大学学报》2009 年第 5 期。本文进一步将建构性政治提升为当代中国建设实践中历史主体性得以落实的具体层面，具有基本的重要性。在此为了阐释的全面系统，较多地使用了原文论述。

坚持马克思主义的社会终极价值

韩东屏*

将“坚持马克思主义”说成是“坚持马克思主义的立场、观点、方法”，这在我国是个已成定式的表述。但若再问：马克思主义的立场、观点和方法又是什么？又该如何坚持？人们的回答就不一样了。虽有长期讨论，迄今仍无共识。

为何会这样？

我认为，与其说是由于问题本身的复杂艰深，不如说是由于形成问题的前提性命题不够恰当。其实，就马克思主义而言，真正需要我们始终坚持的东西只有一个，这就是马克思主义的社会终极价值。

一　为何只需坚持马克思主义的社会终极价值？

为何说只需要坚持马克思主义的社会终极价值即可？这要从坚持马克思主义的目的说起。显然，我们坚持马克思主义，从根本上说，不是为了供奉，也不是为了重申和宣讲，而是为了指导我们的实践。

应该承认，认为“坚持马克思主义就是坚持马克思主义的立场、观点、方法”这种传统表述，在历史上起过积极作用，是对“如何坚持马克思主义”这个问题的一个巨大理论推进。它第一次用简明的语言将抽象的命题具体化了，使那个让众人长期犯难的疑问——“如何将内容庞大、内涵丰富的马克思主义用于我们当下的实践？”——变得清晰起来。根据这种表述，坚持马克思主义，既不是指用马克思主义的全部理论指导

* 韩东屏，华中科技大学教授。

我们的每一种实践，也不是指用其中的只言片语指导我们的每一种实践，而是要用马克思主义的立场、观点和方法指导我们的每一种实践。

不过若再进一步深究就会发现，传统的表述虽然解惑了最初的疑问，但同时也引出了新的疑问。

我们知道，“坚持马克思主义的立场”，就是坚持无产阶级的立场，或人民大众的立场，或全人类的立场。之所以将无产阶级的立场与人民的立场或人类的立场等量齐观，这是因为在马克思看来，无产阶级代表整个人类进步的方向，无产阶级只有解放全人类才能最后解放自己。[①] 因此，在存在无产阶级与资产阶级激烈对抗的无产阶级革命时代，需提坚持无产阶级立场；而在无产阶级革命胜利后消除了阶级对抗的国家，则可以直接提坚持人民的立场或人类的立场。

“坚持人民的立场”，就是在看待和解决我们实践中所遇到的各种问题时，要以人民的立场为视角或出发点。但是无数经验和常识告诉我们，即便以同样的视角看问题，也会得出不同的结论；即便从同一个出发点出发，也会走向四面八方。于是，当我们面对这种很容易出现的局面时，我们又该听从谁的意见？走向何方？或有人说，坚持人民的立场，是指从人民的利益出发，以人民的利益为取向，这样就不会出现意见不一、方向不一的问题了。或者即使出现，也能最终按人民的利益得到统一。但人民的利益也是一个抽象的总体性概念，实际包含众多的内容与指标，若不能从中给出一个明确所指，就仍会有对人民利益的不同认定，于是即便“以人民利益为视角，从人民利益出发”，仍然既难避免不同意见与不同走向的出现，很难将它们统一。当然，若能够对人民利益给出一个明确所指，则不会导致不同意见与不同走向的出现，或者即使出现了也能将它们统一。不过这时我们就该直接提“坚持人民的某某利益”了，而不必绕着弯子提“坚持人民的立场”。

再看“坚持马克思主义的观点”这个要求。我们知道，仅马克思个人著述中的理论观点就极其众多，整个马克思主义所蕴含的观点之多就更不用说了。据此可以肯定，“坚持马克思主义的观点”显然不是指坚持马克思主义的所有观点。这不仅在具体实践中根本无法做到，而且也实在没有必要。可谁又能分辨得清楚，在马克思主义的众多理论观点中，哪些观

① 《马克思恩格斯选集》第 1 卷，人民出版社 1995 年版，第 15 页。

点是该坚持的哪些不是？有人解释需要坚持的只是马克思主义的基本观点或具有普遍意义的观点。可马克思主义的基本观点或普遍观点又该由谁认定？又该如何认定？同样不是一个容易说得清楚的问题。

“理论是灰色的，生活之树常青。”退一步讲，即便有人能说清楚什么是马克思主义的基本观点，那“坚持马克思主义的基本观点”的要求，是否将意味着马克思主义从此不再需要发展新的基本观点？如果不是这个意思，那何必非要坚持马克思主义那些已有的基本观点？显然，“基本观点”不应是一个无限增多的序列，否则难称“基本”。相反，如果该说法确实是有“马克思主义从此不再需要发展新的基本观点”的意思，那马克思主义也从此只会有对基本观点的应用而难有本身的大发展。而这显然有违马克思主义创始人的告诫：“我们的理论是发展的理论，而不是必须背得烂熟并机械地加以重复的教条。”①

与之同理，“坚持马克思主义的方法”这个要求也存在类似的问题。由于任何方法都要由理论表述或表述成理论，而任何理论也都是解决某种问题的方法，这就可以说，方法就是理论，理论就是方法。因而如果我们承认马克思主义的理论观点极其多，那就得承认马克思主义的方法也极其多。于是这里又会出现“如何分辨哪些马克思主义的方法才是需要我们坚持的方法”这种令人为难的问题。于是，即便我们将“坚持马克思主义的方法”解释为“坚持马克思主义的基本方法”，并确实能令人信服地归结出什么才是马克思主义的基本方法，我们仍然无法回应“这是否意味着马克思主义从此不再需要发展新的基本方法”的诘问。

其实，不论观点还是方法，都是为一定的目的服务的，都是实现目的的手段或工具。而马克思主义的观点与方法，也就是在实现马克思主义的目的之过程中为解决所遇问题而发明并使用的工具。既然如此，我们在不提“坚持马克思主义的目的”的情况下去提“坚持马克思主义的观点、方法”，就等于是将马克思主义的工具变成了马克思主义的目的。这种将工具目的化的本末倒置，不仅已使马克思主义的目的遭受忽视，而且也会大大影响我们的实践。

因为“坚持马克思主义的观点、方法”的要求，意味着我们只能从马克思主义的既有观点和方法中选择解决实践问题的理论工具。这样一

① 《马克思恩格斯选集》第4卷，人民出版社1995年版，第681页。

来，非但马克思主义的新理论工具不可能被我们创造发明，而且所有非马克思主义的人类理论工具也将一概遭到我们的拒斥。实际上，每种具体的观点或方法作为工具，其功能都只会是有限的而不会是万能的，就像锤子不能当剪子用，剪子也不能当锤子用一样。这就说明，解决不同的问题，要选用不同的工具；可选用的工具越多，才越有利于我们解决各种不同的问题。可“坚持马克思主义观点、方法”的要求，却作茧自缚，在客观上大大缩小了我们选用工具的范围。不仅如此，即便只在马克思主义的理论工具范围内选择工具，这个要求对我们的实践也会形同虚设，于事无补。因为从这个要求中，我们并不能明确知晓：面对不同的实践问题，我们究竟如何才能从库藏丰富的马克思主义工具库中找到那个最好用、最适合该问题的工具？

以上是理论上的说明，而事实和我们的实践也证实了将工具目的化会造成作茧自缚的困境及其弊端。反思我国 30 多年的改革历程，为何有关所有制、经济机制和分配制度等问题的改革会异常艰难？往往非要通过一次次的自上而下的思想解放运动方能有所推进？就是因为，新中国成立后形成的一大二公的公有制，高度统一的计划经济和单一的按劳分配，均是我们按马克思主义经典作家有关社会主义社会的基本观点构建的，而其他所有类型或形式的所有制、经济机制和分配制度则均不属于马克思主义，所以前者就需要被坚持、固守，哪怕已经导致生产效率低下、人民普遍贫穷也不能动摇；后者则不能被采用而只能被拒斥，否则就是对马克思主义的背叛。于是，即便我们终于有一天想到要改的是它们而不是在它们内部的修修补补，也就只能先用一场自上而下的思想解放运动来开路。

但是，“坚持马克思主义的社会终极价值”的命题，就不会导致上述那些无法解惑的问题与实践困境。

所谓“终极价值”，就是至好，就是纯粹的目的、最高的目的、最终的目的。而所谓“马克思主义的社会终极价值”，就是被马克思主义认定的人类社会的至好，它是社会性的纯粹目的，亦即社会的最高目的与最终目的。

不论是个人性的至好还是社会性的至好，都不会多，而只会是一个。既然如此，坚持马克思主义的社会终极价值就不会是一个内容多得解释不清的问题。又由于社会终极价值就是没有任何手段色彩的社会纯粹目的、最高目的与最终目的，这就意味着，对马克思主义的社会终极价值，无论怎么强调、怎么坚持，也永远不会导致忽略目的，却将工具当目的的倾向。

还有，由于坚持马克思主义的社会终极价值就是坚持马克思主义的最高目的，这就使马克思主义的最高目的得到澄明。而马克思主义的最高目的就是无产阶级和全人类的最终价值取向，于是只要我们盯住这个目的，也就自然不会偏离人民的立场。尽管在如何走向这个目的的进程中，仍会有不同主张和不同进路的提出，但共同的目的最终也能使这些不同的主张和进路得到统一。因为工具总是为目的服务的，目的也就成了选择工具的标准。这就是说，在我们的所有社会实践中坚持马克思主义的社会终极价值，就是坚持以其为标准。而坚持这个标准，不仅能使我们从不同的主张和进路中分辨出何者是最好的主张与进路，而且也能使我们从马克思主义的众多观点、方法中，分辨出那个对当下实践来说是最为好用的理论工具。

至此可知，只有在坚持马克思主义的社会终极价值的前提下，马克思主义的立场、观点、方法才能得到合理而清晰的解释与运用。只有在坚持马克思主义的社会终极价值的前提下，我们才不会陷入作茧自缚的实践困境。

至此亦可知，在马克思主义中最值得我们始终不渝地坚持的，并不是它的立场、观点、方法，而只是它的社会终极价值，这是一万年也变不了的。

二　马克思主义的社会终极价值是什么？

就像提“坚持马克思主义的立场、观点、方法”，就必须接着回答什么是马克思主义的立场、观点、方法一样，现在需要回答：什么是马克思主义的社会终极价值？

虽然马克思主义创始人及其所有主要后继者都没有使用过“社会终极价值”的概念，但这不等于说马克思主义中不存在这个东西。

我认为，这个东西在马克思主义创始人那里就已存在，它就是马克思所说的“每个人的全面而自由的发展”①。将马克思主义的社会终极价值

① 《马克思恩格斯全集》第23卷，人民出版社1979年版，第649页。

指认为“每个人的全面而自由的发展”并非牵强附会，而是基于以下几个方面的考量与依据。

首先，这个解释符合马克思主义创始人的一贯思想及价值诉求。众所周知，马克思、恩格斯的社会理想是共产主义，并将共产主义看作是一场“现实的运动”，即“共产主义是用实际手段来追求实际目的的最实际的运动”。[①] 而“每个人的全面而自由的发展”，正是共产主义社会或共产主义运动所实际内含的最高目的或终极价值。所以，马克思在《1844年经济学哲学手稿》中说：“共产主义是私有财产即人的自我异化的积极的扬弃，因而也是通过人并且为了人而对人的本质的真正占有；因此，它是向作为社会的人即合乎人的本性的人的自身复归”[②]；在《德意志意识形态》中说，共产主义社会是“个人的独特的和自由的发展不再是一句空话的唯一社会”[③]；在《资本论》中又进一步明确告诉我们：消除了资本主义剥削制度的未来社会是一个“以每个人的全面而自由的发展为基本原则的社会形式”[④]。恩格斯也说过类似的话，他在1847年回答“共产主义者的目的是什么”这一问题时直言，“把社会组织成这样：使社会的每一个成员都能完全自由地发展和发挥他的全部才能和力量”[⑤]；在《共产主义原理》中他指出，未来的共产主义社会是“结束牺牲一些人的利益来满足另一些人的需要的情况”，使“所有人共同享受大家创造出来的福利”，“使社会全体成员的才能得到全面的发展”的社会。[⑥]

其次，在我国，经过新中国成立以来正反两方面经验的证明而业已深入人心并得到普遍赞同的“三个有利于”和“以人为本”的理念，实质上就是对马克思关于人的全面自由发展思想的具体体现和时代性表述。如以人为本的理念，说的就是要以人的全面发展为本。而由邓小平提出的“三个有利于”，即有利于发展生产力，有利于增强综合国力，有利于提高人民的生活水平，[⑦] 也与人的全面自由发展命题同义。在“三个有利

① 《马克思恩格斯全集》第3卷，人民出版社1960年版，第236页。
② 《1844年经济学哲学手稿》，人民出版社1979年版，第73页。
③ 《马克思恩格斯全集》第3卷，人民出版社1960年版，第516页。
④ 《马克思恩格斯全集》第23卷，人民出版社1960年版，第649页。
⑤ 《马克思恩格斯全集》第42卷，人民出版社1979年版，第373页。
⑥ 《马克思恩格斯选集》第1卷，人民出版社1995年版，第243页。
⑦ 《邓小平文选》第3卷，人民出版社1993年版，第372页。

于”中，发展生产力和增强综合国力之所以值得追求，是因为这二者都是提高人民生活水平的先决条件，而提高人民生活水平则不再是任何其他好东西的先决条件，因而三者中其实只有提高人民生活水平才真正称得上是至好。人民生活水平的提高应表现在各个方面而不是某一个方面。因此，“提高人民生活水平”与“每个人的全面而自由的发展”，不过是对同一种至好追求的两种表述而已。

最后，更为重要的是，将马克思主义的社会终极价值指认为每个人的全面自由发展，在理论上也最具说服力。

我认为，一种被称为社会终极价值的东西，作为社会的最高目的或最终目的，理应具备以下四个条件。

其一，是要具有普适性。它是指追求这种社会终极价值，可以给所有人而不仅仅是大多数人带来好处。换言之，追求该社会终极价值所产生的社会效用将不会因个人情况的不同而有所差异。如果不是这样，它作为社会终极价值就缺乏公正性，并不能得到最广泛的认同。

其二，是要具有综合性。它是指被认作社会终极价值的东西，能够涵括各种各样的具体价值，是一种最综合的好。因而对它的追求，就是对所有具体之好的追求。如果不是这样，它就只是一种片面之好。而任何片面之好，都不可能是有最多包容性的至好。

其三，是要具有可行性。它是指被确定的社会终极性价值能够被人们在实践中不断地趋近、实现。如果不是这样，它就是一个可望而不可即的幻想或空想，完全没有现实意义。

其四，是要具有无限性。它是指被确定为社会终极价值的东西，不是人类社会的阶段性追求，而是人类社会的永久性追求或永无止境的追求。虽然它能在现实中被不断推进、实现，却不能被推进到头、彻底实现。否则它就称不上是人类社会的最终目的。

而将个人全面自由发展作为社会终极价值，恰好均能满足以上条件。具体说来，理据如次。

理据之一是，将社会建成有利个人全面而自由发展的环境，不仅是每个人的幸事，也是有着不同人生追求乃至不同宗教信仰的人都能普遍接受并互不妨碍的状况。由于谁也无由反对这个对自己的个性、自己的人生选择同样给予自由和尊重的社会状况，所以它是一种最普遍的善，能被所有的人认可的善。

理据之二是，个人的全面自由发展也是最综合的好，亦即包容了最多具体之好的好，这从它的含义可以看出。参照马克思的见解，人的“全面”发展，是让自然历史进程赋予人的生理素质、心理素质、文化素质获得全面均衡的发展，是让人的本质和创造特性在对象性、社会性关系中全面生成。同时，它意味着对人的各层次需求的满足。从人类个体内在心理体验的角度说，这些满足涵括了人在各个方面的快乐。而人的“自由”发展，则指个人充分享有发展自己天赋潜能的各种机会与有利条件，能够最大限度地做自己想做的事，能够自由地形成自己的个性和选择自己的生活方式。

理据之三是，个人自由而全面的发展作为个人企盼的生存发展境况，通过社会生产力的发展和社会制度的改善，在历史进程中可以被不断提高却不能被提高到头，可以被逐渐实现却不能被实现完满，这就使它既具有了社会终极性价值追求所必须具备的可行性特点，又具有了社会终极价值追求所必须具备的永久性特点。这就是说，人的自由全面发展作为社会终极价值，乃是理想与现实的统一、结果与过程的统一、绝对与相对的统一。

三　怎样坚持马克思主义的社会终极价值?

社会终极价值作为社会的最高、最终目的，也就是社会发展的方向与最高评价标准。但“每个人的全面而自由的发展”这个命题作为社会终极价值，是抽象思维的产物，是包含了所有具体之好的最综合的好，这种“综合之好”的特点，使得它无论是作为社会发展的方向还是作为社会的最高评价标准都还显得有些笼统，难于直接运用，因而我们有对其再作适当分解的必要，以使之有明确所指，并变得在实践中易于把握，便于操作。

人的全面自由发展作为最综合的好，在现实社会的进程中，意味着人的需求被满足程度的不断提高。人的需求多种多样，所指向的外在价值目标或价值之物自然也多种多样。但这些不计其数的价值目标，最终全都可以被健寿、富裕、和谐、自由这四种价值目标所统摄。

其中，健寿是远离疾病、有病能医，有疾能愈、身心健全、健康长寿等价值目标序列的统领，对它的趋近，意味着让人们延年益寿，始终健康地活着，以满足人的持续存在或长期生存的需求；

富裕是生产力发展、经济增长、财富增加、物品丰富、效率提高、效益变大等价值目标序列的统领，对它的趋近，意味着能给人们提供日益增多的物质产品和文化产品，以满足人的吃、穿、住、行、学、娱等物质生活和文化生活的需求；

和谐是平等、公平、公正、正义、安全、归宿、仁爱、尊严、诚信等价值目标序列的统领，对它的趋近，意味着能给人们提供各种越来越融洽协调的人际关系及天人关系（天人关系的实质也是人人关系），以满足人的情感需求和交往需求；

自由是自主、自立、自决、自治，自由发挥、自由创造、自由进取乃至经济自由、政治民主、文化多元等价值目标序列的统领，对它的趋近，意味着能给人们提供越来越多的发展可能性及生活样式，以满足人充分发挥自身潜能天赋、形成独特个性的自我实现需求。

统领以上四种不同价值序列的健寿、富裕、和谐、自由，虽然存在相互促进的可能，但再不能进一步相互归并，也不能相互通约、相互替代。因为现实中我们对其中任何一项的兑现，都不等于对另外三项的兑现。如让人拥有健寿，不等于同时让人拥有富裕、和谐、自由；让人拥有富裕，不等于同时让人拥有健寿、和谐、自由；让人拥有和谐，不等于同时让人拥有健寿、富裕、自由；让人拥有自由，不等于同时让人拥有健寿、富裕、和谐。既然健寿、富裕、和谐、自由是不可通约的价值目标，又分别统领着不同的价值序列，那它们就是从人的全面自由发展这个社会终极价值中分解出来的“四大社会终极价值目标”。它们既是衡量一个社会是否得到发展及发展水平如何的最高价值指标，也是判断各种具体社会主张与社会实践之是非对错的最高评价标准。

有了这种价值指标和评价标准，如何改造世界和发展社会的问题立刻就会变得清晰、简明起来，这就是：怎么有利于社会终极价值目标的实现，我们就怎么干；怎么有利于社会终极价值目标的实现，我们就怎么改。

这是一种唯好主义的态度，即唯社会终极价值目标马首是瞻的态度。它告诉我们：所有与改造世界、发展社会相关的事物，不论是什么样的理论、观点、方法、原则，还是什么样的实践方案、发展道路、社会模式、制度安排、文化类型等，也不管它们是出自何方，由谁提出，在社会终极价值目标面前，全都不再是神圣而不可改变的，它们不过是实现健康、富裕、和谐、自由的工具，是否合适可取，是保留还是革除，统统要用社会终极价值目标加以评判。凡是有利于四大社会终极价值目标的实现的，就是好的、可用的、或应予保留的；凡是不利于其实现的，就是不好的、不可用的、或需要革除的。如果同一类型的可用事物不止一种，那么其中最有效的那一种可称为“优”，最值得我们选择，其余的则或者为“次优”，或者为“差”，或者为“劣”。

这样一来，在我们的社会实践中，就再也不会有任何的迷信与迷惘、束缚与畏缩。因为按唯好主义的态度对不同主张的社会发展方案进行筛选，或对社会理论、社会制度、道德规范、文化样式进行选择，已不再是事关政治信仰的主义之争，而只是关于工具的好坏优劣判断。并且，只要这种判断和选择确实是按前述步骤合乎标准、合乎逻辑地推出的，那么其结论就是合理的，其效果就是对整个社会都普遍有益的。

同时，我们的所有社会实践或我们所致力的共产主义运动，也就再也不会误入以往那种被人遗忘的歧途，更不会再犯为了坚持固守某种工具而牺牲人的发展或现世幸福这种本末倒置的错误，并且也从此不再需要通过发动一次次的思想解放运动来艰难地推动社会的改革与发展。

这就是说，在唯好主义的实践中，除了社会终极价值的诉求不可移易之外，再没有什么东西是不可变更的。如果通向健康、富裕、和谐、自由的道路不止一条，我们就不必一条道走到黑，哪怕走不通也不回头。就像我们业已经验并觉识到的那样，如果用市场经济的方式组织社会生产，比用计划经济的方式组织社会生产更有利于整体资源的优化配置，更有利于国强民富，并能给人们提供更多的自由，我们为什么非要抱住计划经济体制不放？如果多元所有制比一元公有制更有利于提高社会生产效率、更能增加社会税收和社会财富，并且通过制定劳动保护法和最低工资标准等措施又能防止剥削的发生，我们为什么非要固守一元公有制？如果按生产要素分配比单一的按劳分配更能体现公平，更有利于社会的和谐与活力，我们为什么还非要只认按劳分配？以此类推，只要我们总是这样坚持马克思主义的社会终极价值，就总能准确而及时地发现其他所有的当改之事，使今后的改革少走弯路，少付代价。

第十届马克思哲学论坛总结发言

孙　麾

千禧年的钟声已经响过了10年，马克思哲学论坛已经走过了10年路程。这是一个值得亲身经历者纪念的时刻，中国马克思主义哲学界在新世纪这条纵贯线上书写历史，谱写篇章，我们人心凝聚，气度非凡，各显风采。这是我代表《中国社会科学》杂志首先向大家表示感谢的话。

每个时代都有属于自己的问题。学术发展的轨迹深切地印在自己的问题中。抓住时代问题的哲学变革是政治与社会变革的先导。30多年前，马克思主义理论所凝结的"实践是检验真理的唯一标准"的命题，真正成为中国社会主义体制改革的哲学导言。这一导言所发挥的重大的思想解放作用，创造了学术发展与繁荣的思想前提。

经过艰难而曲折的探索，中国道路的独创历史和世界意义以及与之相适应的文化积淀和理论反思，为当代中国学术在中国与世界的文明交往中确立更高的起点奠定了深厚基础。

回顾中国学术30年，历史一再证明，学术自身发展的规律与社会历史演变的规律有着内在逻辑的一致性。正如马克思所言，"现代历史著述方面的一切真正进步，都是当历史学家从政治形式的外表深入到社会生活的深处时才取得的"①。

中国特色社会主义的创新实践，为哲学社会科学提供了开拓性的发展机遇，打开了探索性的发现空间。随着改革开放的不断深入和经济社会结构的深化转型，也迫切需要哲学社会科学对各种复杂的经济现象和社会问题进行实证的调查，给予科学的解释，提出符合实际和发展规律的解决路

① 《马克思恩格斯全集》第12卷，人民出版社1965年版，第450页

径。毫无疑问，中国特色社会主义理论体系，作为时代精神的集中体现，渗透了中国哲学社会科学的学术贡献。这一贡献的实现，离不开马克思主义中国化的思想进程，离不开中国特色社会主义的实践进程，离不开在理论和实践的双重探索中学术的创新进程。

回顾30年中国学术成长的历程，一条重要的经验就是破除束缚学术原创性和独创性的教条主义，包括对马克思主义的教条主义理解和对西方学术的教条主义迷信。

用发展的眼光和态度对待马克思主义，内在地包含用批判性的眼光和态度对待马克思主义。马克思主义理论的发展动力，一方面来自实践和时代的实际内容，另一方面来自对理论自身的批判意识。马克思主义开放性的理论品格决定了它不是离开人类文明大道自成封闭的体系，它反对的正是理论达到某个顶点而成为供人仰望的绝对精神。而对一些重大学术问题和现实问题的争论，如果只能借助西方的理论资源加以解说，只能从西方的理论视角观察问题，就会遮蔽真正的中国问题。

学术可以注解经典，知识考古；可以转述传译，价值悬置；可以自我意识，闭门幽思。问题在于，扩展伟大的时代真理，推动社会变革的脚步，不能从过去而只能从未来汲取自己的诗情。

那么，当学术以探求真理的方式切入真实问题时，学术该如何建构自己适应于时代本质要求的科学形态？问题意识又如何在学术体系建构中得到应有的尊重并获得精神世界的时代内涵？从中国社会发展的当代境遇和当代中国的学术语境看理论的实现方式，马克思主义哲学必须以学术原创性的深刻表达、以在现实性中实现学术性、以具有中国气派的“术语革命”、在马克思主义的词汇中尤其深邃的是以理论的时代表达来展现自己的生命力。

马克思几乎阅读了他那个时代所能提供的所有的学术著作，毫无疑问，马克思的论说是建立在深厚的资料基础上的。马克思晚年说过，“我是一台机器，注定要辛辛苦苦地去吞噬图书，目的是要把它们以另一种形式扔到历史的垃圾堆上去”。有关考证表明，大约有40000张书页上有马克思的批注，这还不包括他留下的数以百计的笔记本和摘录本。但思想史家没有人把马克思当做一个文本学家，也没有人把他和恩格斯归纳为文本学派，如果马克思只具有文本解读的能力，他就不是一个马克思主义的真正创始人。马克思批判性地继承了前人和同时代人的优秀成果，又创造性地将理论研究指向人类解放的伟大事业。

当我们的哲学把学术神圣性和至高性仅仅理解为文本解读，这种神圣性和至高性也只是一种个性化理解意义上的学术自慰，正是这种存在于哲学家头脑中的激情风暴与现实的中国问题时空相隔，与时代要求的马克思主义中国化、时代化、大众化横着一道难以穿越的“学术”屏障。在现实渴望的眼神面前，马克思主义哲学必定以它模糊的身影走向边缘。

中国问题如何作为一个哲学概念被提炼出来，现有的马克思主义哲学需要燃起更大的热情。

西方一些主流学者，往往从他们特定的视角来看中国改革的内涵，评估中国从经典社会主义中走出了多远，中国如何成为资本主义大家庭中的新成员。也有西方学者感叹：中国代表着一个时代之谜。中国是一个魔方国家。魔方有六个面，每个面都独立地展示一幅完整的画面。它由全能主义转变成威权主义，它还发展出具有新自由主义、发展主义、改良社会主义、掠夺型以及公团主义特征的实质性成分。这六个侧面中的每一个都能捕捉到中国政治经济的某些核心特征。那么，中国历史创造的独特性如何评价？中国和西方在历史上是否存在着重大的制度差异，并由这种制度差异决定着它们不同的社会发展和向现代转型的具体路径？直到今天，所有的转型理论都执守西方发展道路预示了东方的实际未来的价值判断，国内的主流经济学家的观点是如此，转型社会学的观点也是如此，国外从福山到科尔奈、塞勒尼都在试图从中国经验中寻找西方普世主义的新证据。

今天我们设置和讨论“唯物史观与中国问题”这一主题，它真正切中了马克思主义哲学研究的要害。因为当世界都在关注中国发展道路、中国发展道路正成为国际学术界研究的议题时，在当代多元并存的思想帷幕上，各种学术思潮风云际会，竞相出场时，作为学术的马克思主义哲学怎能隐身不见，马克思主义哲学怎能以它的失语症在中国现代转型的各路争锋中悄然引退，黯然失色。

马克思主义哲学还能贴近人心吗？还能换起改变世界的理论热情吗？在事关中国命运的大论战中还有话语权吗？还能在国家需要和时代呼唤中成为社会变革的伟大的认识工具吗？如果马克思主义哲学只是众多学科中的一种学术，回答至少是令人怀疑的；马克思主义哲学在重大问题上的不在场，也必将失去发展创造的重大机遇。

马克思主义哲学不能一头钻进故纸堆，不能成为西方著作的解说词，不能在自我独白中悠然自得，在时代和理论的风云中，它必须铁肩担道义。只有以宏阔的世界眼光和基于实践的理论自信，在深化和扩展中国化的马克思主义哲学中立论和立意，才能成为推动历史发展和社会进步的重要力量，才能体现中华民族的理论思维能力，才能构成综合国力的重要组成部分。

这就是本届论坛所要发出的一个强烈的信号。

感谢人大哲学院，感谢陈先达老师给予的学术指导，感谢郝立新院长的组织工作，感谢马俊峰、段忠桥、安启念、张文喜、张立波等老师的帮助，感谢出席本届论坛的各位学者，谢谢大家。